**KÖNIGS FURT**

W0062436

*Zum Buch*

Viele Menschen, die sich heute enttäuscht von den Werten des Abendlandes abwenden und ihr geistiges Heil in östlichen oder indianischen Weisheiten suchen, scheinen nicht zu wissen, daß es auch in Europa Traditionen spirituellen Wissens gibt. Ein solcher Strom geistigen Gutes entspringt im mythischen Atlantis und fließt wie ein unterirdischer Quell durch die Jahrhunderte der europäischen Kulturgeschichte – so in den Mysterienreligionen der Kelten, der Germanen und Griechen, in den römischen Sonnenkulten, in den verborgenen Nebenströmungen des Christentums sowie in den Ideen der Mystiker und Alchemisten, der Rosenkreuzer, Theosophen und Transzendentalisten.

Das vorliegende Buch bringt diesen in der Tiefe ruhenden Schatz europäischer Mythen und »eingeweihter« Traditionen wieder ans Licht und entwirft dabei eine umfassende Kultur- und Geistesgeschichte des Abendlandes, von den ältesten Ursprüngen der Vorgeschichte bis in die Gegenwart unserer »Weltwendezeit«.

*Zum Autor*

Manfred Ehmer, geb. 1956, Dr. phil., lebt in Berlin und arbeitet dort seit 1993 in der Erwachsenenbildung und als freier Journalist.

Manfred Ehmer

# WEISHEIT DES WESTENS

*Mensch, Mythos und Geschichte*

Königsfurt

*Die Deutsche Bibliothek – CIP-Einheitsaufnahme*
**Ehmer, Manfred:**
Weisheit des Westens : Mensch, Mythos und
Geschichte / Manfred Ehmer. –
Krummwisch : Königsfurt, 2001
ISBN 3-933939-89-5


Lizenzausgabe
Königsförde 2001

Copyright für diese Ausgabe
© 2001 by Königsfurt Verlag
D-24796 Klein Königsförde / Krummwisch
www.koenigsfurt.com

© 1998 by Patmos Verlag, Düsseldorf

Umschlaggestaltung: ROPO, Köln

Satz: Satzbüro Noch, Witten

Druck und Bindearbeiten: Elsnerdruck, Berlin

Printed in Germany

ISBN 3-933939-89-5

# INHALT

# I.

## OST-WEST-SYNTHESE

> Gottes ist der Orient!
> Gottes ist der Okzident!
> Nord- und südliches Gelände
> Ruht im Frieden seiner Hände.
>
> *Johann Wolfgang Goethe* [1]

Ex Oriente Lux – Aus dem Osten kommt das Licht, das klare Licht der Gott-Erkenntnis: Dieser Grundsatz galt nahezu uneingeschränkt für den weisheitssuchenden Abendländer, seitdem das religiöse Wissen Indiens und Tibets dem Westen zugänglich gemacht wurde. Die im 19. Jahrhundert entstandene westliche Theosophie, aus der später die Anthroposophie Rudolf Steiners hervorging, hat wesentlich dazu beigetragen, indisches Weistum in den westeuropäischen Ländern bekannt zu machen, und zwar in einer Form, die der Bewußtseinslage des modernen europäischen Menschen entspricht. Der Hinduismus, die traditionelle Hindu-Religion, mußte von Aberglauben, üppig-wuchernden Mythologien und unverständlichen Bräuchen gereinigt und auf wenige Grundwahrheiten zurückgeführt werden, die für jeden nach Religion Strebenden verbindlich sein müssen. Die Theosophische Gesellschaft, die im Jahre 1875 von *Helena Blavatsky* (1831–1891) und *Henry Olcott* (1832–1907) begründet wurde, steht am Beginn jener großen west-östlichen Kulturbegegnung, die man heutzutage etwas schlagwortartig als *Ost-West-Synthese* bezeichnet.

Die Bedeutung der morgenländisch-asiatischen Spiritualität für Europa, ja für die Menschheits-Entwicklung soll in keiner Weise geschmälert werden. Asien besitzt zweifellos eine äußerst reichhaltige Tradition spirituellen Wissens, vom indischen Brahmanismus bis zum japanischen Zen-Buddhismus, und der moderne Europäer blickt oftmals mit Neid auf die tiefe Religiosität des Ostens. So notierte etwa Hermann Hesse schon 1914 in einem seiner Briefe: »Der ganze Osten atmet Religion, wie der Westen Vernunft und Technik atmet. Primitiv und jedem Zufall preisgegeben scheint das Seelenleben des Abendländers, verglichen mit der geschirmten, gepflegten, vertrauensvollen Religiosität des Asiaten, er sei Buddhist, Mohamedaner oder was immer.«[2] In Europa waren die Romantiker wohl die Ersten, die sich dem indischen Geistesleben bewußt zuwandten; schon 1823 übersetzte Friedrich von Schlegel die *Bhagavad Gita*, den heiligen Epos Indiens, ins Lateinische. Und der Philosoph Schopenhauer, der große Pessimist, sagte von den *Upanishaden*: »Es ist die belohnendste und erhebendste Lektüre, die in der Welt möglich ist. Sie ist der Trost meines Lebens gewesen und wird der meines Sterbens sein.«[3]

Europa und Indien, diese beiden Subkontinente der gewaltigen eurasischen Landmasse, seit urgeschichtlicher Zeit miteinander verbunden durch den Strom der indogermanischen Völkerwanderungen, stellen kulturell wie auch spirituell zwei sich ergänzende Pole dar. Von beiden Polen aus gibt es einen Weg zu Gott. Es gibt einen indischen, aber auch einen europäischen Weg der geistigen Befreiung und der Gotterkenntnis. Der anfangs zitierte bekannte Satz *Ex Oriente Lux, Aus dem Osten kommt das Licht*, muß daher in seiner Geltung eingeschränkt werden. Nicht aus dem Osten kommt das Licht der spirituellen Erkenntnis, sondern aus uns selbst; wir müssen Indien, das geistige Indien, die verlorene Lichtheimat in uns selbst wiederentdecken – als die *terra incognita* (das unbekannte Land) unserer Seele.

Heutzutage spricht man vor allem in Kreisen der New-Age-Bewegung viel von der *Ost-West-Synthese* als einer weltweiten Konvergenz des Geistes, die auf dem Gebiet der Religion und

Philosophie westliche und östliche Geistigkeit zu einer höheren Einheit verbinden soll. Eigentlich sollte man jedoch eher von einer *Ost-West-Symbiose* sprechen im Sinn einer wechselseitigen geistigen Befruchtung von Europa und Asien; zur Einheit verschmelzen können West und Ost jedoch nicht. Denn die westliche und die östliche Sinnesart sind, obgleich sie beide das Göttliche anstreben, grundverschieden. Der indische Yoga-Weg, die buddhistische Schulung, die japanische Zen-Meditation, sie alle haben ihre tiefe Bedeutung und Berechtigung, aber sie sind nicht eigens für den Westmenschen gemacht worden, und sie sollen auch nicht vom Westmenschen einfach nachgeahmt werden. Die Begegnung mit der morgenländisch-asiatischen Spiritualität kann den Westmenschen jedoch dazu anregen, seine eigene kulturelle Identität wiederzugewinnen: sich das verloren gegangene geistige Erbe des Abendlandes neu bewußt zu machen.

In diesem Sinn hat *Rudolf Steiner* (1861–1925), der selbst ursprünglich aus den Reihen der Theosophischen Gesellschaft kam, den Hauptunterschied zwischen östlicher und westlicher Geistigkeit wie folgt dargestellt: »Der Ostmensch sprach von der Sinnenwelt als dem Schein, in dem auf geringere Art lebt, was er in vollgesättigter Wirklichkeit in seiner Seele als Geist empfand; der Westmensch spricht von der Ideenwelt als dem Schein, in dem auf schattenhafte Art lebt, was er in vollgesättigter Wirklichkeit mit seinen Sinnen in der Natur empfindet. Was sinnliche Maja dem Ostmenschen war, ist sich selbst tragende Wirklichkeit dem Westmenschen. Was seelisch erbildete Ideologie dem Westmenschen ist, war sich selbst schaffende Wirklichkeit dem Ostmenschen. Findet der heutige Ostmensch in seiner Geist-Wirklichkeit die Kraft, um der Maja die Seinsstärke zu geben, und findet der Westmensch in seiner Natur-Wirklichkeit das Leben, um in seiner Ideologie den wirkenden Geist zu schauen: dann wird Verständigung kommen zwischen Ost und West.«[4]

In geistiger Hinsicht bedeutet das Indertum die Fähigkeit, das Bewußtsein zurückzuwenden in das eigene Innere, Innenschau und Kontemplation zu üben, eine Fähigkeit, die im Zyklus der Tier-

kreiszeichen vertreten wird durch das Zeichen Krebs. Die Weltalter-Astrologie, wie wir sie etwa bei Ernst Künkel, »*Das Große
Jahr*« (1922), dargestellt finden, bringt daher auch den Anfang der
urindischen Kultur mit dem *Krebs-Weltzeitalter* (etwa 8550 bis
6450 v. Chr.) in Verbindung. Die Inder sind ihrem Ursprung und
ihrer inneren Anlage nach die Pioniere auf dem Gebiet der Innen-
welt-, Seelen- und Bewußtseinsforschung. Mit dem *klassischen
Yoga*, nach den Yoga-Sutras des Patanjali, wurde ein umfassendes
System der Seelenschulung entwickelt.

Das geistige Europäertum stellt hierzu deutlich einen Gegenpol
dar. Das Europäertum, das ist ja gerade der Tat-Impuls, der Weg
der aktiven Weltgestaltung, der auf der Ebene der Tierkreiszeichen
dem feurigen Zeichen des Widder entspricht, jenem Zeichen, unter
dem vor Jahrtausenden die Indogermanen den heute als Europa
bekannten Erdteil in Besitz nahmen. Geschichtlich gehen die
Ursprünge der europäischen Hochkulturen in das *Widder-Welt-
zeitalter* (etwa 2250 bis 50 v. Chr.) zurück. So kann man also
sagen: Der Inder orientiert sich mehr an der Innenwelt, der Europäer dagegen eher an der sinnlich erfahrbaren Außenwelt. Hieraus
ergeben sich nun zwei ganz verschiedene Welthaltungen:

Der Weg des Ostens in religiöser Hinsicht bestand eigentlich
schon immer darin, die Sinnenwelt als bloßen Schein zu entlarven
und die jenseits des Sinnlichen liegende Gott-Wirklichkeit zu
ergreifen. Der westliche Weg dagegen betrachtet die Sinnenwelt als
ganz und gar real, will sie jedoch auch transparent machen für die
Schau der ihr innewohnende Gott-Wirklichkeit. Während der
Heilsweg des frommen Ostmenschen darin liegt, sich aus der Welt
schrittweise zurückzuziehen, so sieht der spirituelle Westmensch
seine Berufung gerade in der aktiven Weltgestaltung aus der Kraft
göttlichen Bewußtseins. Das Göttliche soll also in der Welt Gestalt
annehmen; die materielle Erdenrealität ist keineswegs bloße Maja,
ein Reich der Illusion und der Täuschung, sondern vielmehr ein Ort
der Bewährung; die Inkarnation des Menschen im Reich der Materie ist keine Strafe gefallener Seelen, sondern eine Aufgabe und Prü-
fung, die spirituelle Höherentwicklung ermöglicht.

Seiner wahren Erdenaufgabe kann der Mensch auch nicht dadurch gerecht werden, daß er in unbewußte Trance- und Traumzustände zurückfällt, sondern nur dadurch, daß er die im Westen bereits erreichte Bewußtseinswachheit steigert in Richtung eines göttlich-transzendenten Überbewußtseins. Wahre Einweihung kann nur darin liegen, den Menschen zu seinem höheren Geistes-Ich hinzuführen. Damit dies geschehen kann, mußte zunächst einmal im Menschen ein Ich-Bewußtsein, ein individueller Persönlichkeits-Kern vorhanden sein. Deshalb bestand der weltgeschichtliche Auftrag des Westens darin, das Persönlichkeits-Prinzip herauszubilden, während der Heilsweg des Ostens umgekehrt auf Entpersönlichung hinzielt; das Endziel ist das Aufgehen des personalen Ichs im amorphen Schoß der Weltenseele, nenne man sie nun das *Brahma*, das *Nirvana* oder wie auch immer.

Besonders deutlich tritt die Persönlichkeits-Verneinung des Asiatentums in den Predigten Buddhas zutage[5], in denen das personale Ich des Menschen geradezu als eine Illusion gekennzeichnet wird – das Ziel des Heilsweges im Buddhismus besteht nur noch darin, das Rad der Wiedergeburten aufzuhalten, sich der leidbehafteten Diesseits-Welt *(samsara)* zu entwinden, um schlußendlich wieder einszuwerden mit dem amorphen göttlichen Urgrund aller Dinge *(nirvana)*. Diese Sichtweise kommt nicht von ungefähr. Die morgenländisch-asiatischen Seelenschulungen sind ja immer schon mit einer Weltanschauung einhergegangen, die nur das Geistige als real anerkennt; die Materie erscheint dem Geist gegenüber als das Nicht-Seiende schlechthin, als Illusion, als Maja-Schleier.

Demgegenüber hat der Westen im Verlauf seiner Kulturentwicklung einen anderen Weg beschritten. Der Westen hat sich tief in das Reich der Materie hineinbegeben, ja mehr noch, er hat sich im Materiellen verloren, so wie der Osten sich im Geistigen verloren hatte. Auf den genialen Esoteriker Platon folgte der nüchterne Skeptiker Aristoteles; auf den geistigen Höhenflug der mittelalterlichen Mystik folgte der verstandesscharfe Aufklärer Kant, der Zertrümmerer aller Metaphysik. Im Westen hatte sich seit dem sogenannten »Universalienstreit« im hohen Mittelalter, der mit dem Sieg des Nominalismus über den Universalismus endete, eine Weltanschauung durchgesetzt, die nur noch die sinnlich erfahrbaren Tatsachen als tatsächlich existierend annimmt. Das Geistige verblaßt gegenüber dem allgegenwärtigen Materiellen; es tritt in den Hintergrund: Nur noch schattenhaft, wie eine Schimäre, gelangt es ins Blickfeld.

So kam es denn im Lauf der Menschheits-Entwicklung dazu, daß das Indertum immer mehr in einen weltentrückten Spiritualismus, das Europäertum dagegen immer tiefer in einen (theoretischen wie auch praktischen) Materialismus absank. Europa hatte zwar den Auftrag des Weltwirkens, aber es hätte ein Weltwirken aus dem Geist sein sollen; da Europa aber mindestens seit der frühen Neuzeit keine geistigen Werte mehr besaß, konnte sein Weltwirken nur noch ein rein imperialistisches und kolonialistisches sein. Im Jahre 1498, zu Beginn der europäischen Neuzeit, gelangte Christoph Columbus nach Amerika, und im selben Jahr entdeckte der Portugiese Vasco da Gama den Seeweg nach Indien. In der Folgezeit errichteten die seefahrenden Nationen Europas, die Spanier und Portugiesen, die Holländer, Engländer und Franzosen, gewaltige überseeische Kolonialreiche; ganze Erdteile wurden von ihnen unterjocht und ausgeplündert. Und mit dem Anwachsen des aus allen Erdteilen geräuberten Reichtums wuchs den Europäern zugleich auch die innere Armut, die spirituelle Bedürftigkeit. Denn es gibt ein Gut, das durch Geld nicht aufzuwiegen ist, nämlich wahre Religion im Sinn von *religio*: Rückbindung an das Geistig-Göttliche.

Nur ein geistig bankrottes, in den Materialismus abgesunkenes Europa konnte dahin gelangen, aus Mangel an eigener Spiritualität bei den Religionen des Ostens in die Schule gehen zu müssen! Der Versuch, bei fremden Kulturen Anleihen zu machen, anstatt aus dem Eigenen zu schöpfen, weist hin auf eine tiefgreifende Kulturkrise: Europa hat seine *innere Mitte* verloren! Ein Kennzeichen hierfür ist es auch, daß immer weitere Kreise in den westlichen Ländern irgendwelchen neoindischen Pseudo-Gurus und Sekten-Stiftern hinterherlaufen. Was nützt uns denn die Pilgerfahrt in das geographische Land Indien, solange wir nicht das Seelenland Indien in uns selbst gefunden haben – solange wir nicht mit uns selbst identisch geworden sind? Zu solcher Identität mit sich selbst gehört auch die bewußte Verwurzelung im eigenen Kulturgrund. Wir Europäer, wir sind abendländische Seelen; wir können aber auch das geistige Indien in uns erwecken. Genau dies würde echte *Ost-West-Symbiose* bedeuten!

Es ist bezeichnend, daß gerade im 19. und 20. Jahrhundert immer wieder große Wellen der Indien- und Asien-Begeisterung durch das europäische Geistesleben hindurchgegangen sind – in Deutschland wohl zuerst im Rahmen der Romantik (Friedrich Rückert vor allem, der meisterhafte Übersetzer morgenländischer Weisheitsliteratur), dann noch einmal in den 1920er Jahren, zuletzt in unmittelbarer Vergangenheit im Zusammenhang mit der New-Age-Bewegung. Europa, das faustisch nach den Sternen gegriffen hat, dabei aber seiner inneren Mitte verlustig ging, sucht sein Heil im »Licht des Ostens«, wenn nicht im indianischen Schamanismus oder in irgendeiner okkulten Magie. Ein Weg aus der tiefgreifenden Kulturkrise des modernen Europa wird damit jedoch nicht gewiesen. Schon im Jahr 1930 schrieb Carl Gustav Jung: »Wir müssen vielmehr lernen zu erwerben, um zu besitzen. Was der Osten uns zu geben hat, soll uns bloße Hilfe sein bei einer Arbeit, die wir noch zu tun haben. Was nützt uns die Weisheit der Upanishaden, was die Einsichten des chinesischen Yoga, wenn wir unsere eigenen Fundamente wie überlebte Irrtümer verlassen und uns wie heimatlose Seeräuber an fremden Küsten diebisch niederlassen.«[6]

In dem Maße also, in dem wir den Geist Indiens in uns aufnehmen, müssen wir auch das verloren gegangene esoterische Wissen Europas neu erschließen. Es gab auch in unserem Erdteil Mysterienschulen und Eingeweihte; es gab auch im Abendland eine verborgene Tradition spirituellen Wissens,[7] und an diese gilt es in zeitgemäßer Weise anzuknüpfen. Als Westmenschen können wir nur dann das geistige Indien in uns erwecken, wenn wir es verstehen, uns in jenen lebendigen Strom europäischen Geistes hineinzustellen, der aus der Wesensmitte unserer Kultur fließt.

Wer sich mit den heiligen Ursprüngen der Menschheit befaßt, der wird übrigens feststellen, daß die ältesten Wurzeln europäischer wie auch indischer Geistigkeit auf denselben Ursprung zurückgehen, daß sie einmünden in eine gemeinsame Urwurzel. Ost und West waren im Ursprung noch vereint; die vedische Religion Altindiens war indogermanisch, und sie kam aus Europa. Man könnte den eingangs zitierten Satz sogar umkehren und sagen: *Ex Okzidente Lux – Aus dem Westen kam das Licht!* Erst im späteren Verlauf der Kulturentwicklung hat sich Europa, als der westliche Ausläufer Eurasiens, immer mehr in einen krassen Materialismus verrannt, während Indien als die südliche Spitze des eurasischen Riesenkontinents immer mehr in einen weltentrückten Spiritualismus absank. Angesichts einer solchen Welttrennung konnte der britische Dichter Rudyard Kipling sagen: *East is East and West is West – they never will meet.*

Der Materialismus hat sich als eine Sackgasse erwiesen, und der Spiritualismus bietet kein Heilmittel dagegen. Gerade heutzutage, wo sich auf vielen Gebieten des geistigen Lebens der Beginn eines neuen geisterfüllten Weltäons ankündigt, kommt es mehr denn je darauf an, »Geist« und »Materie« als zwei gleichermaßen reale Seiten derselben übergeordneten Einheit zu erkennen. Also eine ganzheitliche Weltsicht muß errungen werden; so lautet das Gebot der neuen Zeit. Es könnte in vielleicht nicht allzu ferner Zukunft zu einer echten indisch-europäischen Symbiose kommen, aus der ein neues ganzheitliches Weltbewußtsein erwachsen kann, eine nicht weltverneinende, sondern dem Kosmos verbundene Spiritualität. Eine solche Zukunfts-Symbiose würde nicht Verschmelzung, sondern wechselseitige Befruchtung von West und Ost bedeuten. Untrennbar wäre sie verbunden mit einer Rückbindung an die jeweils eigene Kultur mit ihren spirituellen Traditionen.

*Ex Okzidente Lux!* Ich möchte in den Kapiteln dieses Buches nicht das warme, uns so vertraute, manchmal auch etwas schillernde »Licht des Ostens« aufscheinen lassen, sondern das kühle fahle Licht, das aus dem Westen kommt. Es wird uns zunächst vielleicht etwas fremdartig erscheinen, dieses *Licht des Westens*, doch dann wird es uns plötzlich als etwas Urvertrautes aufscheinen, wie längst Gewußtes, das wieder ins Bewußtsein eintritt ...

# II.

## Urheimat Atlantis

Golden war das Geschlecht der redenden Menschen,
Das erstlich die unsterblichen Götter,
Des Himmels Bewohner, erschufen. Jene lebten,
Als Kronos im Himmel herrschte als König,
Und sie lebten dahin wie Götter ohne Betrübnis.

*Hesiod*[1]

## 1. Die Sage vom Goldenen Zeitalter

Atlantis, die Insel Avalon, die Gärten der Hesperiden, das Paradies, der Garten Eden, das Goldene Zeitalter – Urerinnerungen der Menschheit sprechen noch heute aus diesen mythischen Namen zu uns. Sie bezeichnen einen Urzustand des vollkommenen Glückes und Friedens, in dem der Mensch noch ganz im Einklang mit dem Göttlichen lebte. Die Menschen dieses längst verklungenen Zeitalters scheinen Halbgötter, Gottmenschen und Heroen gewesen zu sein; aber sie mußten im Laufe der Zeit einem anderen, weniger göttlichen Menschengeschlecht weichen. Der Dichter *Hesiod* (um 700 v. Chr.), ein Zeitgenosse Homers, stellte zuerst die Lehre von den drei Weltaltern auf, von einem *Goldenen, Silbernen* und *Erzenen Zeitalter* wobei er das letztere mit seiner eigenen Zeit gleichsetzte. Die Aufeinanderfolge der Weltalter stellt eindeutig eine absteigende Linie dar, auf der sich der Mensch von seinem göttlichen Ursprung immer weiter entfernt.

Auch der römische Dichter *Ovid* (eigentl. Publius Ovidius Naso, 43 v. Chr. bis 17/18 n. Chr.) besingt das »Goldene Zeital-

ter«; er beschreibt es als ein Land, in dem die Menschen ohne Straf-
gesetze und Zwangsgewalt leben, wo ewiger Frühling herrscht, wo
allerwärts milde Winde wehen und wo die Erde ganz von allein,
ohne die Mühsal des vom Menschen betriebenen Ackerbaus, Feld-
früchte und reiche Ernte hervorbringt:

> Ewig waltete Lenz, und sanft mit lauem Gesäusel
> Fächelten Zephirus Hauche die saatlos keimenden
>     Blumen.
> Bald gebar auch Feldfrüchte der ungeackerte Boden.[2]

Ganz ähnlich beschreibt viele Jahrhunderte später der Dichter
Geoffry of Monmouth in seiner »Vita Merlini« (um 1150) die
Nebelinsel *Avalon*: »Die Apfelinsel wird auch die glückliche Insel
genannt, weil sie alle Dinge aus sich selbst erzeugt. Die Äcker
haben dort den Pflug nicht nötig, der Boden wird überhaupt nicht
bebaut; es gibt nur, was die schaffende Natur aus sich selbst
gebiert. Freiwillig schenkt sie dort Korn und Wein, und in den Wäldern wachsen die Apfelbäume in stets geschnittenem Grase. Aber
nicht nur schlichtes Gras, sondern alles bringt der Boden in Fülle
hervor, und hundert Jahre oder darüber währt dort das Leben.
Neun Schwestern herrschen nach heiteren Gesetzen auf dieser Insel
über alle, die aus unserem Lande dorthin gelangen.«[3]

Die irische Mythe von »Brans Meerfahrt« berichtet von den
Zauberinseln *Emain Ablach* oder *Ynys Affalach* (= Avalon), die
weit draußen im Meer des Westens liegen; dort sollen paradiesische
Zustände herrschen wie einst im Goldenen Zeitalter: »Es gibt eine
Insel in weiter Ferne; um sie herum die prächtigen Rosse des Mee-
res; herrlicher Lauf gegen die schäumenden Wogen; eine Ver-
zückung dem Auge, dehnt sich glorreich die Ebene, auf der die
Heere sich regen im Spiel … Anmutige Erde, gespannt über die
Jahrhunderte der Welt, über die sich Blumen breiten ohne Zahl.
Darauf steht ein alter Baum in Blüten, in seinen Wipfeln rufen die
Vögel die Stunden … Unbekannt die Klage oder der Verrat, der so
bekannt ist auf der kultivierten Erde; nichts Schnödes oder Schrof-

fes gibt es hier, stattdessen dringt sanfte Musik ans Ohr. Weder Leid, noch Trauer, weder Tod, noch Krankheit oder Siechtum, – daran erkennt man Emain, die Insel; selten wurde ein solches Wunder geschaut. Schönheit einer Erde voller Zauber, unvergleichlich sind ihre Nebel ...«[4]

Die alten Griechen stellten sich ihr Paradies, das Elysium, wohl ähnlich vor, und sie setzten es gleich mit den fern im Westen liegenden »Inseln der Seligen«, auf denen die Hesperiden – nymphenhafte Geister des Westens – die Äpfel der Unsterblichkeit hüten. Dort befindet sich auch der Titan Atlas, der auf seinen Schultern das Himmelsgewölbe trägt, so daß man diese mythischen Inseln durchaus mit »Atlantis« in Verbindung bringen kann. Auch Hesiod spricht von »seligen Inseln«, die sich »am Rande der Welt« und »bei des Okeanos Strudeln« befinden sollen (der Okeanos ist der atlantische Ozean). Dort wohnt unter der Herrschaft des Kronos ein glückliches Geschlecht von Halbgöttern:

> War ein göttlich Geschlecht von Helden,
> Und man benannte Halbgötter sie,
> Dies Vorgeschlecht auf unendlicher Erde;
> Zeus, der Kronide, ließ sie hausen am Rande der Erde,
> Auch den Unsterblichen fern, und Kronos wurde ihr
>     König,
> Und dort wohnen sie nun mit kummerentlastetem
>     Herzen,
> Auf den seligen Inseln und bei des Okeanos Strudeln,
> Hochbeglückte Heroen; denn süße Frucht wie Honig
> Reift ihnen dreimal im Jahr die nahrungsspendende
>     Erde.[5]

Wenn Hesiod die Bewohner der »seligen Inseln« ein »göttlich Geschlecht von Helden« nennt, dann spricht das Alte Testament der Bibel im Zusammenhang mit der Flutlegende davon, daß es vor der Sintflut »Gottessöhne« gegeben habe, welche die Frauen der Menschen ehelichten. »Zu der Zeit und auch später noch, als die

Gottessöhne zu den Töchtern der Menschen eingingen und sie ihnen Kinder gebaren, wurden daraus die Riesen auf Erden. Das sind die Helden der Vorzeit, die hochberühmten« (1. Mose, 6/4). Kamen die halbgöttlichen Menschen der Vorzeit, von denen die Bibel, das Gilgamesch-Epos und die Sagen der Griechen übereinstimmend künden, aus dem Reich des Titanen Atlas, aus Atlantis? Lebt in dem Mythos vom »Goldenen Zeitalter« vielleicht eine Erinnerung an die Blütezeit der einstigen Atlantis-Kultur?

Der Amerikaner *Ignatius Donelly* vertrat jedenfalls die Ansicht, »daß Atlantis die wahre vorsintflutliche Welt war, der Garten Eden, die Gärten der Hesperiden, die Insel der Seligen, die Gärten des Alkinoos, der Olymp, das Asgard der Germanen ... und eine universelle Erinnerung an ein herrliches Land hinterließ, in dem die Menschheit im Frühstadium ihrer Geschichte lange Zeitalter hindurch in Glück und Frieden lebte.«[6] Das Problem liegt jedoch darin, daß diese vorsintflutliche Welt der Atlanter (wenn es sie denn je gegeben hat) keine materiell sichtbaren Spuren in der Geschichte hinterlassen hat, keine Monumente oder Bauanlagen, die man durch Grabungen wieder freilegen könnte. Das einstige Inselreich Atlantis liegt, wie es scheint, für immer begraben unter den Fluten jenes Ozeans, der noch heute nach ihm seinen Namen trägt. Keine Taucherexpedition, keine Echolotausmessung wird je diesen Schatz heben können.

Deshalb wird das Thema »Atlantis« für die Archäologen, deren Forschungsarbeit auf Ausgrabungen beruht, immer ein ungelöstes Rätsel bleiben. Eine Lösung dieses Rätsels wird es erst dann geben, wenn irgendwann einmal, und sei es in noch so ferner Zukunft, Teile von Atlantis aus dem Meer wiederauftauchen sollten. Schon der römische Dichter Seneca (gest. 65 n. Chr.) deutet in seiner Tragödie »Medea« an, daß eine Zeit käme, in der versunkene Kontinente aus dem Ozean wiederaufsteigen würden:

> Es heißt, daß in späterer Zeit Jahrhunderte kämen,
> In denen der Ozean die Bande der Dinge löst,
> Da werde die ungeheure Weite der Welt offenstehen

Und das Meer neue Länder enthüllen
Und Thule nicht mehr das Ende der Welt sein.[7]

Und in dem großartigen Prophezeiungs-Gedicht, das unter dem
Namen Völuspa oder »Der Seherin Gesicht« am Beginn der nord-
germanischen Edda-Sammlung steht, lesen wir jenen verheißungs-
vollen Spruch, der gleichfalls das künftige Wiederauftauchen von
Atlantis andeuten könnte:

Seh aufsteigen zum andern Male
Land aus Fluten, frisch ergrünend.[8]

## 2. *Der Atlantis-Bericht Platons*

Die Zahl der erschienenen Atlantis-Bücher geht in die Tausende,
und die Bandbreite der Inhalte reicht von seriös-wissenschaftlicher
Standard-Literatur wie Otto Mucks »Alles über Atlantis«[9] über
okkult-theosophische Spekulation wie »Atlantis nach okkulten
Quellen« von W. Scott-Elliot[10] bis hin zu reinen Phantasie-Roma-
nen wie »Das Licht von Atlantis« von Marion Zimmer-Bradley.[11]
Die ganze Legion der Atlantis-Literatur geht jedoch zurück auf eine
einzige, nur wenige Druckseiten umfassende Schrift, die seit rund
zweieinhalb Jahrtausenden die Gemüter der Ur- und Frühge-
schichtsforscher bewegt hat; eine Schrift, die man ohne Zögern als
den Klassiker der Atlantis-Literatur bezeichnen kann: der Dialog
*Kritias* des griechischen Philosophen *Platon*.

Platon (427–347 v. Chr.), von Haus aus Sproß einer vornehmen
Athener Adelsfamilie, gründete im Jahr 387 v. Chr. seine eigene
philosophische Schule. Seine zutiefst idealistische Lehre, geschöpft
aus dem Quellborn alter griechisch-ägyptischer Mysterienweisheit, pflegte er in Form von Gesprächen darzustellen, Dialoge zwischen dem von Platon als Lehrmeister verehrten Sokrates und seinen Schülern. Platon hat zahlreiche solcher Dialoge verfaßt, oft
Schriftenvon unvergleichlicher Poesie und sprachlicher Schönheit,
am bekanntesten vielleicht die Schriften *Symposion* (Das Gast-

mahl) und *Politeia* (Der Staat). Mit dem Atlantis-Thema hat sich Platon nur ganz am Rande befaßt; sein Timaios-Dialog, eigentlich naturphilosophischen Fragen gewidmet, enthält einen knappen Exkurs über dieses Thema, wogegen der unvollendet gebliebene Kritias-Dialog die Hauptquelle jeder Atlantis-Forschung darstellt. Beide Dialoge zählen zu den Altersschriften Platons.

Der Kritias-Dialog wiederholt im Grunde genommen nur den Wortlaut eines Gespräches, das der Weise *Solon* (640–561 v. Chr.) in Ägypten mit einem Priester der Göttin Neith geführt haben soll. Ägypten, das Land der Pyramiden und der Sphinxe, erweist sich somit als Hüterin der Atlantis-Tradition. Aufzeichnungen des Gespräches mit dem Neith-Priester sind in die Hände des Kritias gelangt, der seinen Bericht über Atlantis einleitet mit den Worten: »So vernimm denn, Sokrates, eine gar seltsame, aber durchaus in der Wahrheit begründete Sage, wie einst der Weiseste unter den Sieben, Solon, erklärte.«[12]

Wie eine seltsame Sage liest sich der von Platon verfaßte Atlantis-Bericht in der Tat, und Generationen von Gelehrten haben darüber gestritten, ob es sich hierbei nur um eine von Platon erdichtete Fabel handelt oder um den authentischen Bericht über eine vor Jahrtausenden untergegangene Hochkultur. Die Überlieferungs-Kette geht jedenfalls über Platon, Kritias und Solon auf jenen unbekannten ägyptischen Neith-Priester zurück. Es sei in diesem Zusammenhang erwähnt, daß Platon nach dem Tod seines Lehrers Sokrates ausgedehnte Studienreisen unternommen hat, die ihn auch nach Ägypten führten, wo er vermutlich mit dem dortigen Priesterstand in Berührung kam. Möglicherweise hat er dort sogar die Urfassung des Atlantis-Berichtes einsehen können, jene geheimnisvollen Papyrusschriften, auf die sich der Priester der Göttin Neith im Gespräch mit Solon bezogen hat.

Noch ein späterer Schüler Platons, ein gewisser *Krantor* (330–275 v. Chr.), berichtet, daß er in Ägypten die Papyrusrollen eingesehen habe, die den von Platon wiedergegebenen Atlantis-Bericht im Original enthielten. Diese ägyptische Originalfassung befand sich aller Wahrscheinlichkeit nach in der Großen Bibliothek von Alexandria, dem damals weithin bekannten Zentrum antiker Gelehrsamkeit, das mit seinen rund 700 000 Buchrollen im Jahr 47 v. Chr. fast vollständig dem Raub der Flammen zum Opfer fiel. Es gab auch eine Kleine Bibliothek in Alexandria mit gut 40 000 Buchrollen, die im Jahr 272 n. Chr. vernichtet wurde. Welch einen unermeßlichen Schatz an ägyptisch-antiker Weisheit hat die Feuersbrunst in Staub und Asche verwandelt!

Ob Platon mit seinem »Atlantis« vielleicht nur ein Phantasiegebilde geschildert hat, das wissen wir nicht. Eines aber ist sicher: Wenn Platons Atlantis in der beschriebenen Form tatsächlich bestanden hat, dann müßte man die Kulturgeschichte der Menschheit noch einmal neu schreiben, und zwar von Anfang an. Alle bisher gültigen Datierungen der Kupfer-, Bronze- und Eisenzeit müßten umgeworfen werden; alle Schulweisheit über die Anfänge menschlichen Kulturwerdens wäre ungültig. Denn wenn Platon recht hat, würde das bedeuten, daß es in Atlantis eine mit allen Raffinessen der Zivilisation vertraute Hochkultur gegeben hat, und zwar zu einer Zeit, als Europa noch im Dämmerlicht eiszeitlichen Höhlenmenschentums dahingelebt hat. Nach Platon sind die Atlanter die ersten Kolonisten, Besiedler, Pioniere und Kulturbringer Europas gewesen.

Zuletzt hätten sich die Atlanter entschlossen, die Ureinwohnerschaft Europas durch einen einzigen großen Heereszug zu unterjochen; allein der Untergang des atlantischen Inselreiches im Ozean setzte diesem ehrgeizigen Vorhaben ein rasches Ende. Diesbezüglich lesen wir im Kritias-Dialog: »Vor allem zuerst wollen wir uns erinnern, daß zusammengenommen 9000 Jahre verstrichen sind, seitdem, wie erzählt wurde, der Krieg zwischen den außerhalb der Säulen des Herakles und allen innerhalb derselben Wohnenden stattfand, von dem wir jetzt vollständig zu berichten haben. Über die einen soll unser Staat geherrscht und den ganzen Krieg durchgefochten haben, über die anderen aber die Könige der Insel Atlantis, von welcher wir behaupteten, daß sie einst größer als Asien [Kleinasien] und Libyen war, jetzt aber, nachdem sie durch Erdbeben unterging, die von hier aus die Anker nach dem jenseitigen Meere Lichtenden durch eine undurchdringliche, schlammige Untiefe fernerhin diese Fahrt zu unternehmen hindere ...«[13]

Atlantis wird hier geschildert als eine jenseits der »Säulen des Herakles« liegende Insel, also jenseits der Meerenge von Gibraltar: ein mythisches Land im fernen Westen, Land des Sonnenuntergangs und damit auch Abendland im eigentlichen Sinn, Brückenkopf zwischen der Alten und der Neuen Welt, zwischen Europa und Amerika. Dieser Ort war gewissermaßen die symbolische Weltmitte, der Ort auch, wo die Weltensäule steht, die als Stützpfeiler des Sternenfirmaments Himmel und Erde miteinander verbindet. Dank ihrer strategisch einmalig günstigen Lage im Zentralatlantik konnte Atlantis ein überseeisches Handels- und Kolonialimperium gründen, das Teile sowohl Europas als auch des vorgeschichtlichen Amerika umfaßte. Diesbezügliche Andeutungen finden sich zudem bei Platon.

Läßt er doch den ägyptischen Neith-Priester an einer Stelle ganz deutlich sagen, daß es auch jenseits der Insel Atlantis Festland gäbe: »... denn vor dem Eingange, der, wie ihr sagt, die Säulen des Herakles heißt, befand sich eine Insel, größer als Asien [Kleinasien] und Libyen zusammengenommen, von welcher den damals Reisenden der Zugang zu den übrigen Inseln, von diesen aber zu dem ganzen gegenüberliegenden, an jenem wahren Meere gelegenen Festland offenstand. Denn das innerhalb des Einganges, von dem wir sprechen, Befindliche erscheint als ein Hafen mit einer engen Einfahrt; jenes aber wäre wohl wirklich ein Meer, das es umgebende Land aber mit dem vollsten Rechte ein Festland zu nennen. Auf dieser Insel Atlantis vereinte sich auch eine große, wundervolle Macht von Königen, welcher die ganze Insel gehorchte sowie viele andere Inseln und Teile des Festlandes; außerdem herrschten sie auch innerhalb, hier in Libyen bis Ägypten, in Europa aber bis Tyrrhenien.«[14]

Die Kanarischen und Kapverdischen Inseln, die Antillen, Bahamas und die zahlreichen Inseln der Karibik müssen allesamt, der obigen Aussage zufolge, dem Einfluß- und Herrschaftsbereich der

Atlanter angehört haben; das der Insel Atlantis »gegenüberlie-
gende Festland« kann nur – Amerika sein! Wenn wir also Genau-
eres über die untergegangene Atlantis-Kultur erfahren möchten, so
müssen wir die Parallelen oder Ähnlichkeiten zwischen der ägyp-
tisch-abendländischen Kultur und den Indianer-Kulturen Alt-Amerikas ausfindig machen. Solche Ähnlichkeiten lassen vielleicht eine
ehemals vorhandene gemeinsame Mitte erkennen.

Als besonders deutliche Ähnlichkeit fällt nicht nur die Entsprechung gewisser Mythen bei den Bewohnern der Alten und der
Neuen Welt ins Auge, sondern auch die Existenz einer *Ur-Sonnenreligion*, die sich unter dem Wahrzeichen der Pyramide bei den
Ägyptern wie bei den Azteken feststellen läßt; sie lag offensichtlich
auch den großen Steinbauten der nord- und westeuropäischen Megalithkultur zugrunde. Waren die Atlanter das »Volk der Sonne«,
ihr ausgedehntes Handelsimperium das »Weltreich des Sonnengottes«? Charles Berlitz, ein Autor, der sich viel mit den Geheimnissen des atlantischen Ozeans beschäftigt hat (unter anderem
auch mit dem Bermuda-Dreieck), schreibt: »Als ein kulturelles,
zoologisches, botanisches und anthropologisches ›fehlendes Bindeglied‹ zwischen der Alten und der Neuen Welt liefert Atlantis
(oder eine einstige atlantische Landbrücke) eine derart einleuch-
tende Erklärung so vieler bisher ungeklärter Fragen, daß man mit
Voltaire sagen möchte: Falls Atlantis nicht existiert hätte, müßte
man es erfinden.«[15]

Atlantis also als das »missing link« (das fehlende Bindeglied)
zwischen Europa und Amerika, und zwar nicht nur geisteswissen-
schaftlich-mythologisch betrachtet, sondern auch konkret geologisch im Hinblick auf die jüngere Erdgeschichte – dieser Ansatz
scheint der richtige zu sein, wenn auf die Frage nach dem Wahr-
heitsgehalt des Atlantis-Mythos einigermaßen zufriedenstellend
geantwortet werden soll. Deshalb möchte ich zunächst einmal das
geologische »missing link«, die einstige atlantische Landbrücke,
ausfindig machen; zu diesem Zweck muß die Bodenlandkarte des
Atlantischen Ozeans betrachtet werden. Versuchen wir also, Atlantis geographisch zu orten; erst wenn eine solche Ortung im Koor-

dinatensystem der Raum-Zeit-Welt erfolgte, kann über die mut-maßliche Religion, Esoterik und Spiritualität der Atlanter gespro-chen werden.

## 3. Atlantis – geologisch betrachtet

*Atlantis, Lemuria, Hyperborea* – so lauten die Namen jener längst versunkenen Urkontinente, die als Erbe aus den urfernen Vergan-genheiten des Erdaltertums noch am Beginn des Tertiär-Zeitalters in voller Ausdehnung bestanden haben. Erst im Laufe des Quar-tärs und seiner vier Eiszeiten mußten diese Landmassen dem Druck gewaltiger Katastrophen und Kataklysmen weichen, bis sich in etwa die heutige Kontinentalgestalt der Erde herausbildete. Die drei Urkontinente wurden teils von neuem Land überlagert, teils wurden sie von Meeresfluten überschwemmt; neue Gebirgskämme erhoben sich, und alte Gipfelhöhen versanken in die Tiefen des Meeres.

Innerhalb der letzten 4 Milliarden Jahre war die äußere Erdge-stalt mehrfach grundlegenden Änderungen unterworfen. Die von Alfred Wegener aufgestellte Kontinentaldrift-Theorie betrachtet die Kontinente als Abspaltungen eines einheitlichen Urkontinents namens Pan-Gaia. Nun wissen wir nicht, wann und wie lange Pan-Gaia bestanden hat; jedenfalls bestehen schon in kambrischer Zeit (also am Beginn des Erdaltertums) mehrere, unabhängig von-einander driftende Kontinentalkomplexe, und zwar im wesent-lichen zwei: ein *eurasisch-nordatlantisch-amerikanischer* und ein *südatlantisch-afrikanisch-pazifischer* Kontinent. Zwischen beiden in etwa parallel verlaufenden Kontinentalmassen lag das Tethys-meer. Bis in das Erdmittelalter hinein, die von Sauriern beherrschte Trias-, Jura- und Kreidezeit, bleibt diese Kontinentverteilung im wesentlichen bestehen. Der tonnenschwere Dinosaurier graste in den Sümpfen Lemuriens und des Nordatlantik-Kontinents; der Ichthosaurier jagte in den Fluten des Tethysmeeres.

Mit dem Tertiär beginnt das große Zeitalter der Säugetiere. Neue Kontinentalverhältnisse bilden sich heraus; die Parallelität der Kontinente verläuft nun nicht mehr in west-östlicher Richtung, sondern in nord-südlicher. *Edgar Dacque*, der wohl als ein namhafter Forscher gelten darf, schreibt hierüber: »Mit dem Ende der Kreidezeit und dem Beginn des Tertiär stellen sich rascher und rascher die der heutigen Landverteilung nahekommenden Verhältnisse her. Der große Südkontinent ist ganz zerlegt, und vielfach ist in die übrig gebliebenen, heute wieder festländischen Teile (z. B. Afrika), sogar Meer eingedrungen. Ebenso sind die Nordlandmassen, wenigstens im atlantischen Gebiet, sehr stark vom Meere überflutet. Schon in der letzten Hälfte der Kreidezeit hatte sich Westafrika von dem südamerikanischen Land merklich getrennt. Es blieb zwar atlantischo-zeanisches Land zwischen der alten und der neuen Welt noch bestehen (Atlantis), aber auch der amerikanische Kontinent wurde immer mehr isoliert, sozusagen der europäisch-afrikanischen Welt durch den immer mehr sich ausprägenden Atlantik fernergerückt.«[16]

Es besteht Grund zu der Annahme, daß Kontinent-Reste des aus dem Paläozoikum stammenden eurasisch-nordatlantisch-amerikanischen Großkontinents im Tertiär- und Quartär-Zeitalter noch existiert haben. Gleichfalls gab es eine Landverbindung zwischen dem südatlantischen Restkontinent, dem südlichen Afrika und Indien: *Lemurien*, benannt nach einer Gattung von Halbaffen, die noch heute auf der Insel Madagaskar vorkommen. Atlantis und Lemurien, soweit sie in der Erdneuzeit noch bestanden, stellen die trümmerhaften Reste der beiden paläozoischen Großkontinente dar! Das einst zwischen ihnen liegende Tethysmeer ist längst entschwunden; an seine Stelle trat das Mittelmeer. Ferner gab es bis in die geologisch jüngste Zeit hinein eine Landbrücke zwischen Skandinavien, Island und Grönland, die auch die Britischen Inseln und Irland umfaßte: *Hyperborea*, das Urland des Nordens, das allerdings während der Eiszeiten des Quartärs größtenteils von polarem Packeis bedeckt war.

Der Untergang von Atlantis wird auf eine bestimmte Zeit datiert: Platon läßt in seinem Kritias-Dialog den ägyptischen Priester sagen, »daß zusammengenommen 9000 Jahre verstrichen sind,

seitdem, wie erzählt wurde, der Krieg zwischen den außerhalb der
Säulen des Herakles und allen innerhalb derselben Wohnenden
stattfand ...« Daraus folgt, daß das fragliche Ereignis um das Jahr
9500 v. Chr. stattfand, also vor rund 11 500 Jahren. Dieser Zeitpunkt markiert das Ende der letzten, der sogenannten Würm-Eis-
zeit, der noch zwei andere Eiszeiten vorangegangen waren. Da die
menschliche Population während der letzten Eiszeit nur aus noma-
disierenden Jägern und Sammlern bestand (vorwiegend Mammut-
und Rentier-Jäger), muß Atlantis mit seiner hochentwickelten Kultur der restlichen Menschheit turmhoch überlegen gewesen sein.
Der Untergang von Atlantis vor rund 11 500 Jahren fällt auch in
ein Äon hinein, in dem die ersten Ackerbaukulturen auftauchen
(die »neolithische Revolution«).

Grundsätzlich bot die Welt der eiszeitlichen Periode hinsichtlich
Kontinentverteilung, Klima, Tier- und Pflanzenwelt ein ganz anderes Bild als gegenwärtig. Da die Gletscher der polaren Packeis-
massen zuweilen bis zum 50. Grad nördlicher Breite herabreichten
(etwa die Linie Paris-Labrador), lag der Meeresspiegel um etliche
Hundert Meter niedriger als heute. Es gab Zeiten, in denen England mit dem europäischen Festland verbunden war; es gab auch
eine Landverbindung zwischen Italien und Nordafrika, und man
konnte trockenen Fußes von Griechenland nach Kleinasien gelangen. Es darf angenommen werden, daß zu jener Zeit auch weite
Teile des *Azoren-Plateaus* auf dem *Mittelatlantischen Rücken* über
Wasser lagen und ein größeres Inselmassiv bildeten, eben das legendäre Atlantis, das noch ein Athanasius Kircher auf seiner Weltkarte
»*Mundus subterranus*« (1678) im Gebiet der heutigen Azoren verzeichnet.

Der Mittelatlantische Rücken, ein geologisch äußerst interes-
santes Phänomen, ist ein unterseeisches Hochplateau, das sich in
Gestalt einer S-Kurve von Island über den Nord- und Mittelatlantik bis in den Südatlantik hinzieht. Die höchsten Gipfelerhebungen
dieses Massivs ragen als Inselgruppen aus dem Meer: die Azoren-
Gruppe sowie die Inseln St. Paul, Ascension, St. Helena und Tri-
stan da Cunha. Diese gebirgige S-Kurve, reich an Vulkanen, liegt

1   *Paul Schliemann, ein Enkel des Troja-Entdeckers, setzte 1912 den*
    *verlorenen Atlantis-Kontinent auf den Dolphin-Rücken.*

genau über jener Bruchstelle an der die Kontinentalsockel Afrikas
und Amerikas auseinanderdriften. Nördlich des Äquators
beschreibt der Mittelatlantische Rücken einen großen halbkreis-
förmigen Bogen, der sich paßgenau an den westlichen Küstenver-
lauf Afrikas anfügt, mit dem Azoren-Plateau als höchster Erhebung. Der höchste Berg auf den Azoren, der *Pico Alto* – immer
noch ein tätiger Vulkan – ragt mit seinem schneebedeckten Gipfel
bis zu einer Höhe von 2 345 Metern auf.

   Schon 1912 hat Dr. Paul Schliemann, der Enkel des Troja-Entdeckers Heinrich Schliemann, das Azoren-Plateau (auch bekannt

als der Dolphin-Rücken) mit Atlantis gleichgesetzt;[17] dieselbe These verfocht vor ihm schon der Amerikaner Ignatius Donnelly in seinem Buch »Atlantis – Myth of the Antedeluvian World« (1882). Tatsächlich scheint die Azoren-Theorie die seriöseste aller Atlantis-Theorien zu sein.[18] Auch die scharfsinnigen Überlegungen von Otto Muck legen sie zugrunde; sie stimmen im übrigen überein mit den Angaben Platons. Tiefseeforschungen in dem fraglichen Gebiet konnten freilich nicht die Spuren einer untergegangenen vorsintflutlichen Zivilisation freilegen, bedecken doch undurchdringlich dichte Lava-Sedimente den ganzen Verlauf des Mittelatlantischen Rückens. Aber daß Teile der im Mittelatlantik verlaufenden Gebirgskette noch in geologisch jüngerer Zeit *über Wasser* lagen, darüber kann heute kein Zweifel mehr bestehen.

Hier nur ein Beispiel: Im Jahr 1898 fand man in einem Gebiet mitten im Atlantik 750 km nördlich der Azoren beim Reparieren eines unterseeischen Telegraphenkabels glasige basaltartige Lava, die sich nicht in den Tiefen des Meeres, sondern nur unter dem Druck der Atmosphäre gebildet haben kann; ihr Alter wurde auf 11 000 Jahre geschätzt. Demnach muß dieses Gebiet im zentralen Atlantik in dem fraglichen Zeitraum eindeutig noch über dem Meeresspiegel gelegen haben!

## 4. Sonnenreligionen in Ägypten und Alt-Amerika

In den Sonnen-Mysterien, die alle Kulturen rings um den Atlantik miteinander verbinden geht es um die *höhere Geist-Wirklichkeit der Sonne*, die dem physischen Himmelskörper »Sonne« zugrunde liegt und gewissermaßen durch ihn hindurchscheint. Wenn die Eingeweihten der Sonnen-Mysterien, etwa die ägyptischen Pharaonen oder die indianischen Priesterkönige, von der »Sonne« sprachen, dann meinten sie damit nicht nur die physische Sonne, sondern auch die geistig-urbildliche Sonne.

Die Verehrung der Sonne als Gestirn und Gottheit geht in älteste Zeit zurück. Der Mensch der Altsteinzeit, der vor über 30 000 Jahren in den Höhlen von Altamira und Lascaux wohnte, erlebte

Sonne, Mond und Sterne als magisch-numinose Wesen, die er mit frommer Scheu verehrte. Eine Sonnenreligion im höheren Sinn, die sich aus dem Bann des Magisch-Zauberischen schon gelöst hat, finden wir in den Hochkulturen Ägyptens, Mesopotamiens und Alt-Amerikas, aber auch im vorgeschichtlichen Europa der Jungsteinzeit, wo die Sonnenwendpunkte und Äquinoktien im Jahreslauf als Kultfeste begangen wurden.

Diese Ur-Sonnenreligion, so schreibt der Religionsphilosoph Artur Schult, »war eine einheitliche, monotheistische, kosmische Lichtreligion, in der die göttliche Schöpfersonne klar unterschieden wurde von der physischen Sonne. (...) Die Träger dieser urzeitlichen Religion kamen aller Wahrscheinlichkeit nach von dem untergegangenen Erdteil Atlantis zu Schiff nach Nord- und Südamerika, nach Afrika, Europa, Nordafrika und Asien.«[19] Wurden in den Tempeln, Krypten, Hainen und Säulenhallen des untergegangenen Inselreiches Atlantis Einweihungen in die Sonnen-Mysterien vorgenommen? Über die angeblichen Sonnen-Mysterien der Atlanter berichtet auch Rudolf Steiner, der seine Erkenntnisse allerdings aus hellsichtiger Geistesschau bezieht. In seinem Werk »Die Geheimwissenschaft im Umriß« (1910) spricht er von sieben Mysterienstätten, die außer dem Sonnengott auch anderen planetarischen Gottheiten geweiht waren.

»Das Mysterienwesen der alten Atlantis«, schreibt F. W. Zeylmans van Emmichhoven, die Erkenntnisse Rudolf Steiners zusammenfassend, »war siebenfältig. Es gab sieben Mysterien-Orakelstätten, die den Mächten geweiht waren, die man, mit einer späteren Terminologie, als Mond, Merkur, Venus, Sonne, Mars, Jupiter und Saturn bezeichnen kann. (...) Im Mittelpunkt dieser atlantischen Mysterien stand das Mysterium der Sonne. In ihm erlebte man die Verbindung mit der göttlichen Macht, die als die zentrale und leitende innerhalb der Menschheitsentwicklung betrachtet wurde. Was von der äußeren Sonne als das strahlende Himmelslicht, als Wärme erlebt wurde, das alles war die nach außen gerichtete Offenbarung, die von der Gottheit ausströmende Wirkung, die Erde und Mensch dankbar empfingen. Das eigentli-

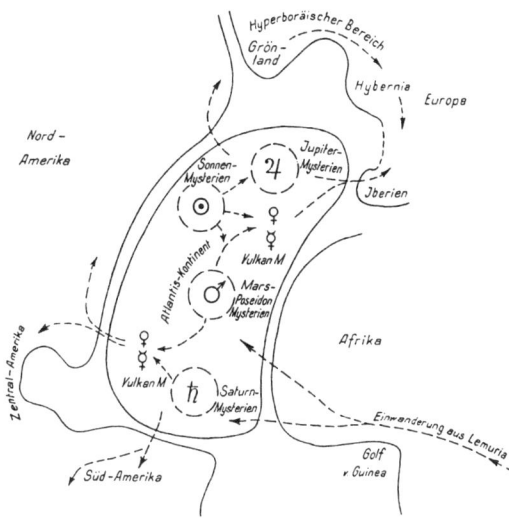

*2   Die atlantischen Mysterienstätten als Ursprünge nach-atlantischer*
    *Besiedelung Europas und Amerikas.*

che Wesen der Sonne war viel umfassender, war das Wesen der
Gottheit selbst.«[20]

Auch in den indogermanischen Hochreligionen, vom keltischen
Druidentum über die Religion der Nordgermanen bis hin zum
altindischen Brahmanismus, gibt es Lichtverehrung, heilige Feuer-
kulte und die Gestalt des durch das Jahr wandernden Sonnengottes. Wenn in späteren Traditionen abendländischer Spiritualität
vom Licht als dem Sinnbild des Göttlichen und Guten gesprochen
wird, dann stehen auch solche Traditionen im Bannkreis einer
uralten Sonnenweisheit. Diese kann man getrost als die Urreligion
nicht nur Europas, sondern auch anderer Weltteile bezeichnen,
vielleicht gar als die Menschheits-Urreligion.

Die eingeweihten Priester der Ägypter, Chaldäer und der Indianer Alt-Amerikas konnten in der Sonne noch unendlich viel mehr
sehen als jenen leuchtenden Glutball, den wir mit dem physischen

Auge wahrnehmen. Ihrer höheren Wahrnehmungs-Ebene offenbarte sich die Sonne auch in ihrer feinstofflichen, astralischen und geistig-göttlichen Qualität. Ein solches Erleben kann der moderne Mensch, der nur das rein Materielle sieht, freilich nicht mehr nachvollziehen. In diesem Sinn bemerkte auch der amerikanische Dichter *D. H. Lawrence*:

»Wollt nur nicht, daß wir uns einbilden, wir sähen die Sonne so, wie die alten Kulturen sie sahen. All das, was wir sehen, ist ein kleiner wissenschaftlicher Leuchtkörper, zusammengeballt zu einer Kugel von glühendem Gas. In den Jahrhunderten vor Esekiel und Johannes war die Sonne noch eine großartige Wirklichkeit, man schöpfte Kraft und Glanz aus ihr und gab dafür Verehrung und Lichtopfer und Dank zurück. In uns jedoch ist die Verbindung gebrochen, die entsprechenden Zentren sind tot. Unsere Sonne ist etwas ganz anderes als die kosmische Sonne der Alten, sie ist so viel mehr gewöhnlich. Wir mögen noch sehen, was wir Sonne nennen, aber wir haben Helios für immer verloren, und die große Scheibe der Chaldäer noch mehr. Wir haben den Kosmos verloren, indem wir aus der entsprechenden Verbindung mit ihm herausgetreten sind, und dies ist unsere größte Tragödie.«[21]

Wer in die Sinnmitte und Sinntiefe der atlantischen (ägyptisch-amerikanischen) Sonnen-Urreligion eindringen will, der muß die ursprüngliche Kosmosverbundenheit dieser alten Völker in sich selbst wiederherstellen, der muß in der Lage sein, durch erlebendes Nachvollziehen auch die folgenden Worte des unbekannten Dichters des *Ägyptischen Totenbuches* zu verstehen, mit denen er den allmorgendlichen Sonnenaufgang als das sich stets wiederholende Wunder der Gottesgeburt feiert:

> Jeden Tag erhebt sich strahlend am Morgen Re,
> Der Götterkönig. Die beiden Göttinnen
> Der Gerechtigkeit versprengen vor ihm den Tau,
> Und die Neunheit verneigt sich vor ihm.
> Sein Vater Nun und seine Mutter Nut freuen sich,
> Wenn er in der Tagesbarke erscheint.

Die Mannschaft in seinem Boote jubelt,
Und Heliopolis, seine Stadt, jauchzt.
In Glück und Hoffnung befährt er seine Himmelsbahn,
Während seine Feinde vor ihm weichen müssen.
Die Menschen sind froh und glücklich,
Wenn sich an jedem Tage
Das Wunder seiner Geburt wiederholt.[22]

Am Anfang der ägyptischen Religion stand die Verehrung von Lokalgottheiten; erst mit der Reichsgründung begann die Zeit, da man sich um die Herausbildung einer national einheitlichen Theologie bemühte. Drei religiöse Hauptzentren stritten um die Vorherrschaft, jedes mit einer eigenen Kosmogonie und Götterlehre: *Heliopolis, Memphis* und *Hermopolis.* Den größten Einfluß gewann jedoch in altägyptischer Zeit die Theologie von Heliopolis. Im Mittelpunkt dieser Lehre stand die »heilige Neunheit«, die auch einen kosmo- und theogonischen Prozeß darstellt: Am Anfang ist der Schöpfergott Atum, der aus sich heraus den Luftgott Schu und die Wolkengöttin Tefnut hervorbringt; aus deren Verbindung entstehen der Erdgott Geb und die Himmelsgöttin Nut, die wiederum als die Eltern der vier Gottheiten Osiris, Isis, Seth und Nephthys gelten.

Im *Alten Reich* (2686–2181 v. Chr.) entwickelte sich von Heliopolis aus ein machtvoller Sonnenkult, der auch von den Königen gefördert wurde, wodurch er bald die Gestalt einer solaren Theokratie annahm. Dieser Sonnenkult hatte durchaus esoterischen Charakter. Denn die Ägypter wußten schon früh zwischen »Erscheinung« und »Wesen« zu unterscheiden. Die Sonne galt ihnen als das hellstrahlende Auge des Gottes *Re*, als seine äußere Erscheinung, seine Manifestation in der Sinnenwelt. Auf seinem Sonnenboot fährt dieser strahlende Lichtgott über den Himmel, den er täglich von Ost nach West durchmißt. Aber seinem eigentlichen Wesen nach ist Re der schöpferische All-Geist, der darum auch mit dem einstigen Schöpfergott Atum gleichgesetzt wurde. Re trat damit an die Spitze der Heiligen Neunheit, er wurde »Götterkönig«, und »die Neunheit verneigt sich vor ihm ...« So wurde der Sonnengott mit dem Schöpfergott überhaupt gleichgesetzt.

Unter den eingeweihten Sonnenpriestern Ägyptens gab es einen, der allen anderen gegenüber den Vorrang innehatte: der Pharao. Seit der 5. Dynastie nennt sich der Pharao *Sohn des Re*; er galt also als der menschgewordene Sonnengott, als die Inkarnation des göttlichen All-Geistes auf Erden. Seit der 4. Dynastie (2550–2450 v. Chr.) wurde der Pharao in einer Pyramide bestattet, und wir kennen noch die Namen der großen Pyramiden-Erbauer: *Djoser, Snofru, Cheops, Chefren* – nicht Herrscher im üblichen Sinn, sondern große Priesterkönige und Sonnen-Eingeweihte. Und es war der Glaube der Re-Religion, daß der Pharao nach seinem physischen Tod in die Sonnengottheit eingehe, um mit ihr wieder einzuwerden; in diesem Sinn wäre die Pyramide nicht als Grabmal, sondern eher als Auferstehungsmal des Pharao zu deuten!

Eine so anspruchsvolle hochgeistige Sonnen-Esoterik wie die altägyptische Re-Religion konnte sich selbstverständlich nicht auf Dauer halten. Im Neuen Reich (1552–1069 v. Chr.) wurde sie von dem volkstümlicheren Osiris-Kult verdrängt. Osiris galt im Glauben der Volksreligion als Seelenführer ins Totenreich und als Totenrichter. So nahm die ägyptische Religion allmählich die Gestalt eines reinen Jenseitsglaubens an. Da tritt jedoch König Amenophis IV. auf, genannt Echnaton (1370–1352 v. Chr.), der am Ende der 18. Dynastie den letztlich erfolglosen Versuch unternimmt, die zutiefst diesseits- und lebensbejahende Sonnenreligion Alt-Ägyptens noch einmal zu restaurieren. Hier einige Worte aus seinem großartigen, glanzvollen Sonnenhymnus:

> Du erstrahlst so schön im Lichtberg des Himmels,
> Du lebendige Sonne, die zuerst zu leben anfing.
> Du leuchtest auf im östlichen Horizont
> Und erfüllst alle Lande mit deiner Schönheit.
>
> Du einziger Gott, außer dem es keinen andern gibt,
> Du hast die Erde geschaffen nach deinem Sinn,

Du einzig und allein, mit Menschen, Herden
Und allem Getier. (...)[23]

Und doch: Ein zum Göttlichen hinführender Einweihungsweg läßt
sich in dem so gefühlvoll gedichteten Sonnenhymnus des Echnaton nicht erkennen. Denn im Mittelpunkt der Verehrung steht ja
nicht *Re*, diese mächtige überkosmische Schöpfergottheit, sondern
*Aton*, die äußerlich sichtbare Sonnenscheibe. Diese bedeutet bei
Echnaton nicht ein Symbol der Gottheit, sondern vielmehr die
Gottheit selbst. So wurde der von ihm restaurierte Sonnenkult ganz
ins Naturalistische und Materialistische gewendet. Kein Wunder,
daß dieser Versuch einer religiösen Reformation scheitern mußte!
Der Sohn Echnatons, der früh verstorbene Tutenchamon, kehrte
wieder zur traditionellen Priesterreligion zurück.

Es scheint, daß die Pharaonen des Alten Reiches, die großen
Pyramidenerbauer der 4. und 5. Dynastie, dem Urquell atlantischen Sonnen-Wissens noch näher standen als die Könige der Spätzeit. Dennoch klafft zwischen dem von Platon angegebenen Datum
des Untergangs von Atlantis – vor rund 11 500 Jahren – und dem
Bau selbst der ältesten Pyramiden unter König *Djoser* (2600–2550
v. Chr.) eine Lücke von rund 7000 Jahren, so daß eine direkte
Beeinflussung Ägyptens durch Atlantis wohl ausgeschlossen werden muß. Gleiches gilt für die indianischen Kulturen Alt-Amerikas,
die geschichtlich in weitaus jüngere Zeit zurückgehen als Ägypten.
Und doch liegt den Indianer-Kulturen Amerikas eine Religion und
Spiritualität zugrunde, die in der sichtbaren Sonne Abbild und
Symbol einer höchsten transzendenten Schöpfergottheit erblickt.

Der Einfluß der Sonnenreligion kommt am deutlichsten in den
Sakralbauten der Indianer zum Ausdruck, etwa in den Pyramiden
von *Teotihuacan*, die heute noch im Zentralhochland von Mexiko
– etwa 30 km nördlich von Mexiko City – zu sehen sind. Auf der
Halbinsel von *Yucatan* stehen, halb von Urwald überwuchert, die
Pyramiden der Mayas, die den ägyptischen überraschend ähnlich
sehen. Auf dem Boden der südamerikanischen *Inka*-Kultur (etwa
1200 bis 1532 n. Chr.) konnte sich schließlich ein vollausgebilde-

tes Sonnenkönigtum entwickeln, das sein geschichtliches Ebenbild einzig in der solarkultischen Theokratie der altägyptischen Sakral-herrscher finden kann. Wie sich der Pharao einst »Sohn des Re« nannte und als solcher auch verehrt wurde, so galt der oberste Herrscher der Inkas als die menschliche Inkarnation des Sonnen-gottes Inti, mit dem er sich im physischen Tod wieder neu vereinte. Dennoch – die Hochkulturen Mittel- und Südamerikas sind ge-schichtlich verhältnismäßig jung, wie der folgende Überblick zeigt:

| | |
|---|---|
| *ab 2000 v. Chr.* | *Dorfkulturen in Mexiko* |
| *1000–600 v. Chr.* | *Kultur der Olmeken* |
| *200 v. Chr.–600 n. Chr.* | *Kultur von Teotihuacan* |
| *400–700 n. Chr.* | *Kultur der Mayas* |
| *750–1000 n. Chr.* | *Kultur der Tolteken* |
| *1325–1521 n. Chr.* | *Kultur der Azteken* |

Auf Grund dieser Datierungen muß »Atlantis« als Impulsgeber der Indianer-Kulturen Amerikas wohl ausscheiden. Es bleibt jedoch ein ungelüftetes Geheimnis, welche Verbindungswege zwischen dem vorgeschichtlichen Amerika und dem Europa der Jungsteinzeit bestanden haben mögen. Ob die Wikinger unter Leif Eriksen tat-sächlich die ersten Europäer waren, die amerikanischen Boden betraten, bleibt ungewiß. Inwieweit haben westliche Einwanderer, die aus dem Europa der Megalithkultur kamen, das Gesicht der Ur-Kultur Amerikas geprägt?[24] Die urzeitliche Begegnung mit einer hellhäutigen weißen europiden Rasse (Atlanter?) hat jedenfalls im kollektiven Gedächtnis der indianischen Völker tiefe Spuren hinterlassen. Diese Urerinnerung kristallisiert sich geradezu in der Gestalt des rätselhaften *Quetzalcoatl*, den die Tolteken und Azte-ken als Gott verehrten. Bei den Maya-Indianern trug er den Namen *Kukulcan*, bei den Inkas hieß er *Viracocha*.

Eigentlich handelt es sich bei diesem Quetzalcoatl nicht um einen Gott, sondern eher um einen halbgöttlichen Vorzeit-Helden, der später zum Mythos verklärt wurde: als Herr des Zauberwis-sens und der Dichtkunst, auch als Kulturstifter, Staatengründer und erster König der Indianer. Spätere Könige der Tolteken und Azteken nahmen seinen Namen als Ehrentitel an. Quetzalcoatl wird als europid, hellhäutig, blauäugig und vollbärtig beschrieben; er sei aus einem »Land im Osten« gekommen und dorthin zurückgekehrt. War dieses Land im Osten Atlantis, der Brückenkopf zwischen der Alten und der Neuen Welt?

## 5. Der Untergang von Atlantis

Der Untergang von Atlantis, ein Zusammenwirken von kosmischen, vulkanischen und tellurischen Katastrophen, hat sich tief ins kollektive Gedächtnis der Menschheit eingegraben – zahlreiche Mythen aus Indien, Vorderasien, Europa und Amerika kreisen um dieses Thema. Einen »Beweis« für das einstige Vorhandensein von Atlantis liefern solche Mythen allerdings nicht. Über die tieferen Gründe des Atlantis-Untergangs macht Platon recht deutliche Angaben. In seinem Kritias-Dialog läßt er den ägyptischen Priester zu den Griechen sagen: »Indem aber in späterer Zeit gewaltige Erdbeben und Überschwemmungen eintraten, versank, indem nur ein schlimmer Tag und eine schlimme Nacht hereinbrach, eure Heeresmacht insgesamt und mit einem Male unter die Erde, und in gleicher Weise wurde auch die Insel Atlantis durch Versinken in das Meer den Augen entzogen.«[25]

Die Ursache hierfür lag jedoch in der Verderbtheit und Entartung der Atlanter selbst. Der Erwerb von Macht und Reichtum, so gibt Platon deutlich zu erkennen, wurde bei den entarteten Atlantern zum Selbstzweck. Ihrer göttlichen Herkunft konnten oder wollten sie sich nicht mehr erinnern. Dabei galten sie doch ursprünglich als ein Geschlecht von Halbgöttern! So schreibt Platon in seiner Schrift über die Atlanter: »Viele Menschenalter hindurch, solange noch die göttliche Abkunft bei ihnen vorhielt, waren sie den Gesetzen gehorsam und freundlich gegen das verwandte Göttliche gesinnt; denn ihre Gedanken waren wahr und durchaus großherzig ... Bei solchen Grundsätzen also und solange die göttliche Natur vorhielt, befand sich bei ihnen alles früher

Geschilderte im Wachstum; als aber der von dem Gotte herrüh-
rende Bestandteil ihres Wesens, häufig mit häufigen sterblichen
Gebrechen versetzt, verkümmerte und das menschliche Gepräge
die Überhand gewann: da vermochten sie bereits nicht mehr ihr
Glück zu ertragen, sondern entarteten ...«[26]

*Otto Muck* hat in seinem Buch »*Alles über Atlantis*« (1976) den
Versuch unternommen, den Verlauf der Atlantis-Katastrophe in
allen Einzelheiten nachzuzeichnen. Seine sachkundige und über-
zeugende Argumentation braucht hier nicht wiederholt zu werden.
Es wurde bereits darauf hingewiesen, daß die Atlantis-Inselgruppe
höchstwahrscheinlich auf den Gipfelerhebungen des Mittelatlantischen Rückens lag. Dieser unterseeische Gebirgszug besteht
genau betrachtet aus einer einzigen Vulkankette, die sich in S-för-
miger Kurve von Island über die Azoren bis nach St. Helena im
Südatlantik hinzieht. Eine kollektive Vulkan-Explosion im Gebiet
des Mittelatlantischen Rückens konnte einen gewaltigen Erdspalt
aufreißen, in dem ganze Ländereien versanken; titanisch und
gebirgshoch muß die Flutwelle gewesen sein, die anschließend über
die Weltmeere hereinbrach. Diese Flutwelle dürfte nicht nur die
Küsten des Atlantischen Ozeans verwüstet, sondern auch noch
andere Weltgegenden heimgesucht haben.

In einer der wenigen erhalten gebliebenen Maya-Chroniken,
bekannt unter dem Namen *Codex Troanus*, dessen Übersetzung
allerdings als strittig gilt, wird der Untergang von Atlantis wie folgt
geschildert: »Im sechsten Jahre Kan, am elften Muluk, im Monate
Sak, begannen Erdbeben in schrecklichen, noch nicht dagewesenen
Ausmaßen. Sie dauerten ohne Unterbrechung bis zum 13. Tschuen
an. Die Insel Mu, das Land der Schlammberge, wurde ihr Opfer.
Zweimal wurde sie aus dem Meere emporgehoben, und dann,
plötzlich, über Nacht, war sie verschwunden. Furchtbar wurde das
Meer durch die Macht unterseeischer Vulkane aufgewühlt. Das
feste Land hob und senkte sich mehrere Male hintereinander, dann
beulte es sich auf wie eine Blase, die zerplatzen will. Schließlich gab
die Oberfläche der Erde nach, zehn Länder wurden voneinander-
gerissen, zerfetzt, in die Luft gesprengt, unfähig, den gewaltigen

Erschütterungen länger standzuhalten. So versanken sie in den Abgründen des Meeres, und mit ihnen versanken 64 Millionen Menschen, alle ihre Bewohner. Dies aber geschah 8060 Jahre vor der Abfassung dieser Schrift.«[27]

Dem Text zufolge muß der Atlantis-Untergang eine Katastrophe gewesen sein, deren Nachfolgen sich weltweit auswirkten. Als auslösenden Faktor der hier geschilderten Vulkan-Explosion im Zentralatlantik wird von zahlreichen Atlantis-Forschern der Absturz eines Himmelskörpers angenommen. Nach Otto Muck soll es sich sogar um einen Planetioden gehandelt haben; es kann jedoch auch ein größerer Komet gewesen sein. Als ziemlich sicher gilt, daß nur eine äußere kosmische Einwirkung auf das Erdgeschehen die atlantische Katastrophen-Kette ausgelöst haben kann.

Eine blasse Erinnerung hieran hat sich uns noch erhalten in der Mythologie der Griechen, und zwar in der Sage von *Phaethon*, dem Sohn des Sonnengottes Helios, der den Sonnenwagen des Vaters nicht zu lenken verstand und deswegen wie ein leuchtender Glutball zur Erde herabstürzte; hinter ihm her zog ein rot glühender Feuerschweif. Das Sprachbild des Dichters Ovid, wie es in den folgenden Versen zitiert wird, läßt den Fall Phaethons deutlich als die symbolische Ausschmückung eines Kometen- oder Planetoiden-Absturzes erkennen:

> Phaethon nun, von der Glut die geröteten Haare
> verwüstet,
> Taumelte häuptlings hinab, und in langem Zuge die
> Luft durch
> Flieget er: sowie zuweilen ein Stern vom heiteren
> Himmel
> Wenn auch nicht er entfällt, doch gleich dem
> entfallenden scheinet.[28]

Die sogenannte *Große Sintflut* wäre demnach nicht die Ursache, sondern vielmehr die Folge des Atlantis-Untergangs. Tief hat sich die große Flutkatastrophe in das kollektive Gedächtnis der

Menschheit eingegraben, so daß wir heute einen ganzen Kranz von
Sintflut-Legenden vor uns haben, und zwar aus Kulturkreisen diesseits und jenseits des Atlantik. Das *Popol Vuh*, das *Buch des Rates*
der Maya-Indianer, spricht von einem Geschlecht hölzerner Menschen, die sich ihres Schöpfers nicht mehr erinnern konnten und
deswegen von einer Sintflut hinweggetilgt wurden: »Eine Flut
erweckte das Herz des Himmels, und große Wasser fielen auf das
Haupt der Wesen aus Holz.«[29] Von der Sintflut in Mesopotamien
berichten übereinstimmend die Noah-Geschichte der Bibel und das
Gilgamesch-Epos. Die griechische Mythologie nennt *Deukalion* als
den einzigen Überlebenden der großen Flut, während nach indischen Quellen ein gewisser Manu die Sintflut überlebte und danach
eine neue Menschheit begründete. Hier die indische Flutsage, wie
sie in den Brahmanas überliefert wird:

»Dem Manu brachten sie (seine Diener) früh Waschwasser, so
wie man das jetzt noch für die Hände zum Abwaschen herbei-
bringt; als er sich wusch, kam ihm ein Fisch in die Hände. Der
sprach zu ihm: ›Pflege mich, ich will dich retten.‹ ›Wovor willst du
mich retten?‹ ›Eine Flut wird alle diese Geschöpfe fortführen, davor
will ich dich retten.‹ (...) Bald war er ein Großfisch (jhasha), denn
er wuchs gewaltig, da (sprach er): ›Das und das Jahr wird die Flut
kommen, dann magst du ein Schiff zimmern und zu mir dich wen-
den (im Geiste); wenn die Flut sich erhebt, magst du das Schiff
besteigen, dann will ich dich retten.‹ – Nachdem er ihn also
gepflegt, schaffte er ihn hinab ins Meer: das wievielte Jahr er ihm
nun anzeigte, das sovielte Jahr zimmerte er sich ein Schiff und
wandte sich zu ihm; als die Flut sich erhob, bestieg er das Schiff,
der Fisch schwamm zu ihm heran, an dessen Horn band er (Manu)
das Tau des Schiffes, damit setzte er (der Fisch) über diesen nördlichen Berg. – Er sprach: ›Ich habe dich gerettet: binde das Schiff
an einen Baum, damit dich nicht, ob du auch auf dem Berge bist,
das Wasser fortspült: wenn das Wasser allmählich fallen mag, dann
magst du auch allmählich hinabsteigen.‹«[30]

Eine ganz ähnliche Sintflutlegende findet sich in dem berühmten *Gilgamesch-Epos*, einem in Keilschrift niedergelegten Zwölf-

tafelwerk, das wohl auf sumerische Ursprünge zurückgeht, aber auch babylonische, assyrische und hethitische Varianten aufweist. Von Gilgamesch, dem König der Stadt Ur, heißt es, daß er »Geheimes sah, Verborgenes entdeckte / Verkündete, was vor der Flut geschah (...)« In der »Elften Tafel« begegnet er *Utnapischtim*, dem einzigen Überlebenden der Großen Sintflut, der das von ihm Erlebte folgendermaßen schildert:

> Ich sah mich um, wie's um das Wetter stand:
> Entsetzlich war der Himmel anzusehn. (...)
> Beim ersten Dämmerschein des (nächsten) Morgens
> Schob eine schwarze Wolke sich empor (...)
> Am Horizont, drin Adads Donner rollt.
>
> Furcht überkam ob Adads Grimm den Himmel,
> Da Finsternis verdrängte alles Licht.
> Und wie ein Tonkrug (?) barst das weite Land.
> Der Südsturm raste einen Tag mit Macht,
> der Berge Spitzen ganz zu überfluten,
> Die Menschheit wie ein Krieg zu überfallen.
> Der eine konnt' den anderen nicht sehn,
> Vom Himmel war kein Mensch (mehr) zu erblicken.
> In Angst gerieten ob der Flut die Götter,
> Sie flohn (und stiegen) auf zu Anus Himmel,
> Wie Hunde duckten sie sich draußen (?) nieder.
>
> Gebeugt und klagend saßen da die Götter,
> Die Lippen preßten sie (vor Angst) zusammen.
> Der Orkan schnob sechs Tag' und [sieben] Nächte.
> (Es stieg) die Flut, vom Sturm ward flach das Land.
> (Erst) als der siebte Tag kam, schwand die Macht
> Des wilden Südsturms, der die Flut gebracht.
> Alsbald war still das Meer, es legte sich
> der Wettersturm, die Sintflut war zu Ende.[31]

Es ist also einerlei, ob wir ihn *Noah, Utnapischtim, Deukalion* oder *Manu* nennen – es wird auf jeden Fall übereinstimmend erzählt, daß ein besonders rechtschaffener Mensch mit Hilfe eines selbstgebauten Bootes der Sintflut entkam und nach dem Abebben der Flut den Stammbaum der Menschheit fortsetzte. Hieraus wird dann gefolgert, daß es wenige Atlanter gab, die den Untergang ihrer Inselheimat überlebten; heimatlos strandeten sie, zusammengepfercht auf selbstgefertigten Flößen und Booten, an den Küsten Westafrikas und Europas. In diesen wenigen Überlebenden des Atlantis-Untergangs glaubt Rudolf Steiner die Vorfahren der späteren »Arier« – also der Indogermanen zu erkennen. In seinem Buch »*Aus der Akasha-Chronik*« schreibt er: »Die größte Masse der atlantischen Bevölkerung kam in Verfall, und von einem kleinen Teil stammen die sogenannten Arier ab, zu denen unsere gegenwärtige Kulturmenschheit gehört.«[32]

Inwieweit kann man die Indogermanen – das Wort »Arier« sollte man selbstverständlich vermeiden[33] – als die Nachfahren der Atlanter betrachten? In der indogermanischen Vorstellungswelt zeigt sich jedenfalls, wenn auch nur bruchstückhaft erkennbar, der Strom einer uralten Atlantis-Überlieferung. Hierzu gehören die zahlreichen, sowohl keltischen als auch griechischen Mythen von den *Inseln der Seligen*, den versunkenen Paradies-Inseln im Westen, Hesiods Sage vom *Goldenen Zeitalter*, die vielen Geschichten von einem vorzeitlichen Halbgötter-Geschlecht, und nicht zuletzt der Atlantis-Bericht Platons. Es wäre denkbar, daß sich die Indogermanen in ihren Ursprungsmythen eine Erinnerung an ihre eigene Urheimat bewahrt haben.

Mit Sicherheit wird die heutige Schulwissenschaft, auch die Geologie, das Atlantis-Rätsel nicht lösen können. Für das Bestehen einer vor 11 500 Jahren untergegangenen Atlantis-Kultur gibt es keine »Beweise«, auch die Erdgeschichte liefert die von uns geschwünschten Beweise nicht. Dennoch bleibt der Ideenkomplex, der sich um die Begriffe *Atlantis* und *Goldenes Zeitalter* rankt, ein großartiger Ursprungsmythos; und die Esoteriker aller Zeiten waren sich gewiß, daß diesem Mythos einst historische Wirklichkeit entsprach. Hellsichtig Begabte – wie Rudolf Steiner und Edgar Cayce – lasen in der »Akasha-Chronik«, und visionhaft erkannten sie dort die Gestalten unserer atlantischen Vorfahren. Freilich: Eine Beweiskraft geht von derlei subjektiven Schauungen nicht aus. Wer sich mit dem Thema Atlantis befaßt, wird immer in einem Niemandsland wandern, in dem Mythos und Wirklichkeit ineinander übergehen.

# III.
## MEGALITHISCHE MYSTERIEN

> Die steinzeitliche Megalithreligion kannte ohne Zweifel
> Mysterien mit stufenweisen Einweihungen und Darstellung
> heiliger Mythen, die sich um den Sonnenhelden und die Erd-
> jungfrau drehten, die später zum »Soter«, dem Retter und
> Heiland, und der zu erlösenden »Psyche« wurden. Die grie-
> chischen Mysterien, vor allem die von Eleusis und Samoth-
> rake, die durch Jahrhunderte eine so tiefe und heilbringende
> Wirkung auf Leben und Kultur Griechenlands ausgeübt
> haben, waren vordorisch und … uralt. Vermutlich wurzel-
> ten sie noch – ebenso wie fast alle orientalischen Mysterien
> – in der Religion der Megalithzeit.
>
> *Britta Verhagen*[1]

## 1. Die Sinnbedeutung der Großen Steine

Die *Großen Steine* – Megalithen aller Art, Menhire und Dolmen, Steinreihen, Ganggräber und Kromlechs – zeugen
stumm von einer geistig hochstehenden ackerbautreibenden Kultur, die sich seit etwa 5000 v. Chr. auf dem Boden des vorgeschichtlichen Europa entfaltete. Tausende solcher Groß-Steine (so
die wörtliche Bedeutung des Begriffs *mega-lith*) finden wir über die
Länder Westeuropas verstreut, und zwar in einem halbkreisförmi-
gen Bogen, der sich – entlang der atlantischen Küste – von Süd-
spanien und Portugal über die Bretagne und die Britischen Inseln
bis in die Norddeutsche Tiefebene sowie nach Dänemark und Süd-

skandinavien hinzieht. Auch im westlichen Mittelmeerraum stehen noch vereinzelt die steinernen Zeugen dieser ältesten Kultur Europas, so etwa auf Malta, auf Sardinien, Korsika und auf den Balearen. Die ältesten dieser Steinmonumente gehen nach neusten Messungen auf eine Zeit zurück, die rund 1000 Jahre vor der Erbauung der ersten ägyptischen Pyramiden liegt.

In der Bretagne, einem Land, in dem das Erbe der Vorgeschichte noch unmittelbar lebendig bleibt, gibt es unzählige Megalithen. Die heute üblichen Bezeichnungen »Menhir« und »Dolmen« stammen denn auch aus dem Niederbretonischen. Unter einem *Menhir* versteht man einen einzeln dastehenden, hoch aufragenden Langstein, unter einem *Dolmen* einen jener gigantischen Steintische, die durch zwei oder drei senkrecht stehende Hochsteine und einen waagerecht darüberliegenden Deckstein gebildet werden. Im Volksmund werden solche Steintische zuweilen auch als »Hünengräber« bezeichnet. Ringförmig angeordnete Steinanlagen wie etwa die von Stonehenge und Avebury in Südengland nennt man *Kromlechs*, und linear ausgerichtete Steinreihen wie beispielsweise die in Carnac heißen *Alignments*.

Während die Dolmen ziemlich eindeutig als megalithische Grabanlagen gedeutet werden konnten, genauer gesagt, als Kollektivgräber, bleibt die Sinnbedeutung der Menhire, Kromlechs und Alignments umstritten; der Schulwissenschaft bleiben sie eigentlich ein Rätsel. Denn die Großen Steine stehen im Kontext einer *megalithischen Mysterienreligion*, in deren Mittelpunkt wohl die heilige Kommunion von Himmel und Erde stand, die Ehe zwischen Mutter Erde und dem Sonnengott. Nur aus den Tiefen der Megalith-Religion kann daher der Zweck der vorgeschichtlichen Steinsetzungen recht gedeutet werden; denn diese Bauwerke dienten ohne Zweifel einem rein kultischen Zweck. Zu den wichtigsten megalithischen Bauanlagen rechnen wir die folgenden:

1. *Die gigantischen Steintempelanlagen von Malta*
2. *Die sogenannte ›Gruppe von Arles‹ (Südfrankreich)*
3. *Die Steinanlagen der Bretagne, besonders Carnac*

*4. Die westirischen Anlagen, besonders New Grange*
*5. Die Steinkreisanlage von Stonehenge (Südengland)*

Bei den Alignments handelt es sich wohl um megalithische Pro-
zessions-Straßen, durch die an bestimmten Festtagen oder zu Ehren
einer bestimmten Gottheit feierliche Umzüge stattfanden. Solche
Umzüge, oftmals nachts im Schein unzähliger Fackeln abgehalten,
gehören seit alters zu den heiligen Weihehandlungen im Rahmen
eines Mysterien-Kultes. Auf der Heide von *Menec* bei *Carnac* (Dep.
Morbihan, Frankreich) steht noch eine solche Kultanlage, die
größte, die wir kennen: 1199 Menhire, manche bis zu 7 Metern
hoch, bilden parallele Reihen auf einem Rechteck, das 1 km Länge
und 100 Meter Breite mißt; die Parallel-Reihen trennen 10 breite
Straßen gegeneinander ab, deren mittlere auf die offene Seite eines
Halbkreises von 70 Steinsäulen hinführt. Hier muß der zentrale
Ort eines Kultes gelegen haben, der sich heute nicht mehr erschließen läßt.

Warum errichtet der Mensch überhaupt Steinmale, und warum
an bestimmten Orten, an anderen aber nicht? Nur ein religiös-
numinoses Urerleben kann am Anfang einer solchen Handlung stehen. Sicher wurden Steinmale oder Hochsteine an solchen Orten
aufgerichtet, die in der Erfahrung der Menschen als »heilige Orte«
galten oder die über eine besondere magisch-numinose Qualität
verfügten. Tatsächlich wird jeder Feinfühlige merken, daß an den
Standorten der Megalithen eine besondere Geistigkeit vorherrscht,
eine bestimmte geist-stoffliche Schwingungs-Qualität, die –
obgleich schwer zu beschreiben – den Menschen in ihren Bann
zieht und möglicherweise die Fähigkeit spirituellen Wahrnehmens
in ihm wachruft. Ein machtvoller *genius loci* waltet am Standort
der Großsteine, und neuerdings hat man versucht, das Besondere
dieser Strahlung mit Hilfe der modernen Radiästhesie festzustellen.
Dabei zeigte sich, daß die Orte der Menhire und Kromlechs eine
in höchstem Maße »kraftgeladene« »Aura« aufwiesen.

Das Geheimnis der Megalithen enthüllt sich nur dem, der um
das Wirken der Äther-Kraft weiß. Unser Heimatplanet Erde, ein

*3  Steinreihen von Carnac, Dpt. Morbihan, Bretagne.*

lebendig beseelter Organismus wie der Mensch selbst, besitzt nicht
nur einen stofflichen Körper, sondern auch eine ätherische Strah-
lenhülle. Im Organismus der Erde fließt gleichsam in unterirdischen Kanälen ein Kräftestrom des Äthers, der kosmischen Lebenskraft, und wo sich in einem solchen Netzwerk feinstofflicher
Energien Kräfteströme überschneiden, entstehen besondere Kon-
zentrationen okkulter Kräfte, die man als »Kraftorte« bezeichnet.
Solche Kraftorte erkennt man in der Regel daran, daß der dort Ver-
weilende eine besonders intensiv schwingende Geist-Stofflichkeit
erleben kann. Es spricht vieles für die Vermutung, daß die Menhire
von den Menschen der Megalith-Zeit auf solchen Kraftorten
errichtet wurden. Dann wären sie auch untereinander mit dem
feinstofflichen Meridian-System der Erde verbunden.

    Die zahlreichen Volkssagen und Mythen, die sich später um das
Rätsel der Megalith-Bauwerke gebildet haben, schildern die Gro-

ßen Steine durchaus als belebte Wesenheiten. Wie ein Heer erstarr-
ter Riesen stehen sie da, eingehüllt in wogenden Nebel: Stein-Tita-
nen, die in ihrem Gedächtnis vorzeitliches Wissen und die Weisheit
der Schöpfung speichern. Viele Sagen gibt es auch, in denen die
Großen Steine sich plötzlich verlebendigen, menschengleiche
Gestalt annehmen, umherlaufen oder Rundtänze aufführen.
Andere Überlieferungen machen die Megalithen zum Treffpunkt
oder gar Wohnort von Naturgeistern, und in der mythenschaffen-
den Seele des naturverbundenen Menschen entsteht das Bild von
Gnomen, die in Dolmen wohnen, oder von Elfen, die in mondhel-
ler Nacht den einsam dastehenden Menhir umtanzen. Im Bretonischen heißen die Menhire daher oft Feensteine.

Dennoch würde es zu kurz greifen, die Menhire als Symbole
eines »chthonischen Fruchtbarkeitskultes« zu sehen, wie dies
gerade in der Fachliteratur immer wieder geschieht; sie weisen
ebenso auf einen Sonnenkult hin. Daß sich die meisten Steinsetzungen und Bauanlagen der Megalith-Zeit auf den Himmelslauf
der Sonne ausrichten, gilt mittlerweile als erwiesen. So schreibt
etwa der Vorgeschichts-Forscher Fernand Niel: »Die Erbauer der
Dolmen haben ihre Monumente nicht nur nach Osten, also in die
Richtung gelegt, in der die Sonne zur Tagundnachtgleiche am 21.
März und am 23. September aufgeht, sondern sie haben sich auch
am Aufgang der Sonne zur Sonnwende am 21. Juni und 21. Dezember orientiert.«[2] Ähnlich Dieter Vollmer: »Sie sind als Sonnenträ-
ger zu betrachten und erfüllen dann ihren Sinn, wenn zu bestimmter Stunde und von bestimmtem Beobachtungspunkt aus gesehen
das Tagesgestirn auf ihrer Spitze zu ruhen schien.«[3]

Als Sonnenkultstein und Symbol einer »heiligen Hochzeit« zwischen Sonne und Erde mag der Menhir auch den Gedanken der
Weltensäule verkörpern. Das Weltensäulen-Motiv entstammt dem
Umkreis der Atlantis-Kultur, deren Erbschaft die westeuropäische
Megalith-Kultur offensichtlich angetreten hat (wenn sie nicht gar
selbst mit »Atlantis« identisch ist). Die Aufgabe der Weltensäule
besteht darin, Himmel und Erde miteinander zu verbinden, Stützpfeiler des Universums zu sein. Im Mythos der Griechen war die

personifizierte Weltsäule der Titan Atlas, nach dem ja die Könige von Atlantis ihren Namen erhielten. Und Platon erzählt in seinem Bericht über Atlantis, daß die Atlanter tatsächlich in ihrem heiligen Bezirk eine große Kultsäule aufgestellt hätten; er spricht von »einer Säule aus Bergerz, welche in der Mitte der Insel im Tempel Poseidons sich befand«[4]. Am Fuße dieser Säule, so berichtet Platon, hätten sich alle drei bis fünf Jahre die Könige von Atlantis versammelt, um dort im Zuge eines heiligen Stier-Opfers den Willen ihres Gottes zu erkunden.

Ob die Menhire auch eine solche »atlantische« Kultsäule darstellen sollten, ob ähnliche Opfer wie das von Platon geschilderte am Fuß der Menhire vollzogen wurden, mag dahingestellt bleiben. In der Bretagne gibt es jedenfalls Menhire von recht beachtlicher Höhe. Der *Menhir von Kerloaz* (Dpt. Finistere, Bretagne), ein monolithischer Block, ragt 9 Meter hoch. Der einsame Gigant unter den Großen Steinen muß jedoch der *Menhir von Locmariaquer* (bei Carnac, Bretagne) gewesen sein, der – heute in vier Teile zerborsten, die achtlos im Heidekraut umherliegen – ursprünglich bis zu einer Höhe von 23 Metern aufragte! Der griechische Geograph Scymnos von Chios, der im 1. Jahrhundert v. Chr. lebte, kannte noch diese steinerne »Weltensäule«: »Die Kelten haben griechische Bräuche ... An der äußersten Grenze ihres Landes befindet sich eine Säule (stele) ... sie erhebt sich gegen das Meer vor den stürmischen Wogen. (...) Die Bewohner der Gebiete um diese Säule sind die letzten Kelten und die Veneter.«[5] Ohne Zweifel spricht der Geograph hier von der Bretagne – von Armorica, dem Land der Heiligen Steine.

## 2. Die megalithische Magna Mater

Die *»neolithische Revolution«* – so nennt man üblicherweise den Übergang von der rein aneignenden Wirtschaftsweise nomadisierender Jäger und Sammler zur Seßhaftigkeit in dörflichen Siedlungen in Verbindung mit Ackerbau und Nutztierhaltung. Diese »Revolution«, der Siegeszug des Pfluges, begann sich seit dem

angeblichen Untergang von Atlantis (10 000–8000 v. Chr.) in
Vorderasien und in den Ländern Westeuropas auszubreiten. Als
Träger dieser revolutionären Umwälzung traten in Europa die
Megalithvölker auf, systematisch besiedelten sie die Küsten West-
europas, und wo auch immer sie hinkamen, brachten sie die
Kenntnis und Lebensweise der Landwirtschaft mit sich. Mit der
Landwirtschaft brachten sie die Kulturidee der Großen Mutter-
gottheit, die sich im Rahmen der Bandkeramiker-Kultur vom
Schwarzen Meer entlang der Donau nach Mitteldeutschland und
Belgien ausbreitete. So bildete sich als älteste uns bekannte Reli-
gion in Europa der Kult der »Großen Mutter« – der *Magna Mater*
– heraus.

Das Große Mutteridol der Jungsteinzeit sollte wohl vor allem
die »Mutter Erde« darstellen; doch begegnet uns in den Mythologien der frühen Hochkulturen auch die kosmische Himmelsmutter, die als Urmutter und Gebärerin des Weltalls die Sonne, den
Mond und die Sternengeister hervorgebracht hat. In der jungsteinzeitlichen Mysterienreligion herrschte ursprünglich zwischen
der Großen Muttergottheit und dem Sonnengott ein reines Mut-
ter-Sohn-Verhältnis. Der Sonnengott wurde als Sohn der – durch
den Mond repräsentierten – kosmischen Himmelsmutter angesehen. Eine Göttin wie die ägyptische *Isis*, die den Sonnenknaben
Horus geboren hat, geht als Archetypus unmittelbar auf die jungsteinzeitliche Magna Mater zurück. Ebenso sämtliche Erdgöttinnen Vorderasiens und der Alten Ägäis, die wir kennen, etwa *Gaia*,
*Demeter*, *Persephone* und *Kybele*. In meinem Buch »Göttin Erde«
(1994) habe ich diese, allesamt auf das Neolithikum zurückge-
henden Erdgöttinnen ausführlich dargestellt.[6]

Die Magna Mater als die zentrale Göttin des Neolithikums, als
der fruchtbare Mutterschoß, aus dem alles Leben erneuert hervorgeht – deutlicher als irgendwo anders zeigt sich ihr Kult in den
gigantischen Steintempeln auf den Inseln Malta und Gozo: *Hal
Tarxien*, *Ggantija*, *Hagar Qim*, so heißen die wichtigsten Tempel-
ruinen. Auf dem maltesischen Archipel, 80 km südlich von Sizilien,
auf der Grenzscheide zwischen Europa und Afrika, zwischen West-

europa und der ostmittelmeerischen Welt, entwickelte sich in der
Zeit von 3600 bis 1500 v. Chr. völlig unabhängig von fremden Kul-
tureinflüssen eine megalithische Tempelkunst, die bis heute einzigartig dasteht – eine hermetische, in sich abgeschlossene Welt, die
ganz im Bannkreis eines machtvollen religiösen Erlebens stand.
Beziehungen zur ägyptischen oder kretisch-mykenischen Kulturwelt bestanden offenbar nicht; bestimmte Bildmotive auf den maltesischen Tempeln wie die Doppelspirale, das »Lebensbaum«-
Motiv oder die komplizierten Lochmuster auf den weichen
Korallenkalksteinen stellen etwas Einmaliges dar.

Zweifellos handelt es sich um steinzeitliche Monumental-Archi-
tektur: Der Haupttempel von *Hal Tarxien* bei La Valetta auf Malta
besitzt eine 9 Meter hohe Fassade, an die sich ein halbkreisförmi-
ger, 33 Meter breiter Vorhof anschließt. Trotz des Urnenfriedhofs,
den man in der Nähe des Tempels fand, wurde auf Malta kein
Ahnen- oder Totenkult begangen, sondern ein Kult des Lebens, der
Fruchtbarkeit, der Mutter Erde. Ein solcher, durchaus matriar-
chaler Kultus einer Urgöttin wird deutlich genug belegt durch die
zahlreichen Funde sakraler Kunst – von kleinen Statuetten der
Magna Mater, nur 4 bis 12 cm hoch, über die berühmte »Schla-
fende Dame«, die man im Hypogäum von *Hal Saflieni* fand, bis zur
ursprünglich 3 Meter hohen Kolossalstatue der Großen Göttin, die
beherrschend in der Apsis des Tempels von *Hal Tarxien* steht als
die eigentliche Herrin der ganzen Inselgruppe. Es ist gut vorzustellen, schreibt Sibylle von Reden, daß die Bewohner dieser Inseln
»eine fromme Gemeinschaft formten, die ganz auf Einheit mit den
kosmischen Mächten, die über Leben und Tod bestimmten, ausgerichtet war und von einer Priesterschaft der Großen Mutter
regiert wurde«[7].

Dieselbe Autorin spricht von den maltesischen Sanktuarien als
»Stätten eines prähistorischen Mysterienkultes«,[8] doch dürfen wir
annehmen, daß die Verehrung der Großen Muttergöttin nicht auf
Malta beschränkt blieb, sondern im Gegenteil den Grundtyp jung-
steinzeitlicher Religiosität darstellte. Dabei stand die »Heilige
Hochzeit« zwischen Erde und Sonne, begangen am Tag der Som-

mersonnenwende, als das zentrale Kult-Ereignis im Mittelpunkt der neolithischen Erden- und Fruchtbarkeits-Religion. Die Sonnen-Verehrung hatte auch in dieser matriarchalen Frühreligion durchaus ihre Bedeutung; denn unentbehrlich für eine ackerbautreibende Gesellschaft war der durch den Jahreslauf der Sonne markierte Kalender, der allein die Bestimmung der jährlichen Aussaat- und Ernte-Termine ermöglichte. Der *Sonnen*-Gott, der als *Jahrgott*, wie auch als *Sohnes*-Gott auftrat (sehr aufschlußreich die Etymologie: Sohn / Sonne / sun), bleibt allerdings in der wohl eher matriarchalischen Vorstellungswelt der Jungsteinzeit immer der Magna Mater untergeordnet, gleichviel, welche Rolle er einnimmt: Sohn, Gatte oder Geliebter der Großen Göttin.

Nun vollzieht sich schon im vorgeschichtlichen Europa der Übergang vom »Matriarchat« zum »Patriarchat«, und zwar in der Weise, daß die jungsteinzeitliche Magna Mater zurückgedrängt und ersetzt wird durch einen göttlichen Sonnenhelden, der den Jahreskreis durchläuft, indem er kriegerische Heldentaten begeht. Der Sonnengott, nun längst kein »Sohnes«-Gott mehr, hat sich mittlerweile zu einem allgewaltigen Vater-Gott aufgeworfen; die Gestalt der Großen Muttergottheit steht kaum noch erkennbar im Hintergrund. Geschichtlich vollzog sich dieser Übergang mit dem Beginn der *Bronzezeit*, die im alten Europa von etwa 1800 bis 800 v. Chr. währte und sich in mehreren Kulturzentren herausbildete: In Mitteldeutschland war dies in erster Linie die *Hügelgräber*-(später *Urnenfelder*-)*Kultur*, in Norddeutschland, Jütland und Skandinavien der sogenannte *Nordische Kreis*, wohl die Urheimat der späteren Germanen.

Der Übergang von der Jungsteinzeit zur Bronzezeit, der in Mesopotamien und Vorderasien schon weitaus früher erfolgte (mindestens ab 2500 v. Chr.), brachte auch im alten Europa gewaltige soziale Umwälzungen mit sich. Die Schmiede, die Bronzearbeiten herstellten, waren als neue Schicht hochangesehen, ebenso die Händler, die von Ort zu Ort zogen und die Märkte beherrschten. Ein neues – wohl ausschließlich von Männern getragenes – Herrentum läßt sich erkennen an den überaus großen Hügelgrä-

bern mit eingebauten Totenhäusern und den durch Fülle und Kost-
barkeit auffallenden Grabbeigaben. Befestigungsanlagen waren im
Besitz weniger bevorrechtigter Familien; wir haben es also mit
einer im Prinzip aristokratischen Gesellschaft zu tun, im Gegensatz
zu der wohl eher egalitären ackerbautreibenden Gesellschaft der
Jungsteinzeit.

Auf dem Hintergrund solcher sozialen und technologischen
Wandlungen, wie sie die Einführung der Bronze in Europa mit sich
brachte, vollzog sich eine tiefgreifende religiöse Revolution: die
Verdrängung der megalithischen Magna Mater durch einen Son-
nen-Vater-Gott! Freilich blieb die Landwirtschaft auch in der europäischen Bronzezeit nach wie vor die Lebensgrundlage des Volkes;
deshalb wurden die zentralen Kultfeiern des Neolithikums, vor
allem die *Heilige Hochzeit* zwischen Himmel und Erde, übernommen und fortgeführt. Auch die *Mutter Erde* als Göttin und Kultfi-
gur bleibt erhalten; nur wird sie nun zur »Erdenjungfrau«, die von
dem Sonnenhelden »gerettet«, wenn nicht gar »erlöst« wird! Die
Reise des Sonnengottes durch das Jahr gleicht indes einer göttlichen Biographie, die sich in Geburt, Lebensgang, Tod und Auferstehung gliedert.

## 3. Der göttliche Sonnenheld der Bronzezeit

Der Mythos vom göttlichen Sonnenhelden, der solarer Hochgott,
Jahrkreis- und Vegetationsgott zugleich ist, dieser aus den Erfah-
rungen eines bäuerlich lebenden Megalithvolkes herausgeborene
Mythos wurde in vielen Varianten und Fassungen erzählt. in der
Form, wie er von Britta Verhagen für die *nordeuropäische Bronzezeit-Kultur* (ab etwa 1800 v. Chr.) rekonstruiert wurde, liest er
sich in etwa folgendermaßen: Der Sonnenheld wird als Sproß eines
Götterehepaares, nämlich des Himmelsvaters und der Mutter
Erde, geboren. Ganz im Verborgenen vollzieht sich seine Geburt,
meist gar in einer tiefdunklen Felsenhöhle, ähnlich wie das Son-
nenlicht des neuen Jahres im tiefen Mittwinter geboren wird und
zu wachsen beginnt. Ganz im Verborgenen wird der Sonnenheld

auch aufgezogen, verfolgt von den Mächten des Winters und der Finsternis, verfolgt auch vom eigenen Vater, der symbolisch das alte sterbende Jahr darstellt.

Schon im frühen Kindesalter gibt der Sonnenheros Proben seiner Kraft und seines Mutes zu erkennen; schon früh begeht er Heldentaten. Von einem unheimlichen Schmied, so wird dann erzählt, wird er in göttliche Künste eingeweiht: »Zuletzt erhält er von dem Schmied Waffen und erschlägt dann (...) den Drachen oder die große Schlange, Verkörperung der winterlichen Dunkelmächte, ja des Todes selbst, und gewinnt durch diesen Kampf die Erdjungfrau, die der Drache entführt oder der winterliche Gott in Schlaf versenkt hat.«[9] Die Symbolfigur des Schmiedes fällt zunächst in die Augen: Schmiede waren am Beginn der europäischen Bronzezeit nicht nur Handwerkergruppen, sondern auch patriarchalische Männerbünde, die sich zum Ziel setzten, die Herrschaft der Priesterinnen und ihrer altüberkommenen matriarchalen Religion zu stürzen.

Die ersten rein männlichen Priestergruppen in Europa waren vermutlich die Schmiede-Innungen der Bronzezeit. Daher kommt es, daß der Sonnenheld von einem Schmied in göttliches Wissen eingeweiht wird. Das Wunderschwert, das er vom Schmied erhält, bedeutet natürlich nichts anderes als ein Symbol für den Lichtstrahl der Frühjahrssonne. Mit diesem Sonnenschwert erschlägt der Heros den Drachen, der ursprünglich ein Kulttier der Großen Muttergottheit war, dann aber mit dem Sieg der Vatergötter – zu einem Symbol des Bösen schlechthin wurde. in der jungsteinzeitlichen Megalith-Religion verkörperte der Drache als die weise Schlange den Weisheits-Aspekt der Magna Mater, wie ähnlich der Stier ihren Lebens- und Fruchtbarkeits-Aspekt darstellte. Nach der Besiegung des Drachens, der nun eine ganz andere Symbolgestalt erhält, kann der Sonnenheld die göttliche Erdenjungfrau aus der Gefangenschaft des alten Jahres befreien und mit ihr die Heilige Hochzeit begehen.

»Die Hochzeit des Sonnenhelden«, schreibt Britta Verhagen in diesem Zusammenhang, »ist der Höhepunkt des Jahreslaufes und des Dramas. Sie ist die Heilige Hochzeit, der Hieros Gamos, deren

Wichtigkeit unzählige Mythen, Märchen, Sagen sowie Spiele und Volksbräuche bezeugen. Es ist deutlich, daß die Heilige Hochzeit früher symbolisch oder real in allen Gegenden Europas als hohes Fest gefeiert wurde. (…) Van Scheltema (Die Kunst der Vorzeit) hat sicher recht, wenn er annimmt, daß die Berührung eines liegenden Steines durch den ersten Sonnenstrahl des Sonnwendtages in Megalithheiligtümern als symbolische Befruchtung der Mutter Erde durch die Sonne betrachtet wurde, also den Vollzug der Heiligen Ehe bedeutete.«[10]

Das Feiern der *Heiligen Hochzeit*, der Hoch-Zeit des Jahres, markiert durch den Sonnenhöchststand (21. Juni oder Sommersonnenwende), galt schon den Menschen der Megalith-Zeit als heilige Kulthandlung, die an eigens dafür hergerichteten Weihestätten alljährlich zelebriert wurde. Die Berührung eines die göttliche Erdenmutter symbolisierenden Altarsteines durch den Lichtstrahl der aufgehenden Sonne am Tag der Sommersonnenwende stand als Symbol für den Vollzug der Heiligen Ehe. Zahlreiche Megalithtempel in Europa sind von ihren Erbauern so angelegt worden, daß am Tag des Jahreshochfestes eine derartige Sonne-Erde-Berührung durch das Licht stattfinden konnte. Diese Megalithtempel, nach den Regeln einer solarkultischen Architektur errichtet, dienten als Weihestätten einer Heiligen Hochzeit, die von den Menschen der damaligen Zeit als ein durchaus real-kosmisches Geschehen erlebt wurde.

Aber mit dem Fest der Sommersonnenwende ist der Jahrkreis noch nicht abgeschlossen. Auf die Zeit der Fruchtbarkeit und der Ernte folgt die des Welkens und Absterbens. Erzählen wir darum die Geschichte vom Lebensweg des Jahrgottes zu Ende, nun mit den Worten von Britta Verhagen: »Aber die schöne Zeit vergeht, der Sonnenheld wird wieder durch Dunkelmächte verfolgt, geschwächt, verwundet, schließlich gefangen oder getötet, manchmal durch einen Eber, häufiger durch seinen Bruder, der die dunkle Zeit des Jahres verkörpert, wohl auch durch eine tödliche Gottheit, die den Pfeil auf ihn abschießt oder ihn mit dem heiligen Speer durchbohrt. (…) Die Darstellung des Sonnenheld-Todes erfolgte

wohl vielfach auch real, ebenso scheint sein Einzug in die Unterwelt gelegentlich dargestellt worden zu sein. Manchmal erstand er
dann wohl in seinem Sohn auf, dem neuen, in der Mittwinternacht
geborenen Jahrkinde. Meist aber wurde seine Auferstehung
gesondert im steigenden Frühling gefeiert, oft dadurch, daß ein Bild
des Gottes aus dem Grabe geholt und aufgerichtet wurde.«[11]

Dies also sind in der Sicht der urnordischen Bronzezeit-Kultur
die Stationen auf dem Jahrweg des solaren Lichtgottes: Da ist
zunächst einmal das wintersonnenwendliche Mysterium seiner
Geburt (21. Dezember), sein Aufwachsen im Schutz der Verbor-
genheit, seine »Einweihung« in die »göttliche Kunst« durch den
»Schmied«. Dann sein Drachenkampf, der ganz gewiß Frühjahrs-
Geschehen widerspiegelt, und die Befreiung der Erdenjungfrau aus
den Klauen der Dunkelmächte; dann – als Höhepunkt des Dramas
– das sommersonnenwendliche Fest der Heiligen Hochzeit zwischen Sonnenheld und Erdenjungfrau (21. Juni). Schließlich folgt
die herbstliche Besiegung und Tötung des Helden, sein Gang durch
die Unterwelt und, wiederum im Frühjahr, das österliche Mysterium seiner Auferstehung! Man fühlt sich hier unwillkürlich an den
Baldur-Mythos der Edda erinnert, auch an die Siegfried-Sage sowie
an Thors Kampf gegen die Midgardschlange.

Alle Wesenselemente der späteren germanischen Religion sind
im Sonnenheld-Mythos der nordeuropäischen Bronzezeit schon
keimhaft vorhanden. Ein ganz zentrales Motiv hierbei, der Kampf
zwischen »Licht« und »Finsternis«, oder zwischen »Gut« und
»Böse«, wird symbolisch dargestellt als Kampf zwischen den
Mächten der lichten und der dunklen Jahreshälfte. Später, in der
Zeit der indogermanischen Hochkulturen, wird der persische Religionsstifter Zarathustra den Widerstreit zwischen »Licht« und
»Finsternis« zum Zentralthema seiner Religion erheben, und der
Grieche Platon wird in seinem »Höhlengleichnis« das »Licht« als
das Urbild alles Guten und Göttlichen feiern. Der Dualismus von
Licht und Finsternis, der alle Hochreligionen durchzieht, geht letzt-
lich auf die Denkbilder des bronzezeitlichen Jahreskreis-Mythos
zurück.

In der Sakralkunst des vorgeschichtlichen Nordens zwischen 1800 und 800 v. Chr. stand die Sonnenverehrung an zentraler Stelle – ein Beleg hierfür der berühmte *Sonnenwagen von Trundholm* (Dänemark, um 1500 v. Chr.), ein Meisterwerk bronzezeitlicher Kleinkunst. Der göttliche Sonnenheld hat die Große Muttergottheit der Jungsteinzeit abgedrängt und entmachtet. Aber hinter dem Sonnenheld-Mythos steht auch etwas Psychologisches, ein erstes selbstbewußt erwachendes Ich-Bewußtsein. Der Mensch der Steinzeit hatte noch ein kindhaft-embryonales Verhältnis zum Göttlichen, das er darum im Sinnbild der »Großen Mutter« erschaute. Darin aber lag gerade der Schicksalsweg, der Sonnenweg des Abendlandes, daß eine Emanzipation von der Großen Mutter und ihrem Matriarchat stattfinden mußte, damit der europäische Mensch der Vorgeschichte das Göttlich-Sonnenhafte in sich selbst als sein höheres Geistes-Ich entdecken konnte.

## 4. Stonehenge – ein prähistorischer Sonnentempel

Auf einem jahrtausendealten Kult- und Weiheort mitten in der einsamen Salisbury-Ebene im Süden Englands stehen noch heute die Überreste eines gigantischen steinernen Ringbaus, ein riesiges Observatorium, ein Zählwerk, Rechenwerk, und zugleich Tempel des als Sonne verehrten Jahrgottes – *Stonehenge*! Die Ruine gehört zu den zahlreichen Mysterienstätten der Megalith-Religion, die quer über Westeuropa verstreut liegen, von Spanien über die Bretagne und die Britischen Inseln bis hoch zu den Orkney-Inseln und den äußeren Hebriden. Und doch: Stonehenge ist nicht irgendein Bauwerk aus der Zeit der Großsteinkultur, es stellt etwas ganz Einmaliges dar: einmalig in seiner geheimnisvollen Größe, in der Numinosität seiner Ausstrahlung, in der stummen Majestät seiner Steine, die – teils stehend, teils liegend, teils zerborsten – von den Urtagen der Schöpfung zu träumen scheinen. Stonehenge ist zu einem Wahrzeichen geworden, denn in seinen Steinkreisen verkörpert sich die zutiefst kosmosverbundene Spiritualität des vorgeschichtlichen Europa.

Um Stonehenge haben sich im Laufe der Zeit unzählige Sagen und Legenden gebildet, und das rein Fabulöse und Phantastische begann in dem selben Maße zu wuchern und auszuufern, in dem die ursprüngliche Bedeutung des Megalithtempels Stonehenge der Vergessenheit anheimfiel. Den abergläubischen Menschen des Mittelalters galten die Stonehenge-Steine schlicht als Wunder-steine: Der Chronist Geoffry of Monmouth erzählt in seiner »Historia Brittorum« (um 1135) die Sage, daß der weise Merlin, keltischer Magier und Ratgeber des Königs Uther Pendragon, den Steinkreis Stonehenge mit Hilfe eines Zaubers von Irland nach Süd-england verpflanzt habe, wo er als Mahnmal derer steht, die von den Sachsenkönigen Hengist und Horsa ermordet wurden. Andere wieder hielten Stonehenge für ein Mahnmal zu Ehren der britan-nischen Freiheitskämpferin *Boadicea*, die im Kampf gegen Rom den Tod gefunden hatte.

Auf dem Boden solcher Legenden entwickelte sich denn auch jenes schier nicht ausrottbare Vorurteil, das besagt, die Anlage von Stonehenge sei von keltischen Druiden-Priestern erbaut worden und habe ihnen als Tempel gedient. Solche romantischen Vorstel-lungen konnten im 18. und 19. Jahrhundert üppige Blüten her-vortreiben. Im Jahr 1740 veröffentlichte ein gewisser Dr. William Stukeley ein Buch mit dem Titel »Stonehenge, ein den britischen Druiden zurückgegebener Tempel«, und noch 1889 konnte ein Professor A. T. Evans in der »Archäologischen Rundschau« schrei-ben, Stonehenge sei ein Tempel gewesen, »wo der Kult oder die Anbetung verschiedener Ahnen sich vielleicht mit der Anbetung des keltischen Zeus verbunden hat; die Gestalt, in der die Gottheit verehrt wurde, wäre die seiner heiligen Eiche gewesen.«[12]

Solche Spekulationen gehen völlig in die Irre. Denn tatsächlich reichen die insgesamt drei Erbauungsphasen der Stonehenge-Anlage in eine Zeit zurück, als es in Europa noch keine Spur von keltischen Völkern gab, die frühestens seit der älteren Eisenzeit (um 800 v. Chr.) aus dem Dunkel der Vorgeschichte auftauchen. Was die Erbauung von Stonehenge betrifft, so gehen wir heute mittler-weile von folgenden Daten aus:

1900–1700 *Stonehenge I: Bau des runden Erdwerks, Errichtung des »Heel Stone« und wohl einer Holzkonstruktion im Zentrum der Anlage.*

1700–1600 *Stonehenge II: Bau des doppelten Kreises aus den eigens aus Wales herbeigeschafften »Blue Stones«.*

1500–1400 *Stonehenge III: Errichtung der Sarsenstein-Konstruktion und des Hufeisens der Trilithen in der Mitte.*

Die Druiden, die Stammespriester der Kelten, hatten weder die Anlage von Stonehenge gebaut, noch hatten sie sie jemals in Gebrauch. Es waren ganz andere, prä-keltische Völker, die das steinere Monument in der Salisbury-Ebene errichteten: die Windmill-Hill-Leute zuerst, dann die Träger der Glockenbecher-Kultur, zuletzt die technisch hochbegabten Bauleute des Wessex-Volkes. All dies geschah rund ein Jahrtausend, bevor die ersten Kelten England besiedelten. Die geistig-kultische Grundlage von Stonehenge muß demgemäß in der prä-druidischen Sonnenreligion der europäischen Jungsteinzeit und Bronzezeit gesehen werden. Der Mythos vom Jahresgang des Sonnenhelden, der die Esoterik dieser europäischen Urreligion bildete, lag allen Kulthandlungen und Jahresfesten zugrunde, die einst in den heiligen Steinkreisen von Stonehenge gefeiert wurden.

Betrachten wir nur einmal die äußere Anordnung von Stonehenge, so fällt die astronomisch-kalendarische und solar-kultische Ausrichtung des Steintempels deutlich ins Auge. Die Anordnung besteht im wesentlichen aus drei konzentrischen Ringen, die sich um das eigentliche Kultzentrum scharen: Den äußersten Ring bilden die 56 sogenannten *Aubrey-Löcher.* Danach ein Ring von 30 durch waagerechte Decksteine verbundenen 4,1 Meter hohen Steinpfeilern, die sogenannten *Sarsen-Steine.* Dahinter ein Ring von genau 48 kleineren Steinen, die man wegen ihrer bläulichen

Färbung als *Blue Stones* bezeichnet hat. Alle drei Steinringe beziehen sich auf jahreszeitlich-kosmische Rhythmen:

Es zeigt sich zunächst ganz deutlich, daß die 30 Sarsen-Steine die 30 Tage des Monats darstellen, während die 48 Blue-Stones die 4 mal 12, also 48 Monate eines Vier-Jahres-Zyklus bezeichnen. Und es steht außer Zweifel, daß dieses Zählwerk die Aufgabe hatte, die für eine ackerbautreibende Gesellschaft lebensnotwendigen Aussaat-Termine zu bestimmen. Die 56 Aubrey-Löcher bildeten eine Art Rechenmaschine, mit deren Hilfe man kommende Sonnen- und Mondfinsternisse vorhersagen konnte. Dem Bau Stonehenge muß eine im höchsten Maße kosmosbezogene Religiosität zugrunde gelegen haben. Sonnenverehrung, Kalenderberechnung und Kosmosophie, also Sternen- und Kosmosweisheit, bildeten eine einzige heilige Wissenschaft.

Sehen wir uns nun das Kultzentrum von Stonehenge etwas näher an. Innerhalb des Kreises der Blue-Stones gelegen, besteht es aus 5 mächtigen 6,7 Meter hohen *Trilithen* (Dreiersteine: zwei senkrechte Steinpfeiler, die durch einen waagerechten Deckstein verbunden sind), die in ihrer hufeisenförmigen Anordnung den in ihrer Mitte liegenden *Altarstein* umschließen. Weit außerhalb der Anlage, dem Altarstein genau gegenüber, liegt der *Heel Stone*. Am 21. Juni, dem Tag der Sommersonnenwende, geht die Sonne genau über dem Heel Stone auf und sendet ihren ersten lichtwarmen Morgenstrahl auf den Altarstein, der den Schoß der göttlichen Mutter Erde darstellt. Es war das Jahreshochfest der irdisch-kosmischen Kommunion, der Tag der Heiligen Hochzeit, an dem der göttliche Sonnenheld nach zahlreichen Fährnissen und Winterkämpfen die Erdenjungfrau ehelichen darf.

Hierzu passen die Worte, die Gerhard von dem Borne in seinem Buch »Der Gral in Europa« schreibt: »Lichtend, wärmend ergießt sich das Sonnenwesen in den Erdorganismus hinein, indem es weiter und weiter seine Spirale in umgekehrter Richtung nach Süden um die Erde führt. So wird im Strahlen des Sonnenwesens der ›Sich-Senkende‹, der ›Hernniedersteigende‹, der Hvita Kristr erlebt, wie es sich den Empfindungen der nordischen Volksseelen durch Mythen,

Runenzeichen und Sagen offenbart. Das bedeutet ein vorchristliches Erleben des Christus als Sonnenwesen, das die Eingeweihten durchdringt und erfüllt.«[13] Die Herabkunft des Sonnenwesens, seine heilige Ehe mit der Erdenwelt und Menschheit: Dies war Sinn und Inhalt des Tempeldienstes von Stonehenge!

Ob wir den Sonnengott-Heiland der megalithischen Mysterienreligion nun als eine Vorahnung des Christus bezeichnen, ob wir ihn Baldur, Bei oder Apollon nennen, das ist im Grunde genommen einerlei. Der kosmische Sonnen-Logos als eine überzeitliche wie auch übersinnliche Wesenheit kann ja im religiösen Erleben der Völker durchaus unterschiedliche Gestalt annehmen, weswegen dies Sonnenwesen im Verlauf der Menschheitsgeschichte schon mit den verschiedensten Namen belegt wurde.

Der Tempel von Stonehenge war übrigens nicht allein der Sonne geweiht, sondern auch der Mondgöttin, ja die Tempelanlage gründete sich vermutlich auf eine weitausgebildete Astralreligion und Astraltheologie, die von exakten astronomischen Beobachtungen gestützt wurde. Die astronomischen Bezüge von Stonehenge stellen längst kein Rätsel mehr dar. Der Astronom *Gerald S. Hawkins* hatte schon Anfang der 60er Jahre mit Hilfe eines Computers errechnet, daß die Beobachtungslinien, die vom Altarstein im Kultzentrum zu diversen Steinen und Löchern der Tempelanlage gezogen werden, Gestirnsauf- und -untergangspunkte am Horizont markieren; besonders die Auf- und Untergänge der Sonne und des Mondes an den Tagen der Sommer- und Wintersonnenwende. Die Ergebnisse seiner Nachforschungen hatte Hawkins unter dem Titel »*Stonehenge decoded*« 1963 in der Zeitschrift »Nature« veröffentlicht. Sein Buch mit dem selben Titel liegt inzwischen auch in einer deutschen Übersetzung vor (unter dem Titel »*Merlin, Märchen und Computer*«, Zerling Verlag, Berlin 1983).

Hawkins war es auch, der Stonehenge einen »neolithischen Computer« nannte, und der den Nachweis erbrachte, daß die 56 Aubrey-Löcher ein Zählwerk zur Vorhersage von Sonnen- und Mondfinsternissen bildeten. Dies läßt vermuten, daß die Stonehenge-Erbauer über ein gewaltiges meßtechnisch-mathematisches und himmelskundliches Wissen verfügt haben müssen. Um so mehr drängt sich aber die Frage auf, *wer* die geheimnisumwobenen Erbauer von Stonehenge eigentlich gewesen sind. »Primitive« oder »Wilde« ganz bestimmt nicht, sondern ein hochbegabtes Kulturvolk der Vorgeschichte!

## 5. Atlantische Ursprünge der Megalithkultur?

Das Beispiel Stonehenge zeigt: Die Megalithiker hatten schon vor Jahrtausenden eine tiefgründige esoterische Sternenweisheit entwickelt, die – weit mehr als bloße Himmelsbeobachtung – Religion und Wissenschaft in sich vereinte. Der griechische Mythenerzähler *Diodor von Sizilien* (1. Jh. v. Chr.) berichtet uns von einem legendären Großkönig von Atlantis mit Namen *Uranos*, der die spirituelle Sternenkunde begründet haben soll und deswegen eine fast gottähnliche Verehrung erlangte: »Sie (die Atlanter) erzählen, daß Uranos als der erste König bei ihnen geherrscht und die zerstreut wohnenden Menschen in den Schutz einer umwallten Stadt zusammengezogen habe (...) Die Gestirne hat er sorgfältig beobachtet und vieles vorausgesagt, was am Himmel geschehen werde, und so habe er die Völker das Jahr beobachten gelehrt nach den Bewegungen der Sonne, und die Monate nach der des Mondes, sowie auch die verschiedenen Jahreszeiten. Die Menschen aber, unbekannt mit der ewigen Ordnung der Gestirne, und voll Staunen über die richtig eingetroffenen Weissagungen, haben geglaubt, daß, wer solche Dinge lehre, göttlicher Natur sein müsse ...«[14]

Es scheint, als habe der Geist des sagenhaften Atlanters *Uranos* in *Stonehenge* Gestalt angenommen, dem Zentrum eines sakralen Sonnen- und Sternendienstes, dessen Hohepriester offensichtlich in der Lage waren, kommende Sonnenfinsternisse vorauszusagen! Geht die europäische Großsteinkultur vielleicht auf eine noch ältere, noch weiter im Westen gelegene Hochkultur zurück – auf das *Atlantis* Platons? Könnte man sich vorstellen, daß verstreute Überlebende des untergegangenen Atlantis an den Ufern Westeuropas strandeten, dort seßhaft wurden, sich mit der Ureinwohner-

schaft vermischten – und aus der Verbindung beider Völkerschaf-
ten erstand jenes megalithzeitliche Kernvolk, dem wir die Kultur
der Großsteinsetzungen zu verdanken haben? Die atlantische Herkunft der Megalithiker würde auch ihre Überlegenheit gegenüber
anderen Völkern auf technischem, architektonischem und him-
melskundlichem Gebiet erklären.

Es gibt jedoch auch Forschungsansätze, die das sagenhafte
Atlantis mit der westeuropäischen Megalithkultur gleichsetzen –
Platon hat, dieser Theorie zufolge, unter dem Namen »Atlantis«
eine prähistorische Kultur des europäischen Nordens geschildert,
die in grauer Vorzeit tatsächlich existierte. *Jürgen Spanuth* (»Die
Atlanter – Volk aus dem Bernsteinland«) sieht die Atlanter als ein
Bündnis verschiedener Völkergruppen aus der frühen Urnenfeld-
erkultur: die sogenannten »*Nord- und Seevölker*«, die um 1200 v.
Chr. als kriegführende Horden in den östlichen Mittelmeerraum
einbrachen, bis sie schließlich im Jahr 1195 v. Chr. von Pharao
Ramses III. in einer Schlacht vernichtend geschlagen wurden.
Inschriften und Fresken auf den Tempelwänden von Medinet Habu
in der Königsstadt Theben in Ägypten dokumentieren diesen Sieg
des Pharao über die »Seevölker«. Die »Königsinsel« dieser Nord-
meervölker, die Platon in seinem Kritias-Dialog »Atlantis« nennt,
wird von Spanuth in die Marschen der Nordsee verlegt, zwischen
Helgoland und Jütland, wo sie während des Kriegszuges der
»Atlanter« im Meer versunken sein soll.

Unser Gewährsmann Diodor von Sizilien scheint sich jedenfalls
auf die Megalith-Völker des vorgeschichtlichen Nordens zu beziehen, wenn er von jenem sagenhaften »*Volk der Hyperboreer*«
berichtet, die er im hohen Norden – am Ende der Welt – wohnen
läßt: »Jenseits des Keltenlandes liegt eine Insel im Ozean (...) Auf
dieser Insel soll Leto geboren sein, weshalb dann auch Apollon, der
Sohn der Leto, vor allen anderen Göttern dort im meisten verehrt
wird. Die Einwohner sind gleichsam als Priester des Apollon zu
betrachten, weil dieser Gott jahraus, jahrein, Tag für Tag von
ihnen mit Lobgesang gepriesen und ausnehmend verehrt wird.
Auch ein herrlicher Hain des Apollon ist dort auf jener Insel und

ein berühmtes Heiligtum, das mit vielen Weihgeschenken geschmückt und im Schema der Sphären erbaut war. (...) Immer nach 19 Jahren soll der Gott die Insel besuchen, in welchem Zeitraum die Gestirne immer wieder in dieselbe Stellung zurückkehren, weshalb denn auch bei den Hellenen ein 19jähriger Zeitraum ›Jahr des Meton‹ genannt wird.«[15]

Der Hauptgott der Hyperboreer, *Apollon*, ist im Grunde genommen niemand anderer als der nordische Sonnenheld und Jahrgott, dessen Geburt, Lebensweg, Tod und Auferstehung in der Tempelanlage von Stonehenge gefeiert und in zahlreichen Mythen verewigt wurde. Ausdrücklich scheint hier von Stonehenge die Rede zu sein, wenn von jenem» Heiligtum« auf der Insel Hyperborea gesprochen wird, das »im Schema der Sphären« – also in kreisförmiger Anordnung – erbaut war. Der Zyklus von 19 Jahren wird ebenfalls erwähnt und ganz richtig mit kosmischen Konstellationen in Zusammenhang gebracht: Denn alle 19 Jahre (genau gesagt, alle 18,61 Jahre) überschneiden sich die Himmelsbahnen der Sonne und des Mondes, und alle 19 Jahre besucht der hyperboreische Apoll seine im Ägäischen Meer gelegene Insel Delos. Die Götterreise bleibt unlöslich verknüpft mit der Gestirnenbewegung. Das »Jahr des Meton«, wie man den 19jährigen Zyklus auch nennt, war den Astronomen von Stonehenge schon bekannt; damit konnten sie nämlich künftig eintretende Sonnen- und Mondfinsternisse berechnen.

Wenn die Insel der Hyperboreer »jenseits des Keltenlandes« liegen soll – also jenseits Galliens, des heutigen Frankreich, wenn ferner Plinius sagt, der 9. Polarkreis (der 52. bis 57. Grad nördlicher Breite) verlaufe durch das Hyperboreerland, dann kann eigentlich nur das vorgeschichtliche Britannien damit gemeint sein. Hier muß einstmals ein gewaltiges spätbronzezeitliches Megalith-Reich bestanden haben, das in seinem ganzen Ausdehnungsbereich auch die Norddeutsche Tiefebene, Südskandinavien und Südengland mitumfaßte – mit Stonehenge als sakralem Mittelpunkt. Ob diese Nordvölker die von Pharao Ramses III. besiegten »Seevölker« gewesen sind, ob sie als »Atlanter« oder »Hyperboreer« in das

mythische Gedächtnis der antiken Völker eingingen, wird wohl nie
ganz geklärt werden. Mit Sicherheit ist hingegen anzunehmen, daß
dieses »hyperboreische« Kulturzentrum im Norden Europas auch
durchaus friedliche Handelsbeziehungen mit Ägypten, mit dem
minoischen Kreta, mit dem mykenischen Griechenland unterhalten hat.

Dabei wäre auch anzunehmen, daß die südlichen Völker – etwa
Ägypten – entscheidend wichtige Anregungen auf religiösem, kul-
tischem und architektonischem Gebiet von diesen »Nordmeervöl-
kern«, von den Hyperboreern, empfangen haben. Ohnehin steht
ja schon fest, daß die westeuropäische Megalithkultur ein weitaus
höheres Alter aufweist als selbst die ältesten ägyptischen Pyramiden. Der ägyptische Obelisk wäre vielleicht nur eine Nachbildung
des nordischen Menhirs, die Pyramide eine ins Gigantische gesteigerte Ausgestaltung der bretonischen oder niederdeutschen Dol-
menanlage! Auch auf spirituellem Gebiet muß eine Beeinflussung
von Nord nach Süd erfolgt sein. Im archaischen Griechenland und
in Ägypten trat eine eigentlich urnordische Religion der Licht-Ver-
ehrung, die Religion der Megalithiker, aus dem Dunkel der Vorgeschichte in die helle Sphäre der geschriebenen Geschichte ein. Daß
die Traditionen dieser Religion jedoch bis in die unmittelbare
Gegenwart hineinwirken, sieht man daran, daß die hohen Jahresfeste der Megalithiker heute noch in Gestalt der kirchlichen Feier-
tage – etwa Weihnachten und Ostern – weiterleben.

# IV.
## DIE URRELIGION INDIENS

Oh du goldene Sonne von himmlischem Glanze,
Erleuchte du unsre Herzen und erfülle unser Gemüt,
Auf daß wir unser Einssein mit dem Göttlichen,
Dem Herzen des Universums, erkennen,
Den Pfad zu unsren Füßen schauen und ihn wandeln
Zu jenem fernen Ziele der Vollkommenheit,
Angespornt von deinem eigenen strahlenden Licht.

*Rigveda III, 62/10*

## 1. Der indogermanische Wurzelboden

In der Urreligion Indiens, in der Religion der *Vedas*, sehen wir einen Zug tiefer Naturverbundenheit und kosmosverbundener Mystik vorherrschen: Das Göttliche wird stets in heiliger Union mit dem Kosmischen erschaut; es wird in staunender Ehrfurcht erlebt in der Symbolsprache der Natur. Die Welt erscheint noch als ein ungeteiltes Ganzes, als ein lebendiger und beseelter Natur-Geist-Organismus.

Ein solcher Geist naturverbundener Mystik entstammt zweifellos einem indogermanischen Wurzelboden; er muß, so schreibt *Hermann Güntert* in seinem Buch »*Der arische Weltkönig und Heiland*« (1923), »etwas der arischen und indogermanischen Sinnesart Angebotenes sein; denn auch in Griechenland finden wir auffällige Ähnlichkeiten von den ionischen Naturphilosophen an, Ähnlichkeiten, die zum größten Teil sich aus der gleichen Geistesveranlagung erklären mögen, wenn freilich im einzelnen Entlehnungen in Betracht kommen können. Man denke weiter an die

mystische Auffassung der Perser vom Islam, an das Sufitum, oder
an die keltische Phantastik, wie sie uns in den irischen Heldensagen entgegentritt, wie überhaupt das gallische Druidentum mit seiner Lehre von der Seelenwanderung und seinem ganzen Lehrbetrieb überraschend an die vedischen Priester gemahnt. Die
deutschen Mystiker des 14. Jahrhunderts erinnern trotz der späten
Zeit und der christlichen Umgebung in ihrer Grundrichtung oft an
das Grübeln der ersten griechischen Denker und der Weisen an
Indus und Ganges. Wie der Inder sein *brahman* entdeckte, so ruft
ähnlich der deutsche Mystiker beseligt aus: ›*Gott in mir*.«[1]

Die Mystik des urindischen Veda-Glaubens, meilenweit entfernt
von der weltflüchtigen Mystik späteren Asketentums, führt keineswegs zu tatenloser Beschaulichkeit im Sinn des Quietismus. Im
Gegenteil: Die altindische Religiosität bleibt immer ganz weltzu-
gewandt, da sie das Heil in der rechten und reinen Herzens voll-
brachten Tat erblickt. Der Ur-Inder erlebte die Gottheit entweder
im numinosen Naturschaffen oder in der eigenen weltumwan-
delnden Tat; in beiden Fällen handelt es sich um ein mystisches
Gott-Erleben. Eine solche *Mystik der Tat* klingt uns noch aus den
Versen der *Bhagavad Gita* entgegen, dem wunderbaren indischen
Epos, in dem der Kriegsadelige Ardjuna im Dialog mit dem höchsten persönlichen Gott Krishna sich zum Ethos selbstlosen Kämp-
fens durchringt. Aus den folgenden Versen der Bhagavad Gita
spricht ein ganz ursprünglicher, indogermanischer Tatengeist zu
uns:

> Die Tat allein bekümmre Dich,
> Nicht ihr Erfolg, nicht ihre Frucht!
> Wirk um des Wirkens willen stets
> Und halt Dich frei von Müßiggang![2]

Es gab zwar vorgeschichtliche Wanderungsbewegungen der Indogermanen, aber in welche Weltgegenden diese Wanderungen hin-
führten und wo überall die Einwanderer sich festsetzten, das kann
heutzutage weniger die Archäologie als vielmehr die Vergleichende

Sprachforschung aufzeigen. Überhaupt entstammt der Begriff des
»Indogermanischen« ursprünglich nur der Sprachwissenschaft.
Gilt es doch als gesichert, daß Idiome wie zum Beispiel *Altnordisch*,
*Latein* und *Sanskrit* einer gemeinsamen Sprachfamilie angehören,
die darum auch als die *indo-germanische* bezeichnet wurde. Alle
heutigen Sprachen Europas, mit Ausnahme des Baskischen und des
Finno-Ugrischen, gehen auf indogermanische Herkunft zurück.
Aber irgendwann kam es zur Scheidung zwischen einer west- und
einer ostindogermanischen Sprachengruppe, die man auch als die
*Ketum-* und die *Satem*-Gruppe bezeichnet (Ketum und Satem
bedeutet beides »Hundert«). Welche Sprachen diese beiden Gruppen beinhalten, zeigt der folgende Überblick:

| *Westindogermanisch* | *Ostindogermanisch* |
|---|---|
| Keltisch | Altindisch |
| Germanisch | Altpersisch |
| Griechisch | Armenisch |
| Italisch | Albanisch |
| Illyrisch | Baltisch |
| Thrakisch | Slawisch |
| Phrygisch | |

Anhand einzelner Worte läßt sich die wesensmäßige Verwandtschaft der indogermanischen Sprachen gut erkennen. Hier einige
Beispiele, wobei hier auch längst ausgestorbene Idiome wie Tocha-
risch und Hethitisch mitberücksichtigt werden:

| | | |
|---|---|---|
| *Vater* (dt.) | *sieben* (dt.) | *hundert* (dt.) |
| *pater* (lat.) | *septem* (lat.) | *centum* (lat.) |
| *pater* (griech.) | *hapta* (griech.) | *hekaton* (griech.) |
| *athir* (altir.) | *secht* (altir.) | *cet* (altir.) |
| *fadar* (got.) | *sipta* (hethit.) | *hund* (got.) |
| *pita* (altind.) | *sapta* (altind.) | *sata* (altind.) |
| *pacar* (tochar.) | *spät* (tochar.) | *känt* (tochar.) |

Die indogermanischen Ur-Völker lebten als nomadisierende Viehzüchter, kulturell auf der Stufe des Neolithikums stehend, und die
von ihnen ausgeübte Religion war offensichtlich eine Sonnengott-
Verehrung in Verbindung mit einem heiligen Feuerkult. Im Mittelpunkt der religiösen Vorstellungswelt stand »Vater Lichthimmel«,
der allmorgendlich begleitet von seiner »Schwester Morgenröte«
die Himmelsbahn durchmaß; aber auch personifizierte Naturkräfte traten auf als göttliche Wesenheiten. Das äußere Erscheinungs-
bild der Indogermanen wird durchweg als »nordisch« geschildert.

Von ihren Stammsitzen, wo immer sie sich befunden haben mögen, sei es im hohen Norden oder in der innerasiatischen Steppe,
brachen die indogermanischen Völker eines Tages auf, um sich wie
eine Springflut in südlichere Länder zu ergießen: in den Balkanraum, nach Griechenland und Kreta, nach Kleinasien, ja weit bis
in den asiatischen Raum hinein! Die dort einheimischen, friedlich
ackerbautreibenden Kulturen, weitgehend noch mutterrechtlich
organisiert, wurden von den Einwanderern überlagert, die sich in
den fremden Ländern niederließen und dort eine neue Herrenschicht bildeten: eine stolze Aristokratie von Kriegsadeligen, von
Reitern und Streitwagenkämpfern, die zusammen mit den Stam-
mespriestern an der Spitze einer streng hierarchischen Gesell-
schaftsordnung standen.

Gerade durch die Vermischung der indogermanischen Eroberer-
und Herrenschicht mit der schon vorher ansässigen Urbevölkerung
wurde ein geistiger Wurzelboden geschaffen, der nicht nur den
Keim *Roms*, *Griechenlands* und der *keltisch-germanischen Welt*,
sondern auch die *alt-persische Hochkultur* sowie die Blüte des
*vedischen Indien* hervorgebracht hat. Was aber dem Indogermanentum immer den Stempel des Einmaligen, Unverwechselbaren
gab, das waren vor allem der Tatendrang, der Wandertrieb, die
tiefe Natur- und Schöpfungsverbundenheit, der Ernst und die
Unbedingtheit des metaphysischen Ringens und die Fähigkeit zur
exakten philosophischen Begriffsbildung.

Einem indogermanischen Kern- und Wurzelglauben ist, wie aus
einer geistigen Urgesteins-Schicht, eine ganze Reihe wesensver-

wandter Religionen entsprungen: der *Brahmanismus* Altindiens
und der *Zarathustrismus* im Osten – das keltische *Druidentum*, die
germanische *Edda*-Religion, der griechische *Zeus-Glaube* und die
*altitalische* Religion der Römer im Westen. Diese indogermanischen Hochreligionen haben nicht nur großartige Religionssysteme
und Göttermythen hervorgebracht, sondern auch geheime Mysterienstätten, in denen Einweihungen in ein höheres Bewußtsein vorgenommen wurden. Die nachfolgende Tabelle zeigt die Religionen
der Indogermanen auf, die in ihrem Wesenskern übereinstimmen,
so daß wir in ihnen verschiedene Erscheinungsformen einer *geistigen Urreligion* erkennen können:

*Ur-Indogermanentum*

| *West-Indogermanentum* | *Ost-Indogermanentum* |
|---|---|
| Keltisches Druidentum | Brahmanismus |
| Germanische Edda-Religion | Vedische Religion |
| Altgriechische Mysterien | Zarathustrismus |
| Römische Sonnenkulte | Mithras-Mysterien |

Die Angehörigen eines ostindogermanischen Stammes, die um
das Jahr 2000 v. Chr. über das damals dichtbewaldete Industal
nach Vorderindien einwanderten, nannten sich »Aryas«, das
heißt: die Edlen, die Gastfreien. In zähem Ringen unterwarfen sie
die dunkelhäutige Urbevölkerung der Drawidas, um schließlich
bis nach Zentralindien zur Dekkan-Hochebene vorzudringen. Da
sich die eingedrungenen »Arier« mit den Unterworfenen nicht
vermischen wollten, gründeten die nordeuropäisch aussehenden
Einwanderer ein in drei Stände gegliedertes Sozialsystem, das
nach einer etwa dreitausendjährigen Entwicklung allerdings zu
einem Kastensystem ausartete. Der bedeutendste der drei Haupt-
stände, der Priesterstand der *Brahmanen*, hatte die Leitung aller
religiösen Angelegenheiten inne, so daß nach ihm die Urreligion
Indiens auch *Brahmanismus* genannt wird (der Begriff »Hindu-

ismus« umfaßt auch alle späteren religiösen Entwicklungen Indiens).

Ein anderer Zweig der Aryas, die vermutlich vom Kaspischen Meer her kamen, wendete sich westwärts, um das Hochland von Persien zu besiedeln: Dort entstand auf arischem Wurzelboden die altiranische Kultur, deren herausragender Prophet und Geistesverkünder Zarathustra war. In den Reden des Zarathustra und in den heiligen Schriften der Brahmanen, den in feierlich-archaischer Sprache abgefaßten Vedas, sehen wir ein ergreifendes Zeugnis arischer Religiosität. Leider wurde der Begriff »Arier« im 19. Jahrhundert von der pseudo-wissenschaftlichen Rassenlehre (Gobineau, Chaimberlain) mißbraucht, so daß man sich scheut, ihn heute überhaupt noch zu verwenden. Wir verstehen unter den »Ariern« keine »Rasse«, sondern im streng historischen Sinn den *indo-iranischen Zweig* der *ostindogermanischen Völkerfamilie.*

## 2. Die vedische Religion Altindiens

Das Schrifttum der *Veden,* dessen Umfang den der Bibel um das Sechsfache übersteigt, geschrieben in der feierlich-archaischen Sprache des *Alt-Vedischen,* aus der später das Sanskrit hervorging, die gelehrte Hochsprache des klassischen Indien, gehört auch heute noch zu den kanonischen Texten des Hinduismus. Als Hindu gilt jeder, der die Autorität der Veden anerkennt, wie ähnlich jeder Christ die Bibel, jeder Moslem den Koran als letztgültiges Wort anerkennt. Der Veda insgesamt gliedert sich in vier Teile, Sammlungen von Liedern und Sprüchen für den Gebrauch der Priester bei feierlichen Opferhandlungen:

   1. *Rig-Veda* (Götterhymnen)
   2. *Sama-Veda* (Lieder)
   3. *Yayur-Veda* (Opfersprüche)
   4. *Atharva-Veda* (Zauberformeln)

Der Name »Veden« leitet sich von dem altindischen Wort *vidya* (Wissen) her, das die indogermanische Wurzel *vid* (sehen) aufweist; das lateinische Wort für »sehen« heißt *videre*. Wissen gründet sich also auf Sehen; das Gewußte ist eigentlich das Gesehene. Aber das Wissen der Veden wurde mit dem Geistesauge gesehen: nicht menschliches, sondern göttliches Wissen, anfanglos und unvergänglich, ein ewiges Urwissen der Menschheit. Und diese Geistesschau der Veden steht am Anfang der indischen Geistesentwicklung.

Hellsichtig konnte der Indo-Arier in Natur und Kosmos das Walten mächtiger Gottheiten wahrnehmen, die er in Hymnen und Opfersprüchen ehrfurchtsvoll anrief. Die vedische Religion Altindiens trägt ganz ausgeprägt die Züge einer pantheistischen Naturreligion, und die Gottheiten des indo-arischen Pantheons, wie sie vor allem im *Rig-Veda* angerufen werden, sind allesamt Naturgötter: *Indra*, der Beherrscher von Blitz und Donner, der Feuergott *Agni*, der Sonnengott *Surya*, der Windgott *Vata* und *Varuna*, der Beherrscher des Lichthimmels. Die indo-arische Spiritualität der indischen Frühzeit erwuchs aus einer mystischen Einheitsschau der Welt, die noch keine Trennung kannte zwischen der Natur und dem Göttlichen.

Die frühesten Gottheiten der Indo-Arier waren wahrgenommene okkulte Naturkräfte, teils noch Elementarwesen im Ätherleib der Erde, teils auch schon Wesenheiten der unteren Geistigen Hierarchien. Erst später dämmerte den Weisen Indiens die Erkenntnis, daß die Wesenheiten der Natur und der Geistigen Hierarchien, diese Vielzahl göttlicher Schöpfungskräfte, ihren Ursprung in einer höchsten Zentralgottheit haben müssen, in einem göttlichen All-Selbst, das sie (im Gegensatz zum individuellen Einzel-Selbst, dem *Atman*) das weltenschaffende *Brahman* nannten. Schon in einigen Versen des *Rig-Veda* findet sich eine Ahnung davon, daß es doch eine höchste Gottheit geben müsse: den einen und wahren Gott, der über allen anderen Göttern steht.

Er, der den Himmel klar, die Erde fest schuf,
Er, der die Glanzwelt, ja, den Überhimmel,
Der durch des Äthers Räume hin das Licht maß.
Wer ist der Gott, den wir mit Opfern ehren?

Zu dem empor, von seiner Macht gegründet,
Himmel und Erde blickt, im Herzen schauernd,
Er, über dem die Morgensonn' emporflammt,
Wer ist der Gott, den wir mit Opfern ehren?

Wohin ins All die mächt'gen Wasser flossen,
Den Samen legend und das Feuer zeugend,
Da sprang hervor der Götter Eines Ursein:
Wer ist der Gott, den wir mit Opfern ehren?

Der über Wolkenströme selbst hinaussah,
Die Kraft verleihen und das Feuer zeugen,
Er, der allein Gott über alle Götter:
Wer ist der Gott, den wir mit opfern ehren?[3]

In den *Brahmanas*, den ersten und frühesten Kommentaren zu den Veden, kam die Erkenntnis zum Durchbruch: Es gibt einen einheitlichen Welturspung – das Brahma-Wesen, aus dem sowohl die sichtbare physische Welt als auch die gesamte ätherische Götterwelt hervorging! In der *Shatapatha-Brahmana* lesen wir: »Die Welt war anfangs Brahman. Es schuf die Götter[4], und nach ihrer Schöpfung setzte es sie einzeln in den Welten ein, in diese Welt den Agni, den Vayu in den Luftraum, an den Himmel die Sonne.«[5] Die Naturgötter der ursprünglichen indo-arischen Religion, auch der Sonnengott, gelten nun als Schöpfungen des Urgottes Brahman.

Die schöpferischen Ausstrahlungen des Brahma-Wesens sind reines Licht, in einem Vers aus dem *Yajur-Veda* lesen wir: »Das Brahma ist das sonnengleiche Licht.« Das geistige Urlicht der göttlichen Sonne Brahma durchlebt und durchwebt alles Geschaffene. Das ganze Universum offenbart sich als ein einheitlicher, von Gottkraft durchwalteter Natur-Geist-Organismus. Es gibt sozusagen göttliche Geistes-Atome, die in allen Lebewesen anzutreffen sind, selbst schon in der Mineral-, Tier- und Pflanzenwelt, erst recht aber in der Menschenwelt. Denn auch der Mensch trägt ein solches göttliches Geist-Atom in sich: das *Atman*, sein individuelles höheres Selbst. Und wenn der Mensch erkennt, daß dieses höhere Selbst in ihm verbunden ist mit dem kosmischen All-Selbst, ja mit dem ewigen Gottes-Selbst, dann hat er die höchste Erleuchtung erlangt: das Einswerden mit Gott und dem Kosmos.

Die altindische Brahmanen-Weisheit hat somit eine Art spirituelle Atomtheorie, eine Art Monadenlehre hervorgebracht, die in den kleinsten unteilbaren Teilchen des Seins die gotthafte Essenz allen Lebens erblickt. Wer das Atman als das Göttlich-Sonnenhafte in sich selbst gefunden hat, der weiß sich eins mit allen Lebewesen, auch mit dem kleinsten Atom. Dieser All-Einheits-Gedanke wird in der *Upanishaden*-Philosophie grandios herausgearbeitet. Hierzu ein Beispiel:

»›Bringe mir von da eine Nyagrodhafrucht‹«, heißt es in einem Lehrgespräch in der *Chandogya-Upanishad*, »›Hier ist sie, Ehrwürdiger.‹ ›Spalte sie.‹ ›Sie ist gespalten, Ehrwürdiger.‹ ›Was siehst du da?‹ ›Ganz feine Körner, Ehrwürdiger.‹ ›Spalte einen von diesen.‹ ›Es ist gespalten, Ehrwürdiger.‹ ›Was siehst du da?‹ ›Nichts, Ehrwürdiger.‹ Der sprach zu ihm: ›Der feinste Stoff, den du nicht wahrnimmst, aus dem besteht der große Nyagrodhabaum. Glaube, mein Lieber, dieser feinste Stoff durchzieht das All, das ist das Wahre, das ist das Selbst, das bist du ...‹«[6] Der »feinste Stoff«, von dem hier gesprochen wird, die göttliche Essenz des Alls, liegt unserem Wesen zugrunde, und von diesem »feinsten Stoff« heißt es: *tat twam asi! – das bist du!*

Das *Atman* im Sinn der Upanishaden-Philosophie bleibt ein unauslotbares Weltgeheimnis; denn obgleich kleiner als das kleinste Samenkorn, trägt es doch das Abbild des ganzen Alls in sich: »Dieser mein Atman im Inneren des Herzens ist feiner als ein Reisoder Gersten- oder Senf- oder Hirsekorn oder das Korn eines Hirsekorns. Dieser mein Atman ist größer als die Erde, größer als der

Luftraum, größer als der Himmel, größer als die Welten.«[7] Das Kleinste ist zugleich auch das Größte, und in allen Wesenheiten des Mikrokosmos lebt abbildhaft das große Welten-All des Makrokosmos. Das Atman ist der mikrokosmische Gott, die Sonne im Welten- und Seelen-Inneren: das Innere Licht. Nach Aussage der *Chandogya-Upanishad* ist das Atman »der aus Bewußtsein bestehende, im Herzen als inneres Licht befindliche Geist«[8], und dieser Geist verbindet den Menschen mit der Gottheit. Man sieht hier, daß die Mystik des Inneren Lichts, die als ein Mysterien-Wahrgedanke das Abendland durchzieht, einer indogermanischen Seelenhaltung entspringt. Der Dichter Friedrich Rückert (1788–1866) hat die Brahmanen-Weisheit vom Inneren Licht und damit die Essenz der Philosophie Altindiens in folgender »*Ode an das Licht*« zum Ausdruck gebracht:

> Kennst du den Boten nicht, der dir allein Bericht
> Von höher'n Welten bringt? Der Bote heißet: Licht.
> Das Licht nur steiget dir aus höchsten Sphären nieder
> Und steigt mit deinem Blick zu höchsten Welten wieder.
> Folge nur seiner Spur! Verständest du es nur,
> Und unverstanden wär' dir nichts in der Natur!
> Wie von der Sonne geh'n viel Strahlen erdenwärts,
> So geht von Gott ein Strahl in jedes Dinges Herz,
> In diesem Strahle hängt das Ding mit Gott zusammen
> Und jedes fühlet sich dadurch von Gott entstammen.[9]

## 3. Die Lichtbotschaft des Zarathustra

Mit Zarathustra, auch Zoroaster, taucht erstmals ein Prophet aus der Geschichtstiefe Vorderasiens auf, der den Gedanken des Widerstreits zwischen Gut und Böse, zwischen Lichtkräften und Finsternismächten, ganz in den Mittelpunkt seiner Verkündigung rückte. Die brahmanischen Seher und Weisen der altindischen Kultur konnten noch alle Gegensätze dieser Welt in einer letzten göttlichen All-Einheit aufgehen lassen; sie waren noch ganz erfüllt vom Geist-

Monismus der Veden und Upanishaden. Anders jedoch Zarathustra: Er weiß zwar auch um das göttliche All-Eine, den Ursprung
aller Dinge, ja er weiß um das von ihm so bezeichnete »Zervana
Akarana«, nur – das für ihn allein Wichtige ist die aus der All-Einheit hervorgegangene Zweiheit. Diese Dualität hat für ihn sowohl
ethischen als auch kosmischen Charakter. Der Mensch, in das
Schlachtfeld des ethisch-kosmischen Entscheidungskampfes zwischen Gut und Böse mitten hineingestellt, muß sich entscheiden –
für das Licht oder für das Dunkel.

Der Prophet Zarathustra hat mit seinen Hymnen, den im Zend-
Awesta kanonisch gesammelten Gathas, eine ethisch-kosmische
Hochreligion geschaffen, und der darin enthaltene Gedanke der
individuellen Wahlfreiheit des Menschen scheint einem bereits
hochentwickelten Ich-Bewußtsein zu entsprechen. Und wenn der
Grieche Sokrates als der Erwecker des individuellen Gewissens gilt,
so hat diesen abendländischen Persönlichkeits-Gedanken doch erst
der Perser Zarathustra vorbereitet, der das Menschen-Ich mit
Flammenworten aufrief zur sittlichen Autonomie. Zarathustra war
gewiß ein Gottesgesandter, der mit seiner Botschaft eine Erden-
mission zu erfüllen hatte, und zusammen mit Orpheus, Pythagoras und Hermes Trismegistos zählt er zu den großen Eingeweihten
und Geisteslehrern des Abendlandes. Durch die Labyrinthe der
menschlichen Kulturgeschichte wirkte der zarathustrische Impuls
fort bis in die Neuzeit hinein; er beeinflußte vor allem nachhaltig
die Lehre Platons. Wie ein unterirdisches Quellwasser fließt die
Zarathustra-Religion durch die Jahrtausende der europäischen
Kulturgeschichte.

Alle Eingeweihten und Menschheitslehrer sagen übereinstimmend, daß in jeder Menschenseele ein göttlicher Urfunke, ein
unvergänglicher Geistkern wohnt – das Atman der indischen Brahmanen, das innere Licht. Zarathustra nennt dieses innere Licht im
Menschen das *Fravashi*: lebendiges Geistfeuer, geschöpft aus dem
göttlichen Urfeuer *Zervana Akarana*, das am Urbeginn allen Weltwerdens stand. So zeugt das Fravashi als das innere Licht vom göttlichen Ursprung des Menschen, und es spricht wie eine innere

Stimme, um dem nach innen Horchenden den Weg zum Guten zu weisen. »Gut« und »Böse« sind im Zarathustrismus nicht bloß moralisch-ethische Bestimmungen, sondern eigentlich kosmische Gewalten, die im Weltkampf jäh aufeinanderprallen, unerbittlich im Ringen um Vorherrschaft. Es ist wohl kein Zufall, daß Zarathustra aus dem iranischen Hochland stammte, einer unbeschreiblich kargen Landschaft, in der grellste Sonnenstrahlung die Licht-Schatten-Dualität um so krasser hervortreten läßt. Die ganze Landschaft atmet den Geist des Dualismus. Dieses duale Prinzip ging ein in die Wesensmitte der zarathustrischen Religion.

Zarathustra kündet uns von zwei göttlichen Urgeistern, zwei feindlichen Zwillingsbrüdern, *Ahura Mazdao* einerseits und *Ahriman* andererseits:

> Im Anfang waren die beiden Geister.
> Im Traumgesichte wurden sie offenbart
> Als Zwillingsbrüder.
> Und da sie in das Wirken traten
> Im Denken, Sprechen, Handeln,
> Da waren sie das Gute und das Böse.[10]

Hier offenbart sich deutlich das Erbe der urnordischen Religion, der aus dem sagenhaften Arier-Stammland *Arjana Vaejo* (Arier-Weißland) herstammenden Sonnen-Einweihung, die doch letztlich allen indogermanischen Weisheitslehren zugrunde liegt. Ahura Mazdao ist niemand anders als der von den vorgeschichtlichen Völkern des Nordens verehrte Sonnenheiland, Ahriman dagegen der Herr über die Todes- und Finsternismächte. Die beiden feindlichen Zwillinge des Zarathustra waren in der urnordischen Bronzezeit-Kultur noch die Gottheiten der beiden Jahreshälften, der Sommer- und der Winterhälfte, wobei sich allerdings im rein Naturhaften des Jahresrhythmus etwas Höheres kundgibt, ein gewaltiges kosmisch-göttliches Ringen: Heilsgeschichte. Und das Denken des Zarathustra ist im höchsten Maße heilgeschichtlich ausgerichtet, anders als das indische Denken, das in seiner ichlo-

4   Wandgemälde von Zoroaster aus dem 3. Jahrhundert, Syrien

sen Gottseligkeit nie so recht einen Sinn aufbringen konnte für die geschichtliche Existenz des Menschen.

Im Gegensatz zum Buddhismus und zur altindischen Brahmanen-Religion stellt der Zarathustrismus keine reine Geist-Religion dar, sondern vielmehr eine kosmische Religion, die das Erdendasein des Menschen bejaht, die es läutern, befreien, spirituell weiterentwickeln will. Der End- und Heilszustand der Geschichte liegt nicht in einem Jenseits, auch nicht in einem Aufgehen im Nirvana, sondern in einer befreiten und spirituell verklärten Erdenwelt. Denn nicht ewig kann der Weltenkampf zwischen Ahura Mazdao und Ahriman andauern, nicht ewig währt die Gespaltenheit des Erdendaseins in Licht und Finsternis. Am Ende kommt es doch zu einer Entscheidung: zum Sieg des Lichts und damit zur endgültigen Herrschaft des Guten. Der Weltplan erfüllt sich in einem künftigen Zustand des *Khshatra*, einem *kommenden Gottesreich auf Erden*, das der Prophetenblick des Zarathustra als eine dereinst sich erfüllende Menschheits-Zukunft erahnt.

Die im Brahmanentum noch rein esoterische Lehre vom inneren Licht hat Zarathustra in einen großartigen kosmisch-heilsgeschichtlichen Zusammenhang hineingestellt. In Ahura Mazdao, dessen Licht-Körper aus göttlichem Feuer-Fluidum besteht, sieht er den makrokosmischen Sonnenheiland, der durch seinen Kampf mit dem Widersacher das kommende Gottesreich auf Erden vorbereitet. In diesen Endkampf zwischen Gut und Böse, der die innere Mitte der Weltgeschichte darstellt, wird auch der Mensch einbezogen. Um in diesem Entscheidungskampf zu bestehen, muß der Mensch von dem ihm gegebenen inneren göttlichen Licht durchstrahlt sein, muß er auf die innere Stimme Gottes hören:

> Eine Stimme ist in uns voll heiligen Geistes,
> Es gibt ein Denken, Reden, Tun,
> Als ob du vor Gottes Angesicht stündest ...
> Ja, Gott, du bist das Rufen dieser Stimme,
> du, der gleiche innen und außen ...
> Darin scheidet der Bessere sich vom Bösen,

> Daß er auf diese Stimme hört.
> Hier ist der Kreuzweg der Geister,
> Nichts gilt da Armut,
> Nichts gilt Reichtum und Macht.

*Aus dem Awesta, Yasna 47* [11]

Das duale Prinzip bildete also, wie wir gesehen haben, die innere Mitte der Zarathustra-Religion. Aber dieser Dualismus hat nichts zu tun mit dem weltablehnenden Dualismus der Späteren, etwa des Manichäismus oder der Gnosis. Allen Weltverächtern, von Buddha bis Schopenhauer, stellt Zarathustra eine tatkräftige, wohl noch aus den Wurzelgründen indoarischer Religiosität entstammende Weltbejahung entgegen. Ihm geht es um das Erdenschicksal, und die erste Pflicht des Frommen besteht darin, den Acker zu bestellen! Irrlehrer nennt er jene, die »Weltflucht« predigen, und doch nur den eigenen Vorteil im Auge haben:

> Darum nenne ich einen Irrlehrer,
> Wer zuschanden macht, was mir das tiefste ist,
> Wer mir meine Erde verdirbt
> Und mir den Blick zum Himmel wehrt,
> Wer die Klugen nur schlau macht,
> Sie nur irdischen Vorteil lehrt
> Und niederschlägt den, der mehr will.

*Yasna 32* [12]

So also spricht Zarathustra in den Gathas des Zend-Awesta, des heiligen Buches der altpersischen Religion: eine zutiefst spirituelle, ganz auf das Göttliche im Menschen gegründete Lichtbotschaft, die nicht nur im Parsismus und der Mazdaznan-Gemeinde weiterlebt, sondern in den Mystikern aller Zeiten.

# V.
## DAS DRUIDENTUM

Und was vordem alltäglich war,
Scheint jetzo fremd und wunderbar.
Eins in allem und alles im Einen
Gottes Bild auf Kräutern und Steinen,
Gottes Geist in Menschen und Tieren,
Dies muß man sich zu Gemüte führen.
Keine Ordnung mehr nach Raum und Zeit,
Hier Zukunft in der Vergangenheit.

*Novalis*[1]

## 1. Herkunft und Identität des Keltentums

Das *Druidentum*, der westliche Gegenpol zum altindischen
Brahmanismus, ist die *esoterische Geheimreligion der Kelten*
– ein europäisches Urvolk, das wie die Germanen dem westlichen
Zweig der indogermanischen Völkerfamilie angehört.[2] Im 19. Jahrhundert hielt man die Kelten in der Regel noch für »kulturlose Barbaren nördlich der Alpen«, die erst durch ihren Kontakt mit den
Etruskern, Griechen und Römern die Segnungen der Zivilisation
erfahren hätten. Dies schiefe Geschichtsbild mußte durch die Funde
und Ausgrabungen des 20. Jahrhunderts weitgehend korrigiert
werden. Heute weiß man, daß die Kelten – in Kunsthandwerk und
Technik hochstehend – ohne weiteres den Rang einer Kulturnation
beanspruchen dürfen. Töpferei, Textil- und Schmiedehandwerk
standen bei ihnen in hoher Blüte; auch die Drehmühle und die Töp-
ferscheibe kamen erst durch die Kelten nach Mittel- und Nordeuropa. Sie waren Meister in der Eisenverarbeitung und wohnten in

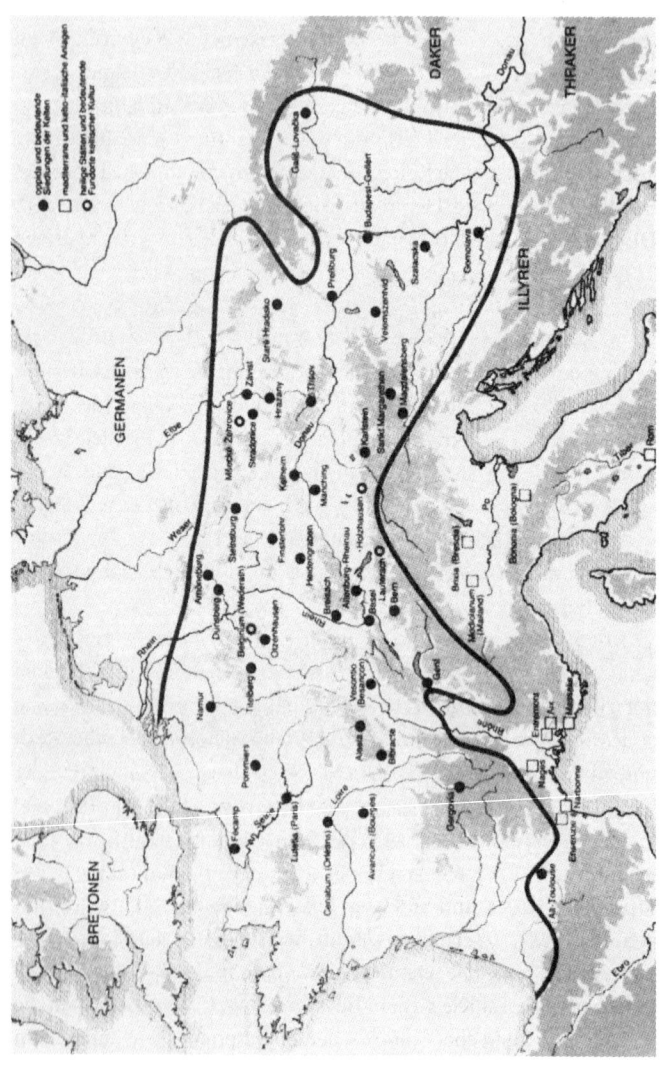

5   *Grenzen des keltischen Territoriums am Ende ves 2. Jahrhunderts*
    *v. Chr. (Nach V. Kruta)*

festgefügten Städten, deren Manein, geschickte Konstruktionen aus Holzfachwerk und Bruchsteinen, den Neid der Römer erregten (*murus gallicus* nannten sie diese Art der Befestigung).

Die geographische Herkunft des Keltentums gilt auch heute noch als ein Rätsel; die Kelten sind immer noch, um den Titel eines Buches von Gerhard Herrn zu zitieren, »*das Volk, das aus dem Dunkel kam*«. Ihre Urheimat dürfte wohl das Gebiet des heutigen Böhmen und Bayern bis zum Oberrhein gewesen sein, der sogenannte östliche Hallstatt-Kreis, der sich seit etwa 800 v. Chr. von Hallstatt in Oberösterreich aus als ein bedeutendes Zentrum des Salzhandels und der Eisenverarbeitung entwickelte. Es besteht kaum noch Zweifel darüber, daß spätestens die Träger der *Hallstatt-Kultur* in Frankreich, Spanien und auf den Britischen Inseln vom 7./6. Jahrhundert v. Chr. an als Kelten anzusehen sind. In der späteren Eisenzeit, seit etwa 400 v. Chr., konnten keltische Zentren in Mitteleuropa die an Kunsthandwerk so reiche *Latène-Kultur* (benannt nach La Tène, einem Fundort in der Westschweiz am Neuenburger See) hervorbringen.

Mit Sicherheit wissen wir, daß die Kelten mindestens seit 600 v. Chr. das heutige Frankreich bewohnten; die seefahrenden Griechen unterhielten seit langem Handelsbeziehungen dorthin. *Hekataios von Milet* (um 500 v. Chr.) nennt Narbonne eine keltische Stadt und gibt an, daß das griechische Massilia – heute Marseille – in der Nähe des keltischen Territoriums liege; *Herodot* (etwa 490–420 v. Chr.) läßt die Donau in keltischem Gebiet entspringen. Seit dem 4. Jahrhundert breiteten sich keltische Völker vom Zentrum Europas nach Süden und Südosten hin aus: Sie überschritten die Alpen, wurden in Oberitalien seßhaft, wo sie die Etrusker verdrängten. Andere Stämme wanderten weiter, auf den Balkan, nach Griechenland und Kleinasien. Im Jahr 278 v. Chr. überquerten die Galater – ein keltischer Stamm – den Hellespont und gründeten im kargen Hochland von Anatolien das nach ihnen benannte Königreich Galatien. So erstreckte sich das keltisch besiedelte Territorium von Kleinasien bis an die spanische Küste, von der Po-Ebene bis zu den Hochmooren Schottlands!

## 2. Baumkult und heilige Haine

In der keltischen Religion,[3] deren esoterische Seite das Druidentum
darstellt, lebt eine zutiefst schöpfungsverbundene Spiritualität.
Gleich dem altindischen Arier vollzog der Kelte seine spirituelle
Erfahrung im Einklang mit der lebendigen Natur und ihren Wesenheiten. Diese Naturinnigkeit des Keltentums zeigt sich vor allem im
Kult um heilige Bäume sowie in der Verehrung von heiligen Quellen. Die wichtigsten Flußquellen Westeuropas verdanken ihre
Namen den keltischen Quellgöttinnen, denen sie geweiht waren:
so die Seine der *Sequana*, die Marne der *Matrona*, der Severn in
England der *Sabrina*. Unzählige Flußnamen, auch deutschspra-
chige wie Rhein, Main, Neckar, Lahn, Ruhr und Lippe, zeugen von
einem altkeltischen Quellenkult. Zahlreiche Opfergaben – Metalle,
Waffen und Hausgeräte – sowie Statuen und Weihebilder wurden
an den Flußquellen aufgefunden. Denn einen Fluß betrachtete der
Kelte als eine lebendige Wesenheit, seinen Quellgeist als eine ehr-
furchtgebietende Gottheit, der man Dankopfer und Verehrung
schuldete.

Aus einer tiefsinnigen Naturverbundenheit heraus konnte der
Kelte die schöpferisch-tätigen Wesenheiten der Natur und des Kos-
mos hellsichtig wahrnehmen; und diese Wesenheiten nannte er
dann: »Götter«. Der Großteil der keltischen »Götter« bestand
wohl überhaupt aus Lokalgottheiten: Quellnymphen, Baumgeister,
Wesenheiten des Waldes, Bewohner und Beschützer heiliger Orte.
Unter den überaus zahlreichen Göttern des keltischen Pantheons
findet man oft auch Tiergestaltige oder tierisch-menschliche
Mischwesen, so etwa die Pferdegöttin *Epona* oder den Hirschgott
*Cernunnos* (um nur zwei Beispiele zu nennen), während der Grieche sich seine Götter überhaupt nur in Menschengestalt vorstellen
konnte. In der Vorstellungswelt der Kelten konnte jedes Lebewesen im Kosmos – Menschen, Tiere und Pflanzen, ja selbst Steine –
zu einer Ausdrucksform und Erscheinung des Göttlichen werden.

Gleich den Priestern des Zeus-Orakel von Dodona, zu dem der
Sage nach schon Odysseus gegangen sein soll, »um den Rat des

Zeus aus dem Gipfel der Eiche zu lauschen« (Odyssee XIV / 317),
glaubten die keltischen Druiden im Rauschen der Eichenbäume die
Stimme des Göttervaters zu hören. Auch die Bäume galten nach
druidischer Lehre als Erscheinungsform des Göttlichen, und neben
der Eiche waren besonders die Esche, Erle, Birke, Weide, der Vo-
gelbeerbaum, der Haselnußstrauch und der Apfelbaum Gegenstand
der Verehrung. Man muß hierbei berücksichtigen, daß in den vorchristlichen Jahrhunderten riesige Urwälder die Länder Westeuropas fast lückenlos bedeckten. Menschliche Besiedlungen, Dörfer
und Städte, bildeten allenfalls kleine Inseln in einem wildwuchern-
den Waldozean, der die allgegenwärtige Erlebniswelt der damaligen
Bewohner Europas darstellte. Unter den Bäumen des Waldes konnte der indogermanische Mensch die Gegenwart des Heiligen und des
Numinosen erleben. Der Wald war ihm nicht nur Jagdrevier und Lebenssphäre, sondern auch Stätte der Gottesverehrung.

Die westindogermanischen Kelten- und Germanenvölker haben
es ursprünglich nicht für nötig erachtet, ihren Göttern steinerne
Tempel zu errichten; denn die Götter wohnten ja in den großen
Wäldern, und das Götterwirken konnte im Schöpfungsgeschehen
erlebt werden. Deshalb schreibt der römische Berichterstatter Tacitus über die Bewohner Germaniens: »Übrigens glauben die Germanen, daß es mit der Hoheit der Himmlischen unvereinbar sei,
Götter in Wände einzuschließen und sie irgendwie menschlichem
Gesichtsausdruck anzunähern: sie weihen Lichtungen und Haine
und geben die Namen von Göttern jener weltentrückten Macht, die
sie allein in frommem Erschauern erleben.«[4] Das hier Gesagte gilt
auch für die Kelten, die – wie die Germanen – als Kultstätten *heilige Eichenhaine* verwendeten.

Dieser geheiligte Hain, *nemeton* genannt (verwandt mit dem lat.
*nemus*, die Lichtung) stand im Mittelpunkt des religiösen Lebens.
Es handelte sich um ein geweihtes Stück Wald mit einer Lichtung
in der Mitte, die genug Raum bot für größere Versammlungen oder
Feierlichkeiten; nach außen hin wurde das in der Regel viereckige
Waldrevier durch Holzpalisaden oder durch hohe Erdwälle streng
abgegrenzt. Überreste solcher Wallanlagen hat man bis heute in

großer Zahl gefunden: die meisten im Voralpenraum zwischen Südwestdeutschland und Österreich, wohl der eigentlichen Stammheimat der Kelten, aber auch im östlichen Frankreich, an der Seine, sogar in Portugal. Im Volksmund nannte man sie »Viereckschanzen« oder »Keltenschanzen«. Bis 1910 kannte man bereits 150 solcher Schanzen, heute schon rund 250. Sie alle gehören der spätkeltischen Latène-Zeit an. Nur über den Sinn solcher Anlagen war man sich nicht ganz im klaren: Waren sie Festungen, Gutshöfe, Viehpferche oder Kultplätze?

Doch die in tiefe Erdschächte eingegrabenen Kult- und Opfergegenstände, die man dann innerhalb der »Viereckschanzen« fand, ließen den Schluß zu, daß diese vorgeschichtlichen Wallanlagen einem sakralen Zweck gedient haben müssen. Es handelt sich in der Tat um Kultplätze, um geweihte Stätten der Gottverehrung – stumm zeugen sie von der einstigen Größe einer längst verschütteten indogermanischen Religion, des Druidentums. Die »Viereckschanzen«, einst die geweihten Haine der Kelten, waren im Inneren dicht bewaldet mit heiligen Bäumen, die nicht gefällt werden durften, da in ihnen Nymphen oder Götter wohnten. In tiefe ausgegrabene Erdschächte, aber auch in Flußquellen, Seen oder Hochmoore warfen die Priester der Kelten Opfergegenstände hinein, die den Vegetations- und Fruchtbarkeitsgottheiten bestimmt waren, die man sich im Erdinneren wohnend dachte.

Als bekannteste keltische Viereckschanze im deutschsprachigen Gebiet gilt die von Holzhausen bei Wolfratshausen am Starnberger See. Dort hat man gar in einem Erdschacht neben Hirschgeweihen und allerlei Opfergerät einen hölzernen Kultpfahl, einen etwa 4 Meter langen Zypressenstamm, zutage gefördert. Dieser Kultpfahl sollte wohl die Weltachse symbolisieren. Damit wurde der Beweis erbracht, daß auch die Kelten den *Weltbaum-Weltstützer-Kult* kannten; ähnelt doch ihr Kultpfahl äußerlich sehr der germanischen *Irminsul*, die – im heiligen Opferhain aufgestellt – die Weltenesche Yggdrasil darstellen sollte.

Eine besondere Bedeutung nahm bei den keltischen Druiden der Kult der heiligen Mistel ein, eng verwoben mit der Verehrung der

Eiche. Plinius der Ältere (23–79 n. Chr.) berichtet ausführlich hierüber: »Die Priester der Gallier, die Druiden, kennen nichts Heili-
geres als die Mistel und den Baum, worauf sie wächst, besonders
wenn dieser eine Wintereiche ist. Sie verehren den Baum aufs höchste und betrachten alles, was darauf wächst, als Himmelsgabe.
Man findet aber die Mistel nur sehr selten auf der Eiche. Wenn man
ihn aber findet, wird sie mit großer Feierlichkeit geholt, vor allem
am 6. Tag nach dem Neumond … Die Druiden heißen die Mistel
in ihrer Sprache ›die Alles Heilende‹. Nachdem sie unter dem
Baume die gehörigen Opfer und Mahlzeiten veranstaltet haben,
führen sie zwei weiße Stiere herbei, deren Hörner bekränzt werden.
Der Priester, mit weißem Kleide angetan, besteigt den Baum und
schneidet mit goldener Sichel die Mistel ab. In einem weißen Mantel wird sie aufgefangen. Dann schlachten sie die Opfertiere mit
dem Gebet, die Gottheit möge ihre Gabe denen günstig werden lassen, welche sie damit beschenkt haben. In den Trank getan, solle
die Mistel alle unfruchtbaren Tiere fruchtbar machen und ein Heilmittel gegen alle Gifte sein.«[5]

Jede Pflanze durfte nur zu einer bestimmten Zeit und Stunde
geerntet werden; denn die Pflanzen sahen die Natur-Eingeweihten
der Kelten stets in Verbindung stehen mit den kosmisch-astralen
Kräften und insbesondere mit den Mondumläufen. Denn dem keltischen Kalender lag ja der Mondkalender zugrunde, auf den sich
das unter dem Namen *Beth-Luis-Nion* bekannte *keltische Baum-
Alphabet* bezieht. Dieses Baum-Alphabet stellt allerdings,
besonders was die Zuordnung der Mond-Monate zu den Bäumen
betrifft, eine Rekonstruktion des Schriftstellers Robert von Ranke-
Graves dar (»Die Weiße Göttin«).[6]

## 3. Die Druiden – die Brahmanen Europas?

Die *Druiden*,[7] zweifellos die einflußreichste Gruppe in der keltischen Stammesgesellschaft, wirkten als Priester, Magier und
Seher, Heilkundige, Pflanzenkundige und Sternenkundige; sie
sprachen Recht in allen privaten und öffentlichen Angelegenhei-

ten, betrieben die Kunst des Wahrsagens und versahen den Opferdienst. Der Name »Druide« setzt sich zusammen aus *dru* = stark
und *vidas* = Wissende, Weise, bedeutet also in wörtlicher Übersetzung Hochweise, Träger eines machtvollen, geheiligten Wissens. Die Deutung des Wortes »Druide« als »Eichenkundige«, die
sich vom griechischen *drys* = die Eiche herleitet, gilt heute mittlerweile als überholt. Doch zweifellos oblag den Druiden die Pflege der heiligen Haine, und als Hochweise waren sie in die Naturgeheimnisse eingeweiht.

Großen Einfluß entfalteten sie auch als politische Ratgeber, und
über ihr hohes Ansehen in der Sozialordnung der Gallier sagt uns
Cäsar: »In ganz Gallien gibt es zwei Klassen von Menschen, die
irgendwelche Geltung und Ehre genießen. Denn das niedere Volk
nimmt beinahe die Stellung von Sklaven ein. (...) Aber von den beiden Ständen ist der erste der der Druiden, der andere der der Ritter« (VI/13).[8] Hier wird die typisch indogermanische Stammesgesellschaft geschildert, gegliedert in die drei Stände der Ritter, in der
Regel Streitwagenkämpfer, der Priester und der Bauern, die im
alten Indien den drei Hauptkasten der *Kshatriyas*, der *Brahmanas*
und der *Vaishyas* entsprachen. Die gallischen Ritter, auch die britannischen, fuhren wie die Angehörigen der altindischen Krieger-
kaste auf dem zweirädrigen Streitwagen, den schon die Hethiter in
Gebrauch hatten. Die Parallele zwischen den indischen Brahmanen
und den keltischen Druiden tritt deutlich zutage; und es bedeutet
keineswegs oberflächlichen Synkretismus, wenn man die Druiden
als die Brahmanen Europas bezeichnet.

Über die Druiden berichtet uns Cäsar (*De Bello Gallico* VI/14):
»Die Druiden ziehen gewöhnlich nicht mit in den Krieg und zahlen auch keine Abgaben wie die anderen. Durch so große Vorrechte
verlockt, begeben sich viele freiwillig in ihre Lehre oder werden von
ihren Eltern oder Verwandten hingeschickt. Sie sollen dort Verse
in großer Zahl auswendig lernen; deswegen bleiben einige zwanzig Jahre in der Lehre. Sie halten es für Sünde, sie schriftlich niederzulegen, während sie in fast allen übrigen Angelegenheiten, in
Staats- und Privatgeschäften, die griechische Schrift benützen. Sie

scheinen mir aus zwei Gründen dies eingeführt zu haben. Sie wollen nicht, daß die Lehre unter der Menge verbreitet werde, noch daß die Schüler, sich auf das Geschriebene verlassend, weniger übten. Vor allem wollen sie die Überzeugung hervorrufen, daß die Seelen nicht vergehen, sondern nach dem Tode vom einen zum anderen wandern. Sie glauben, daß man vor allem durch diese Lehre, wenn die Todesfurcht beseitigt sei, zur Tapferkeit angespornt werde. Viel disputieren sie außerdem über die Gestirne und ihren Lauf, über die Größe der Welt und der Erde, die Natur der Dinge und über das Walten und die Macht der Götter und teilen das der Jugend mit.«[9]

Ähnlich Diodor von Sizilien (*Historien* V, 31): »Es gibt bei ihnen [den Kelten] Liederdichter, die sie Barden nennen. Dieselben tragen ihre Gesänge unter Begleitung von Instrumenten vor, welche der Lyra ähnlich sind; und zwar sind sie teils Lobgesänge, teils Schmählieder. Überaus geehrt sind bei ihnen einige Philosophen, die auch der göttlichen Dinge kundig sind und Druiden genannt werden. Auch Wahrsager haben sie, denen gleichfalls große Ehre erwiesen wird. Dieselben weissagen aus dem Vogelflug und aus der Beschauung der Opfertiere, und alles Volk glaubt und gehorcht ihnen.«[10] Pomponius Mela (*De Chorographia* III, 2 / 18) bestätigt nochmals die Angaben Cäsars, wenn er über die Druiden sagt: »Diese geben vor, von der Größe und Gestalt der Welt, den Bewegungen des Himmels und der Gestirne sowie vom Willen der Götter Kenntnis zu haben. Sie unterweisen die Edlen ihres Volkes in vielerlei Dingen, heimlich und lange Zeit hindurch – zwanzig Jahre, und zwar entweder in einer Höhle oder in abgelegenen Waldhainen. Ein Punkt ihrer Lehre ist zu allgemeiner Kenntnis gedrungen: um nämlich das Volk für den Kampf recht geeignet zu machen, lehren sie, die Seele sei unsterblich und nach dem Tode beginne bei den Verstorbenen ein neues Leben.«[11]

Den obigen Worten zufolge haben sich die Druiden vorwiegend mit Sternenwissen, mit Naturphilosophie und mit dem Gesetz der wiederholten Erdenleben des Menschen – oft fälschlich »Seelenwanderung« genannt – befaßt. Offensichtlich hüteten sie den Schatz eines spirituellen Geheimwissens; daher auch die Weigerung, die Inhalte des Druidentums schriftlich niederzulegen: »Sie wollen nicht, daß die Lehre unter der Menge verbreitet werde« (Cäsar). Alle uns bekannten Religionen des Altertums gliedern sich in einen *öffentlichen*, exoterischen Teil, an dem die große Masse des Volkes teilhatte, und in einen nichtöffentlichen, geheimen, *esoterischen* Teil, zu dessen Inhalten nur wenige Auserwählte Zugang hatten. Im Sinn dieser Zweiteilung könnte man sagen, daß der Götterglaube die exoterische, das Druidentum hingegen die esoterische Seite des Keltentums darstellt.

Der Gedanke der wiederholten Erdenleben des Menschen – der Reinkarnation – stammt ursprünglich nicht aus dem alten Indien, er geht überhaupt nicht auf asiatische Ursprünge zurück, sondern war schon jahrtausendelang im vorchristlichen Europa bekannt. Dieser Gedanke bildet wohl den Bestandteil einer indogermanischen Urreligion, die sich zwischen den Polen des keltischen Druidentums und des altindischen Brahmanismus aufzuspannen scheint, eine Art »Ewige Philosophie«, die ein alle Zeiten und Kulturen überdauerndes Weisheitswissen in sich birgt. Als ein Beispiel für keltisch-druidisches Reinkarnationswissen sei hier ein Gedicht aus dem walisischen *Buch Taliesin* zitiert. Es handelt sich dabei um ein höchst bemerkenswertes Gedicht, in dem der Barde Taliesin (lebte im 6. Jahrhundert n. Chr.) auf eine ganze Kette seiner früheren Inkarnationen Rückschau hält:

> Oberster Barde bin ich bei Elphin.
> Meine Heimat ist die Region der Sommersterne.
> Idno und Heinin rufen mich Merddin,
> Aber bald wird jeder König mich Talyessin nennen.
> Ich war mit dem Herrn der Welt in der obersten Sphäre,
> Mit Luzifer in den Tiefen der Hölle.
> Ich trug das Banner unter Alexander.
> Ich kenne die Namen der Sterne von Norden bis Süden.
> Ich bin in der Galaxis gewesen

vor dem Thron des Allmächtigen.
Ich war in Kanaan, als Absalom starb.
Ich trug den Heiligen Geist
in die Tiefen des Tales von Hebron.

Ich war am Hof des Don vor der Geburt des
    Gwydyon.
Ich belehrte Eli und Enoch.
Ich wurde beflügelt vom Genius
Mit dem leuchtenden Krummstab.
Ich bin besser als alle, denen das Geschenk
der fließenden Rede ward.
Ich war zur Stelle bei der Kreuzigung
des gnadenreichen Sohnes Gottes.

Ich war drei Zeitalter im Gefängnis von Arianrod.
Ich war Oberaufseher bei den Arbeiten am Turm des
    Nimrod.
Ich bin ein Wunder, dessen Ursprung unbekannt ist.
Ich war in Asien mit Noah in der Arche.
Ich sah mit an die Zerstörung von Sodom und
    Gomorrah.
Ich war in Indien, als man Rom erbaut hat.
Ich komme hierher von den Ruinen von Troja.
Ich war mit meinem Herrn an der Krippe des Esels.
Ich stärkte Moses an den Wassern des Jordan.
Ich stieg auf zum Firmament mit Maria Magdalena.
Ich wurde weise aus dem Kessel der Caridwen.

Ich war Barde mit Harfe bei Lleon von Lochlin.
Ich war auf dem weißen Hügel, am Hof von Kynvelyn
Für Jahr und Tag in Fesseln und Banden.
Ich habe Hunger gelitten für den Sohn der Jungfrau.
Ich habe gefastet im Lande der Gottheit.
Ich war Lehrer alles Wissens.

Ich bin fähig, das ganze Universum zu unterweisen.
Ich werde sein bis zum Tag des Untergangs auf Erden.
Und keiner weiß, ob mein Körper Fisch oder Fleisch ist.

Dann lag ich neun Monate
Im Schoß der alten häßlichen Caridwen.
Ich war ursprünglich der kleine Gwyon.
Und jetzt bin ich Talyessin.[12]

Bis in die vorgeburtlichen Ursprünge des Menschendaseins reichen die Erinnerungen des Barden Taliesin zurück, und ein ganzer Weltenwanderungsweg durch zahlreiche Leben hindurch wird hier aufgezeigt, in dessen Verlauf die Seele sich läutert und emporentwickelt. Taliesin sieht sich in seinen früheren Verkörperungen als Zeitgenosse von Moses, David und Alexander dem Großen, aber auch von alttestamentlichen Gestalten wie Nimrod, Noah und den Propheten. *Murray Hope* (»Magie und Mythologie der Kelten«, 1990) sagt über dieses Gedicht des Barden Taliesin, es sei »bei weitem das interessanteste, denn es liefert wertvolle Einsichten in die Mysterien und Tiefen der keltischen Weltanschauung«[13].

Wir wissen nicht, welchen Stellenwert der Reinkarnations-Gedanke im Druidentum überhaupt hatte; jedoch können wir ihn als einzigen im Druidentum mit einiger Sicherheit quellenmäßig erfassen. Den Kelten, Thrakern und Skythen war er gleichermaßen geläufig; und über Thrakien, dem Gebiet im Norden von Griechenland um die Mündung der Donau ins Schwarze Meer, fand dieser Ur- und Kerngedanke auch Eingang in die Welt des klassischen Griechentums. Der legendäre Sänger *Orpheus*, der Sage nach selbst ein Thraker, gilt als der Stifter und Begründer der Orphischen Mysterien, in die sowohl *Pythagoras* (um 500 v. Chr.) als auch der Philosoph *Platon* eingeweiht waren.

Die Orpheus-Mystik in Thrakien entwickelte sich in unmittelbarer Nachbarschaft zum keltischen Druidentum, denn der nördliche Balkan gehörte zum keltischen Siedlungsraum. Insbesondere wohnte dort der gallische Stamm der Galater, der später

(278 v. Chr.) den Hellespont überquerte und im kargen anatolischen Hochland das Königreich Galatien begründete. Der antike Autor *Clemens von Alexandria* (*Stromata* I, XV) behauptet, Pythagoras sei ein »Hörer der Galater und Brahmanen« gewesen;[14] da die Galater ein keltischer Stamm waren, wäre Pythagoras somit als ein Schüler des Druidentums anzusehen. Druiden, Brahmanen und Pythagoreer, auch die Orphiker in Thrakien – sie sind allesamt die Hohenpriester und Eingeweihten einer esoterischen Wurzelreligion, die – zweifellos älter als das Keltentum – mit Sicherheit auf die europäische Megalithzeit zurückgeht und vielleicht auf das sagenhafte Urvolk der Hyperboreer im Norden Europas.

Aber keine schriftliche Quelle – vergleichbar etwa der germanischen Edda-Sammlung – berichtet uns näherhin von den Inhalten der Druiden-Religion; denn die Druiden selbst haben der Nachwelt nichts Schriftliches hinterlassen, und die Aussagen griechischer und römischer Autoren über die Religion der Kelten bleiben nur bruchstückhaft. Ein schwacher Nachhall keltischer Götterlehre lebt noch in den Texten der irischen Helden- und Göttersage aus dem frühen und hohen Mittelalter. Neben diesen Mythen gewähren auch Ortsnamen, Inschriften, Votivgaben, Stein- und Holzplastiken, Metallarbeiten und Münzprägungen einen tiefen Einblick in die *terra incognita* der keltischen Götterwelt. Wir wollen nun einen Streifzug durch dieses unbekannte Land unternehmen, indem wir erst die Hochgötter Irlands, dann die Götter der Gallier, schließlich die walisische Mythologie betrachten.

## 4. Die Hochgötter Irlands

Wenn wir zunächst einmal die irische Götterwelt in ihrer ganzen Fülle anschauen, so begegnen wir dort einer schier unüberschaubaren Vielzahl von Göttern; aber diese sehr individuell ausgeprägten Göttergestalten wurden meist nur als verschieden wirkende Aspekte einer einzigen übergeordneten Gottheit gesehen. Von den alten Galliern wurde diese Gottheit, wie Cäsar bemerkt, als *Dispater* verehrt (»Alle Gallier rühmen sich, vom Vater Dis abzustammen«),[15] ein Name, der uns in dem Sanskrit-Wort *Dyaus pitar*, im griechischen *Zeus pater*, im lateinischen *Jupiter* und sogar in dem deutschen Ausdruck *Gott Vater* wiederbegegnet.

Es greift daher zu kurz, die keltische Religion bloß als reinen Polytheismus zu sehen; der polytheistischen Göttervielfalt lag letzten Endes immer eine einheitliche göttliche Urkraft zugrunde. Dieser letzte Urgrund, der keltische Dispater, der Gott aller Götter, muß nicht unbedingt als ein personaler Schöpfergott gedacht werden. Zumindest ursprünglich war er wohl eher ein großes Weltengeheimnis, eine das ganze Universum durchdringende schöpferische Energie. In einem alten gälisch-irischen Hymnus, dem *Lied des Amergin*, das angeblich bis auf die ersten keltischen Besiedler Irlands zurückgeht, tritt diese Gottheit noch ganz anonym und überpersönlich auf; sie hat noch keinen Namen, sondern sie spricht als ein urewiges *Ich-bin* in geheimnisvoller Immanenz aus allen Erscheinungsformen der Schöpfung zu uns. Hier einige Verse aus dem genannten Lied:

> Gott spricht und sagt
> Ich bin ein Wind des Meeres
> Ich bin eine Welle des Meeres
> Ich bin ein Geräusch des Meeres
> Ich bin ein Hirsch von sieben Enden
> Ich bin ein Falke auf der Klippe
> Ich bin eine Träne der Sonne
> Ich bin eine Fee zwischen Blumen
> Ich bin ein Eber
> Ich bin ein Lachs in einem Teich
> Ich bin ein See auf einer Ebene
> Ich bin ein Berg der Dichtung
> Ich bin ein kriegführender Speer
> Ich bin ein Gott, der Feuer
> für ein Haupt macht.[16]

Die Sage nennt *Amergin* den Hauptbarden der goidelisch sprechenden Kelten-Stämme, die von Spanien kommend in vorgeschichtlicher Zeit Irland besiedelten (vermutlich um 800 v. Chr.).
Das Lied des Amergin, das dieser gesungen haben soll, als er erstmals irischen Boden betrat, wurde vermutlich als liturgischer Hymnus verwendet. Es ist weitgehend die Selbstoffenbarung einer
numinosen göttlichen Macht, die in eindrucksvollen *Ich-bin*-
Wiederholungen aus den Elementen der Natur, aus Wind, Wasser,
Erde und Tierwelt zu uns spricht. McAlister nennt den Hymnus
»eine pantheistische Konzeption des Universums, wo die Gottheit
allenthalben allmächtig ist«[17]. Dieser Pantheismus bleibt typisch
für die religiöse Vorstellungswelt des frühen Keltentums.

Das »*Buch der Invasionen*«, ein um 1100 n. Chr. verfaßter irischer Text, der alle Eroberungen Irlands in vorgeschichtlicher Zeit
in seinem mythischen Gedächtnis speichert, bezeichnet die von
Amergin angeführten Goidelen als die letzte von insgesamt fünf
Einwanderungswellen. Sie heißen auch die »*Söhne des Mil*« (oder
*Miledh*), der den Beinamen *Esbaine* (»der von Spanien«) trug. Die
späteren irischen Hochkönige leiteten von diesem legendären
König noch ihre Herkunft ab. Und tatsächlich wurde Irland zuletzt
von keltiberischen Stämmen aus Spanien besiedelt. Bei der Schilderung der vier vorangegangenen »Invasionen« liegen Geschichtliches und Fabulöses allerdings dicht beieinander. Zudem bleibt
unklar, ob es sich bei den Besiedlern um Göttergestalten, um Menschen oder um halbgöttliche Vorzeit-Helden handelt. Hier also die
fünf Invasionen Irlands durch mythische Wesen:

1. Das Erscheinen des *Partholon*.
2. Die Ankunft des *Nemed* (des »Geheiligten«)
3. Die Einwanderung der *Firbolgs*.
4. Die Invasion der *Tuatha De Danann*.
5. Eroberung Irlands durch die *Söhne des Mil*.

Von *Partholon* wird nur gesagt, daß er aus dem »Land der glück-
lichen Toten« gekommen sei, aus dem irischen Märchenreich des

Westens – eine rein mythische Figur, vielleicht ein Besucher aus dem fernen Atlantis? Tuan Mac Cairill erinnert sich: »Ich kam mit Partholon, nicht lange Zeit nach der Sintflut, nach Irland.«[18] Aber schon Partholon mußte sich, kaum angekommen, vor wilden Ureinwohnern schützen, den *Fomoriern*, dämonischen Unterweltsgöttern von riesenhafter Gestalt, einbeinig und mit nur einem Auge, darin den griechischen Kyklopen ähnlich. Auch *Nemed* aus dem Land »Skythia« (Südrußland), der eines Tages mit einer Flotte von 34 Barken vor den Küsten Irlands erschien, scheint eine halbmythische Figur zu sein. Die *Firbolgs*, die »Beutelsackträger« (von *builg*, Ledersack), kamen wohl aus Griechenland, um sich der Sklaverei zu entziehen. Einige vorgeschichtliche Festungen im äußersten Westen Irlands, vor allem auf den Aran-Inseln, werden ihnen zugeschrieben. Sie lebten von Ackerbau und Gemüseanbau. Dann aber stehen plötzlich die *Tuatha De Dannan*, das Volk der »Adlergöttin« Dana, vor den Küsten Irlands. Magischen Nebel breiten sie um sich her; Zauberdinge helfen ihnen, den Sieg zu erringen. Angeführt von ihrem König Nuada, später von dem ebenso kunstfertigen wie listenreichen Lugh, besiegen die Tuatha De Dannan in der Schlacht bei *Mag Tured* die vorherigen Bewohner des Landes – erst die historisch realen Firbolgs, dann die geisterhaften Fomorier, die von dem furchterregenden Riesen Balor angeführt werden. Eine Parallele zum »Vanenkrieg« in der Edda drängt sich auf. Auch dort ein überlegenes Göttervolk, die Asen, das die Vanen als einheimische, mit dem Land innig verbundene Fruchtbarkeitsgötter unterwirft.

Mit der Ankunft der Tuatha De Dannan beginnt erst die irokeltische Zeit, denn die ältesten bekannten Götter Irlands gehören diesem Geschlecht an. Diese Götter tragen ausgesprochen *anthropomorphes* Gepräge; es handelt sich bei ihnen weder um personifizierte Naturkräfte noch um kosmische Energien, sondern um voll vermenschlichte Götter, die allerdings, da meist bis zur Karikatur überzeichnet, durchaus auch bizarre Züge tragen. Dies gilt vor allem für die Gestalt des Göttervaters *Dagda* mit dem Beinamen *Oll-Athair*, das heißt All-Vater, der als Sohn der Urgöttin Dana die

Funktion des Sippenstammvaters ausübt. Bei ihm handelt es sich aller Wahrscheinlichkeit nach um denselben Hauptgott, den Cäsar zufolge die Gallier als *Dispater* verehrt haben. Aber während der oberste Allgott im Hymnus des Amergin noch als pantheistisch gedachte Schöpfungsenergie im Hintergrund bleibt, wird Dagda in krassen Farben als ein freßgieriger, dickbäuchiger Bauer geschildert, der eine magische Keule mit sich herumträgt, die sowohl töten als auch wiederbeleben kann.

Außerdem besitzt Dagda den sagenhaften »Kessel der Fülle«, eine Art nie versiegender Quellborn himmlischer Nahrung – zweifellos das Urbild des Heiligen Grals –, sowie eine Zauberharfe, worauf der Gott die drei Ur-Melodien des Lachens, der Trauer und des Schlafes spielt. Seinen Hauptsitz hat Dagda im Gebiet des neolithischen Steinheiligtums *Newgrange*, wo er mit der dortigen Flußgöttin *Boane*, dem Geist des Boyne-Flusses, die sakrale Hochzeit vollzieht. Die Sage berichtet von Dagda, daß er einst zu den Fomoriern als Kundschafter ausgeschickt wurde. Diese hatten für ihn in einer Erdgrube ein gewaltiges Mahl bereitgestellt, das sie ihn unter Androhung der Todesstrafe aufzuessen zwangen. Zum Erstaunen der Gegner aß Dagda die ganze Erdgrube leer, ja er kratzte noch mit einem Löffel die Reste aus! Ein Gott mit einem wahrhaft unstillbaren Appetit!

In Dagdas Tochter *Brighid* begegnen wir indes einer echten Lichtgestalt. Bei den im Norden Englands lebenden Briganten, in der Gegend um York, wurde sie unter dem Namen *Brigantia* als Schutzpatronin und Stammesgottheit verehrt. Als »heilige Brigitte« erfreut sie sich selbst heute noch überall im keltischen Sprachraum größter Beliebtheit. Voll und ganz in die katholische Religion integriert, eine Heilige mit Heilkräften und Schutzherrin der Tierzucht, stellt sie die christliche Nachbildung einer ursprünglich heidnischen Gottheit dar. Der irischen Brighid wurden als Domänen so unterschiedliche Gebiete wie die Heilkunst, das Schmiedehandwerk, aber auch die Dichtkunst und die mit ihr verwandte Wahrsagerei und Seherkunst zugeschrieben. Ein keltisches Jahresfest, das *Imbolc* heißt und am 1. Februar begangen wird, ist dieser

geheimnisvollen Göttin gewidmet, zu deren Ehre überall im Land
»reinigende Feuer« angezündet werden. Imbolc ist vor allem auch
der Beginn der Frühjahrsperiode.

Als die »Milesier«, angeführt von ihrem Barden-Druiden Amergin, das Land erobern, werden die Tuatha De Dannan besiegt und
in die »unter der Erde« gelegenen Reiche der Feenhügel abgedrängt, wo sie als chthonische Fruchtbarkeitsgeister weiterleben
und für das Wohlergehen des Landes Sorge tragen.

## 5. Die Götter der Gallier

Weniger bekannt als die irischen Götter sind die der Gallier, überhaupt die der Festlandkelten; denn hierüber fehlen uns die schriftlichen Quellen. So bemerkte schon Henri Gaidoz, der Begründer
der »*Revue Celtique*«, im Jahr 1878: »Die Religion der Gallier
ist wenig und schlecht bekannt ..., weil die Zeugnisse darüber bisher noch längst nicht gesammelt und gesichtet sind.«[19] Hier müssen wir uns ausschließlich auf Ausgrabungsfunde und auf die spär-
lichen Aussagen antiker Autoren – vor allem Diodor, Strabo, Livius
– verlassen. Als besonders aufschlußreich gilt immer noch das,
was der römische Eroberer *Gaius Julius Cäsar* (100–44 v. Chr.) in
seinem Kriegsbericht *De Bello Gallico* über die Kultur, Lebensweise und Glaubenswelt der von ihm bekriegten Gallier geschrieben hat.

Bei seiner Aufzählung des gallischen Pantheons verwendet
Cäsar nur die lateinischen Namen: »Als Gott verehren sie
besonders Merkur: Von ihm gibt es die meisten Bildnisse, ihn halten sie für den Erfinder aller Künste, für den Führer auf allen
Wegen und Wanderungen, ihm sprechen sie den größten Einfluß
auf Gelderwerb und Handel zu. Nach ihm verehren sie Apoll,
Mars, Jupiter und Minerva. Von diesen haben sie ungefähr dieselben Vorstellungen wie die anderen Völker: Apoll soll die Krank-
heiten vertreiben, Minerva die Grundelemente des Handwerks und
der Künste lehren, Jupiter die Herrschaft über die Götter ausüben,
und Mars soll Kriege führen.«[20]

Diese dürftige Aufzählung kann der Fülle der gallischen Götterwelt natürlich längst nicht gerecht werden. Denn abgesehen davon, daß es wohl Hunderte von Lokalgottheiten gab, wobei sich der Götterglaube oft mit der Verehrung von Zwergen, Elfenwesen, heiligen Bäumen und Quellen durchmischte abgesehen davon war Cäsar eben nur ein Außenseiter, der die Religion der Gallier bloß vom Hörensagen kannte. In seiner polytheistischen Vielfalt erinnert das Keltentum ein wenig an den Hinduismus: Aus Inschriften, Standbildern und Weihgaben sind mittlerweile die Namen von 387 keltischen Göttern bekannt geworden. Cäsar nennt jedoch nur Merkur, Apoll, Jupiter, Mars und Minerva.

Inschriften aus gallo-römischer Zeit lassen auf die ursprünglichen Namen der von Cäsar genannten Götter rückschließen. Der von Cäsar so benannte Merkur läßt sich zweifelsfrei als der gallische Lug identifizieren, auch *Lugus*, ein Gott des Handels und des Wandels, dem zahlreiche europäische Handelsstädte ihren Namen zu verdanken haben. Denn Städtenamen wie *Lyon*, *London*, *Leyden*, *Liegnitz*, um nur vier Beispiele zu nennen, leiten sich alle her von *Lugudunum*, was soviel wie »die Festung des Lug« bedeutet. Mit Jupiter meinte Cäsar höchstwahrscheinlich den gallischen *Taranis*, der oft mit seinen Emblemen Rad und Blitzstrahl dargestellt wird, ein grollender Göttervater gleich dem griechischen Zeus. Das Profil der Göttin Minerva könnte auf die gallische *Nantosuelta* zutreffen; hinter Mars verbirgt sich der grausame *Eusus*. Besonderes Interesse verdient jedoch die Gestalt Apolls. Cäsar erwähnt zwar im Zusammenhang mit diesem Gott die Heilkunst, aber die eigentliche Bedeutung dieses alten hyperboreischen Sonnengottes liegt nicht allein in der Heilkunst.

Die Megalith-Völker des vorgeschichtlichen Europa stellten sich Apoll vor als den Jahrgott, der als sterbender und auferstehender Gottessohn den heiligen Daseinszyklus durchschreitet. Es hat in der Tat auch einen keltischen Apoll-Kult gegeben. Dieser Gott hieß bei den Galliern *Bel*, latinisiert *Belenus*, und ihm war das reinigende Feuerfest am 1. Mai, das *Beltaine*-Fest, geweiht. Einen dem Bel zugedachten Sonnen-Kult bezeugt übrigens auch das *Bel-*

*chen-System* in *Südwestdeutschland*: ein System von fünf etwa gleichhohen Bergen im Schwarzwald, Elsaß und Schweizer Jura, die – durch Ortungslinien miteinander verbunden – gemeinsam ein solares Kalender-System bilden. Hieran wird deutlich, daß in der pantheistischen Religion der Kelten durchaus auch Sonnenverehrung einen Platz hatte. Geht der keltische Sonnenkult vielleicht auf die vorgeschichtliche Megalith-Religion zurück? Sind die hyperboreischen Sonnen-Priester von *Stonehenge* und *Carnac* die Lehrer der ersten keltischen Druiden gewesen?

Andererseits spielt in der Mythologie der Kelten der Mond eine weitaus wichtigere Rolle als die Sonne; der 1897 im Burgundischen aufgefundene *Coligny-Kalender* läßt erkennen, daß sich die Jahresrechnung der gallischen Kelten weitgehend am Mondlauf ausrichtete. Das Kalendersystem beruht auf einem Zyklus von 62 aufeinanderfolgenden Mond-Monaten, die abwechselnd jeweils 29 und 30 Tage zählen; alle zweieinhalb oder drei Jahre wurde ein Schaltjahr eingefügt. Die keltischen Bewohner der Britischen Inseln hatten ein anderes Kalendersystem in Gebrauch, das eindeutig vom Sonnenjahr ausging. Dort bestand das Jahr aus zwölf Mond-Monaten zu je 28 Tagen und einem dreizehnten Schaltmonat, der die Differenz zum Sonnenjahr auszugleichen hatte. Denn auch die Sonnenwenden und Äquinoktien wurden im Kalender vermerkt und als Festtage begangen; daneben gab es noch vier heilige Jahresfeste, die keinerlei Bezug zum Sonnenlauf aufweisen, und die bekannt sind als:

| | |
|---|---|
| *Imbolc* | (1. Februar), |
| *Beltaine* | (1. Mai), |
| *Lugnasad* | (1. August), |
| *Samaine* | (1. November). |

Das wohl beredteste Zeugnis der festlandkeltischen Religion und Mythenwelt, der *Silberkessel von Gundestrupp*, ein Meisterwerk keltischer Schmiedekunst, wurde 1891 in Süddänemark im Moor aufgefunden; heute steht er im Kopenhagener Nationalmuseum.

Seine Bilder, archaischen Traumbildern gleich, erzählen die Geschichte eines längst vergessenen Mythos. Die bekannteste Darstellung auf Platte 2 zeigt den Hirschgott *Cernunnos*, eine an sich menschliche Gestalt mit einem Hirschgeweih auf dem Haupt, die in einer Sitzhaltung, die an den »halben Lotossitz« indischer Yogis erinnert, friedlich meditierend dasitzt, umgeben von den Tieren des Waldes. Dieser gehörnte Gott wurde als der Kultgefährte der Großen Muttergöttin *Rigani* gedeutet, die wir ja ebenfalls auf dem Silberkessel abgebildet finden.[21]

Die Platte 7 des Silberkessels zeigt eine andere, religionsphilosophisch nicht minder bedeutsame Szene: Wir sehen einen Aufzug von Kriegern; und vor ihnen steht eine übergroße Gestalt, die einen Krieger kopfüber in einen Kessel taucht. Es ist dies jener zaubermächtige Kessel der Wiedergeburt, im Mythos der Iren Dagdas Kessel der Fülle, der übrigens auch in der walisischen Mythe »*Brânwen, die Tochter des Llyr*« an entscheidender Stelle vorkommt. Dort heißt es: Der Eigentümer des Wunderkessels ist der Riese Brân; gefallene Krieger, die man dort hineinwirft, kommen lebend wieder heraus. Also Wiedergeburt durch die Regenerationskraft des Heiligen Grals! Wobei man hier wohl in erster Linie an eine geistige Wiedergeburt denken sollte.

In einer anderen walisischen Geschichte, dem *Buch Taliesin*, erfahren wir, daß die weise Caridwen für ihren künftigen Sohn einen »Trank der Inspiration und des Wissens« in einem »Zauberkessel« zubereiten wollte: »Sie begann in dem Kessel zu kochen, und das Gebräu durfte nicht aufhören zu sieden für ein Jahr und einen Tag, erst dann erhielt man jene drei Tropfen, in denen sich alles Wissen versammelt hat. Da stellte sie Gwion Bach ... an, um den Kessel zu rühren ... Sie selbst aber sammelte genau zu den Stunden, die das Buch der Sternkundigen vorschreibt, all jene zauberkräftigen Kräuter, die in das Gebräu geworfen werden mußten.«[22] Weihekessel wie der von Gundestrupp wurden von den magiekundigen Priestern der Kelten ganz regulär verwendet, und der hier zitierte Text weist deutlich darauf hin, daß eine mit Sternenwissen verbundene Pflanzenmagie praktiziert wurde.

## 6. Die vier Zweige des Mabinogion

Eines der ältesten Dokumente der walisischen Mythenwelt heißt, wir erwähnten es bereits, *Die vier Zweige des Mabinogion*, eine Sammlung von kleineren Erzählungen mit märchenhafter Ausgestaltung, die dem brythonischen Zweig des Keltischen angehört und im Jahr 1848 von Lady Charlotte Guest ins Englische übersetzt wurde. Der Ausdruck *mabinog* bezeichnet wohl einen Bardenschüler; Mabinogion meint somit den mythischen und geschichtlichen Stoff, der dem angehenden Barden anvertraut wurde. Die Texte dürften zwischen 1000 und 1250 entstanden sein; vollständig enthalten sind sie in einem um das Jahr 1400 datierten Manuskript namens *The Red Book of Hergest*. Die eigentlichen »Vier Zweige« des Mabinogion heißen:

1. *Puryll, Prinz von Dyved*
2. *Branwen, die Tochter des Llyr*
3. *Manawydan, der Sohn des Llyr*
4. *Math, Sohn des Mathonwy*

Neben diesen vier Kernerzählungen enthält die Mabinogion-Sammlung auch mythologisch hochwichtige Texte wie das Buch Taliesin und die drei Romanzen *Owein*, *Peredur* und *Gereint*, die eine erste Ausgestaltung der König-Arthus-Thematik darstellen.

Die Texte der Mabinogion-Sammlung gehören trotz ihrer düster-archaischen Sprache im Grunde einer Spätzeit des Keltentums an, als längst das römische Christentum die Vorherrschaft über die Alte Religion errungen hatte. Das eigentliche Heidentum ist kaum mehr erkennbar, da an vielen Stellen mit Christlichem übertüncht, und doch bleibt es eine naturmagische Zauberwelt, die uns in den »Vier Zweigen« des Mabinogion entgegentritt. »Im Mabinogion«, schreibt E. Laaths, »haben sich die alten Götter in Könige, Königinnen, Helden, Zauberer und Feen verwandelt – und dieser Vorgang bleibt exemplarisch für die hintergründige Wirk-

6   *Der Silberkessel von Gundestrup, Platte 2: Der Hirschgott Cerun-
nos, und Platte 7: Aufbruch des von Teutates aufgestellten Heeres*

samkeit des keltischen Mythos überhaupt. Eigentlich unplastisch,
mehr ein atmosphärisches Weben, Raunen, Drohen, Geistern als
ein bestimmtes Pantheon von Gestalten, brauen hier naturmagische Kräfte, dem Vegetativen verhaftet und deshalb häufig als
Gruppen von Göttinnen, über der Heide, in heiligen Wäldern und
Hainen die Menschen bezwingend, ansaugend mit überwiegend
grausamen Zügen, denen in heidnischer Zeit allein die Priester-
macht der Druiden zu begegnen wußte.«[23]

7   Thomas Jones, Der Barde (1774)

Zwei rivalisierende Göttergeschlechter begegnen uns in den
Mythen des Mabinogion: Den Kindern Dons, die mit den Kindern
des Lichts gleichgesetzt werden, steht eine andere Sippe von Göttern gegenüber, die Kinder Llyrs, die durch drei mythische Perso-
nen vertreten sind: *Bran*, *Branwen* und *Manaurydan*, über die im
»Zweiten Zweig« des Mabinogion, »*Branwen, die Tochter des
Llyr*«, berichtet wird. *Bran* wird dort als Riese geschildert, groß
genug, daß er zu Fuß durch die Irische See waten kann. Er besitzt
außerdem den magischen Kessel der Wiedergeburt, der gefallenen
Kriegern neues Leben schenkt (das mythische Urbild des Heiligen
Grals), und am Schluß wird sein Haupt abgeschlagen und am
*White Hill* bei London begraben. Die Tochter Brans heißt *Branwen*, aber sie tritt nur als Opfer in Erscheinung, dem übel mitge-
spielt wird; diese Wendung der Geschichte stammt wohl aus späteren Zeiten des Patriarchats. *Manawydan* setzt man mit dem
irischen Meeresgott *Manann mac Lir* gleich; beide Namen stehen
mit der Insel Man in der Irischen See in Verbindung.

Der Vierte Zweig der Mabinogion-Sammlung trägt den Titel »*Math, Sohn des Mathonwy*«, und er erzählt hauptsächlich die Abenteuer und Heldentaten des Zauberers *Gwydion*. Die Gestalt des Gwydion hüllt sich in mythisches Dunkel, da sie wahrscheinlich weit in die heidnische Urzeit Britanniens zurückgeht. Wir können heute nicht mehr feststellen, ob dieser Gwydion nun einen Gott, vergleichbar etwa dem germanischen Odin, dem göttlichen Magier und Schamanen, einen Halbgott oder einen Menschen mit historischer Biographie darstellen soll. Es sei hier auch vermerkt, daß die Waliser die Milchstraße *Caer Gwydion* nennen; wir es also wohl mit einem halbgöttlichen Heroen zu tun, der – wie viele Gestalten der griechischen Mythologie – nach seinem Tod in die Sternenwelt versetzt wurde, wo er die Unsterblichkeit der Götter erlangte. Gwydion scheint weder Gott noch Mensch zu sein, sondern eine Mischung aus beiden Naturen, ein Gottgewordener, ein in das Reich der Götter Aufgestiegener.

Das Sternbild der Cassiopeia hieß bei den Walisern *Llys Don*, der Hof der Don. In der Don – im Irischen wahrscheinlich Dana – sehen wir die Sippenführerin und Große Muttergottheit des walisischen Pantheons. Der Magier Gwydion heißt eigentlich *Gwydion ap Don*, wobei das *ap* soviel bedeutet wie »Sohn des«: Gwydion also, nach der Mutter benannt, führt als Erbe die mütterliche Linie fort, was auf ein Matriarchat in ältesten Urzeiten rückschließen läßt. Gwydions Schwester war *Arianrhod*, »die mit dem Silberkreis«, was offensichtlich die Mondscheibe bedeutet. Auch sie wurde heroengleich zu den Sternen entrückt und von den Walisern im Sternbild der Corona Borealis, genannt *Caer Arianrhod*, verehrt. Es ist erstaunlich, daß alle Gestalten aus der Sippe der Don / Dana mit astralen Konstellationen assoziiert sind.

Und nicht unerwähnt bleiben darf *Math*, der Sohn des *Mathonwy* nach dem ja auch dieser »Vierte Zweig« benannt wurde: Als Kultgemahl der Großen Mutter Don, sozusagen Heros der Göttin, hat er das Amt des Sippenvaters und Stammeshäuptlings inne. In der Person des Math stoßen wir auf die uralte Institution des Priesterkönigtums: Denn Math war nicht nur König,

sondern zugleich auch zauberkundiger Priester; sein Ruhm gründete sich überhaupt in erster Linie auf seine magischen Fähigkeiten, die jene des späteren Merlin am Arthus-Hof und die seines
Schülers Gwydion weit übertrafen. Da haben wir also zwei rivalisierende Geschlechter: die Kinder der Don, Kinder des Lichts, Ster-
nengötter, die am Firmament verewigt sind – und die Kinder des
Llyr, Kinder der Erde und des Dunkels, auch Kinder des Meers, ein
Geschlecht von Riesen.

In beiden Geschlechtern kann man zwei historische Völker-
schaften, zwei Invasionen, zwei Einwanderungswellen sehen: Die
Kinder des Llyr sind offensichtlich die älteren, *Q-Keltisch* sprechenden *Goidelen*, die mindestens seit 600 v. Chr. auf den Britischen Inseln wohnten – die Sippe der Don ist das *P-Keltisch* spre-
chende, später eingewanderte Volk der *Brythonen*, die vom
nördlichen Gallien herüberkamen (die sogenannte Belgische Invasion, um 400 v. Chr.). Die Brythonen, eine Mischung wohl aus Kelten und Teutonen, überschwemmten noch ein zweites Mal das
Land um 50 v. Chr., wobei sie die eisenzeitliche *Latène*-Kultur mitbrachten. Sie waren die alten Briten, wie sie die Römer kannten
und von Cäsar beschrieben wurden. Möglicherweise gehen die
Rätselgestalten des Mabinogion, Math und Don, Gwydion und
Arianrodh, auf historische Persönlichkeiten zurück, auf die Sip-
penführer und Priester-Magier der aus Nordgallien eindringenden
brythonischen Belger.

War der Zauberer Gwydion also der Stammesmagier der keltischen Brythonen? Die Forschung hat inzwischen gefunden, daß die
Gestalten des König-Arthus-Sagenkreises auf historische Persönlichkeiten zurückgehen. Wenn Arthus und Merlin tatsächlich
gelebt haben, warum sollte nicht auch anderen Gestalten der walisischen Mythologie des Mabinogion ein historischer Kern
zugrunde liegen? Aber sind denn die Geschichten des Mabinogion
nicht zu phantastisch, zu märchenhaft, zu fabulös, um historisch
sein zu können? Hat man nicht mit Recht den erdverbundenen
Realismus der Gallier, erst recht die nüchtern-bodenständige Men-
talität der Germanen der Fabuliersucht des britannischen Inselkel-

tentums entgegengestellt? Überhaupt: Welche Abenteuer und Heldentaten werden denn von dem Zauberer Gwydion berichtet?

Da wird zunächst einmal erzählt, wie Gwydion – als Barde ver-
kleidet – die *Schweineherde des Pryderi* gewinnt; bei diesen
Schweinen handelt es sich eigentlich um magische Tiere, die einst
*Pwyll*, dem Fürsten von Dyfed, von *Arawun* – dem König der
Unterwelt – übereignet wurden. Sowohl Fürst Pwyll als auch sein
Sohn Pryderi sind Angehörige der in Britannien alteingesessenen
Q-Keltisch sprechenden Goidelen-Stämme. Erzählt wird also im
Grunde genommen ein Viehraub, aber nicht mit Gewalt werden die
Schweine geraubt, sondern mit List und Zauberei. Nebenbei sei
bemerkt, daß in der griechischen Mythologie der Gott Hermes –
ein Trickster wie Gwydion – sich gleichfalls als Viehdieb betätigt,
indem er die Rinderherde des Poibos Apollon raubt. Hermes und
Gwydion zeigen vielerlei Verwandtschaft, zumal da Hermes (in seiner mythischen Überhöhung als »Hermes Trismegistos«) auch ein
großer Zauberer ist. Homer nennt ihn einen

> verschlagenen, listigen Schmeichler,
> ihn, den Rinderdieb, den Räuber,
> den Lenker der Träume, Hermes,
> den mächtigen Späher und Pfortenhüter[24]

Auch Gwydion besitzt diese innere Ambivalenz: Er scheint einerseits Priester und Eingeweihter, andererseits aber auch Schurke und
Betrüger gewesen zu sein – eine ausgesprochen schillernde Gestalt!
Um die Glück und Reichtum verheißenden Schweine zu stehlen,
begab er sich zunächst an den Hof des Fürsten Pryderi, wo er sich
als Barde und Geschichtenerzähler ausgab: »Gwydion war der
beste Geschichtenerzähler, den es je gab«, heißt es im »Vierten
Zweig« des Mabinogion, »und in dieser Nacht unterhielt er die
Gesellschaft mit heiteren Märchen und Geschichten, bis ihn jeder
lobte, und Pryderi gefiel es, sich mit ihm zu unterhalten«[25]. In Wales
hat sich die Tradition des umherziehenden Geschichtenerzählers
übrigens noch bis ins hohe Mittelalter hinein erhalten. Wortreich

erschlich Gwydion sich das Vertrauen des Pryderi, aber als er ihn um die magischen Schweine aus der Anderswelt bat, wollte Pryderi doch nicht einwilligen.

Am nächsten Tag kam Gwydion nochmals zu Pryderi und bot ihm einen Tauschhandel an: Die Schweine sollten gegen zwölf Pferde und Hunde, samt Sättel, Zaumzeug und Halsbänder, eingelöst werden. Aber diese zwölf Pferde und Hunde mit allem Dazugehörigen hatte Gwydion erst in der Nacht davor aus dem Boden hervorgezaubert: Sie waren Astralgebilde ohne Leben, sinnestäuschende Phantasiebilder, und überdies währt der Zauber nur einen Tag lang; danach löst sich all das Erzauberte in Luft und Wohlgefallen auf! Pryderi wußte aber nicht, daß die als Gegenwert angebotenen Pferde und Hunde nur Zauberwerk waren, und ging auf den Handel ein. Gwydion nahm also die Schweine, bedankte sich recht freundlich, und verließ so schnell wie möglich den Hof des Pryderi. Doch einen Tag später, nachdem sich das Blendwerk verflüchtigt hatte, setzte Pryderi als der im Handel Getäuschte dem Viehräuber mit einer Schar von Bewaffneten nach und stellte ihn zum Kampf.

König Math, offenbar Gwydions Ziehvater und Lehrer, stellte Gegentruppen auf; es kam zu einem schrecklichen Morden auf beiden Seiten, und schließlich einigte man sich auf einen Zweikampf. Die Sache sollte nun allein zwischen Pryderi und Gwydion ausgetragen werden. »Die beiden Männer trafen sich. Sie legten ihre Rüstungen an. Durch seinen Verstand, seine Geschicklichkeit, aber auch mit Hilfe von Zauber und Magie, blieb Gwydion Sieger, und Pryderi fand den Tod.«[26] Es ist durchaus denkbar, daß diese Geschichte einen historischen Hintergrund hat, der etwa in der Zeit der ersten Belgischen Invasion (um 400 v. Chr.) anzusetzen wäre. Math und Gwydion gehörten zu den gerade ins Land eindringenden brythonischen Kelten; Viehdiebstahl war ohnehin oft ein Anlaß für Stammesfehden. Gwydion selbst war wohl der Stammes-Schamane der Belger, und seine Zauberkunst erinnert an die übersinnlichen Fähigkeiten der indischen Yogis, die ja auch Sinnestäuschungen durch Astralbilder hervorrufen konnten.

Die düstere Gestalt des Gwydion begegnet uns dann wieder im
*Cad Goddeu*, der »*Schlacht der Bäume*«, einem dem Barden Talie-
sin zugeschriebenen Gedicht: Er erscheint dort als ein Zauberer, der
seine Krieger in Bäume verwandelt und sie in dieser Gestalt ihre
Feinde besiegen läßt, ein uraltes Motiv keltischer Mythologie. Der
Archetypus des Zauberers scheint nicht erst auf Merlin, sondern
unmittelbar auf Gwydion zurückzugehen, den kelto-germanischen
Schamanen aus der Frühzeit Britanniens.

## 7. Untergang und Neubeginn des Druidentums

Das umfassende geistige Wissen der druidischen Religion läßt sich
heute kaum mehr wiedergewinnen. Das Druidentum, diese ihrem
Kein nach indogermanische Urreligion der Kelten Westeuropas, fiel
endgültig dem Weltherrschaftsstreben der Römer zum Opfer! Die
Stellung des Druidentums im Abendland hing einzig und allein ab
von der politischen Entwicklung. Nachdem jedoch die druidischen
Kerngebiete Gallien und Britannien dem Römischen Weltimperium
einverleibt worden waren, gab es für das Druidentum kein Überleben mehr. Unter der Regierungszeit des Kaisers Claudius (41–54
n. Chr.) wurde der Druidenkult offiziell verboten, die geheimen
Zentren der keltischen Priester in militärischen Blitzaktionen ausgehoben, ihre heiligen Haine dem Erdboden gleichgemacht – und
dies nicht etwa aus religiösen Gründen, sondern aus politischen:
Denn die Druiden waren die politisch Einflußreichsten in der keltischen Stammesgesellschaft und überdies die Träger eines gegen
Rom gerichteten gesamt-keltischen Nationalgefühls.

Selbst die letzten Fluchtburgen entgingen ihrem Schicksal nicht.
Im Jahr 61 n. Chr. fiel das britannische Schulungs- und Einwei-
hungszentrum der Druiden auf der Insel *Mona* (Anglesey), auch
letztes Zentrum des antirömischen Widerstandes, dem Zerstö-
rungseifer der Römer zum Opfer: »Sie warfen, wer sich ihnen in
den Weg stellte, nieder, und trieben die Feinde in das Feuer der
Fackeln. Nachher wurde auf die besiegte Insel eine Besatzung
gelegt; die einem wilden Aberglauben geweihten Haine wurden

umgehauen«[27] – so berichtet es der römische Historiker Tacitus in seinen »Annalen«. Es war seit diesen denkwürdigen Ereignissen das Los der westeuropäischen Völker, daß sie unter der Römer-herrschaft geistig latinisiert wurden; und das Christentum tat das Seinige hinzu.

Allein die irischen und walisischen Barden waren berufen, im Verlauf des Früh- und Hochmittelalters die alte Druidentradition fortzusetzen, wenngleich mir im Verborgenen. Freilich wurde die gesamte keltische Mythenwelt erst im Mittelalter schriftlich auf-gezeichnet, zwar in lateinischer Schrift und im kirchlich-klöster-lichen Rahmen, aber in kymrischer und gälischer Sprache. Der wirkliche Durchbruch des Keltentums zur Weltgeltung kam indes erst später: Die *Ossian*-Gesänge des schottischen Schriftstellers *James Macpherson* (1736–1796), Lieder eines fiktiven gälischen Barden, durchliefen ganz Europa; sie begeisterten Herder und den jungen Goethe, Wen kümmerte es schon, daß die gälischen Urlie-der, auf die Macpherson sich beruft, nie existiert haben; daß seine eigenen Umschriften später von irischen Forschern als Fälschungen erwiesen wurden? Goethe wird später sagen, daß »uns Ossian bis ans letzte Thule gelockt, wo wir denn auf grauer unendlicher Heide, unter vorstarrenden bemoosten Grabsteinen wandelnd, das durch einen schauerlichen Wind bewegte Gras um uns, und einen schwer bewölkten Himmel über uns erblickten«[28].

Auch die Gemüter der deutschen Romantiker entzündeten sich an keltischen Sagengestalten: Nachdem in Deutschland zuerst Martin Wieland auf die Gestalt Merlins aufmerksam gemacht hat (1777), schreiben Friedrich und Dorothea von Schlegel, ein Romantiker-Ehepaar, die »Geschichte des Zauberers Merlin« (1804). Auf den Britischen Inseln im Zeitalter der Romantik läßt sich die *Celtic Revival*, eng verbunden mit dem aufkeimenden Nationalgefühl der Gälen und Waliser, nicht mehr aufhalten. Ein Geist romantisierenden Neo-Druidentums spricht aus zahlreichen Kupferstichen und Gemälden, die aus dem späten 18. und frühen 19. Jahrhundert stammen (zum Beispiel das Bild »Der Barde« von Thomas Jones, 1774). Im Jahr 1781 gründete Henry Hurle den

Internationalen Druidenorden, eine Art Freimaurer-Loge, die sich mit dem Namen des Druidentums schmückt. Die Inhalte und Ziele, die von der Loge vertreten werden, sind rein humanitärer Art.

Schon 1717 hatte John Tolland (1663 –1727), ein irischer Katholik, die erste moderne Druiden-Vereinigung gegründet, den *Druid Order*.[29] Dieser Gruppierung gehörte auch der englische Maler, Dichter und Visionär William Blake (1757–1827) an. Die keltische Kultur-Renaissance des frühen 19. Jahrhunderts, eine im wesentlichen kymrisch-gälische, irische und bretonische Kulturbewegung, trug anfangs rein folkloristischen Charakter. In Großbritannien gründete im Jahr 1792 Iolo Morganwg (eigentlich Edward Williams) die von ihm sogenannte »Versammlung der Barden der Britischen Inseln«, *Gorsedd Beirdd Ynys Pyrdain*, die regelmäßige Lyrik-Treffen veranstaltet. Aber die Wiederentdeckung der eigenen Sprache, Kultur und Geschichte verband sich dann auch mit Forderungen nach politischer Selbstregierung; ja es entstand gar der Wunsch, aus dem bisherigen Staatenverband auszuscheiden, in dem man sich als nationale Minderheit erlebte.

Gegenwärtig scheint sich ein Prozeß der *keltischen Renaissance* wieder anzubahnen, angeregt durch Fantasy-Literatur[30] und zeitgenössische Esoterik, ein Aspekt des in der Luft liegenden spirituellen Aufbruchs unserer Zeit. Es fällt auf, daß immer mehr spirituell Suchende in unserer Zeit sich mit den Grundlagen ihrer eigenen abendländischen Kultur rückverbinden wollen, zumal die große Welle der Indien-Begeisterung längst das Stadium des Auslaufens erreicht hat. Das keltische Druidentum wird so, wie es einst war, sicherlich nicht mehr wiederkehren. Aber das Überzeitliche am Druidentum wird in alle jene Bestrebungen der Gegenwart und Zukunft miteinfließen können, die sich die Herausbildung einer schöpfungsbewahrenden *kosmischen Religiosität* zum Ziel gesetzt haben.

# VI.
## DIE ESOTERIK DER EDDA

> Wenn die Strahlen vor der Dämmrung nun entfliehn,
> Und der Abendstern die sanfteren, entwölkten,
> die erfischenden Schimmer nun
> Nieder zu dem Haine der Barden senkt,
> Und melodisch in dem Hain die Quell' ihm ertönt,
> So entsenkt sich die Erscheinung des Thiuskon,
> Wie Silber stäubt von fallendem Gewässer,
> sich dem Himmel und kommt zu euch,
> Dichter, und zur Quelle ...
>
> *F. G. Klopstock (1724–1803)*[1]

## 1. Die Edda – Urquell der nordischen Mythologie

In den nordischen *Edda*-Dichtungen, in diesen stabreimenden Götterliedern, Heldengesängen und Spruchweisheiten aus Island, tritt uns eine ganz eigentümliche, von Christentum, Humanismus und Mittelmeerkultur noch unbeeinflußte Urreligion entgegen – vielleicht die Urreligion der Germanen, wie sie vor Einführung des römisch-katholischen Christentums in Mitteleuropa und Skandinavien in Blüte stand.[2] Unter dem Begriff der »Edda«, eigentlich müßte man sagen, der *Edden* (ähnlich wie *Veden*), versteht man im wesentlichen zwei Dokumente:

> 1. *Die Jüngere Edda / Prosa-Edda / Snorra Edda*
> 2. *Die Ältere Edda / Lieder-Edda / Saemundar Edda*

Die Snorra Edda stammt größtenteils aus der Feder des gelehrten isländischen Staatsmannes, Historikers und Dichters *Snorri Sturlusson* (1179–1241), der mit diesem Werk wohl eine Art Handbuch skaldischer Dichtkunst schaffen wollte. Der erste Teil seines Werkes, *Gylfaginning* (»Gylfis Verblendung«), gibt zunächst einen Überblick über den gesamten altnordischen Schöpfungsmythos, der von der Erschaffung der Welt, vom Wirken der Götter, vom Weltuntergang und von der Neugeburt der Welt zu berichten weiß. Im zweiten, umfangreichsten Teil, dem *Skaldskapamal* (»Dichtersprache«), finden wir zahlreiche zitierte Strophen aus der Skaldendichtung sowie eine Verslehre; auch die geläufigen skaldischen Metren werden veranschaulicht und gedeutet.

Bei der »Älteren Edda«, auch *Codex Regius* genannt, handelt es sich um eine Pergamenthandschrift, die im Jahr 1643 von dem isländischen Bischof Brynjolfur Sveinsson aufgefunden und als Geschenk an den dänischen König Friedrich III. geschickt wurde. Da diese Edda angeblich auf den Gelehrten und Priester *Saemund Sigfusson* (1056–1130) zurückgehen soll, wird sie auch »Saemundar Edda« genannt. Sie enthält in strophischer Form, stabreimend, aber auch mit Prosa-Einschüben, erzählende Lieder aus der Welt der Götter, etwa *Thrymsskvida*, die Zurückgewinnung von Thors Hammer, *Havamal*, die »Sprüche des Hohen«, und *Völuspa*, die Weissagung der Völva mit ihren Welterschaffungs- und Untergangsmythen, daneben Heldenlieder von den Völsungen, von Sigurd und von Wieland dem Schmied. Einige der Gedichte dürften bis ins 8./9. Jahrhundert zurückgehen, in eine Zeit also, als Island noch heidnisch war. Denn erst auf dem isländischen All-Thing des Jahres 999 wurde die Einführung des Christentums beschlossen.

Beinhalten die Eddischen Lieddichtungen also tatsächlich die Urreligion der Germanen – mit geistigen Wurzeln, die bis in bronzezeitliche, jungsteinzeitliche oder gar noch ältere, atlantische Ursprünge zurückgehen? Hier sind der Phantasie keine Grenzen gesetzt: In Schweden erregte Olof Rudbecks Werk *Atlantica*, 1675 bis 1702 in vier Teilen erschienen, großes Aufsehen; sein Grundgedanke besagt, daß die Edda eigentlich von Atlantis handelt, das

mit Schweden gleichgesetzt wurde. G. Göranson, der 1750 das
*Völuspa*-Lied der Edda als die »*patriarchalische Lehre der uralten
Atlantis-Kinder*« herausgab, wandelt mit seiner Deutung in Rud-
becks Spuren. Die Götterburg der Asen, der Hochgötter der Eddi-
schen Lieddichtung, die Burg Walhall, scheint ganz und gar der von
Platon geschilderten Königsburg der Insel Atlantis zu entsprechen.

Obgleich die Edda eindeutig aus der isländischen Skaldendichtung des hohen Mittelalters hervorging, stellt sie doch keine rein
isländische Geistesschöpfung dar, sondern es lebt und webt in diesen Eddischen Dichtungen ein uraltes indoeuropäisch-germani-
sches Mysterienwissen, das in seinen ältesten Ursprüngen sicher bis
auf die Germanenstämme Mitteleuropas zurückgeht. Aber über die
ursprüngliche Religion der alten Germanen ist so gut wie nichts
bekannt. Cäsar stellt sie etwa als reine Naturreligion hin: »Unter
die Götter zählen sie nur die, die sie sichtbar wahrnehmen und
deren Eingreifen sie augenscheinlich erfahren, nämlich die Sonne,
das Feuer und den Mond.«[3] Mehr erfahren wir schon bei *Tacitus*
(56–120 n. Chr.), der die tiefe Naturfrömmigkeit der Germanen
betont und ihre heiligen Haine erwähnt: »Übrigens glauben die
Germanen, daß es mit der Hoheit der Himmlischen unvereinbar
sei, Götter in Wände einzuschließen und sie irgendwie menschlichem Gesichtsausdruck anzupassen: sie weihen Lichtungen und
Haine und geben die Namen von Göttern jener weltentrückten
Macht, die sie allein in frommem Erschauern erleben.«[4]

Im Mittelpunkt der Edda-Religion steht das Bild des immer-
grünen Weltenbaumes *Yggdrasil*, zweifellos eine Variante des in der
Vorgeschichte weitverbreiteten Weltbaum- und Weltstützer-
Motivs. Der Mythos vom Weltenbaum Yggdrasil stellt zweifellos
einen Bestandteil altgermanischer Religion dar, denn noch in der
Zeit der Sachsenkriege kannten die Germanen eine Verehrung der
Weltensäule, der Irminsul. Der Mönch Rudolf von Fulda berichtet
uns im Jahr 865 über die Bräuche der heidnischen Sachsen: »Laub-
reichen Bäumen und Quellen brachten sie Verehrung dar. Sie verehrten auch einen Baumstamm von nicht geringer Größe, der hoch
hinauf unter freiem Himmel errichtet war. In der Sprache ihrer

Väter nannten sie ihn *Irminsul*; lateinisch bedeutet das die *Allsäule*, da sie gleichsam alles stützt.«[5]

## 2. Der Mythos vom Weltenbaum Yggdrasil

Ein ganzes Weltbild spannt sich am Ursymbol des Weltenbaumes Yggdrasil auf, eine umfassende esoterische Kosmologie. Yggdrasil, der heilige Baum Odins, umfaßt alle neun Schöpfungsebenen: von der Unterwelt – dem Jenseits oder Totenreich über die Oberwelt mit dem Mineralreich, dem Elementarreich, dem Menschenreich und den verschiedenen okkulten Naturreichen bis hinauf zu den höchsten Ebenen der Überwelt, den Reichen der Lichtelfen, der Vanen und der Asen. Die vanischen und asischen Gottheiten wohnen in Walhall auf des Weltenbaums Spitze, während das Reich der Zwerge und die Totenwelt Hel in den unergründlichen Wurzeltiefen Yggdrasils verborgen bleiben. in dunkel-geheimnisvoller Sprache drückt die Seherin am Beginn der Edda, im *Völuspa*-Lied, die Inhalte einer gewaltigen, alle Grenzen von Raum und Zeit überschreitenden Geistesschau aus:

> Eine Esche weiß ich, sie heißt Yggdrasil,
> Die hohe, benetzt mit hellem Naß.
> Von dort kommt der Tau, der in Täler fällt;
> Immergrün steht sie am Urdbrunnen.[6]

Die Weltenesche Yggdrasil will als Symbol aufzeigen, daß Mensch, Erde und Kosmos eine untrennbare Einheit und Zusammengehörigkeit bilden. Der kosmische Baum ist allumfassend und allverbindend: Seine drei Wurzeln finden ihren Ankergrund im urkalten *Nifelheim*, im Riesenland *Jötunheim* und in *Midgard*, der Menschenwelt; sein Stamm ragt himmelwärts hoch in den Äther, und seine weitverzweigte Krone beherbergt die Heime der Elfen und der Vanen, *Alfheim* und *Vanheim*. Aber auf der höchsten Gipfelhöhe des Weltenbaumes thront *Asgard*, die Heimstatt der Götter mit ihrer alles überragenden Götterburg Walhall.

Dem ewigen Eis- und Nebelreich Nifelheim steht als ein weiteres Elementar-Reich das Feuerland *Muspelheim* entgegen. Tief unter den Wurzeln Yggdrasils befinden sich das Zwergenland *Schwarzalfenheim* und das Totenreich *Helheim*. Also insgesamt neun Reiche:

| | | |
|---|---|---|
| 1. *Asgard* | *Alfheim* | *Vanheim* |
| 2. *Nifelheim* | *Midgard* | *Muspelheim* |
| 3. *Jötunheim* | *Schwarzalfenheim* | *Helheim* |

Unter jeder der drei Wurzeln Yggdrasils entspringt ein Brunnen: In Nifelheim befindet sich *Hwergelmir*, der Quellborn allen Wassers, in Midgard der *Nornen-* oder *Urdbrunnen*, und in Jötunheim quillt *Mimirs Brunnen*, der ewige Weisheit gewährt. Gespeist werden die drei Brunnen von dem Tau, der von den Wipfelzweigen Yggdrasils herabfällt. So stellt die Weltenesche Yggdrasil ein in sich geschlossenes ökologisches System dar.

Als Weltenachse und Stützpfeiler des gesamten Weltgebäudes wird Yggdrasil nicht zuletzt zum Ort des Kampfes zwischen lichten und finsteren Weltmächten. Böse Hirsche fressen am Stamm und im Wipfelwald die jungen Triebe ab; und an der Wurzel in Nifelheim nagt der Drache *Nidhöggr*. Er liegt im Streit mit dem Adler, der auf dem Gipfel nistet. Der Adler und der Drache werfen sich gegenseitig Schimpfworte zu, die von einem ständig auf- und ablaufenden flinken Eichhörnchen namens *Ratatosk* übermittelt werden. Die Hirsche und der Drache sind Widersacher-Mächte, die beständig an der Zerstörung des Weltenbaumes arbeiten. Diesbezüglich lesen wir in der Edda:

> Die Esche Yggdrasil muß Unbill leiden,
> Mehr als man meint:
> Der Hirsch äst den Wipfel,
> Die Wurzeln nagt Nidhögg,
> An den Flanken Fäulnis frißt.[7]

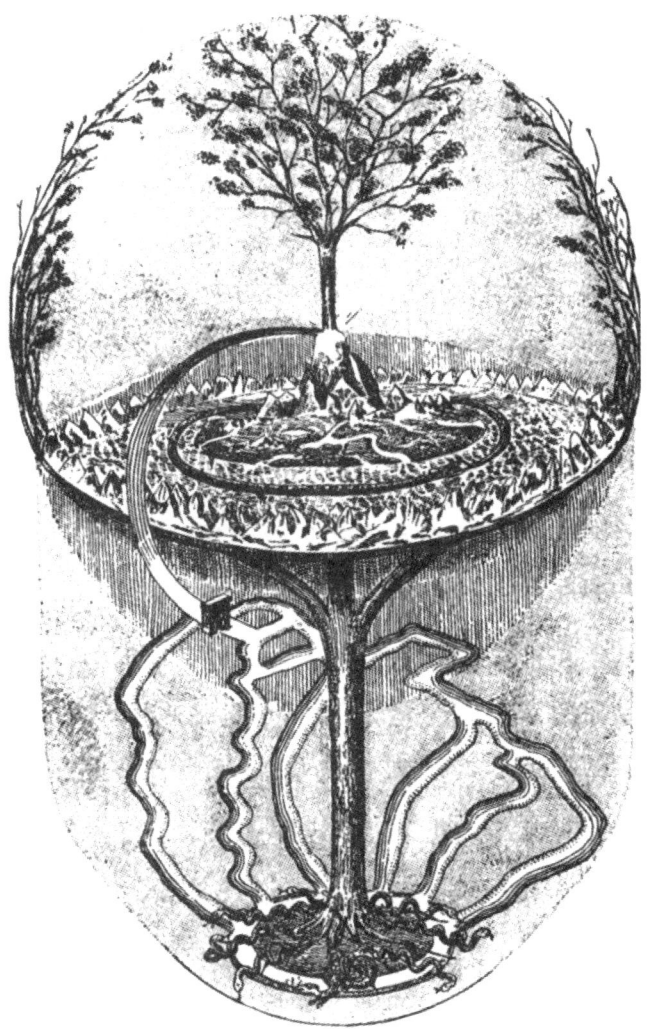

8   *Yggdrasil, der Weltenbaum der Edda.*

Aber solange die zerstörenden und die aufbauenden Kräfte sich
ausgleichen, bleibt die Welt erhalten. Durch den Kampf gegen-
sätzlicher Mächte bildet sie in sich ein dynamisches Gleichgewicht.
Erst am jüngsten Tag, *Ragnarök* in der Sprache der Edda, wird –
so die germanische Prophezeiung – das ganze Weltgebäude
zusammenstürzen; ächzend wird die gewaltige Weltenesche
niederbrechen: das Ende der Welt:

> Yggdrasils Stamm steht erzitternd,
> Es rauscht der Baumgreis; der Riese kommt los.
> Alles erbebt in der Unterwelt
> Bis der Bruder Surts den Baum verschlingt.[8]

Aus dem Chaos entsteht jedoch wieder eine neue Schöpfung, ein
neuer Himmel und eine neue Erde; denn alles Weltgeschehen vollzieht sich nach germanischer Anschauung in großen, nie endenden
Zyklen. Mit der Erschaffung der neuen Welt wird auch wieder ein
neuer Weltenbaum ergrünen, ein Beweis für die ewig sich erneu-
ernde Schöpferkraft Gottes.

Der germanische Einweihungsweg bestand nun darin, die Höhe
der Weltenesche Yggdrasil zu erklimmen und damit alle »neun
Welten«, die ihr angeschlossen sind, zu durchwandern. Bei diesen
Welten handelt es sich – esoterisch gesehen – um übersinnliche, teils
feinstoffliche, teils astralische, teils geistig-göttliche Wirklichkeits-
Ebenen, die der Adept auf dem Weg der Seelen- oder Astral-
wanderung zu durchreisen hatte. In der Edda wird dieser Weg der
Seelenreise durch die »neun Welten« ganz deutlich in einem Lehr-
gedicht namens *Wafthrudnismal* angesprochen. Dies Edda-Lied
handelt von einem weisen Vorzeit-Riesen namens Wafthrudnir, zu
dem sich eines Tages der Magier-Gott Odin begibt, um an der Weisheit des schöpfungskundigen Riesen teilzuhaben. Beide gehen eine
Wissenswette miteinander ein, und nachdem über viele Fragen der
Weltschöpfung gestritten wurde, fragt Odin den Riesen:

Odin:
Sage mir nun zum zwölften,
woher die Zukunft der Götter
du, Wafthrudnir, weißt!
Der Rater und Riesen Runenkunde
weistest du fürwahr,
ratkluger Riesengreis!

Wafthrudnir:
Der Rater und Riesen Runenkunde
kann ich weisen fürwahr,
da ich alle neun Welten durchwallt:
zog zu neun Heimen bis Nifelhel nieder,
wo der Gestorbnen Stätte ist.[9]

Weil der Riese Wafthrudnir alle »neun Heime« durchzogen hat,
konnte er ein Runenkundiger, das heißt ein Mysterien-Eingeweihter werden. »Man glaube nicht«, schreibt Britta Verhagen, »daß
dem Norden derartige Mysterien fremd gewesen seien. Die Edda
zum Beispiel ist voll davon. Mehr als die Hälfte ihrer Lieder weisen sich deutlich als Einweihungsgut aus. ›Lernen sollst du ...‹ heißt
es immer wieder, Frage- und Antwortspiele zeigen, wie man das
Götterwissen dem Adepten übermittelte (ein solches Frage- und
Antwortspiel mythisch-mystischen Inhalts ist auch in der Bretagne
aus druidischer Überlieferung erhalten). Eine ganze Anzahl von
Eddaliedern stellen sich als Reste alter Spiele dar, sie lesen sich wie
ein modernes Dramentextbuch und sind sicherlich einst gespielt
worden. Dabei sind in manche Spielszenen, wo man sie eigentlich
nicht erwartet, Weisheitsreden und -lehren, typisches Einweihungsgut, eingeschoben.«[10] Möglicherweise wurde auch der Inhalt
des Wafthrudnismal einstmals als eine Art Mysterien-Spiel aufgeführt.
    Yggdrasil als der kosmische Baum scheint eine Art schamani-
schen Einweihungsbaum darzustellen, wie ihn auch andere Natur-
völker – etwa die Ureinwohner Zentralsibiriens – kannten. Diese

verehrten allerdings nicht die Esche, sondern die in der Landschaft Eurasiens häufig vorkommende Birke als Weltenbaum. Der sibirische Schamanen-Baum verband ebenfalls Himmel, Erde und Unterwelt, und der Einweihungsweg des Stammespriesters bestand darin, die ganze Höhe des Weltenbaumes zu erklimmen, von den Gefilden der Unterwelt bis in die höchsten Himmelsebenen aufzusteigen. Die Urgeschichtsforscherin Britta Verhagen hält es für »wahrscheinlich«, daß »die Altsteinzeitjäger schon den Weltbaum-Weltstützer-Kult kannten«, und sie schreibt weiter: »Der Weltstützer dürfte das erste und älteste Gottesbild der Menschheit überhaupt sein, es ist zugleich das tiefsinnigste.«[11]

Auch Holger Kallweit weist in seinem Buch»Traumzeit und innerer Raum. Die Welt der Schamanen« (1984) auf die Bedeutung des schamanischen Weltenbaumes hin: »Der Weltenbaum, die Axis mundi, die Himmel, Erde und Unterwelt verbindet, gilt als Öffnung oder Kanal zu anderen Seinsbereichen. Götter und Jenseitige steigen an ihm auf die Erde hinunter oder die Seelen der Lebenden in den Himmel empor. Diese kosmische Achse hält das Weltall im Gleichgewicht und stellt gleichsam sein Zentrum dar. (...) Der Weltenbaum ist auch der Lebensbaum, der Fruchtbarkeit und Regeneration des Lebens sowie Unsterblichkeit verkörpert. Wer ihn erklimmt, steigt zu wirklichem Leben auf. Und je höher er klettert, um so vollkommener wird seine Erfahrung kosmischer Einheit und der Verbundenheit allen Lebens.«[12]

Gleich dem sibirischen oder indianischen Schamanen, der seinen Astralkörper auf weitausgedehnte Jenseitsreisen aussandte, während der physische Körper in einem totenähnlichen Schlaf daniederlag, mußte auch der germanische Adept der Runen-Einweihung eine ganze Kette von Jenseitswelten durchwandern, nicht nur das Totenreich und das Zwergenreich, sondern auch die Elementarreiche, das Elfenreich und zuletzt die Reiche der Unsterblichen, der Götter. Bei diesem Aufstieg durch die übersinnlichen Geisteswelten wird der Adept der Einweihung schrittweise geheiligtes Wissen erwerben, das Wissen der *Runen*.

## 3. Die Runen – Mysterien der germanischen Religion

Und was sind nun die Runen? Ursymbole, heilige Weihezeichen, wirkkräftige Zaubermittel, Schlüssel zu okkulten Seinsbereichen, Verbindungskanäle zum Feinstofflichen, ja zum Geistigen und Göttlichen, nicht zuletzt auch Mittel der Zukunftsschau und der Schicksalsbefragung. Dies alles sind die Runen, und zugleich auch noch mehr als dies.[13] Das alt-germanische Wort *runa* hat die Bedeutung von »Geheimnis«; daher kommt auch das deutsche Wort »raunen«. Im Altnordischen bedeutet *run* auch »geheime Weisheit«. Der Gote Wulfila übersetzte das in Markus 4, 11 angesprochene »Geheimnis des Reiches Gottes« mit »*runa* piudangardjos gudis«; für »Geheimnis« stand im griechischen Text das Wort *mysterion*, was auch soviel bedeutet wie »Mysterium«. Bei den Runen handelt es sich also um die Mysterien der germanischen Religion!

Die Runen dienten ursprünglich rein kultischen Zwecken. Sie wurden in Gestein, Holz oder andere Werkstoffe eingeritzt. Vom Einritzen der Runenzeichen stammt übrigens das englische Wort für »schreiben«, das Wort *write*, das sich von dem altenglischen *writan* (»ritzen«) herleitet. Denn unabhängig von ihrer kultischen Bedeutung entwickelten sich die Runen in späterer Zeit als Schriftsystem. im allgemeinen unterscheidet man drei Runen-»Alphabete«, nämlich:

1. *die älteste gemeingermanische Reihe* (zeitlich zu datieren etwa von 150 bis 750 n. Chr.),

2. die sogenannte *jüngere nordische Reihe* (zeitlich zwischen 750 und 1150 n. Chr. anzusetzen) und

3. die *angelsächsische Runen-Reihe*, eher eine regionale Sonderbildung (entstanden ab 800 n. Chr.).

Die folgenden Ausführungen beziehen sich ausschließlich auf die älteste und ursprüngliche, nämlich die gemeingermanische Runenreihe, die nach ihren ersten sechs Buchstaben »*Futhark*« genannt wird *(f-u-th-a-r-k)*, ähnlich wie die südländische Zeichenfolge nach ihren ersten beiden Buchstaben »Alphabet« heißt (Alpha, Beta). Das Futhark besteht aus 24 Weihezeichen, die in vollständiger Folge auf dem Stein von *Kylver* (Gotland / Schweden, Anfang 5. Jahrhundert), auf dem Brakteaten von *Vadstena* (Schweden, 1. Hälfte 6. Jahrhundert), auf der Silberspange von *Charnay* (Burgund / Frankreich, um 600 n. Chr.) sowie auf dem *Themseschwert* (England, um 700 n. Chr.) abgebildet sind.

Eine andere Quelle sind, neben solchen Einritzungen, die Runenlieder. Das bekannteste ist in einer St. Gallener Handschrift aus dem 9. Jahrhundert aufgezeichnet, das *Abecedarium Nord-(mannicum)*. Der Mainzer Erzbischof Hrabanus Maurus, gestorben 856, verzeichnet in seiner Abhandlung »*De inventione linguarum*« eine vollständige Runenreihe mit der Bemerkung: »Dieses wird von den Markomannen, die wir Nordmannen nennen, gebraucht ... Mit diesen (Buchstaben) pflegen diejenigen, welche noch Heiden sind, ihre Lieder, Zaubergesänge und Weissagungen aufzuzeichnen.«[14] Das Runengedicht der St. Gallener Handschrift, das hier in vollem Wortlaut folgen soll, nennt die Namen der Runen jeweils mit großen Anfangsbuchstaben:

| | |
|---|---|
| Feu forman. | Vieh vorne. |
| Ur after. | Auerochs drängt. |
| Thuris thritten stabu. | Thurs dräut am dritten Stab. |
| Os ist himi oboro. | Ase ist über ihm. |
| Rat endost rinneit. | Rad am Ende rennt. |
| Chaon thanne cliuot. | Kien klebt daran. |
| Hagal Naut habet. | Hagel Not hegt. |
| Is uborcald, Jar. | Eis, überkalt, das Jahr. |
| Sol skinnit. | Sonne scheint. |
| Tiu endi Brica. | Tiu und Birke. |
| Man midi. | Mensch in der Mitten. |
| Lagu the leotho. | Lache die lichte. |
| Yr al bihabet. | Yr enthält Alles.[15] |

Wir haben hier zunächst die 16 Zeichen der jüngeren nordischen Reihe; wenn wir die noch fehlenden ergänzen, können wir alle Zeichen des Futhark und ihre Grundbedeutungen gewinnen:

|     |        |                    |     |        |             |
| --- | ------ | ------------------ | --- | ------ | ----------- |
| 1.  | *feu*    | / Vieh             | 13. | *yr*     | / Eibe      |
| 2.  | *ur*     | / Auerochse        | 14. | *pertha* | / Becher    |
| 3.  | *thuris* | / Thurse (= Riese) | 15. | *esec*   | / Elch      |
| 4.  | *os*     | / Ase (= Odin)     | 16. | *sol*    | / Sonne     |
| 5.  | *rat*    | / Rad              | 17. | *tiu*    | / Gott Tyr  |
| 6.  | *chaon*  | / Kienspan         | 18. | *birca*  | / Birke     |
| 7.  | *geba*   | / Gabe             | 19. | *ehu*    | / Pferd     |
| 8.  | *winne*  | / Wonne            | 20. | *manna*  | / Mensch    |
| 9.  | *hagal*  | / Hagel            | 21. | *lagu*   | / Lache     |
| 10. | *naut*   | / Not              | 22. | *ing*    | / Gott Ing  |
| 11. | *is*     | / Eis              | 23. | *tac*    | / Tag       |
| 12. | *jar*    | / Jahr             | 24. | *odal*   | / Erbe      |

Dies also sind die 24 Weihezeichen der ältesten gemeingermanischen Futhark-Reihe. Ihr magischer Gebrauch geht allein schon aus der Bemerkung des Erzbischofs hervor, die Heiden würden ihre »Lieder, Zaubergesänge und Weissagungen« damit aufzeichnen *(carmina sua incantationesque ac divinationes)*. Alle Runennamen sind aus anschaulichen Naturbeispielen hergeleitet, entweder Elemente (Feuer = Kien, Wasser = Lache) oder Bäume (Eibe, Birke) und Tiere (Auerochse, Pferd). So lebt im ältesten gemeingermanischen Futhark eine Geisteshaltung naturverbundener Spiritualität, die mit der nordisch-germanischen (wie auch mit der keltischen) Religion innig verbunden war, ja ihre eigentliche geistige Mitte bildete. Ein tiefes Wissen um die Verbundenheit von Mensch, Erde und Kosmos wird in den Runen der Futhark-Reihe symbolisch zum Ausdruck gebracht.

Wie das Runen-Orakel ganz praktisch bei den Germanen aussah, schildert *Tacitus* in seiner »*Germania*«: »Vorzeichen und Losorakel beobachten sie wie kaum ein zweites Volk. Das herkömmliche Verfahren beim Losorakel ist recht einfach: Sie schneiden von

einem fruchttragenden Baum ein Reis ab, zerschneiden es in Stäbchen, versehen diese mit bestimmten ›runenartigen‹ Zeichen und
streuen sie planlos über ein weißes Tuch, wie sie ihnen gerade unter
die Hand kommen. Dann betet der Stammespriester, wenn eine
Befragung des Stammes wegen erfolgt, bei privaten Befragungen
der Hausherr persönlich, zu den Göttern und hebt – den Blick zum
Himmel gewendet – dreimal ›hintereinander‹ eins auf und deutet
die aufgehobenen Stäbchen nach dem vorher eingeritzten Zeichen.«[16]

Auf dem schwedischen Runenstein von Noleby, etwa um
600 n. Chr., steht ein Spruch folgenden Wortlauts: *runo fahi ragi-
nakudo (Runen male ich, raterentstammte)*. Die »Rater« sind in
der Symbolik der nordischen Mythologie die Götter; die Runen
sind also götterentstammt. Auf rein historischer Ebene freilich
kann man den Ursprung der Runen in den Felsritzungen der nordeuropäischen Bronzezeit sehen, vielleicht gar in den auf Megalithen
eingeritzten Weihesymbolen der europäischen Jungsteinzeit. Auf
spiritueller Ebene jedoch gehen die Runen auf das Walten der Götter zurück, insbesondere auf jenen rätselvollen Einweihungs-Gott,
der in den Liedern der Edda *Odin*, bei den Südgermanen aber
Wotan oder Wuodan genannt wird.

In den Runenlehren der Edda wird geschildert, wie Odin, der
Göttervater und Raterfürst, sich in einem mühevollen Einwei-
hungs-Weg das Runenwissen erwerben mußte; und nachdem er es
erworben hatte, brachte er es den Menschen. Ähnlich wie der
ägyptische Gott *Thot / Theut* die Schrift erfunden haben soll, die er
dann den Menschen brachte, so Odin die Runen. Odin ist eine der
schillerndsten Gestalten der germanischen Mythologie: Gott der
Schrift und der Rede, des Wortes und besonders des Zauberwor-
tes, aber auch Kriegsgott, Schlachtengott *(» Walvater«)*, Totengott
und Seelenführer der Gestorbenen im jenseits. Ein Gott der Magier
und Schamanen, ein Geist-Besessener und Be-Geisterter, einäugig
und vollbärtig, mit breitem Hut und langem wehenden Mantel
angetan: ein ewiger Wanderer, der oft die Gestalt wechselt, aber
stets auf der Suche ist nach spirituellem Wissen.

Er ist Lernender und Lehrender zugleich, dieser Gott Odin, Neophyt und Mystagoge, Einzuweihender und Eingeweihter, aber sein Allwissen und seine Zaubermacht hat er sich erst selbst auf einem Weg des Selbst-Opfers erwerben müssen, den er in einem isländischen Runenlied wie folgt beschreibt:

> Ich weiß, daß ich hing am windigen Baum
> neun Nächte lang,
> mit dem Ger verwundet, geweiht dem Odin,
> ich selbst mir selbst,
> an jenem Baum, da jedem fremd,
> aus welcher Wurzel er wächst.
>
> Sie spendeten mir nicht Speise noch Trank,
> nieder neigte ich mich,
> nahm auf die Runen,
> nahm sie rufend auf;
> nieder dann neigt ich mich.
>
> (...)
> Zu wachsen begann ich und wohl zu gedeihn,
> weise ward ich da;
> Wort mich von Wort zu Wort führte,
> Werk mich von Werk zu Werk führte.[17]

Archetypisch geht der Magier-Gott Odin hier den Weg der Initiation voran, den auch jeder menschliche Adept der Runenkunde beschreiten muß, den Weg des Selbst-Opfers. Machtvoll klingt das Motiv des Selbst-Opfers in diesem Lied an, ausgedrückt durch das Hängen am windigen Baum. Mit diesem Baum, der jedem »fremd, aus welcher Wurzel er wächst«, ist der *kosmische All-Baum Yggdrasil* gemeint, der als Stützpfeiler des Universums Himmel, Erde und Unterwelt miteinander verbindet. Es ist die Weltachse oder *axis mundi*, die auch der griechische Philosoph Platon (427–347 v. Chr.) kennt. In seinem Dialog Timaios sagt Platon,

»die Erde aber, unsere Ernährerin, befestigt an der durch das Weltall hindurchgehenden Weltachse, bildete er [Gott] zur Erzeugerin und Hüterin der Nacht und des Tages, die erste und ehrwürdigste der innerhalb des Himmels erzeugten Götter.«[18] So sind die Runen untrennbar mit den Weltenbaum-Mysterien verbunden. Aber die Vorstellung eines Gottes, der sich selbst opfert, um dem ganzen Universum Erneuerung und Transformation zu bringen, taucht offenbar nicht erst im Christentum auf, sondern wurde in der religiösen Vorstellungswelt der Germanen schon früh vorweggenommen.

## 4. Baldurs Tod und Götterdämmerung

In einem Vortrags-Zyklus, den er im Juni 1910 in Kristiania / Schweden unter dem Titel »Die Mission der einzelnen Volksseelen« hielt, hatte Rudolf Steiner ausgeführt, daß es neben der nordisch-germanischen Mythologie »keine andere Mythologie der Erde gibt, welche in ihrem eigentümlichen Aufbau, in ihrer eigenartigen Durchführung ein bedeutsameres oder klareres Bild der Weltevolution gibt«, und er fügte dem noch hinzu: »Die germanische Mythologie ist in der Art, wie sie ausgebildet worden ist (...), in ihren Bildern am bedeutsamsten ähnlich dem, was nach und nach als das geisteswissenschaftliche Weltbild für die Menschheit erwachsen soll.«[19] Nach germanischer Anschauung vollzieht sich die Weltevolution nach ewigen unveränderlichen Weltgesetzen, denen alle Weltwesen – selbst die Götter – unterworfen sind.

Auch das Götterschicksal bleibt eingebunden in das große Weltenschicksal, und dieses unterliegt – zumindest im Bereich des Materiellen – dem Gesetz des »Stirb und Werde!«. Auf jede Weltschöpfung folgt irgendwann ein Weltuntergang, in dem alles Irdische wieder zurückkehrt in den allgemeinen Weltäther, und zwischen diesen beiden Punkten Alpha und Omega ist die Weltgeschichte als Ganzes aufgespannt. Aber der Weltuntergang stellt kein letztgültiges Ende dar, sondern aus dem Äther-Urstoff wird später eine neue und bessere Schöpfung hervorgehen, in der die Weltwesen eine höhere Entwicklungsstufe erklommen haben werden. Es gibt somit keinen Anfang und kein Ende, sondern das All erhält sich in ewigen Zyklen des Werdens und Vergehens, die allerdings keine »ewige Wiederkehr des Gleichen« bedeuten, denn es erfolgt ja in diesen Zyklen des Weltgeschehens eine Höherentwicklung!

Und da die germanische Edda ein Bild der Weltevolution darbietet, wie es – nach Rudolf Steiner – klarer und vollkommener nicht gegeben werden könnte, so macht sie auch Aussagen über das Weltende und die ihm nachfolgende Neuschöpfung:

> Vieles weiß ich, Fernes schau ich:
> Der Rater Schicksal, der Schlachtgötter Sturz.
> *Völuspa 36, 41 / 50*[20]

Schon die Menschen der Megalith-Zeit besaßen wohl ein ahnendes Wissen um die kosmischen Entwicklungs-Zyklen, das sie im Bildgedanken des Jahreskreises ausdrückten. Was sich zwischen Weltbeginn und Weltende aufspannt, war in der Schau der Menschen der Jungsteinzeit gleichsam ein Großes Jahr, dessen Abbild das irdische Jahr mit seinem bekannten Rhythmus von Frühling, Sommer, Herbst und Winter darstellt. Im Zyklus des Großen Jahres vollzieht sich der Schicksalsweg des Jahrgottes, der zur Wintersonnenwende geboren wird, zur Sommersonnenwende die Heilige Hochzeit mit der Erdgöttin begeht, zur Herbst-Tagundnachtgleiche getötet und in die Unterwelt verbannt wird – und zu Ostern als neuer Lichtbringer wiederauferstehen wird!

Dieser Lichtbringer heißt in der germanischen Religion Baldur. Der Name »Baldur« bedeutet »der Leuchtende«; im Angelsächsischen heißt *Bael-Daeg* »der hell leuchtende Tag«. Verwandt mit der Wortwurzel Bal / Bael ist natürlich auch der Name des altkeltischen Lichtgottes *Bel*, dem das mit heiligen Feuerritualen verbundene Beltaine-Fest am Vorabend des 1. Mai geweiht war. Es handelt sich also bei Bal / Bael / Bel um einen urnordischen keltisch-germanischen Lichtgott, um den göttlichen Sonnenheiland, wie er in den Mysterien des hohen Nordens in vorgeschichtlicher Zeit geschaut wurde. Wir wissen, daß in manchen Gegenden des Nordens diese selbe Gottheit auch unter dem Namen *Pol* verehrt wurde. Pol war vermutlich der Gott der Hyperboreer, der in den Steinkreisen von Stonehenge jahreszeitgemäß kultisch verehrt wurde. Von den Hyperboreern dann nach Griechenland gebracht, wurde aus ihm die Lichtgestalt Apolls: *A-Pol.*

Das Baldur-Mysterium bildet die innere Sinnmitte der germanischen Religion. Als Vegetationsgott, Jahrgott, Licht- und Sonnengott stellt er eine Erscheinungsform des indogermanischen Weltheilands dar, der von den Völkern der heidnischen Welt in vielerlei Gestalt, als *Apollon, Ahura Mazda, Mithras*, auch als *Sol Invictus*, verehrt wurde. Und weiter berichtet der Baldur-Mythos: Unverwundbar wie Siegfried ist Baldur, nur hat er eine Achilles-Ferse, denn allein der kleine unscheinbare Mistelzweig kann ihn töten. Dies aber wußte Loki, der ewige Widersacher, der den blinden Hönir anstiftete, mit einem Mistelzweig auf Baldur zu zielen und ihn zu treffen; der Blinde tat, wie ihm geheißen, und vollbrachte die Mordtat. Und so wird in der Edda das Drama des Baldur-Todes dargestellt:

> Ich sah Baldur, den blutenden Gott,
> Odins Sohne, Unheil bestimmt.
> Ob der Ebne stand aufgewachsen
> Der Zweig der Mistel, zart und schön.
> Ihm ward der Pfeil, der zart erschien,
> Zum herben Harmpfeil: Hödur schoß ihn;
> Und Frigg weinte ...
>
> *Völuspa 25 / 26*[21]

Baldurs Gang in die Unterwelt, der nun erfolgt, erinnert uns an des König Artus Fahrt nach Avalon, auch an die Nachtmeerfahrt des ägyptischen Sonnengottes Re durch die Unterwelt: die Sonne, die mit der Herbst-Tagundnachtgleiche in die Winterphase eintritt. Der Tod Baldurs zeigt wie ein Fanal das Weltende auf, das in grellen apokalyptischen Bildern geschildert wird: Für die Menschen beginnt ein eiskalter immerwährender Winter; statt Recht und Sitte herrschen nur noch Bruderkampf und Mordtat. Loki sprengt seine Fesseln, auch der Fenris-Wolf kommt wieder los; in den finsteren Riesen der Unterwelt finden sie ihre Bundesgenossen. Und dann: In einem gigantischen kosmischen Harmageddon stehen sich die feindlichen Heerscharen gegenüber, Riesenmächte gegen Asenmächte, und in einem fürchterlichen Endkampf vernichten sie sich gegenseitig: Weltende und Götterdämmerung.

Ächzend stürzt die Weltenesche Yggdrasil hernieder, und zum Zeichen dafür, daß das Weltende nun bevorsteht, verlischt die Sonne, die Sterne fallen vom Himmel herab, und die Erde versinkt in unergründlichen Tiefen. Ein Großes Jahr, ein makrokosmischer Entwicklungs-Zyklus, hat seinen Abschluß erreicht, aber dieses Ende bildet zugleich auch den Beginn eines neuen Weltenwerdens, denn eine neue Erde steigt aus dem Urätherstoff hervor, ein neuer Götterstamm entsteht und ein neues Menschengeschlecht, dessen Ureltern Lif und Lifthrasil (und nicht mehr, wie einst, Ask und Embla) sind. in dieser neuen Schöpfung wird der wiedergekehrte Baldur seine wahre, uneingeschränkte Sonnenherrschaft antreten:

> Unbesät werden Äcker tragen;
> Böses wird besser: Baldur kehrt heim ...
>
> *Völuspa 54*[22]

Das Götterschicksal Baldurs, das Sterben und Wiedergeborenwerden, und zwar im Hindurchgehen durch den heiligen Jahreszyklus, wurde erlebend nachempfunden von den Eingeweihten des urnordischen Bel- oder Baldur-Mysteriums. In unterirdischen Grabkammern, wahrscheinlich in den megalithischen Ganggräbern und Dolmen-Bauten des europäischen Nordens, mußte der Initiand den mystischen Tod durchleben, mußte Baldurs Tod und Helfahrt nacherleben, um danach wiedergeboren zu werden aus der Kraft seines höheren göttlichen Selbst! Die Selbsterneuerung durch Tod und Wiedergeburt bildet den zentralen Sinngehalt aller

Mysterien, der germanischen ebensogut wie der griechischen und
ägyptischen.

## 5. Thule – Lichtheimat des Nordens

Der oströmische Historiker *Prokop* berichtet um das Jahr 550 n.
Chr. von geheimnisvollen »Thulebewohnern« irgendwo im hohen
Norden, die nach einer 40 Tage dauernden Polarnacht die Wiederkehr der Sonne als Jahreshöchstfest begehen: »Sobald aber fün-
funddreißig Tage dieser langen Nacht vorüber sind, werden etliche
Männer auf die äußersten Höhen der Berge entsandt – und zwar
ist dies dort Sitte –, die von dort oben auf irgendwelche Weise die
Wiederkehr der Sonne bemerken und den Menschen unten im Tal
melden, daß ihnen in fünf Tagen die Sonne wieder leuchten werde.
Die frohe Botschaft feiert das ganze Volk, und zwar noch während
der Dunkelheit, und dies ist für die Thulebewohner das größte Fest
des Jahres.«[23]

Nach 40 lichtlosen Tagen zeigte sich erstmals zur Mittagsstunde
im Süden knapp über dem Horizont die Sonne, ein neues Jahr verheißend. Ein solches Erleben ist nur im hohen Norden möglich.
Und aus solchem Urerleben gestaltete sich das mit heiligen Runenzeichen, Mythen und Jahresfesten verbundene Sonnen-Mysterium,
das sich nicht nur in der keltisch-germanischen Welt nachweisen
läßt, sondern in fast allen Religionen der westlichen Hemisphäre.
Eine Sonnenreligion hatten auch die alten Ägypter, die südamerikanischen Inkas, die Mesopotamier und Iranier, aber – ist es wahrscheinlich, daß die Verehrung der Sonne als Gottheit in jenen südlichen Ländern entstanden ist? In Ländern, wo die Sonne mit
unerbittlicher Hitze vom Himmel herabbrennt, eher Tod als Leben
verheißend?

Der Ursprung der Sonnen-Mysterienreligion kann nur im hohen
Norden liegen; nach Süden muß diese Religion durch Handel und
Völkerwanderungen gekommen sein. Es handelte sich dabei um
eine an den Sonnwendpunkten ausgerichtete Religion des heiligen
Jahrkreises, und diese kann sich nur in nördlichen Breiten gebildet

haben, weil nur dort der Unterschied zwischen den Jahreszeiten derart markant in die Augen tritt, daß man von einer lichten und einer dunklen Jahreshälfte, von einer Phase der steigenden und einer Phase der sinkenden Sonne sprechen kann. Nur im Norden, in Gegenden zwischen dem 60. und dem 70. Breitengrad, beschreibt die Sonne das Jahr über derart charakteristische Tagesbögen, daß man Symbole wie Spirale, Labyrinth und Mäander als Sinnbilder des Jahresgeschehens entwickeln kann.

Was die antiken Quellen als das sagenumwobene Land »Thule« beschreiben, könnte vor undenkbar langen Zeiten ein kulturelles Evolutionszentrum gewesen sein, in dem die Grundlagen jener esoterischen Licht- und Sonnenreligion entwickelt wurden, die später in der jungsteinzeitlichen Megalith-Kultur, im Indogermanentum, im Arier-, Kelten- und Germanentum sowie in den griechischen, altiranischen und ägyptischen Mysterien weiterwirkte.[24]

Die in südliche Weltgegenden abgewanderten Indogermanen hatten sich zumindest in ihrer Frühzeit noch ein klares Bewußtsein vom nordischen Ursprung ihrer Religion und Mysterien erhalten. In der alt-iranischen Religion Zarathustras war das Arier-Stammland unter dem Namen *Aryana Vaejo* bekannt; dort soll der »herdenreiche« König *Yima* einst geherrscht haben. ihm wurde aber prophezeit, daß »strenge, vernichtende Winter« kommen würden; daher verließ er mit seinen Getreuen das Nordland. Auch der altindische Brahmanismus weiß seine Herkunft auf eine nebelverhangene nordische Urheimat zurückzuführen. Der indische Brahmane *Bâl Gangâdhar Tilak* (1856–1920) hat in zwei gelehrten Abhandlungen, »Orion« und »Die arktische Heimat der Veden«, den Beweis hierfür erbracht.

Auf der Grundlage der Vergleichenden Symbolforschung hat Professor *Hermann Wirth* versucht, eine arktische Urreligion der Menschheit wiederzugewinnen, deren Spuren er in Indien, Eurasien, West- und Nordeuropa, aber auch im vorgeschichtlichen Amerika zu erkennen glaubte. Das Lebenszentrum dieser Urreligion lag nach Hermann Wirth eindeutig im Nordatlantik, von wo sich ihr Einfluß über die gesamte westliche Hemisphäre bis nach

Nord- und Südamerika erstreckte. Irgendwann in vorgeschichtlicher Zeit müssen dann gewaltige Klimaveränderungen stattgefunden haben, möglicherweise gar eine Polverschiebung, die das Zentrum der »arktischen Urreligion«, zugleich das Ursprungsland der Indo-Arier, in das Gebiet der heutigen Arktis hinaufrückte. Noch heute gibt es übrigens im Norden Grönlands einen Luftwaffenstützpunkt, der »Thule« heißt (bei dem römischen Dichter Seneca war *ultima Thule* ein Synonym für das »Ende der Welt«).

In den mythischen Überlieferungen des klassischen Griechentums wird ebenfalls von Thule berichtet, einem geheimnisvollen Lichtreich im hohen Norden. Es erscheint dort als das *Land der Hyperboreer*, ein Land »am Ende der Welt«, Wohnort eines glückseligen Volkes und Heimat des Sonnengottes Apollon. Man nennt ihn daher auch den »hyperboreischen Apoll«, diesen nordischen Lichtgott, der nur besuchsweise nach Griechenland kommt, um das Orakel von Delphi und das ihm geweihte Heiligtum auf der Insel Delos aufzusuchen. *Himerios* erzählt: »Apoll kommt zu den Hyperboreern auf einem mit Schwänen bespannten Schiffswagen, und zwar vom Meer her. Er weilt dann ein ganzes Jahr bei den Hyperboreern und kündet ihnen das Recht. In der Zwischenzeit riefen ihn die Delpher mit Paionen und Liedern. Dann, als die Zeit gekommen war, erschien er wieder auf seinem Schiffswagen in Delphi. Der Frühling kam ins Land, die Vögel sangen, und die Freude der Gläubigen war groß. Auch die heilige Quelle Kastalia, die beim Heiligtum des Apollo in Delphi entspringt, begann mit silbernem Wasser zu fließen.«[25]

Die Insel der Hyperboreer galt den Griechen als das Land, wo der Bernstein wächst, und wo der sagenhafte Fluß Eridanos fließt, an dessen Ufern *Phaethon*, der Sohn des Helios, mit seinem Sonnenwagen einstmals abstürzte. Die Hesperiden nymphenhafte Geister des Westens – hüten dort die Äpfel der Unsterblichkeit, und der Titan Atlas trägt dort das Himmelsgewölbe. Die berühmte, in so zahlreichen Berichten seit ältester Zeit von Ägyptern, Assyrern, Hethitern, später von Griechen und Römern genannte »Nordsäule, die unter dem Polarstern steht und den Himmel hält«, die

Weltensäule des Atlas, erhob sich demnach ursprünglich in den arktischen Regionen des Nordens.

Wörtlich übersetzt heißt Hyper-Borea: das Land »jenseits des Nordwindes«; denn der *Boreas* war im griechischen Mythos der Gott des Nordwindes, Bruder des *Zephiros*, des *Notos* und des *Euos*, also des West-, Süd- und Ostwindes. Seinen Wohnsitz hatte der Nordwind Boreas im thrakischen Salmydessos am Schwarzen Meer. Thrakien galt in der griechischen Vorstellungswelt als das Nördlichste, das man sich denken konnte, aber Hyperborea lag noch weiter nordwärts, jenseits von Thrakien, in einer für griechische Begriffe kaum noch vorstellbaren Ferne! Da Thrakien nach heutigen geographischen Vorstellungen in etwa mit dem nördlichen Balkanraum gleichzusetzen ist, käme für das »jenseits des Nordwindes« gelegene Land wohl nur ein Gebiet nördlich der Karpaten und Alpen in Frage.

Da denkt man natürlich gleich an Osteuropa, an die weite russische Steppe, an das Land der Skythen und Sarmaten. Aber weit gefehlt! Nach Diodor von Sizilien soll Hyperborea eine »Insel im Ozean« gewesen sein; und zwar eine »jenseits des Keltenlandes« gelegene, wobei mit dem Keltenland wohl nur Gallien oder Britannien gemeint sein kann. Ähnlich schreibt *Plinius*, daß der 9. Polarkreis (der 52. bis 57. Grad nördlicher Breite) durch das Hyperboreerland verlaufe. Damit können wir uns ein ungefähres Bild von der geographischen Lage der Hyperboreer-Insel machen: Sie kann nicht im osteuropäischen Raum, sondern nur im nördlichen Atlantik gelegen haben – damit auch in unmittelbarer Nähe des irischen und britannischen Keltentums.

Aus den Quellen der keltischen Mythologie wissen wir, daß die irischen Hochgötter – die *Thuata de Danaan* – vor ihrer Ankunft in Irland auf geheimnisvollen »Inseln im Norden der Welt« gewohnt haben sollen. Druidentum, Zauberkunst und Wahrsagerei hätten sie von dort mitgebracht. In einem der ältesten irischen Texte, *»Die Schlacht von Mag Tured«*, heißt es: »Die Tuatha de Danann lebten auf den Inseln im Norden der Welt. Sie wurden in allen Wissenschaften, in Magie und Druidentum unterwiesen, lern-

ten die Zauberkunst und wurden Weise, die schließlich alle Weisen
der Heiden an Wissen übertrafen.«[26]

Die »Inseln im Norden der Welt« – sind die Shetlandinseln,
Island oder Norwegen damit gemeint? Oder handelt es sich bloß
um Fabelinseln? Ist es die Apfelinsel *Avalon*, wo die zauberkundige
Fee Morgaine mit ihren Gefährtinnen wohnt? Oder das *Thule* der
Germanen? Das sagenumwobene *Land der Hyperboreer*, die Heimat des Lichtgottes Apoll? Der griechische Seefahrer *Pytheas von
Massilia* im 4. Jahrhundert v. Chr. will ein fernes Land namens
»Thule« selbst aufgesucht haben – sechs Tagesreisen nördlich von
Britannien soll es sich befinden. Möglicherweise handelt es sich bei
dieser Insel (oder Inselgruppe) um ein geheimes Mysterienzentrum
im Norden Europas, von dem seit Urzeiten spirituelle Impulse ausgegangen sind, die sowohl das Druidentum als auch die Religion
der Germanen entscheidend prägten.

# VII.
## GRIECHISCHE MYSTERIEN

Betet zu den Thesmophoren,
Zu Demeter und Persephone,
Zum Plutos, zur Kalligeneia,
Und zur Jugendernährerin Erde,
Und zu Hermes und zu den Grazien,
Daß sie unsere Gemeind' und Zusammenkunft
Aufs beste leiten und lenken
Zum Segen dem Volk der Athener,
Zum Glück uns selber, den Frauen!

*Segensspruch von Eleusis*[1]

## 1. Ursprünge der griechischen Mysterien

Es mutet vielleicht etwas sonderbar an, daß die Mysterienkulte Griechenlands[2] im Grunde genommen wenig Griechisches an sich tragen: Entweder sie stammen aus dem nichtgriechischen (»barbarischen«) Ausland – die *Orphik* aus Thrakien, der *Kybele*-Kult aus Kleinasien –, oder sie gehen auf vorgriechische, vorindogermanische Ursprünge zurück, wie etwa die berühmten Kultstätten von *Eleusis* und *Samothrake* oder auch das vielbesuchte *Orakel von Delphi*. Selbst der größte Mystagoge unter den Griechen, Pythagoras von Samos, der erste Esoteriker des Abendlandes, hat sich seine Weisheit von den Ägyptern und Babyloniern geborgt; auch er schöpft nicht aus dem Eigenen. Es scheint, daß der Geist des Griechentums mit seinem ausgeprägten Sinn für Maß, Proportion und Harmonie zu sehr dem »Diesseits« verhaftet blieb, um einen tieferen Sinn für Mystik überhaupt entwickeln zu können.

Den alten Mysterien haftet jedoch ein Zug mystischer Jenseits-
frömmigkeit, ja rauschhafter Ekstase an, der mit der abgeklärten,
apollinisch-lichthaften Ausrichtung der klassischen Zeusreligion so
gar nicht zusammenpassen will.

Der Alt-Philologe Thassilo von Scheffer, ein gründlicher Kenner der Materie, spricht sogar von einem »*grundlegenden Gegensatz*« zwischen den geschichtlich älteren Mysterienreligionen und
der herrschenden »olympischen« Religion des klassischen Griechentums: »Der grundlegende Gegensatz bestand darin«, schreibt
er in seinem Buch »Hellenische Mysterien und Orakel«, »daß die
neu über Hellas ausgedehnte Religion, die wir die olympische nennen können und die uns als solche geläufig ist, eine Religion des
Lichtes und der Höhe war, voll plastischer Schönheit und aus-
drucksfähiger Anschauung, eine Religion in Dur, gegenüber dem
dunklen Moll eines anderen verschleierten Glaubens der Tiefe, auf
den sie stieß. Die Götter des Himmels trafen hier auf ein weit älte-
res Anrecht der Urmächte der Mutter Erde, und die Verschmelzung
zweier so ganz entgegengesetzter Glaubenssysteme brauchte Jahrhunderte, um zu jener harmonischen Zusammenfügung zu gelangen, die, im Gegensatz zum unaufhörlichen weltlichen Streit, auf
geistigem Gebiet den kosmosfrohen Griechen (Kosmos auch im
ursprünglichen Sinn von Schmuck und Ordnung) ein Bedürfnis
war.«[13]

In der Frühgeschichte Griechenlands werden üblicherweise drei
Phasen voneinander unterschieden. In der *frühhelladischen* Epoche
Griechenlands (2500–1850) bemerken wir bereits die Bildung von
verschiedenen ackerbautreibenden Kulturkreisen im ägäischen
Raum; Träger dieser Kultur ist die vorindogermanische mediter-
rane Urbevölkerung. In der *mittelhelladischen* Epoche (1850–
1600) kommt es erstmals zur Einwanderung indogermanischer
Stämme, der Joner und Aioler / Achäer, die auch als die »Protogriechen« gelten und sich mit der mediterranen Urbevölkerung vermischen. In der *späthelladischen* Zeit (1600–1150) beherrscht eine
adelige Herrenschicht der eingewanderten Indogermanen, zumeist
Streitwagenkämpfer, von gewaltigen Zwingburgen aus das Land.

Ab dem 15. Jahrhundert dehnt die aus dem Norden eingewanderte Schicht ihre Macht bis nach Kleinasien aus, besiedelt auch Kreta, Rhodos, Zypern. Um 1250 erfolgt, vom Dichter Homer besungen, die Zerstörung von Troja. Aber eine zweite indogermanische Einwanderungswelle rollt in der *spätmykenischen* Zeit (1400–1150) über Griechenland hinweg: die Einwanderung der Dorer, ab 1200, ausgelöst durch den Vorstoß der Illyrer zum Mittelmeer. Die Dorer als Reiterkrieger mit Eisenwaffen zeigen sich den mykenischen Protogriechen, Streitwagenkämpfern mit Bronzewaffen, im Kampf überlegen: Die mykenischen Burgen, einst stolze Adelssitze, versinken ab 1150 in Schutt und Asche.

Zwei Kulturbereiche, sich durchdringend, prägen demnach die Religion und Mysterienwelt der Griechen: einmal die *altmediterrane* Bauernkultur mit ihren Jahreslauf- und Vegetationskulten sowie Fruchtbarkeits-, Erd- und Muttergottheiten; und dann die *indogermanische* Kultur nomadisierender Viehzüchter mit ihren Wetter-, Licht- und Sonnengöttern, etwa Zeus und Apollo – hinzu kommen Götter, die aus Fremdländern übernommen werden, etwa aus Kleinasien oder Thrakien. Seit etwa 1600 v. Chr. verschmelzen in der mykenischen Adelswelt altmediterrane und indogermanische Gottesvorstellungen unter stark minoischem Einfluß.

Aber trotz aller Verschmelzung mit einheimischem Religionsgut blieb die »olympische« Religion der Griechen immer dem Hohen, Hellen, Lichten zugewandt; sie blieb von ihrer Grundausrichtung her apollinisch. Dieser »Religion in Dur«, wie Thassilo von Scheffer richtig sagt, wollen wir nun die dunklen Moll-Töne einer viel älteren Religion chthonischer Erdverehrung entgegenstellen, indem wir uns den wichtigsten Mysterienkulten Griechenlands zuwenden. Dies sind insbesondere:

> 1. *Die Demeter-Mysterien von Eleusis*
> 2. *Die Mysterien von Samothrake*
> 3. *Die Orphischen Mysterien*
> 4. *Die Schule des Pythagoras*

Über den Kultstätten von Eleusis und Samothrake waltet die
Macht uralter Muttergottheiten. Die Orphische Mysterienreligion
allerdings, die aus Thrakien, also aus dem nichtgriechischen Ausland, stammt, trägt eher den Charakter einer Jenseitsreligion,
obschon sie durchaus von einer »dionysischen« Grundstimmung
getragen wird und insofern auch eher in Moll als in Dur erklingt.
An die Orphik, die in vielem an die spätantike Gnosis erinnert,
knüpfen Pythagoras und Platon an.

## 2. Die Demeter-Mysterien von Eleusis

*Demeter* und *Persephone* – so lauten die Namen jener beiden Göt-
tinnen, Mutter und Tochter, die im Mittelpunkt der Eleusinischen
Mysterien standen. Der Name De-meter, Mutter De, wird oft mit
»Erdmutter« übersetzt, wobei allerdings fraglich bleibt, ob »De«
das gleiche wie »Ge« – nämlich Gaia, die Erde – bedeutet. Die
Demeter-Mysterien von Eleusis kann man trotz ihrer lückenlosen
Einbindung in die patriarchalische Kultur Griechenlands als die
Mysterien der »*Großen Mutter*« bezeichnen, wobei die dort ver-
ehrte Muttergestalt die Züge einer Erden-, Todes- und Fruchtbar-
keitsgöttin trägt.

Angeblich sollen in Eleusis bereits in der frühen athenischen
Königszeit um 1500–1300 v. Chr. Kultfeiern begangen worden
sein, wahrscheinlich die ältesten Mysterien in Griechenland. Aus
der Archäologie wissen wir, daß der Ort Eleusis, 22 km nördlich
von Athen, in der Bucht von Salamis gelegen, seit der Jungsteinzeit
besiedelt war; erst um 750 v. Chr. wurde er der Polis Athen direkt
angegliedert. In den Jahren 1883 bis 1930 hat man durch Ausgrabungen den Tempelbezirk von Eleusis mit seinen riesenhohen
Mauern und seinen großen Propyläen-Toren wieder freigelegt, eine
wirklich eindrucksvolle Anlage, die eher einem Festungsbau als
einem Tempel gleicht. Und doch war Eleusis eine Art gesamtgrie-
chischer Wallfahrtsort, zu dem jährlich Tausende und Abertau-
sende hinpilgerten, um sich in die Mysterien der »Großen Mutter«
Demeter einweihen zu lassen.

Zu den Demeter-Geweihten zählte offenkundig auch Homer, der größte Götterdichter der Griechen. Unter den ihm zugeschriebenen »Homerischen Götterhymnen« befindet sich auch ein »Hymnus an Demeter«, der uns tiefere Einblicke in die hier angesprochenen Zusammenhänge gewährt. Erzählt werden in dem Hymnus zwei miteinander verquickte Geschichten: der Raub der Persephone durch den Unterweltgott Hades, und die Errichtung des der Demeter geweihten Mysterienortes in Eleusis.

Üppige Naturschilderungen stehen am Beginn der Geschichte. Die Erdgöttin Gaia läßt die Pflanzen in betörender Pracht aufblühen, als Demeters Tochter *Persephone* – auch *Kore* genannt – nichtsahnend über die Flur streift. Urplötzlich tut sich der Erdboden auf, der Unterweltgott Hades taucht auf und zieht die schreiende Tochter zu sich hinab in die Tiefe. Demeter trauert um den Verlust der vielgeliebten Tochter. Rastlos zieht sie umher, fragt überall nach dem Verbleib der Persephone bis sie schließlich von dem auf seinem Sonnenwagen einherziehenden Helios die Auskunft erhält, die Verschwundene sei in der Unterwelt die Gattin des Hades geworden.

Daraufhin mied Demeter die Götterversammlung und weilte unerkannt unter den Menschen; in Eleusis angekommen, gab sie sich den dort lebenden Menschen zu erkennen und ließ sich von ihnen einen Weiheort errichten. Sie selbst war es also, die den Bau des Tempels anordnete, indem sie zu den Menschen sprach:

> Doch einen mächtigen Tempel mit einem Altare
>     darunter
> soll mir das ganze Volk bei Stadt und Mauer errichten.
> Über Kallichoros' Quelle auf weitvorspringendem
>     Hügel.
> Selber lehr ich euch dann, die Weihen zu feiern,
>     damit ihr
> heilig sie vollzieht und meine Seele besänftigt.
>
> *(Homer, Hymnos an Demeter, 270-274)*[4]

Aus Trotz gegen die Götter, die ja den Raub der Persephone gebilligt hatten, ließ Demeter, der Saat und Ernte unterstanden, eine gewaltige Hungersnot über das Land hereinbrechen. Der fruchtbringende Same verkümmerte im Boden; umsonst zogen die Ochsen den Pflug. Die Götter, die fürchteten, auf diese Weise um ihren jährlichen Erntedank gebracht zu werden, bemühten sich nun, Demeter umzustimmen. Doch die blieb unbeugsam: Der Hungersnot werde sie erst dann ein Ende machen, wenn sie die geraubte Tochter zurückbekommen habe.

So kam es zu Verhandlungen, und schließlich einigte man sich auf einen Vergleich: Persephone sollte fortan ein Drittel des Jahres bei Hades in der Unterwelt bleiben, die restlichen zwei Drittel aber bei Demeter in der Oberwelt zubringen dürfen. Die Göttin willigte ein, und der Erdboden brachte seitdem den Menschen jedes Jahr reichhaltige Ernte. Ja noch mehr: Den *Triptolemos*, Sproß des ältesten mythischen Königsgeschlechts von Eleusis, der *Eumolpiden*, weihte Demeter nun als ersten in ihre Mysterien ein; und sie gebot ihm, von Attika aus alle Länder zu durchziehen, um den Menschen den Segen des Ackerbaus zu überbringen. Dazu schenkte sie ihm einen von geflügelten Drachen gezogenen Zauberwagen, der ihn durch die Lüfte trug. Die Eumolpiden aber versahen seitdem den Opferdienst zu Eleusis, ein erbliches Amt, das immer nur innerhalb der Familie weitergegeben wurde.

Aus der Geschichte geht hervor, daß Demeter nicht die Erdgöttin selbst ist, sondern eigentlich nur die fruchtbare Ackerflur, der Humus; weniger der Planet Erde als vielmehr das Element Erde. Aber keine wild-titanische Elementarkraft, keine chaotische Naturkraft stellt sie dar; nicht die Natur im Rohzustand, sondern die gebändigte, gezähmte, durch menschlichen Einsatz in Plan und Ordnung gebrachte Natur. Eine Fruchtbarkeitsgöttin also, Hüterin des Ackerbaus, in der Hand eine blühende Kornähre tragend: So steht das Bild der Göttin Demeter vor unserem geistigen Auge. Persephone, die im Wechsel der Zeit zwischen Unter- und Oberwelt hin- und herschwingt, verkörpert sinnbildhaft die Abfolge der Jahreszeiten: Denn das eine Jahresdrittel, das sie an der Seite des

Hades zubringt, ist der karge vegetationsarme Winter – die anderen zwei Drittel umfassen Sommer und Herbst. So ist Persephone Herrscherin im Totenreich und Vegetationsgöttin zugleich, wie überhaupt Tod und Leben untrennbar zusammengehören; sie beschließt in sich das ewige *Stirb und Werde*!

Unter der Oberfläche der olympischen Götterreligion, die Allgemeingut und auch Volksglaube war, lag die verschleierte Religion der Demeter-Geweihten verborgen, die das Wissen um die Naturgeheimnisse, um den heiligen Jahreslauf, um Saat und Ernte, aber auch um das Fortleben nach dem Tod enthalten haben mag. Drei Stufen der Einweihung gab es:

> 1. den *Neophyten*, den noch Einzuweihenden, Neuling und Anwärter auf die Weihen;
> 2. den *Mysten*, den »Verschleierten«, der streng an die Pflicht der Geheimhaltung gebunden war;
> 3. den *Epopten*, den mit der Gabe der Schau Ausgestatteten, den hellsichtig Gewordenen.

Weiterhin unterscheidet man die Kleinen und die Großen Eleusinischen Mysterien, die zeitlich und örtlich unabhängig voneinander vollzogen wurden: die einen nämlich im Frühjahr, die anderen im Herbst. Die Kleinen Mysterien wurden im Monat *Anthesterion*, dem »Blütenmonat« (Februar / März) zu Frühlingsbeginn gefeiert, und zwar in *Agrai* am Flüßchen Ilissos am Südrand von Athen. Jeder Neophyt mußte an der Kultfeier von Agrai teilgenommen haben, bevor er die eigentlichen Weihen in Eleusis erhielt. Die Teilnahme stand ursprünglich nur Eleusiniern offen; jeder Fremde mußte sich zuvor von einem Einheimischen »adoptieren« lassen, um an der Kultfeier teilnehmen zu können. Daraus entwickelte sich später der Brauch, daß jeder Anwärter auf die Weihen sich einen geistlichen Führer, einen »Mystagogen«, wählen mußte, der ihn unterwies und mit ihm an der Einweihungsfeier teilnahm.

Die Großen Mysterien der Demeter fanden im Monat *Boedromion* (September / Oktober) statt, um den 21. September. Die Neophyten, die bereits im Frühjahr eine Vor-Einweihung empfangen hatten, versammelten sich unter dem sternklaren Nachthimmel; dann zogen sie – von Fackelträgern geleitet – in feierlicher Prozession den 22 km langen Weg von Athen nach Eleusis, welches in schützender Bucht gegenüber der Insel Salamis lag. Bis zu 3000 Menschen mögen an einem solchen Prozessionszug teilgenommen haben. Im Kultbezirk angekommen, begaben sie sich zu den Mysterienspielen; anschließend erhielten sie die Weihen. Vorher ertönte noch der Ruf des Hierophanten, des Oberpriesters, mit dem er die Mysten von den Uneingeweihten trennte; denn letzteren war der Zugang zum heiligen Bezirk bei Todesstrafe verboten! Der Oberpriester gebrauchte dazu (nach Aristophanes) etwa folgende Worte: »Euch allen sag' ich's zum erstenmal, zum zweiten- und drittenmal sag' ich's: Hebt euch all hinweg von dem mystischen Chor! Ihr andern beginnt die Gesänge, beginnt die heilige Feier der Nacht, geziemend dem Fest der Geweihten!«[5]

Streng abgeschieden war der zentrale Kultbezirk von Eleusis, das *Telesterion*, in dem – geschützt vor dem Zugang der Uneingeweihten – Hymnen erklangen, rhythmische Tänze und Weihespiele aufgeführt wurden. Heilige Mysterienspiele waren es, deren Sinn uns Heutigen verloren gegangen ist; und selbst unter den Damaligen hatten nur wenige Zugang zu diesen Spielen. *Dromena* nannte man sie, und sie waren wohl eine Art Theaterspiel – aber kein weltliches Theater, sondern die sinnbildliche Darstellung und Aufführung höheren Weltenwebens, das als bestimmend für das ganze Erden- und Menschheitsschicksal erkannt wurde. Den Höhepunkt der Spiele bildete das Erscheinen der Göttin Kore selbst; mit fremdartig-uralten Kultnamen wurde sie angerufen, die Herrin beider Reiche, der Unter- und Oberwelt, bis sie schließlich aus dem Dunkel der Erdentiefe ins strahlende Licht der Weihenacht hineintrat: Eine geistige Schau war dies Erscheinen der Göttin, die dem Mysten den Grad des »Schauenden«, des Epopten, verlieh.

Den Geweihten wurde nach Beendigung des Zeremonials eine frischgeschnittene Kornähre – Symbol und Hoheitszeichen der Göttin Demeter – ausgehändigt. Dennoch war die Einweihung in

9   *Weihrelief von Eleusis, um 430 v Chr. Der Königssohn Triptolemos*
    *empfängt von Demeter die ersten Kornähren. Er gilt zugleich als*
    *der erste Eingeweihte in die Mysterien von Eleusis.*

Fruchtbarkeitskult einer alt-mediterranen Bauerngesellschaft, auch wenn viele Symboliken noch an diese Herkunft erinnern. Bezweckt wurden durch die Annahme der Weihen vor allem eine geistige Wiedergeburt des Mysten und ein besseres Weiterleben nach seinem Tod im Jenseits. Die Demeter-Geweihten, und zu ihnen gehörte auch Homer, hatten nach griechischer Vorstellung ein anderes Schicksal nach dem Tod als die Normalmenschen. Homer nennt in seinem Hymnus die Eleusinischen Weihen

> heilige Bräuche, die keiner verraten, verletzen,
>     erforschen
> darf. denn heilige Scheu vor den Göttern bindet
>     die Stimme.
> Selig, wer von den irdischen Menschen je sie gesehen!
> Wer aber unteilhaftig der Weihen, der findet ein andres
> Schicksal, wenn verblichen er weilt im dumpfigen
>     Dunkel.
>
> *(Homer, Hymnos an Demeter, 478–482)*[6]

An ein ähnliches Schweigegebot hält sich Herodot, der den Demeter-Kult auf ägyptische Ursprünge zurückführen will: »Ebenso schweige ich von den Mysterien der Demeter, den Thesmophorien, wie die Griechen sie nennen, soweit es nicht erlaubt ist, davon zu reden. Die Töchter des Danaos waren es, die sie aus Ägypten mitbrachten und sie bei den pelasgischen Weibern einführten. Später, als die alten Einwohner des Peloponnes von den Doriern verdrängt wurden, hörten die Mysterien auf, und nur bei den Arkaden, den einzigen, die nicht auswanderten, sondern im Lande blieben, haben sie sich erhalten.«[7]

## 3. Die Mysterien von Samothrake

Im Norden des Ägäischen Meeres, genau in der Mitte zwischen den Küsten Thrakiens und Kleinasiens, liegt in Höhe des Marmarameeres eine wild-zerklüftete Insel, *Samothrake*, gekrönt von dem

1700 Meter hohen Vulkanberg *Phengari*, von dem aus der Sage nach einst Poseidon das Schlachtgeschehen um Troja beobachtet haben soll. Auf der wenig fruchtbaren Insel gediehen nur Zwiebeln und Fenchel recht gut, und die dichten Waldungen lieferten reichlich Holz. Den Winter über blieb das Eiland von jedem Verkehr mit der Welt so gut wie abgeschnitten, da die Schiffe der Stürme und des hohen Seegangs wegen dort nicht zu landen wagten. Doch selbst in der wärmeren Jahreszeit konnte eine Landung auf Grund der heftigen Meeresströmungen von den Dardanellen nur unter großen Schwierigkeiten vor sich gehen. Nicht nur Stürme, sondern auch Erdbeben suchten diese Gegend der Ägäis immer wieder heim.

So lag die Insel Samothrake im wörtlichen Sinn im Abseits, am Rand der hellenischen Kulturbereichs, und die dort gefeierten Mysterien stehen in vieler Hinsicht im Gegensatz zu denen von Eleusis. Während Eleusis der zentrale Kultort im griechischen Mutterland war und blieb, bildete Samothrake das Initiationszentrum für den nord- und ostgriechischen Raum. Aber anders als in Eleusis wurde dort ein männliches Götterpaar verehrt, vermutlich Vater und Sohn – man nannte sie die *Kabiren*, doch hießen sie ursprünglich nur »*die Großen Götter*« Zweifellos handelt es sich bei ihnen um ganz urtümliche chthonische Mächte der Erdentiefe; Thassilo von Scheffer spricht von einer »den Griechen ursprünglich fremden Religion dämonischer Erdgottheiten«[8]. Es hat später nicht an Versuchen gefehlt, diese »Urdämonen«, vielleicht Abkömmlinge urzeitlicher Riesengeschlechter, mit den Göttern der olympischen Religion zu verschmelzen; in hellenistischer Zeit wurden sie mit den »*Dioskuren*« Kastor und Pollux gleichgesetzt. Ein Orphischer Hymnus ruft auch die Kabiren-Götter an, nennt sie aber mit ihrer kretischen Bezeichnung »Kureten«:

> Erzdröhnende Kureten,
> Die ihr die Waffen des Ares besitzt,
> Lebenerweckende Lüfte,
> Mächtige Helfer der Welt,

> Ihr Holden, die ihr das Meer,
> Die Erde, den Himmel bewohnt,
> Und Samothrakes heiliges Land –
> Den meerirrenden Menschen
> Abwendend die Gefahr,
> Ihr schenktet zuerst
> Eine Opferfeier den Menschen.[9]

Hier erscheinen die Kureten (oder Kabiren) in erster Linie als Retter aus der Seenot, auch als Wind- und Luftgeister; allenthalben handelt es sich um reine Naturgottheiten, deren Schutz und Hilfe man herbeifleht. Ursprünglich waren die Kureten vorgriechische Vegetationsgötter aus Kreta. Die Sage berichtet von ihnen, sie hätten um den kleinen schreienden Zeus, das jüngste Kind der Rheia, einen lauten Waffentanz aufgeführt (daher »erzdröhnende Kureten«), um den alten Gott Kronos, der seinen Sohn Zeus verschlingen wollte, zu täuschen. Ein wilder, waffenlärmender, bisweilen ganz ekstatischer Tanz muß auf Samothrake wohl auch zur Kabiren-Verehrung dazugehört haben; Nonnos beschreibt in seinen »Dionysiaka« einen solchen kultischen Tanz:

> (...) Und während das dröhnende Kalbfell
> Wirbelnd geschlagen ward von eifernden, eisernen
>     Schlegeln,
> Tönte die Doppelflöte und sang den Tänzern zum
>     Ansporn
> Hauchend ihr Lied in schmiegendem Klange zum
>     Schwingen des Tanzes.
> Und die Eichen säuselten leise, es brüllten die Felsen,
> Und es schüttelten sich bewußt die trunkenen Wälder,
> Und die Dryaden tosten. Es eilten die Bären in dichten
> Scharen herbei zum Tanz und sprangen paarweis
>     im Kreise;
> Um die Wette brüllten die Kehlen der Löwen und ahmten
> Nach das Kriegsgeschrei mysterienfroher Kabiren (...)[10]

*10 Rekonstruktionszeichnung des Rundtempels der Arsinoe auf Samothrake, mit 20 m Durchmesser der größte Rundbau Griechenlands*

Solche orgiastischen Tänze pflegten auch die verzückten Priester der kleinasiatischen Erdgöttin Kybele, die *Korybanten*, aufzuführen. Auch auf anderen Inseln der Ägäis, zum Beispiel auf Lemnos, gab es einen Kabirenkult, und es spannen sich geistige Verbindungsfäden von Samothrake nach Kreta und Kleinasien; denn es besteht kein Zweifel darüber, daß die unterschiedlichen Benennungen – Kabiren, Kureten, Korybanten – denselben Sachverhalt kennzeichnen. Vielleicht stellt die Mysterienreligion von Samothrake mit ihren fremdartigen Kulten das letzte inselhafte Überbleibsel jener altmediterranen Bauernreligion dar, die vor der Ein-

wanderung der indogermanischen Griechen im ganzen Mittel-
meergebiet in Blüte stand.

Gefördert wurden die Samothrakischen Mysterien in ganz
besonderer Weise von den hellenistischen Herrschern der Diado-
chen-Reiche; schon König Phillip II. von Makedonien – der Vater
Alexanders des Großen – soll seiner späteren Gemahlin Olympias,
der liebreizenden Prinzessin von Epidaurus, bei den Einweihungs-
feiern von Samothrake erstmals begegnet sein. Die Ptolemäer-
Königin *Arsinoe II.* von Ägypten, selbst eine Eingeweihte der
Mysterien, stiftete dem Kultort Samothrake einen schönen Rund-
tempel, der nach ihr benannt das *Arsinoeion* heißt (erbaut 280
v. Chr.). In der eigentlichen Weihehalle jedoch, dem *Anaktoron*,
konnte man den Grad des »Mysten« erwerben; im *Hieron* – dem
zentralen Heiligtum – wurde der Grad des »Epopten« verliehen.
Die Weihen wurden – anders als in Eleusis – das ganze Jahr über
erteilt mit Ausnahme der Winterperiode, von April bis September.
Die Namensliste der Eingeweihten reicht vom 2. vorchristlichen bis
ins 3. nachchristliche Jahrhundert, also bis weit in die Römische
Kaiserzeit hinein, und sie zeigt ein buntes Spektrum von Personen:
Griechen und Römer, Männer und Frauen, Freigelassene und Sklaven.

## 4. Die Orphischen Mysterien

Uralte Mythen berichten uns von Orpheus, einem leierspielenden
Sänger, dessen Musik wilde Tiere zähmte, Felsen versetzte, ja selbst
die Totengöttin zu rühren vermochte[11] – er galt als Sohn des Fluß-
gottes Oiagros und der Muse Kalliope. Zuweilen wird auch der
Gott Apollon, der Anführer der Musenschar, als der eigentliche
Vater des Orpheus genannt; allenthalben erscheint er im Mythos
als ein übernatürliches und halbgöttliches Wesen. Wer war
Orpheus? Ein Dichter, Sänger, Prophet? Ein Halbgott? Ein großer
Eingeweihter?

Mit der überirdischen Macht der Musik wird die Gestalt des
Orpheus für immer verbunden bleiben. in der Musik wirken die

gleichen harmonikalen Schwingungsgesetze, die überall im Kosmos anzutreffen sind. Musik ist ein Bestandteil der Schöpfungsordnung. Die Leier des Orpheus, der so überirdisch schöne Sphärentöne zu entlocken waren, mag vielleicht auch ein Sinnbild sein für die menschliche Seele überhaupt: ein Instrument, dessen Saiten gespannt sind, und die mitschwingen im Klang der Weltharmonie, wenn nur ein rechter Tonkünstler sie anrührt.

Der Gang des Orpheus in die Unterwelt stellt eines der bekanntesten Motive der griechischen Mythologie dar. Tatsächlich handelte es sich dabei um eine Jenseitsreise, möglich gemacht durch die Aussendung des dem Menschen innewohnenden Astralkörpers, also um eine Seelenreise in das Totenreich. Solche Astralreise ins Jenseits, die man auch aus der Praxis der Schamanen kennt, bildet eine Stufe des Einweihungsweges, die jeder Adept des höheren Wissens erklimmen muß. Orpheus steigt allerdings in die Unterwelt herab, um seine Gattin Euridike zurückzugewinnen, die er dann doch verlor, weil er sich unerlaubterweise nach ihr umblickte: ein Sinnbild für die Gefahren und Verfehlungen, die auf jeder Jenseitsreise auftreten können.

Und dann das Ende des Orpheus: von Mänaden, rasenden Weibern, wird er in wild-orgiastischem Getümmel zerrissen sein Haupt aber, noch singend, wird mitsamt der berühmten Leier von den Meereswogen an die Gestade der Insel Lesbos getrieben Es erweckte die Sangeskraft des Eilandes.

Orpheus gilt außerdem als Stifter eines Mysterienbundes, der um 600 v. Chr. in Griechenland – vor allem aber in Thrakien – weit verbreitet gewesen sein muß. Anders als die Mysterien von Eleusis und Samothrake, die jeweils an einen festen Kultplatz gebunden waren, hatte der Bund der Orphiker kein örtliches Zentrum, sondern war vielmehr in kleineren Geheimgruppen über das Land verstreut, eine Bewegung im Untergrund, die in dem an sich so diesseitszugewandten Griechentum wie ein Fremdkörper gewirkt haben mochte.

Die von Orpheus begründete geheime Mysterienschule, aus der später die des Pythagoras hervorging (um 500 v. Chr.), war wohl auch logenartig organisiert und hatte mehrere Grade (zum Beispiel den des »Hirten«) aufzuweisen. Noch in der römischen Kaiserzeit, ja bis ins 3. Jahrhundert n. Chr. hinein, gab es diesen Geheimbund mit seinen Orphischen Weihen, der sein Zentrum in einer Stadt des westlichen Kleinasien, vermutlich in Pergamon, gehabt haben muß.

Die eigentümliche Verbindung von Musik, Jenseitsreise und spiritueller Einweihung scheint für die Gestalt des Orpheus typisch zu sein; eine Ähnlichkeit mit den in Westeuropa heimischen Barden, den singenden und harfespielenden Eingeweihten der Kelten, tritt deutlich ins Auge. Worin aber bestehen der Kern und das Wesen der Orphischen Mysterien?

Die angeblich von Orpheus verfaßten Hymnen befinden sich in einer Sammlung von Liedtexten, die den Titel »Orphische Hymnen« trägt. Orpheus als Verfasser ist ebenso legendär wie Homer als Verfasser der Ilias und Odyssee oder der Homerischen Götterhymnen. Auf jeden Fall dienten diese »Orphischen Hymnen« in ihrer endgültigen Form (auch in deutsch, übersetzt von J. O. Plassmann) dem Mysterienbund der Orphiker als Liederbuch, ja wohl auch als Kultbuch.

Zahlreiche Gottheiten werden in diesen Liedern der »Orphischen Hymnen« angerufen; neben Dionysos werden auch die Große Göttermutter, die Mondgöttin Selene sowie zahlreiche schemenhafte Naturgeistwesen – Nymphen, Nereiden und Satyrn – durch die Macht des Gesanges beschworen, ja selbst die Nacht, die Sterne und der Äther werden angesungen. Wir haben Grund zu der Annahme, daß die Initiation im Sinn der »Orphischen Hymnen« ein Weg stufenweiser Natureinweihung gewesen ist, der schlußendlich zur Erkenntnis der Allbeseeltheit und Allbelebtheit des Kosmos hinführt. Hier der Orphische Hymnus an den Äther:

> Du hochragendes Haus des Zeus,
> Unzerstörbar in ewiger Kraft,
> Träger der Sterne, der Sonne, des Mondes,
> Allbezwinger, feueratmend,

Alles Leben entzündender Stoff!
Weithinleuchtender Äther,
Edelster Urstoff des Alls,
Prächtiger Urkeim, Träger des Lichts,
Flammend vom Feuer der Sterne -
Dir ertönt mein flehender Ruf.
O zeige dein heiteres Antlitz![12]

Es ist vor allem ein Geist feierlicher und weihevoller Naturverehrung, der aus den »Orphischen Hymnen« zu uns spricht; und der Gott *Dionysos*, Sohn des Zeus und der Semele, der – wie die Sage zu berichten weiß – von Nymphen großgezogen wurde, tritt uns dort entgegen nicht als ein rein Jenseitiger, sondern als ein universaler Weltengott, dem alle Kräfte des Lebendigen zu Diensten stehen.

Dionysos, zweifellos der Haupt- und Zentralgott der Orphik, stammt ursprünglich aus Thrakien. Dieses wilde zerklüftete Gebiet im Norden galt den Griechen stets als etwas Fremdes, Unheimliches. Dionysos gehörte ursprünglich nicht in den Kreis der lichten olympischen Götter, sondern er ist ein chthonisches Urwesen: ein Vegetations- und Fruchtbarkeitsgott, verbunden vor allem mit Wein, Rausch und Ekstase. Bacchantinnen, wild-tanzende, ekstatisch-entrückte Frauen, so hießen ursprünglich die Anhängerinnen des Dionysos-Kultes, die es verstanden, sich durch Tanz in einen Zustand rauschhafter Selbstvergessenheit hineinzusteigern.

Die Orphiker betrachteten den »zweimalgeborenen« Dionysos als den Stammvater des Menschengeschlechts, worüber ein entsprechender Mythos Auskunft gibt: Göttervater Zeus zeugte zusammen mit der Regentin der Unterwelt Persephone den Knaben *Zagreus*, der auserkoren war, künftiger Weltherrscher zu werden. Die finsteren Widersacher der Götter jedoch, die lehmigplumpen Titanen, lockten den vielgestaltig verwandelten Zagreus in einen Hinterhalt, zerstückelten ihn, fraßen ihn auf – nur das Herz blieb übrig. Athene brachte es Zeus, der es verspeiste, woraufhin er zusammen mit Seinele den Bakchos zeugte. Zagreus ist der gemordete Dionysos, *Bakchos* der wiedergeborene und aufer-standene Dionysos!

Die frevlerischen Titanen aber verbrannte der zürnende Zeus mit seinem Blitzstrahl zu Asche; aus der Asche formte er das Men-schengeschlecht. Da die Titanen sich den Gottsohn Dionysos ein-verleibt hatten, waren sie auch voll göttlich-lichthafter Elemente, die in das neugeformte Menschengeschlecht eingingen. Daher, so lehren die Orphiker, tragen die Menschen seit urher zwei Seelen-anteile in sich: einen irdisch-titanischen und einen göttlich-diony-sischen. Die Aufgabe wahren Menschentums besteht nach den Lehren der Orphik darin, daß der Mensch den in ihm wohnenden göttlichen Funken, der unbewußt in ihm schlummert, wachrufe und freisetze. Die niedere titanische Natur soll damit zugleich Schritt um Schritt überwunden werden.

Der zu den lichten Höhen des Göttlichen hinführende Men-schen-Weg der Orphik beginnt natürlich mit der Annahme der Orphischen Weihen; die Geweihten verpflichten sich zu einer gott-gemäßen Lebensweise, die als eine streng diätische und asketische gedacht war: »... nur linnene Kleider durften getragen werden, wollene Gewebe waren verboten, der Genuß von Fleisch war untersagt, und dieser erste Vegetarismus des Abendlandes steigerte sich sogar zur Ablehnung des Lebenskeime bergenden Eies, dessen Verzehrung als Tötung aufgefasst wurde. (...) Die Orphik fasste eben ganz ungriechisch das leibliche Dasein als ein schlackenbela-stetes auf, das der inneren Reinigung und Läuterung durch Absto-ßung der titanischen Elemente bedürfe und eigentlich nur eine Durchgangsstation für ein jenseitiges Leben bedeute. Aber auch dieses war nicht von Dauer, denn die Orphik lehrte die Seelen-wanderung, einen langen Kreislauf durch verschiedene Stationen zur Erlangung wahrer endgültiger Reinheit bis zum Eingehen in Gott. Erstaunt glaubt man indische Lehren zu hören ...« (Thassilo von Scheffer, Hellenische Mysterien).[13]

Die Orphik trägt zweifellos »ungriechische« Züge in sich; keine Spur von dem naiven Weltglauben und der frohen Leichtlebigkeit der Griechen, ihrer Freude an stolzem selbstbewußtem Menschentum. Denn die Orphiker betrachteten, gleich den altindischen Brahmanen, das irdische Leben nur als eine Pilgerreise zu einem eigentlich außerhalb der Welt liegenden göttlichen Lichtreich; daher kommt ein gewisser Zug zum Asketischen in die Orphik hinein sowie ein Hang zur ekstatischen Mystik. Urindisches begegnet uns auch im »Schöpfungsmythos« der Orphiker; dieser läßt die Welt aus einem gigantischen Ur-Ei entstehen, das die Urgöttin der Nacht – ein tiefdunkler Weltenschoß – einst gelegt hatte. Und so lauten die überlieferten Worte:

»Aber die Orphiker sagen, daß die schwarzgeflügelte Nacht, eine Göttin, vor der selbst Zeus in Ehrfurcht stand, vom Wind umworben wurde, und daß sie ein silbernes Ei im Schoß der Dunkelheit legte; und daß Eros, den manche Phanes nennen, diesem Ei entschlüpfte und das All in Bewegung setzte...«[14] Dieser Gott *Eros*, der dem Welten-Ei entspringt, taucht im altindischen Weltschöpfungsmythos auf als das Urwesen *Brahma*, das aus dem »Goldenen Ei« *Hiranya-Garbha* geboren wird. Dieses Ur-Ei schwimmt als der Werde-Keim allen Seins äonenlang im Ozean, bis es von dem symbolischen Schwan Hamsa, dem einzigen Vogel in jener Urwelt, ausgebrütet wird. Das kosmische Ei ist also der Urzeugungs-Same, aus dem alle späteren Dinge hervorgehen werden.

»Dieser Same«, so heißt es in einer Nacherzählung des Mythos, »entwickelte sich zu einem goldenen Ei, das wie die Sonne glänzte und in welchem (...) Brahma geboren werde, er, der Urvater aller Welten. Nachdem er ein Jahr in dem Ei geruht hatte, spaltete Brahma es durch seinen bloßen Gedanken in zwei Hälften. Aus den beiden Schalen bildete er nun den Himmel und die Erde, dazwischen stellte er den Luftraum, die acht Weltgegenden und den ewigen Ort des Wassers. So ordnete Brahma die Welt an.«[15] Der Mythos vom kosmischen Ur-Ei wie auch der Gedanke der Seelenwanderung und die Betonung der Askese als Mittel des geistigen Aufstiegs lassen die Orphischen Mysterien und den indischen Brahmanismus als zwei Pole einer einstmals universalen, West und Ost gleichermaßen umfassenden esoterischen Urreligion erahnen.

Daneben lassen sich in der Orphik auch Züge einer naturreligiösen Mystik sowie Restbestände einer matriarchalen Urreligion auffinden; in den Hymnen an die weiblichen Urgestalten *Rhea* und *Demeter* – einst hochverehrte Göttinnen, Urmütter der griechischen Religion – lebt wohl noch die Erinnerung an ein einstiges Matriarchat der frühen Mittelmeerkulturen fort. Die große Naturnähe der Orphik zeigt sich etwa darin, daß den Nymphen und Nereiden, den scheuen Quellgeistern und Wassernixen, die nur das hellschauende Menschenauge wahrzunehmen vermag, Hymnen dargebracht werden. Eine ins Gigantische gesteigerte Gestalt ist jedoch die des Naturgottes Pan. Der große, der gewaltige Pan! Nicht ein idyllischer Waldgott, nicht ein von den Hirten Arkadiens verehrter Lokalgott ist er hier, sondern – »Herrscher im Weltall«, »die Gesamtheit des Alls«, ja »wahrer Zeus«. Von ihm heißt es:

> Pan den starken rufe ich an,
> Den Hirtengott, die Gesamtheit des Alls –
> Himmel, Meer, Allkönigin Erde
> Und das unsterbliche Feuer,
> Denn alle sind Glieder des Pan.
> Komm, Seliger, Springender, laufend im Kreise,
> Der mit den Horen herrscht,
> Ziegenfüßiger Gott;
> Freund der gottbegeisterten Seelen,
> Verzückter, wohnend in Höhlen –
> Du spielst die Weltharmonie
> Mit scherzendem Flötengesang.[16]

Alles Lebende – Mensch, Erde und Kosmos – ist Teil und Glied des großen Pan. Der Pan ist also das All: der beseelte Weltenraum mit seinen zahllosen, durch die Unendlichkeit wirbelnden Galaxien, seinen Myriaden von bewohnten und unbewohnten Welten. Und ein Teil der ewig klingenden Weltharmonie, die Pan auf seiner Flöte spielt, sind vielleicht auch die »Orphischen Hymnen« selbst – »zerstückte Glieder des Urgesangs aller Wesen« nannte sie Herder. Das ist Sprache, die aus dem Mythischen schöpft; die Psalmen, die Edda-Dichtungen, die altindischen Vedas atmen verwandten Geist. Aus diesem Geist mag auch Goethe noch seine »Orphischen Urworte« gedichtet haben.

## 5. Pythagoras – Künder ewiger Harmonie

Der erste Europäer, der sich selbst einen Philosophen, einen Freund der Weisheit nannte, war der Weise Pythagoras von Samos (569–471 v. Chr.),[17] ein wahrhaftiger Komet am Geisteshimmel des Abendlandes. Pythagoras verstand sich nicht als Philosoph im heutigen Sinn, sondern das Ziel seiner Bestrebungen lag darin, das Einweihungswissen der Mysterien geistig zu durchdringen. Solche Durchdringung bedeutete für ihn den Inbegriff aller Weisheit. Philosophie, Esoterik, Musik, Heilkunst und Mathematik, die eher Zahlenmystik war als Rechnerei, wurden von Pythagoras zu einer universalen Harmonielehre zusammengeschlossen, die sowohl zur Erkenntnis des Göttlichen als auch zu einer dementsprechenden Lebensführung hinführen sollte.

Über das Leben des Pythagoras wird uns berichtet, daß er seine Heimat Samos, eine Insel vor der ionischen Küste Kleinasiens, schon in jungen Jahren verlassen hatte. Zunächst ging er nach Sidon, wo er sich in die Mysterien und Kulte der Phönizier einweihen ließ; dann wandte er sich nach Ägypten. Dort blieb er angeblich 22 Jahre lang. In Heliopolis und Theben wurde er mit den hocherhabenen Lehren ägyptischer Sonnen-Weisheit bekannt gemacht. ja, er erhielt selbst die Priesterweihen und wurde damit zum Träger des von den Ägyptern gehüteten uralten Einweihungswissens, das man als eine tief durchgeistigte Sonnen-Esoterik bezeichnen kann.

Als aber im Jahr 526 v. d. Zeitenwende der Perserkönig Kambyses in einem seiner Heereszüge Ägypten eroberte, verbannte er zahlreiche ägyptische Priester – darunter auch Pythagoras – in die Hauptstadt seines Reiches, nach Babylon, das wie eine Drehscheibe

zwischen Ost und West die Kulturen des Morgen- und des Abendlandes miteinander verband. In Babylon, wo er weitere zwölf Jahre
blieb, wurde Pythagoras in das Priester-Wissen der Chaldäer eingeführt. Dort kam er auch mit der Weisheit Indiens in Berührung;
dort traf er vor allem seinen Zeitgenossen *Zarathustra Spitama*,
den großen arischen Sonnen-Priester und Sonnen-Eingeweihten,
den bedeutendsten Religionsstifter Persiens.

Endlich, nach 34 Jahren des Reifens und Lernens in der Fremde,
kehrte der Weise von Samos in seine Heimat zurück. Allein er blieb
nicht lange auf dieser Insel in der östlichen Ägäis, sondern begab
sich zu den Kultstätten von Delphi und Samothrake, schließlich
nach Thrakien, um sich dort in die Orphischen Mysterien einweihen zu lassen. Sein Biograph *Jamblichos* (gest. um 330 n. d. Zeitenwende) schreibt: »Im ganzen soll Pythagoras in Redeweise und
Gesinnung dem Orpheus nachgeeifert haben; auch ehrte er die
Götter ähnlich wie Orpheus.«[18] Pythagoras, ein wahrhaft universaler Geist, hatte in den Lehren des alten Orients ein ewiges Geisteswissen gefunden, und dieses selbe Geisteswissen fand er wieder
in den indogermanischen Mysterien der Orphik, den Mysterien des
Apollo- und Dionysos-Kultes. Oftmals wird Pythagoras ein Priester des Apollo genannt; aber seine esoterische Philosophie ist das
Ergebnis einer weitgespannten Ost-West-Synthese!

Die letzte Station im Leben des Pythagoras war »Großgrie-
chenland« – so nannte man damals die griechischen Kolonien in
Unteritalien. Unter den reichen Handelsstädten Großgriechenlands
taten sich Sybaris und Kroton besonders hervor. Kroton war es
auch, wo der nunmehr 60jährige Pythagoras sich niederließ und
seine eigene Schule gründete. Die Schule des Pythagoras – soll man
sie einen philosophischen Orden, einen Tempel der Wissenschaft,
einen Mysterienbund oder eine kommunitäre Lebensgemeinschaft
nennen? Sie war all dies zugleich, eine wahrhaftige Pflanzschule des
Geistes, und Pythagoras leitete sie bis zu seinem Tod im Alter von
96 Jahren! Die Schule nahm jedoch, trotz ihrer gewaltigen geistigen Strahlkraft, ein tragisches Ende. Von einem aufgehetzten Mob
wurde sie gestürmt und in Brand gesetzt, die Schüler wurden teils

getötet, teils vertrieben. Worin bestand nun aber der Inhalt des esoterischen Pythagoreismus?

Die geistige Essenz des Pythagoreertums läßt sich zunächst einmal in zwei Sätzen zusammenfassen, von denen der eine heißt: *Die Welt ist Zahl*; der andere Satz lautet: *Die Welt ist Klang, Ton, Musik*. Beide Sätze hängen miteinander zusammen, denn die »Zahl« kann auch »tönen«, und den Zahlengesetzmäßigkeiten entsprechen Tonharmonien. Von besonderer Wichtigkeit waren die kosmischen Ur-Zahlen von 1 bis 10, die gleichsam als Emanationen des kosmischen Ur-Geistes angesehen wurden. Die Zahlen, unmittelbar aus Gott hervorgegangen, sind somit die Schöpfungs-Urprinzipien, und ihre Abbilder finden sich überall im Geschaffenen. In diesem Sinn sagt *Philolaos*, ein Schüler des Pythagoras: »Alles, was man erkennen kann, läßt sich auf eine Zahl zurückführen; ohne eine solche ist es unmöglich, irgendetwas sich vorzustellen oder zu erkennen. (...) Nicht nur in der Geister- und Götterwelt sieht man die Natur und die Kraft der Zahl ihre Stärke betätigen, sondern auch überall in allen menschlichen Werken und Worten, in allen technischen Arbeiten und in der Musik.«[19]

Da die Addition der Zahlen 1, 2, 3 und 4 die Zahl 10 ergibt, galt die Zehn bei den Pythagoreern als ein Symbol für die Ganzheit der Welt schlechthin. Diese pythagoreische Weltformel wurde in folgendem Sinnbild ausgedrückt, das unter dem Namen *Tetraktys* bekannt ist:

Die okkulte Zahlenlehre der Pythagoreer war weder eine rein »wissenschaftliche« Mathematik – dies wohl auch, aber nicht ausschließlich – noch gar irgendeine abstruse »orientalische Zahlenspekulation«, wie dies namentlich in den üblichen Philosophie-

Lehrbüchern immer wieder gesagt wird, sondern sie stellte eine echte esoterische Einweihungslehre dar, die der Schüler sich nicht durch Verstandeskraft, sondern durch geistiges Schauen aneignete. In allen antiken Mysterienschulen, auch in der des Pythagoras, wurde das Schauen mit dem Geistesauge gelehrt, ein Schauen oder Sehen, das weit über die Grenzen der sinnlichen Wahrnehmungsfähigkeit hinausreicht und nach der Erkenntnis der höheren geistig-göttlichen Welten trachtet. Es besteht kein Zweifel darüber, daß Pythagoras, ein vielfach Eingeweihter, die kosmischen Ur-Zahlen in diesem Sinn »geschaut« (und zugleich – als Sphärenharmonie – »gehört«) hat; er erschaute diese »Zahlen« als Urgedanken Gottes, die in Ewigkeit fortbestehen.

Von modernen Geistesforschern wird übrigens gesagt, daß im »Reich der geistigen Urbilder«, auf der höheren Mentalebene würden wir vielleicht heute sagen, die pythagoreischen Zahlen als schöpferisch-tätige Wesenheiten tatsächlich existieren. Über das »Tönen« der Zahlen, das nur durch geistiges Hellhören wahrgenommen werden kann, schreibt Rudolf Steiner in seinem Buch »Theosophie« (1904): »Sobald nämlich der ›Hellsehende‹ aufsteigt aus dem Seelen- in das Geisterland [= die höhere Mentalebene], werden die wahrgenommenen Urbilder auch *klingend*. Dieses ›Klingen‹ ist ein rein geistiger Vorgang. Es muß ohne alles Mitdenken eines physischen Tones vorgestellt werden. Der Beobachter fühlt sich wie in einem Meere von Tönen. Und in diesem Tönen, in diesem geistigen Klingen drücken sich die Wesenheiten der geistigen Welt aus. In ihrem Zusammenklang, ihren Harmonien, Rhythmen und Melodien prägen sich die Urgesetze ihres Daseins, ihre gegenseitigen Verhältnisse und Verwandtschaften aus. Was in der physischen Welt der Verstand als Gesetz, als Idee wahrnimmt, das stellt sich für das ›geistige Ohr‹ als ein Geistig-Musikalisches dar. (…) Die Pythagoreer nannten daher diese Wahrnehmung der geistigen Welt ›Sphärenmusik‹. Dem Besitzer des ›geistigen Ohres‹ ist diese ›Sphärenmusik‹ nicht bloß etwas Bildliches, Allegorisches, sondern eine ihm wohlbekannte geistige Wirklichkeit.«[20] In den »Goldenen Versen des Pythagoras« lesen wir:

Vor allem sei getrost,
Da ja die Sterblichen göttlicher Herkunft sind,
Und die Natur ihnen das Heilige offenbart
Und sie alles schauen läßt.[21]

In dem harmonisch klingenden Zahlen-Kosmos hat auch der
Mensch seinen Platz: ein ursprünglich gottähnliches Wesen, einst
aus dem Göttlichen herausgefallen und nun dazu bestimmt, durch
eine lange Kette der Wiederverkörperungen auf der Erde den Weg
zu der verlorenen geistigen Lichtheimat zurückzufinden. Aber dieser westlich-abendländische Reinkarnations-Gedanke unterscheidet sich grundlegend von der Seelenwanderungslehre des
Buddhismus. Während im Buddhismus die Kette der menschlichen
Inkarnationen als ein sinnlos sich drehendes »Rad der Wiedergeburt« gesehen wird, dem es schnellstmöglich zu entrinnen gilt, so
ist nach pythagoreischer, auch keltisch-druidischer, überhaupt
westlicher Ansicht die Kette der Erdenleben ein Ort der Höherentwicklung und damit ein notwendiges (auch in sich sinnvolles)
Durchgangsstadium. Das Ziel des Weltenwanderungsweges der
Seele besteht nach Aussage der *Goldenen Verse* darin, sich frei in
den Äther zu erheben, um ein »unsterblicher Gott« zu werden:

Wenn du aber den Körper verläßt,
Mögest du die Freiheit des Äthers erreichen.
Du wirst nicht mehr zu den Sterblichen gehören,
Du wirst ein unsterblicher Gott sein, herrlich und heilig.[22]

Der Reinkarnationsweg des Menschen bleibt stets eingebunden in
den Gang der kosmischen Evolution, und diese Weltevolution ist
nichts anderes als die stufenweise fortschreitende Selbstverwirkli-
chung des Gottesfunkens, der sich von der Mineral-, Pflanzen- und
Tierwelt über die Menschenwelt bis in die Höhen der Geister- und
Götterwelt zu immer höheren Formen des Bewußtseins hinaufläu-
tert. Mit den Worten des Pythagoreers *Empedokles* (geh. um 490
v. Chr. in Agrigent / Sizilien):

Selbst schon ward ich geboren als Knabe und Mädchen
und war schon / Pflanze und Vogel und stummer Fisch in
den Fluten des Meeres. // Schließlich werden die Weisen
zu Sehern und Sängern und Ärzten / Oder sie walten als
Fürsten im Kreis der irdischen Menschen. // Und aus solchen erwachsen zu Göttern sie herrlich an Ehren. / Teilen
den Herd und den Tisch der anderen Unsterblichen wieder, / Frei und ledig von menschlichem Leid, unwandel-
bar ewig.[23]

Aus einer solchen spirituellen Entwicklungslehre, die selbst im
Menschentum nur die Vorstufe zu etwas Höherem erblickt, entspringt auch die pythagoreische Ethik. In ihrem Mittelpunkt stand
das Verbot, Lebendes zu töten und zu verzehren; es gab somit im
Kreis der Pythagoreer weder die üblichen Tieropfer noch überhaupt Fleischgenuß, und zum Zeichen der inneren wie äußeren
Reinheit wurden stets weiße (linnene, aber nicht wollene) Gewänder getragen. Gerade wegen seiner ethischen Lebensweise ist Pythagoras, wie später Platon schreiben wird (Politeia / 600), »aufs höchste verehrt worden, und seine Anhänger heben sich noch heute
durch ihre sogenannte pythagoreische Lebensweise von den übrigen Menschen deutlich ab.«[23]

## 6. Die Esoterik in der Philosophie Platons

Wenn man die Entwicklung des griechischen Geistes mit dem
Ablauf eines Tages vergleicht, so kann man *Orpheus* den Eingeweihten der griechischen Morgenstunde nennen, *Pythagoras* den
Weisen des hellen Mittags, Platon aber kann man als den Philosophen der Abenddämmerung Griechenlands bezeichnen.

Platon, Sproß einer hochangesehenen Athener Adelsfamilie,
wurde im Jahr 427 v. Chr. geboren. Als junger Mensch warf er sich
zunächst in die Politik seiner Heimatstadt; aber voll Ekel gegen das
korrupte politische Treiben seiner Zeit zog er sich ebenso schnell
aus der Politik wieder zurück und wandte sich der Philosophie –

seiner eigentlichen Lebensaufgabe – zu. Als Zwanzigjähriger traf er seinen Lehrer Sokrates, eine allerdings eher legendäre Figur, dessen Schüler er acht Jahre lang blieb. Nach dem Tod seines Meisters begab er sich auf ausgedehnte Studienreisen, die ihn nach Kleinasien, Ägypten und Unteritalien führten. Möglicherweise kam Platon in Ägypten mit dem dortigen Priesterstand in Berührung und wurde – wie Pythagoras – in die ägyptischen Mysterien eingeweiht. In Unteritalien nahm er die Lehren der orphisch-pythagoreischen Esoterik in sich auf. Nach Athen zurückgekehrt, gründete er dort im Jahr 387 v. Chr. seine eigene philosophische Schule, die sogenannte Akademie.

Daß Platon ein Mysterien-Eingeweihter war, der mit Geistesaugen die übersinnliche Welt direkt wahrnehmen konnte, das kommt in seinen zahlreichen, meist in Dialogform abgefaßten Schriften immer wieder zum Ausdruck. Allerdings offenbart sich die Esoterik Platons nur dem in die Tiefe Blickenden. Man muß sie gleichsam zwischen den Zeilen lesen, aus Andeutungen und Seitenbemerkungen herausspüren, denn den inneren esoterischen Kern seiner Lehre hat Platon niemals der schriftlichen Form anvertraut: »Von mir selbst gibt es keine Schrift über diese Gegenstände, noch dürfte eine solche erscheinen; derartiges läßt sich in keiner Weise wie andere Lehren in Worte fassen, sondern bedarf langer Beschäftigung mit dem Gegenstande und des Hineinlebens in denselben; dann aber ist es, als ob ein Funke hervorspränge und ein Licht in der Seele entzündete, das nun sich selbst erhält.«[24]

Platon hat also – wie alle Esoteriker, wie die keltischen Druiden, wie die Brahmanen Indiens – gewisse Dinge öffentlich gelehrt, andere Dinge aber wohlweislich für sich behalten. Aber selbst dem öffentlich Gelehrten liegt deutlich erkennbar Einweihungswissen zugrunde, worüber die dialektische Rhetorik und der stark ausgeprägte Intellektualismus der platonischen Dialoge nicht hinwegtäuschen können. Platons geistiges Ringen und Streben richtete sich immer und in erster Linie auf das Überzeitliche, Ewige, Göttliche, auf die unvergänglichen Urbilder des Seins, die er »*Ideen*« (von griech. *eidos*, das Bild) nannte. Daß alle sinnlich wahrnehmbaren Dinge nur Nachbildungen der ewigen Urbilder sind, das war für Platon ein zentraler Lehrinhalt. Seine *»Ideen-lehre«* stellt das erste in sich geschlossene System abendländischer Metaphysik dar.

Die Seele des Menschen, so lehrt Platon, stammt aus der höheren Geisteswelt, und ihr Wissen um das Gute ist eine Erinnerung an das dort Gesehene: »Weil nun die Seele unsterblich ist und oftmals geboren und alle Dinge, die hier und in der Unterwelt sind, geschaut hat, so gibt es nichts, was sie nicht in Erfahrung gebracht hätte …«[25] Der Gedanke der wiederholten Erdenleben, der Reinkarnation, war für Platon selbstverständlich, und an manchen Stellen seines Gesamtwerkes gibt er auch Hinweise auf das nachtodliche Leben des Menschen. Die Seele des Weisheitsliebenden, so heißt es etwa im Dialog *Phaidon*, geht »in das Reich, das ihrem Wesen ähnlich ist, das unsichtbare, göttliche, unsterbliche und geistige. Und dort erwartet sie das Glück, Freiheit von Irrsal, Unvernunft und Angst, von wildem Liebestaumel und was es sonst an Übel bei den Menschen gibt. Und wie es von den Trägern der Mysterienweihen heißt: sie leben wahrhaftig und in alle Ewigkeit im Kreis der Götter.«[26]

Den Kern seiner Ideenlehre hat Platon in seinem berühmten *»Höhlengleichnis«* dargestellt (*Politeia*, Buch VII), einem Sinnbild für die Daseinssituation des Menschen überhaupt. Da heißt es: »Und jetzt will ich dir ein Gleichnis für uns Menschen sagen (…). Denke dir, es lebten Menschen in einer Art unterirdischen Höhle, und längs der Höhle zöge sich eine breite Öffnung hin, die zum Licht heraufführt. In dieser Höhle wären sie von Kindheit an gewesen und hätten Fesseln an den Schenkeln und am Halse, so daß sie sich nicht von der Stelle rühren könnten und beständig geradeaus schauen müßten. Oben in der Ferne sei ein Feuer, und das gäbe ihnen von hinten her Licht. Zwischen dem Feuer aber und den Gefesselten führe oben ein Weg entlang. Denke dir, dieser Weg hätte an seiner Seite eine Mauer, ähnlich wie ein Gerüst, das die Gaukler vor sich, den Zuschauern gegenüber, zu errichten pflegen, um darauf ihre Kunststücke vorzuführen. (…) Weiter denke dir, es

trügen Leute an dieser Mauer vorüber, aber so, daß es über sie hin-
wegragt, allerhand Geräte, auch Bildsäulen von Menschen und
Tieren aus Stein und aus Holz und überhaupt Erzeugnisse menschlicher Arbeit.«[27]

Die in der Höhle Gefesselten vermögen diese Gegenstände nicht
zu sehen, sondern nur deren Schatten, die durch das von hinten her
einströmende Licht an die Höhlenwand projiziert werden. Platon
hat mit diesem Gleichnis sagen wollen, daß das von uns als »Wirklichkeit« Wahrgenommene nur »Schatten« ist im Vergleich zur
höheren Wirklichkeit der geistigen Welt. Dort befinden sich die
geistigen Urbilder aller Dinge, die »Ideen«, die Goethe später als
»Urphänomene« bezeichnete. Der geistige Aufstiegsweg des Menschen besteht nach Platon nun darin, daß er – immer noch ein halb-
blinder Höhlenbewohner seine Fesseln sprenge, sich herumwende
und Schritt um Schritt zur Lichtquelle heraufsteige. Anfangs wird
er wie geblendet sein von der Strahlkraft des Lichts, war doch sein
Auge bisher nur an Dunkelheit gewohnt. Erst allmählich, im Zuge
des Aufstiegs, wird sein Auge die Fülle des Lichts überhaupt ertragen können. Schließlich, außerhalb der Höhle angekommen, wird
er die wahre Welt in ihrer eigentlichen Gestalt sehen können – und
er wird befreit sein, weil er ein Sehender, ein Wissender geworden
ist.

Nur in der geistigen Welt waltet wirkliches Licht, und der
Urquell allen Lichts ist das Göttliche als die geistige Ur- und Zentralsonne. Und zweifellos wird der Mensch noch viele Erdenleben
durchlaufen müssen, bis er in die Lage kommt, in der geistig-
urbildlichen Lichtwelt göttlicher Wesenhaftigkeit anzukommen.
Allerdings zeigt sich in diesem »Höhlengleichnis« Platons deutlich
ein weltfeindlicher Zug, eine Entwertung des Diesseits, das als
bloße Schattenwelt gesehen wird. Die asketische Weltverneinung
des Buddhismus, die Diesseitsfeindlichkeit orientalischer Gnosis
und der indischen Maya-Lehre, ja selbst die christliche Diffamie-
rung der Welt als »Jammertal«, alle diese Formen und Spielarten
religiös begründeter Materieverachtung stehen der Metaphysik
Platons näher als die einheitliche Weltschau der Vorsokratiker, die

Geist und Materie noch als zwei Pole einer übergeordneten göttlichen All-Einheit erschauen konnten.

Der Tod der alten Götterwelt, dieser polytheistischen Naturreligion der Ur-Griechen, der Niedergang der alten Mysterienweisheit und das Aufkommen einer rein verstandesmäßigen Philosophie – all dies vollzog sich im antiken Griechenland in besonders
krasser Weise. Das Griechenland zur Zeit Platons, eine Gesellschaft
von Dialektikern, Politikern, Händlern und Volksrednern – das ist
nicht mehr das Hellas von einst, die versunkene Welt des homerischen Mythos, eine Welt der tanzenden Bacchantinnen und der
rasenden Mänaden, der dionysisch begeisterten Mysten: eine Welt,
in der die Menschen mit Göttern und Nymphen verkehrten wie mit
ihresgleichen. Verfallen sind die Tempel des alten Hellas, um die
Marmorbildnisse gestürzter Götter rankt sich Efeu, und Wolken
umhüllen den Gipfel des Olymp. An die Stelle lebendiger Göttervielfalt und durchgöttlichter Natur trat das blasse Begriffsgerüst
philosophischer Schulsysteme. Auf dem Weg vom Mythos zum
Logos, dem eigentlichen Schicksalsweg des Abendlandes, sind die
Griechen den anderen Völkern Europas mit unerreichter Schnel-
ligkeit vorausgeeilt.

# VIII.
## SPÄTRÖMISCHER SONNENKULT

> Manchmal, am hellen Tage, geschah es ihm, daß dieser Son-
> nengeist ihn mit seinen Strahlen einhüllte, ihn an sich zog
> und ihn in einer mystischen Entrückung seine Allmacht
> erkennen, lieben und verehren lehrte (…)
>
> *Kaiser Julian Apostata*[1]

## 1. Die spätrömischen Sonnenkaiser

In der Spätantike, der Verfalls- und Untergangszeit des Römischen Weltreiches, finden wir in Rom eine unübersehbare Vielzahl von Mysterienkulten und Einweihungswegen: wilde, ekstatische, orgiastische, oft auch blutrünstige Kulte meist
kleinasiatischer, ägyptischer oder orientalischer Herkunft, die das
Kainsmal der Dekadenz und der Entartung nur allzu deutlich an
sich trugen.[2] Ein weitgehend entartetes Mysterienwesen, gegründet
auf der Verehrung orientalischer Gottheiten, daneben eine wild
aufblühende ekstatische Mystik, wie sie sich vollendet in den
»Enneaden« des *Plotin* (203–270 n. Chr.) findet, dies sind die
Merkmale, die das Geistesleben der römischen Spätantike in cha-
rakteristischer Weise kennzeichnen.

Im Vergleich zu solchen Kulten trug der *spätrömische Sonnenkult*, der auf eine Vergöttlichung des Herrschers abzielte, eher
das Gepräge eines Staats- und Kaiserkultes. Die Erhebung des
Staates zur Gottheit, zum säkularen Ersatz-Gott, war ja von
Anfang an im Römertum angelegt, wobei der Staat mit der Person des Kaisers gleichgesetzt wurde. Längst dahingeschwunden

waren die altrömischen republikanischen Tugenden, und immer mehr gingen die Kaiser des Imperium Romanum dazu über, einen orientalischen Herrscherkult in Rom einzuführen, wie man ihn in Ägypten oder Syrien vorgefunden hatte. Nach orientalischem Herrschaftsverständnis galt der Kaiser nicht bloß als politisch unumschränkt waltender Autokrat, sondern darüber hinaus als Hohepriester und menschgewordener Gott. Und was lag näher, als den Kaiser für die menschliche Inkarnation des Sonnengottes zu halten?

Die Annahme eines solchen kaiserlichen Sonnenkultes begann eigentlich erst mit den sogenannten Soldaten-Kaisern. Unter den Adoptiv-Kaisern *Trajan* (Regierungszeit 98–117 n. Chr.) und *Hadrian* (117–138) hatte das Römische Weltreich seinen größten Umfang nach außen und seinen höchsten Glanz im Inneren, den Gipfelpunkt seiner Zivilisation erreicht; mit *Marc Aurel* (161–180) saß noch einmal ein wahrer Philosoph auf dem Kaiserthron. Mit Kaiser *Commodus* (180–192) begann indes die Folge der Soldatenherrscher, militärische Glücksritter und Abenteurer allesamt, ebenso schnell gestürzt und ermordet wie auf den Thron gehoben, stets abhängig von der Gunst der Truppe; und gierig griffen solche Militärdespoten nach dem Sonnen-Mysterium, um es ihren höchsteigenen politischen Zwecken dienstbar zu machen. Gewaltsam erzwangen sie oft ihre Einweihung in die höchsten Mysterien, weil der Kaiser eben nicht nur politischer Herrscher sein wollte, sondern auch »sterblicher Gott«!

So ließ sich Commodus gewaltsam in die Sonnen-Mysterien des Mithras einweihen, obgleich innerlich völlig unwürdig solcher Weihen; andere Kaiser huldigten als Gott dem Herakles oder dem Serapis, mit dem sie sich in maßloser Selbsterhöhung identifizierten. Schon der größenwahnsinnige Nero hatte sich für einen sterblichen Gott gehalten. Die römischen Soldaten-Kaiser waren ihrer Herkunft nach keineswegs Römer, sondern Spanier, Nordafrikaner, Syrer, Araber, Thraker und Illyrer: daher auch die zunehmende Orientalisierung Roms unter ihrer Herrschaft. Dem mittelmeerischen Vielvölkerstaat, der das Römische Weltreich damals war, wollten sie durch einen synkretistischen Kult eine einheitliche geistige Grundlage verschaffen. Als Kaiser *Caracalla* (211–217), ein Säbelheld, der mit orientalischer Pracht und Verschwendungssucht residierte, von einem seiner Präfekten in Mesopotamien ermordet wurde, rief ein in Syrien stationiertes Heer den vierzehnjährigen Jüngling *Elagabal* – Sonnenpriester von Emesa in Syrien – zum Kaiser aus. Unter dem Namen *Heliogabal* (218–222) war er der erste Sonnenpriester auf dem römischen Kaiserthron!

Seinen syrischen Heimatgott ließ er als *Sol Invictus*, als »unbesiegbaren Sonnengott«, zum obersten Reichsgott ausrufen; der Kultstein des Gottes wurde von Emesa nach Rom gebracht. Allerdings trieb der Kaiser und »Hohepriester« aus Syrien derartig wilde Orgien (und dazu noch in aller Öffentlichkeit), daß die Soldaten ihn alsbald ermordeten; Heliogabal wollte wohl Nero nachahmen, blieb aber doch nur eine schwächliche Imitation. Die Regierungsgeschäfte lagen faktisch in den Händen seiner Großmutter Julia Maesa.

Ein anderer Sonnenherrscher auf dem römischen Kaiserthron, glaubwürdiger als der haltlose Heliogabal, war *Aurelian* (270–275), der sich auf Münzen mit der Strahlenkrone des Helios abbilden ließ. Er war seiner Herkunft nach Illyrer, seine Mutter soll eine Sonnenpriesterin in einer Stadt an der unteren Donau gewesen sein. Seinen Sieg über das palmyrische Reich der Königin Zenobia (im Jahr 273) schrieb er dem Eingreifen des Helios zu; deshalb ließ er ihm in Rom einen Tempel errichten und ihn als *Sol Invictus* zum obersten Reichsgott ausrufen. Im Zusammenhang damit standen Kalenderreformen, die noch bis heute nachwirken: Aurelian ließ die Woche mit dem Sonntag als dem »Dies Solis« beginnen (und nicht mehr, wie in der Antike üblich, mit dem Samstag als dem »Dies Saturnis«). Gleichzeitig wurde der 25. Dezember, der Tag der Wintersonnenwende, zum offiziellen Festtag erklärt.

*Helios, Sol Invictus, Apollo* und der syrische *Baal von Emesa* schmolzen in der Religion Aurelians zusammen und bildeten eine

einzige göttliche Heilsgestalt, die in der Person des Kaisers menschliche Gestalt annahm: Ließ sich Aurelian doch als »deus et domi-
nus natus«, als »Gott und Herrscher von Geburt an« verehren!
Hier wird nochmals deutlich, daß das Sonnen-Mysterium nicht bis
in seine Tiefen spirituell ausgeschöpft wurde, sondern nur als ein
Mittel der Selbstüberhöhung und der Rechtfertigung kaiserlicher
Alleinherrschaftsansprüche dienen sollte. Aurelian wollte seiner
Herrschaft, die reine Soldatenherrschaft war, den Anschein einer
sonnenkaiserlichen Theokratie geben. Die falschen Sonnenkaiser
der spätrömischen Epoche erscheinen wie Wiederverkörperungen
jener entarteten Atlanter, die angeblich das Wissen der Sonnen-
Mysterien mißbrauchten, um rein egoistisch Macht und Reichtum
zu erwerben. Oft enthüllt die Weltgeschichte nur dann ihren tieferen Sinn, wenn man sie unter karmischen und esoterischen
Gesichtspunkten betrachtet.

Wie eine Wiederverkörperung des Pharao Echnaton
(1370–1352 v. Chr.), dieses großen Sonnenkult-Reformators im
Neuen Reich der Ägypter, erscheint die Person des Kaisers *Julian
Apostata* (331–363), der von den Christen als »der Abtrünnige«
bezeichnet wurde, weil er das von seinem Onkel Konstantin dem
Großen geförderte Christentum zugunsten eines mystisch-philo-
sophisch vertieften Heidentums zurückdrängen wollte. Aber während der Pharao Echnaton seinerzeit beim Kultus der äußerlich
sichtbaren Sonnenscheibe stehengeblieben war, so erfüllt das Herz
des Kaisers Julian eine reine und hochgeistige Sonnenmystik, die
ihn in der Sonne nur das äußerliche Bild der ewig schaffenden göttlichen Allnatur erblicken läßt. Selbst der katholische Theologe
Hugo Rahner bescheinigt dem Julian Apostata eine »Heliosvereh-
rung, von der man nie recht weiß, ist sie eine trunkene Naturmystik oder eine am irdischen Gestirnssymbol sich entzündende
Transzendenz über alles Geschaffene hinaus«[3].

Helios bedeutete für den Sonnen-Eingeweihten Julian Apostata
das Erscheinen der Transzendenz in der Immanenz, den Wider-
schein der göttlichen Allnatur in der sichtbaren Sonnennatur. Und
in seinen mystisch-philosophischen Bekenntnisschriften schildert

Julian Apostata, der heidnische Reformator auf dem Kaiserthron, sein eigenes Erleben, »die Verzückung, die seine Augen an den Himmelsäther festgebannt hält, die Erschütterung vor dem Gott, der ihn mit alles durchdringendem Blicke betrachtet, die Aufwallung der Liebe und der Sehnsucht nach dem Glanz am Hofe seines Vatergottes Helios-Mithras, nach dem sich seine Seele zurücksehnt wie nach einem verlorenen Paradies, die Ekstase, in der er sein irdisches Bewußtsein aufgibt und sich von den himmlischen Strahlen erleuchten läßt«[4].

Ist es nicht eine tiefempfundene Sonnen-Frömmigkeit und Helios-Mystik, die aus diesen Zeilen zu uns spricht? Dennoch blieb der Kaiser Julian wie auch sein Vorläufer (oder gar frühere Inkarnation?) Pharao Amenophis / Echnaton bei seinem Versuch einer religiösen Reform erfolglos: Nur eine kurze Regierungszeit blieb ihm beschieden; er starb an der Reichsgrenze im Krieg gegen die Perser, eine ebenso überragende wie tragische Figur. Knapp 30 Jahre nach seinem Tod, im Jahr 391, wurde das Christentum unter Kaiser Theodosius I. zur römischen Staatsreligion erhoben.

## 2. Die Mithras-Mysterien im Römischen Reich

Von Kleinasien, diesem Brückenkopf zwischen Ost und West seit jeher, gelangte der Kult um den stiertötenden Gott *Mithras* durch Orientalen, die im römischen Heer Dienst taten, nach Westeuropa. In Rom selbst konnte er erstmals unter den Flaviern nachgewiesen werden, und unter ihrem ersten Repräsentanten Kaiser *Vespasian* (69–79) wurde er im niederösterreichischen Carnutum, dem berühmten römischen Befestigungsmittelpunkt an der Donau, gepflegt. Im Verlauf des 2. nach-christlichen Jahrhunderts sehen wir die Mithras-Religion den Limes entlang bis an die Nordsee, im Donauraum bis ins Gebiet von Siebenbürgen und Rumänien, in Britannien bis an die schottische Grenze vordringen.[5]

Um 250 bis 300 n. Chr. stand sie in höchster Blüte im römischen Reich und hatte sich praktisch über ganz Europa ausgebreitet:

Mithras-Heiligtümer konnten an 420 Orten nachgewiesen werden; etwa 1000 Inschriften, 650 Stiertötungsreliefs und 400 weitere Reliefs sind heute noch erhalten. Die erste uns bekannte Inschrift stammt aus dem Jahr 158, in der Mithras ausdrücklich mit dem *Sol Invictus* der römischen Religion, dem unbesiegbaren Sonnengott also, gleichgesetzt wird.

Die Gestalt des Mithras entstammt der persisch-altindischen Götterwelt. Wenn in den Hymnen der altindischen Vedas die Sonne als das »allsehende Auge des Varuna« bezeichnet wird, so wird dieses Sonnenauge wahlweise *Indra*, *Agni*, *Surja* oder *Mitra* genannt; der Gott Mitra gehört offensichtlich dem Pantheon des frühen Ariertums an. In der alten Hauptstadt des Hethiter-Reiches (heute in Boghazköy / Zentralanatolien) findet sich eine Inschrift aus dem 14. vorchristlichen Jahrhundert, die einen gewissen »Mitra« als Schwur- und Vertragsgott anruft. Im Angesicht des allsehenden Sonnenauges pflegten die alten Arier nämlich ihre Eide zu bekräftigen und ihre Verträge zu besiegeln.

Das Aufschlußreichste über Mithras erfahren wir indes aus den heiligen Schriften der persischen Zarathustra-Religion, aus den Gathas des Zend-Awesta. Zarathustra, der große Sonnenprophet des arischen Persertums, hatte vor unser geistiges Auge das Bild eines gesamtkosmischen und äonenlang dauernden Entscheidungskampfes zwischen *Ahura Mazda* und *Ahriman* gestellt, zwischen Gut und Böse, Gott und Anti-Gott. Dabei wird Ahura Mazda unterstützt durch zahlreiche Yazatas, Heerscharen hellstrahlender Engel- und Erzengel-Wesen, die für das Gute streiten. Als der mächtigste und gottnächste in dieser himmlischen Hierarchie der *Yazatas* wird uns Mithras genannt.

Somit steht Mithras als Sonnen-Erzengel an der Spitze aller Weltwesen, und auf Geheiß steigt er als Abgesandter des obersten Gottes bis auf die physische Sonne herab, um von dort aus einzuwirken in die Erden- und Menschheits-Entwicklung. Wenn der herabgestiegene Mithras sich mit der physischen Sonne verbindet, wenn er eintaucht in die Aura ihrer ätherisch-astralen Kraftfelder, dann zieht er ein in das Haus des Helios, ja dann wird er selber

*Mithras-Helios.* Gleichzeitig bleibt er aber mit der geistigen Ur- und Zentralsonne Ahura Mazda verbunden, bleibt als Sohnesgott wesensgleich mit dem Vatergott, und insofern wirkt Mithras als Mittler zwischen der Menschheit und der höchsten Gottheit.

Bei den Mithras-Mysterien handelt es sich eigentlich um einen Aufstiegsweg der menschlichen Seele durch die Planetensphären zum höchsten Göttlichen hin, von Helios über Mithras bis zu Ahura Mazda, dem All-Einen und Ewig-Einen. Im Mittelpunkt des Kultes stand die geistige Wiedergeburt und Himmelfahrt der Seele, die sich in immer höhere Sphären emporhebt, während der Körper in einem komahaften Tiefschlaf liegenbleibt. Wenn die Seele am Ende der Astralreise in den Körper zurückkehrt, hat der Mensch eine innere Neugeburt vollzogen, eine Einweihung im Sinn eines Vordringens in höhere Bewußtseinssphären. Im Laufe der Mysterien-Einweihung konnte der Mithras-Geweihte ein mystisches Sonnen-Erleben erlangen, ja er konnte sich in mystischer Einung mit dem göttlichen Sonnenwesen selbst verbinden.

Um zu dieser erlösend-transformierenden Helios- und Mithras-Begegnung zu gelangen, um also in die mystische Sonnensphäre einzugehen und mit ihr einzuwerden, mußte der Geweihte zuvor im körperfreien Zustand einen siebenfach gestuften Aufstiegs-Weg beschreiten:

1. Auf der ersten Stufe wird die Seele des Mysten in die »Region der Luft« des »oberen Kosmos«, also in die Äthersphäre, versetzt.

2. Auf der zweiten Stufe öffnet sich die Sonnenscheibe, und in ihrem unermeßlichen Kreis sieht er feurige Tore, die abgeschlossen sind.

3. Auf der dritten Stufe erscheint der Zeitgott Aion und öffnet die Feuertore der Sonnenscheibe: das Sonneninnere tut sich auf, und der Myste tritt ein in strahlende Geisteswelten.

4. Auf der vierten Stufe in der Sonnen-Innenwelt begeg-
net er einem Gott mit feurigen Locken, scharlachrotem
Mantel und goldfarbigem Strahlenkranz: Helios, der
Sohn des Mithras.

5. Auf der fünften Stufe öffnen sich dem Mysten neue
Tore zum Übersonnenraum; es erscheinen die sieben
Schicksalsgöttinnen mit goldenen Szeptern in der Hand.

6. Auf der sechsten Stufe, nunmehr in der Fixsternsphäre angelangt, begegnet er den sieben Polgöttern oder
Weltachsenwächtern.

7. Auf der siebten und letzten Stufe ist die Seele des
Initianden die Weltachse hochgestiegen und begegnet
dort dem jugendlichen Gott Mithras, dem Sonnen-
Erzengel des hocherhabenen Ahura Mazda.

In diesem siebenstufigen Sonnen-Einweihungsweg (nach A. Diete-
rich, Eine Mithrasliturgie, 1910) scheinen der Zeitgott Aion, die
sieben Schicksalsgöttinnen und die sieben Weltachsenwächter die
Rolle von »Schwellenhütern« innezuhaben. Dreimal muß der
Myste solche Schwellen überschreiten, auf der dritten, fünften und
sechsten Stufe; erst danach kann er längs der Weltachse in immer
höhere Geistesregionen aufsteigen.

Unter den Jüngern des Mithras gab es – im Rahmen einer streng
hierarchischen, logenartigen Organisation – verschiedene Weihe-
grade, die entsprechend der spirituellen Reife verteilt wurden. Der
unterste Grad war der des »Raben«, der höchste der des »Vaters«.
Insgesamt kennen wir sieben Grade unter den Anhängern der
Mithras Religion, die den sieben Planetensphären entsprechen. Sie
heißen:

*Corax / Rabe*                    *Merkur*
*Nymphus / Schmetterling*        *Venus*

| Miles / Soldat | Mars |
| Leo / Löwe | Jupiter |
| Persa / Perser | Mond |
| Heliodromos / Sonnenläufer | Sonne |
| Pater / Vater | Saturn |

An den Graden wird nochmals erkennbar, daß auch die Esoterische Astrologie einen festen Bestandteil der Mithras-Religion bildete. Die Mitglieder der Kultgemeinde trafen sich indes regelmäßig in den Mithras-Heiligtümern, geheimen Tempeln, die meist in unterirdische Höhlen hineingebaut waren, im Inneren wie eine Kapelle eingerichtet, mit einem Vorraum, einem Gemeindesaal, der etwa 20 Personen Platz bot, mit einer Apsis und einem Altarbild. Das Altarbild zeigt in der Regel den Gott Mithras, der – umgeben vom Kranz der Tierkreiszeichen – den kosmischen Urstier tötet. Er trägt dabei meist einen Umhang und als Kopfbedeckung die »phrygische Mütze«, wird auch von zwei Fackelträgern begleitet, die wohl den Morgen- und Abendstern symbolisieren. Am Rande des Geschehens stehen noch andere Symboltiere: Hund, Schlange und Skorpion. Sehr deutlich ist dies alles auf dem Altarrelief von Heddernheim bei Wiesbaden zu erkennen.

Bei der Stiertötung handelt es sich nicht um eine Vernichtung, sondern um eine Verwandlung und Verklärung des Opfertieres: Aus dem Leib des getöteten Stieres geht neues Leben hervor. Der Stier, hier im kosmischen Sinn aufzufassen, stellt den heiligen Himmelsstier dar, der wie der Urriese Ymir / Purusha die noch im Ätherzustand befindliche Urmaterie bedeutet. Und wie im germanischen Schöpfungsmythos durch die Tötung des Urriesen Ymir die sinnlich-materielle Welt geformt wird, so muß wohl auch hier im Persischen die Stiertötung durch den Gott Mithras als ein Weltschöpfungsgeschehen aufgefaßt werden. Mithras wurde von seinen eingeweihten Jüngern nicht nur als Menschheits-Erlöser, sondern auch als Welt-Schöpfer angesehen.

Über ein Stiertötungs-Zeremonial, das am Fuße einer symbolischen Weltensäule stattfindet, berichtet übrigens Platon in seiner

*11 Kultrelief aus Frankfurt-Heddernheim mit zeichnerischer Ergän-
zung*

Schrift über die untergegangene Königsinsel Atlantis. Platon sagt,
die zehn Könige von Atlantis trafen sich alle fünf bis sechs Jahre in
der Königsstadt, und dort »jagten sie den im Weihbezirk Poseidons
freigelassenen Stier mit Knüppeln und Schlingen, ohne eine Eisen-
waffe, nach, den Gott anflehend, sie das ihm wohlgefällige Opfer
einfangen zu lassen; den eingefangenen Stier aber führten sie zur
Säule und opferten ihn ...«[6] Hier könnte man natürlich viel über
den »atlantischen« Ursprung der Mithras-Religion mutmaßen,
über Atlantis als geheimem Ursprungsort aller westlichen Mysterienreligionen. Dem Mithras-Kult erwuchs jedoch auf dem Boden
des Römischen Reiches der unerbittlichste Gegner in Gestalt des
neu aufgekommenen Christentums.

## 3. Vom Mithras-Kult zum Christentum

Vom Mithras-Kult, aber auch von anderen römischen Reichsgöt-
tern wie *Sol Invictus*, *Helios* und *Apollo* führt ein direkter Weg zu
dem als Sonnengott vorgestellten *Christus*, dessen Religion im
Römischen Reich die beherrschende wurde. Denn die tiefste Sehnsucht der spätantiken Welt lag in der Hoffnung auf einen göttlichen
Sonnengeist, der aus den Himmelssphären auf die Erde herabsteigen werde, um den Erdkreis mit friedlicher Hand zu regieren. Ein
göttliches Kind, das aus den höchsten Sphären des Himmels auf die
Erde herabkommt, um als Friedensfürst das Erbe seines Vaters
anzutreten – in diesem Bild hatte einst der römische Dichter *Vergil*
(er lebte von 70 v. bis 19 n. Chr.) die entscheidende eschatologische
Hoffnung seiner Zeit ausgedrückt. In seiner berühmten »vierten
Ecloge« schreibt er:

> Nun ist gekommen die letzte Zeit nach dem Spruch
>     der Sibylle;
> Neu entspringt jetzt frischer Geschlechter erhabene
>     Ordnung.
> Schon kehrt wieder die Jungfrau, Saturn hat wieder
>     die Herrschaft,
> Schon steigt ein Erbe herab aus himmlischen Höhen.
> Sei nur dem nahenden Knaben, mit dem die eisernen
>     Menschen enden,
> und allen Welten ein goldenes Alter erblühet –
> gnädig sei ihm, du Helferin, Reine! schon herrscht
>     ein Apollo!
> Jener empfängt das Leben der Gottheit, schauet die
> Götter an und Heroen vereint, wird selber von ihnen
>     geschauet.
> Friedlichen Erdkreis regiert er mit Kraft, vom Vater
>     ererbet.[7]

Die Herkunft des Christentums aus den spätrömischen Sonnenkulten, besonders seine Ähnlichkeit mit dem Mithras-Kult, läßt
sich in der Frühzeit der Kirche noch deutlich erkennen. So wurde
auf dem Konzil von Nizäa, im Jahr 325 abgehalten, der
»Geburtstag Christi« offiziell auf den 25. Dezember, auf den Tag
der Wintersonnenwende, gelegt. Die Mithras-Geweihten verehrten ebenfalls einen zur Wintersonnenwende geborenen Weltheil-
and, ja sie feierten auch ein gemeinsames Abendmahl und vollzogen einen Taufritus. Dies ähnelt in der Tat sehr dem späteren
Christentum.

Die frühe Kirche hat viele äußere Kultformen aus den Mithras-
Mysterien übernommen, allerdings ohne deren tieferen esoterischen Sinn überhaupt zu kennen. Die geistige Enteignung des Heidentums ging stets einher mit einer rückhaltlosen Bekämpfung
aller heidnischen Kulte, bis hin zur physischen Vernichtung seiner
Heiligtümer, auf deren Grund meist christliche Kirchen errichtet
wurden. Unter den auf Julian Apostata folgenden Kaisern (ab 363)
begann eine intensive und blutige Verfolgung der heidnischen Religionen, die auch eine völlige Ausrottung des Mithras-Kultes mit
sich brachte. Ein Beispiel hierfür: Um das Jahr 400 schrieb der Verfasser der sogenannten lateinischen Vulgata, der Kirchenvater
Hieronymus, einen Brief an eine Christin, in dem er den Stadtpräfekten von Rom der Jahre 376/377 lobte: »Ich will nur hinweisen
auf euren Verwandten Gracchus, in dessen Namen bereits die Herkunft aus altem Patriziergeschlecht anklingt. Hat er nicht vor wenigen Jahren, als er das Amt des Stadtpräfekten bekleidete, die Höhle
des Mithras und alle die unnatürlichen Bildnisse (...) zerstört, zer-
stückelt und verbrannt? Nachdem er sich auf diese Weise für seine
Gesinnung verbürgte, hat er dann nicht nach der Taufe Christi ver-
langt?«[8]

In ihrer Blindheit und Unwissenheit richteten die Kirchenobe-
ren, stets mit den politisch Mächtigen verbündet, ihren Eifer
besonders gegen die heidnischen Sonnenkulte, etwa die des *Apollo*,
des *Dionysos* und des *Mithras*, die sie mit Stumpf und Stiel auszurotten trachteten. In diesem Sinn sagt der katholische Theologe

Hugo Rahner: »Die Begegnung der Kirche mit dem antiken Sonnenkult bedeutet zunächst durchaus eine *Entthronung* des Helios
(...) Nichts liegt so klar zutage, vor allem in den Schriften der Apologeten des zweiten Jahrhunderts, als die völlige Ablehnung jeglicher Sonnenverehrung durch die Christen.«[9] Der Gott der Christen sollte zwar »Sol Invictus« sein, aber nur im übertragenen Sinn,
nicht wörtlich im Sinn einer Naturverehrung der physischen Sonne.

Tatsächlich benutzten die missionierenden Christen das alte
Heidentum nur noch als Schale oder Gefäß, in das sie ihren eigenen Inhalt hineingossen; Festtage und Bräuche wurden übernommen, so manche heidnische Priesterin oder Göttin verwandelte sich
in eine christliche Heilige, und auf den Trümmern der zerstörten
heidnischen Kultplätze wurden christliche Kirchen oder Klöster
errichtet. »Denn wenn die Tempel gut gebaut sind«, empfiehlt
Papst Gregor III. dem Bischof von London um das Jahr 600, »ist
es notwendig, sie vom Dämonenkult zum Dienst des wahren Gottes umzuwandeln, damit das Volk, wenn es sieht, daß seine eigenen Tempel nicht zerstört werden, von seinem Irrtum läßt und, den
wahren Gott erkennend und verehrend, umso vertrauter sich an
den gewohnten Orten versammelt. So muß jedes Fest zu Ehren
ihrer Götzen ... in ein anderes umgeformt werden.«[10]

Es ist für ein tieferes Verständnis des abendländischen Schick-
salsweges von entscheidender Bedeutung, daß am Ende der Antike
das Christentum, und zwar in seiner römisch-imperialen Form,
überall in Europa Oberhand gewann. In diesem seit Konstantin
dem Großen zur Herrschaft gelangten Kirchen-Christentum vereinigte sich seit der Zeit der frühen christlichen Apologeten die rein
intellektuelle Tradition der griechischen Philosophie mit den rationalen Traditionen des Judentums, und beide fanden gleichsam ihr
materielles Gefäß im Römertum, das als eine rein diesseitige Macht
seine höchste und einzige Erfüllung im Weltherrschafts-Gedanken
findet. Freilich gab es im Abendland, von der offiziellen Kirche ins
Abseits gedrängt, auch Strömungen eines verborgenen *esoterischen
Christentums*[11], die heutzutage weitgehend in Vergessenheit geraten sind.

Hierzu gehören beispielsweise die gnostischen Manichäer, die in Anknüpfung an die alten heidnischen Mysterien ein kosmisches Sonnen-Christentum vertraten. Gegen sie richtet sich die sogenannte *Große Griechische Abschwörungsformel*, wo es heißt: »Ich verdamme die Leute, die sagen, Zarathustra, Buddha, Christus, Mani und die Sonne seien ein und dasselbe. Ich verdamme die, welche sagen, daß die menschlichen Seelen mit Gott wesensgleich … seien und daß Gott jetzt damit beschäftigt sei, diese Seelen durch Sonne und Mond, die sie auch Schiffe nennen, von unten heraufzuschöpfen.«[12] Hier wird gegen einen gnostischen Erlösungsmythos polemisiert, der Sonne und Mond als Durchgangsstationen ansieht, die von der erwachenden Seele auf ihrer Lichtreise durchlaufen werden.

Es gibt *vier* Hauptströmungen des esoterischen Christentums, die spätantiken Geist, griechische Philosophie und orientalische Mysterien-Einweihung mit der Essenz des Christentums zu verbinden trachteten: zunächst einmal die urchristliche *Gnosis*, einschließlich des Manichäismus, bis hin zu den »neu-manichäischen« Bewegungen des Mittelalters, den Bogomilen und Katharern; dann die ihrem Ursprung nach »neuplatonische« *Mystik*, die im hohen Mittelalter die Zeit ihrer Hochblüte durchlebt und über die Reformation bis in die Neuzeit hineinreicht; sodann die *Alchemie*, die erst um das Jahr 1100, aus dem arabischen Kulturraum kommend, in das Abendland hereinbricht; und schließlich der *Gralsimpuls*, der ursprünglich aus dem keltisch-britannischen Kulturraum stammt, sich dann aber mit gnostischem, mystischem und alchemistischem Gedankengut verband. Die im Abendland herrschende Kirche mußte jedoch in dem Maße, in dem sie sich zu einer durchorganisierten Machtkirche entwickelte, solche esoterischen Strömungen des Christentums als Bedrohung ihrer Existenz betrachten und sie daher mit allen zu Gebote stehenden Mitteln bekämpfen.

# IX.

## GNOSIS IM ABENDLAND

Ich bin die Weisheit der Griechen
Und die Erkenntnis der Barbaren,
Ich bin das Recht für Griechen und Barbaren,
Ich bin eine, die viele Bilder in Ägypten
Und die kein Bild bei den Barbaren hat,
Ich bin die überall gehaßt
Und die überall geliebt wurde.

*Worte der gnostischen Sophia*[1]

## 1. Erscheinungsformen der spätantiken Gnosis

Es gibt einen Konzilsbeschluß der katholischen Kirche, der – im Jahr 543 in Konstantinopel gefaßt – alle Christen, die an die Prä-Existenz der Seele und an die »*Apokatastasis*« als endgültiges Heilsziel glauben, mit Bannfluch belegt. Dieser folgenschwere Konzilsbeschluß, im Jahr 553 auf dem V. Ökumenischen Konzil in der Hagia Sophia neuerlich bestätigt, lautet im Original: »Si quis fabulosam animarum praeexistentiam et quae ex illis sequitur: monstruosam restitutionem (apokatastasin) assuerit, anathema sit.«[2] Es liegt klar auf der Hand: Wird die Präexistenz der Seele, ihre vorgeburtliche Existenz in der geistigen Welt, in Frage gestellt, so entfällt damit auch jegliche Möglichkeit einer Wiederverkörperung. Der Gedanke der Reinkarnation, der wiederholten Erdenleben, wurde damit endgültig aus dem offiziellen Lehrkanon des Christentums verbannt; er galt von nun an als »ketzerisch« und wurde in den Untergrund abgedrängt.

Der Konzilsbeschluß von 543 bedeutet vor allem den endgültigen Sieg der Kirche über die *Gnostiker*[3] die nicht nur die Lehren der Präexistenz und Reinkarnation vertraten, sondern auch die oben genannte »Apokatastasis« als endzeitliches Heilsziel ansahen. Unter diesem Begriff, der wörtlich die »Wiederbringung (aller Dinge)« bedeutet, verstanden die Gnostiker: die Auflösung der irdisch-stofflichen Welt und die Rückkehr der gott-bewußten Seelen in die göttliche Lichtwelt. Denn die Gnostiker vertraten die Ansicht, daß der unsterbliche Teil des Menschen aus der göttlichen Lichtwelt herstamme; dort »prä-existierte« die Seele seit Ewigkeit. Und nach vielen Wanderungen durch die Stoffes-Welt, durch eine ganze Kette von Erdenverkörperungen hindurch, werde die Seele letzten Endes geläutert und befreit in die göttliche Lichtwelt zurückkehren.

Unter dem Namen *Gnostiker* (von griech. *gnosis* = Wissen, Erkenntnis) bezeichnet man eine ganze Anzahl frühchristlicher Kultvereine und geheimer christlicher Mysterienschulen, die am Rande der Großkirche etwa vom 2. bis zum 5./6. Jahrhundert im Abendland bestanden haben, vorwiegend im Gebiet des östlichen Mittelmeers: Ägypten, Palästina, Syrien, Kleinasien, Mesopotamien. In Städten wie Alexandria, Antiochia, Edessa und Ephesus bildeten sie schon früh kleine Gemeinden. Von dort aus breiteten sie sich nach Westen aus; vor allem Rom mit seinen vielen Kulten war schon früh ein Hauptziel ihrer Mission. Den Gnostikern ging es, wie der Name schon sagt, um *Erkenntnis*; sie betrachteten sich selbst als Erkennende, Wissende, Eingeweihte. Das »Wissen« der Gnostiker stammt nicht aus dem Verstand; es ist befreiendes, erlösendes Wissen. Die Gnosis, so heißt es in einem Fragment, gibt Antworten auf die Frage, »wer wir sind und was wir geworden sind; woher wir stammen und wohin wir geraten; wohin wir eilen und wovon wir erlöst sind; was es mit unserer Geburt, was es mit unserer Wiedergeburt auf sich hat.«[4]

In diesem Sinn schreibt der »anti-häretische«, in Wahrheit aber der Gnosis sehr nahestehende Kirchenlehrer *Clemens von Alexandria* (etwa 140–215) die folgenden Worte, die das Selbstverständnis der Gnosis geradezu programmatisch ausdrücken: »Die Gno-

sis ist die Vollendung des Menschen als Menschen, da die Vollendung durch das Wissen von den göttlichen Dingen entsteht, indem
sie durch Sinnesart, den Lebenswandel und das Wort in Einklang
und Übereinstimmung mit sich selbst und dem göttlichen Logos ist.
Denn durch sie wird der Glaube vollendet, weil nur allein durch
sie der Gläubige vollkommen wird. Denn der Glaube ist ein im
Innern niedergelegtes Gut. Auch ohne zu suchen, bekennt er, daß
Gott ist, und preist ihn als Seienden. Daher muß man von diesem
Glauben höhergeführt werden und in der Gnade Gottes selbst
wachsen, und soweit es möglich ist, die Erkenntnis von ihm erringen. Denn wir behaupten, daß sich die Gnosis von der Weisheit
unterscheidet, die man durch (äußere) Belehrung empfängt«.[5]
»Erkenntnis« und »Glaube« bilden hier noch keinen Gegensatz;
der gnostischen Erkenntnis kommt die Aufgabe zu, den Glauben
zu erleuchten und der Vollendung zuzuführen.

Tatsächlich haben wir es bei der spätantiken Gnosis mit einer
rein *esoterischen* Strömung des Christentums zu tun, die auch an
die heidnischen Mysterien der Antike anknüpft; dabei konnte viel
ägyptisches, jüdisches und griechisches Geistesgut in die Gnosis
einfließen. Dem von der Kirche geforderten »Glauben«, griechisch
*pistis*, aufzufassen als ein Für-wahr-Halten bestimmter Lehrmeinungen, stellten die Gnostiker kühn das Hochziel der *gnosis*, der
Vervollkommnung durch eigene Erkenntnis entgegen. In der Gnosis lebt ein Geist der metaphysischen Revolte, der nicht davor
zurückscheut, wie einst Prometheus das Feuer vom Himmel zu
stehlen – das Göttliche aus eigener Kraft zu erringen. Deswegen
wurden die »himmelstürmenden« Gnostiker von den Vertretern
der christlichen Amtskirche als »Häretiker« gebrandmarkt.

In der Zeit, da das Christentum sich zunehmend zu einer Amts-
und Machtkirche entwickelte, verfaßten frühchristliche Kirchenlehrer Streitschriften gegen die Gnostiker, der bekannteste unter
ihnen *Irenäus von Lyon* (etwa 140–200), der aus Kleinasien
stammte und unter Kaiser Mark Aurel nach Lyon ins Land der Kelten ging, wo er den Märtyrertod erlitt; sein Hauptwerk trägt den
Titel *Adversus haereses* (»Wider die Häresien«). Auch *Hippolyt*

*von Rom* (gest. 235) betätigt sich als Ketzerbekämpfer; sein gegen die Gnostiker gerichtetes Werk heißt *Refutatio omnium haeresium*, »Widerlegung aller Häresien«. Und als Dritter wäre noch der Kirchenlehrer *Tertullian* (150–225) zu nennen, von dem das berühmte Wort stammt: »credo quia absurdum« – »Ich glaube, weil es absurd ist«, eine Verteidigung der kirchlichen »pistis« gegen die ketzerische »gnosis«. Auf diese Weise wurde die christliche Esoterik ins Abseits gedrängt; sie trug den Stempel der Häresie, der Ketzerei, der ihr bis heute noch anhaftet. Eine solch weltverneinende Spiritualität wie die der Gnostiker hatte keinen Raum mehr in einer Kirche, die sich anschickte, das Erbe des untergegangenen Römischen Weltreichs anzutreten.

Lange Zeit kannte man die Ideen der Gnostiker überhaupt nur aus den Schriften der christlichen Ketzerbekämpfer – *Irenäus*, *Hippolyt* und *Tertullian*, während Kirchenlehrer wie *Origines* (185–254) und Clemens von Alexandria eher als von der Gnosis beeinflußt gelten dürfen. Die wissenschaftliche Gnosis-Forschung tat sich anfangs schwer damit, aus den zitierten Bruchstücken und Fragmenten in den Schriften dieser frühkirchlichen Autoren die ursprüngliche Gestalt der gnostischen Heilslehre wiederherzustellen. Diese Situation änderte sich schlagartig mit der Entdeckung gnostischer Originalschriften in Ägypten – in koptischer Sprache verfaßte Papyrustexte, die in der Nähe des Weilers *Nag Hammadi* am Mittellauf des Nils im Jahr 1945 gefunden wurden.

Den Fundort in der Nähe von *Nag Hammadi*, in geschichtsträchtiger Landschaft zwischen ägyptischen Pharaonengräbern und Stätten altchristlicher Mönchssiedlungen gelegen, hat H.-C. Peuch 1953 anschaulich geschildert: »Eine hohe Kalksteinklippe, deren Südhang der Schleife gegenüberliegt, die der Nil in seinem Lauf, von Luxor etwa 100 Kilometer stromabwärts, bildet: Das ist der Dschebel-et-Tarif. Seine weiße nackte Wand überragt die Ebene, in der, auf dem linken Stromufer, der kleine Flecken Nag'-Hammadi liegt und in der, auf dem rechten Ufer, Zuckerrohrfelder die Dörfer Debba, el-Kasr und es-Sayyad umgeben – die Stätte des alten Schemeset-Chenoboskion, wo im vierten Jahrhundert der heilige Pachomius seine ersten Klöster gründete. Im Osten wendet sich die Klippe scharf nordwärts und erhebt sich über dem Sand der Wüste, öd und steil, aber von zahlreichen Höhlen durchbohrt, deren jede Eingang zu einer Grabstätte ist. In halber Höhe der Hügelflanke sind es die Pharaonengräber der sechsten Dynastie; an ihrem Fuß und bis in eine Höhe von etwa hundert Metern liegen die bescheideneren Grabstätten der griechisch-römischen Zeit. Und hier nun scheint (...) um 1945 eine der erstaunlichsten Entdeckungen unserer Zeit gemacht worden zu sein.«[6]

Der sensationelle Fund von *Nag Hammadi* wird ergänzt durch die Entdeckung gnostisch-manichäischer Originalmanuskripte in der Oase *Turfan*, Turkestan (1902–1914), und in *Medinet Madi* in Ägypten (1930). Solche Textfunde setzen uns in die Lage, die Ideen der Gnostiker aus erster Quelle zu studieren, und wir blicken hinein in die fremde und doch faszinierende Welt der gnostischen Mythologie – eine Welt ewigen Kampfes zwischen »Licht« und »Finsternis«, zwischen guten und bösen Weltmächten, eine in unzählige Seins-Stufungen gegliederte Welt, angefüllt von myriaden Geistwesen: Göttern, Dämonen, Archonten und Engels-Hierarchien. Die »Materie« im ganz diesseitigen Sinn kommt in diesem gnostischen Kosmos fast gar nicht vor; sie erscheint wie ein flüchtiger Schatten, der dem Suchenden den Zugang zum Göttlichen verwehrt. Ein Hauch von altindischer Maya-Lehre weht durch die Schriften und Lehrgebäude der Gnostiker, die alles Materielle als nichtig erachten und nur das Geistige als wirklich anerkennen.

Die Lehrmeinungen, Schulen und Richtungen der urchristlichen Gnosis stellen sich dem heutigen Betrachter durchaus nicht einheitlich dar. Schon die Kirchenväter rügten die verwirrende Vielfalt gnostischer Richtungen, so zum Beispiel Clemens von Alexandria in seinen *Stromata*: »Was aber die Sekten betrifft, so sind sie teils nach dem Namen ihrer Gründer benannt wie die Schule des Valentinos und des Marcion und des Basilides (...). Andere Sekten sind nach einem Ort benannt wie die Peratiker, andere nach einem Volk wie die Sekte der Phryger, andere nach einem Verhalten wie

die Enkraiten, andere nach eigenartigen Lehren wie die Doketen
und die Haimatiten, andere nach Grundgedanken und dem, was
sie verehrt haben, wie die Kainisten und die sogenannten Ophi-
aner, andere nach den gesetzwidrigen Handlungen, deren sie sich
vermaßen, wie von den Simonianern die sogenannten Entychi-
ten.«[7]

Einige der hier genannten Gruppen besaßen wohl nur lokale
Bedeutung; doch immerhin nennt der Theologe einige der einflußreichsten gnostischen Schulen – vor allem die des *Markion*, des
*Valentinos* und des *Basilides*. Den *Manichäismus* freilich, der als
»gnostische Weltreligion« die weitaus größte Bedeutung erlangte,
führt er noch nicht auf, da dieser zu seinen Lebzeiten noch gar nicht
existierte. Aus heutiger Sicht können wir die folgenden 12 Strömungen der Gnosis[8] als die wichtigsten betrachten:

1. *Die Simonianer – Anhänger des Simon Magus*
2. *Die Basilidianer – Anhänger des Basilides*
3. *Die Valentinianer – Anhänger des Valentinus*
4. *Die Markioniten – Anhänger des Marcion*
5. *Die Naassener – Verehrer der heiligen Schlange*
6. *Die Ophiten – ebenfalls Schlangenverehrer*
7. *Die Peraten – auch Verehrer der Schlange*
8. *Die Barbeliker – Verehrer der Barbelo-Sophia*
9. *Die Sethianer – führen sich auf Seth zurück*
10. *Die Kainiten – führen sich auf Kain zurück*
11. *Die Karpokratianer – von ›Harpokrates‹*
12. *Die Manichäer – Anhänger des Propheten Mani*

In einer Zeit, in der die Kanonisierung des Neuen Testaments
beschlossen wurde (382 n. Chr.) und man sich um die Ausgestaltung einer möglichst einheitlichen christlichen Theologie bemühte,
mußte eine solche Vielfalt von Lehrmeinungen verwirrend wirken.
Und zweifellos wurde im Zuge einer solchen Vereinheitlichung der
christlichen Theologie so manche andersdenkende Gruppe als
»häretisch« ins Abseits gestellt. Die Schriften solcher Gruppen, die

nicht in den Kanon der als orthodox geltenden Lehrschriften mit
aufgenommen wurden, verschwanden als »apokryph« im Untergrund. Und doch findet man die wichtigsten Ansätze einer – nicht
nur christlichen – Esoterik in den »apokryphen« Schriftstücken
solcher »häretischen« Gruppen. Die wissenschaftliche »Häresio-
logie«, zu deutsch Ketzerforschung, die sich seit dem 19. Jahrhundert als eigener Forschungszweig etablierte, kann auf diesem
Gebiet noch viel unbekannte, verdrängte und vergessene Weisheit
des Urchristentums zutage fördern.

## 2. Kosmologie und Erlösungsweg der Gnosis

Der Kirchenlehrer Origines behandelt in seiner Streitschrift gegen
Celsus ausführlich ein sogenanntes »*Diagramm der Ophiten*«, das
den Stufenbau der Schöpfung schematisch darstellt und somit die
Kosmologie der Gnostiker deutlich zum Ausdruck bringt. Der irdische Kosmos zunächst besteht aus Körper, Geist und Seele. In seiner Mitte befindet sich die Erde mit der Unterwelt, dem Tartaros;
um sie schließen sich in einem Schema konzentrischer Kreise mehrere überirdisch-übersinnliche Sphären:

1. Die *Behemot-Sphäre* (Luftregion oder Äther-Sphäre)
2. Die sieben *Planeten-Sphären* (Astralebenen)
3. Die Sphäre der *Weltenschlange*, des *Leviathan*
4. Die *Fixsternsphäre* mit den 12 Tierkreiszeichen

Erst jenseits der Fixsternsphäre (in der sich auch das »Paradies«
befindet) beginnt die Geistige Welt im eigentlichen Sinn; sie besteht
aus reinem Geist, *pneuma*, und setzt sich aus zwei Kreisen zusammen, dem des »Vaters« und des »Sohnes«. In diesen Höhen der
göttlichen Kreise wohnt auch *Sophia*, die Weisheit Gottes. Die sich
selbst in den Schwanz beißende Schlange, der Leviathan, der die
sieben Planeten-Sphären umschlingt, gilt den ophitischen Gnostikern als der eigentliche »Herr der Welt.« Die Schlange symbolisiert
in ihrer Allgewalt den Unheils-Charakter des Kosmos, der gesam-

ten astralisch-ätherisch-stofflichen Welt, die in ewigem Werden und Vergehen befangen bleibt.

Diese Unheils-Welt des diesseitigen Kosmos wird beherrscht von den *Archonten*, machtgierigen Planeten-Göttern, die den Menschen kraft eines unerbittlichen Schicksalsgesetzes zu immer neuen Erdenverkörperungen zwingen. Die sieben Archonten, die den sieben Haupt-Planeten der antiken Himmelskunde entsprechen, werden von den Ophiten mit folgenden, phantastisch klingenden Namen bezeichnet:

1. *Jaldabaoth*     (= Saturn)
2. *Jao*            (= Jupiter)
3. *Sabaoth*        (= Mars)
4. *Adonaios*       (= Sonne)
5. *Astaphaios*     (= Venus)
6. *Aiolaios*       (= Merkur)
7. *Horaios*        (= Mond)

Der oberste der Archonten, *Jaldabaoth*, wohl eine Verballhornung von »Jehova«, wird auch der *Demiurg* genannt. Er gilt als der große Weltenbaumeister, da er (mit Hilfe der anderen Archonten) die sinnlich-materielle Welt überhaupt erst erbildete. Die in den Astralebenen herrschenden Archonten stehen dem Menschen natürlich feindlich gegenüber, da sie seinen Aufstieg in die geistige Lichtwelt nach Kräften zu verhindern trachten.

Hier begegnet uns ein Grundgedanke, der in allen gnostischen Systemen vorkommt: daß der sinnliche Kosmos nicht von »Gott«, sondern von einem anderen Wesen – eben dem *Demiurgen* – erschaffen wurde. Dieser wird meist mit dem biblisch-alttestamentlichen Schöpfergott, Jahwe oder Jehova, gleichgesetzt. Der eigentliche und oberste Gott hat indes mit der Weltschöpfung gar nichts zu tun; er weilt in einer rein geistigen Lichtwelt, die sich jenseits der Tierkreissphäre aufspannt. Zwischen »Gott« und dem »Demiurgen« unterschied schon der frühe Gnostiker *Kerinth*, ein Zeitgenosse des Märtyrers Polykarp von Smyrna (gestorben 156

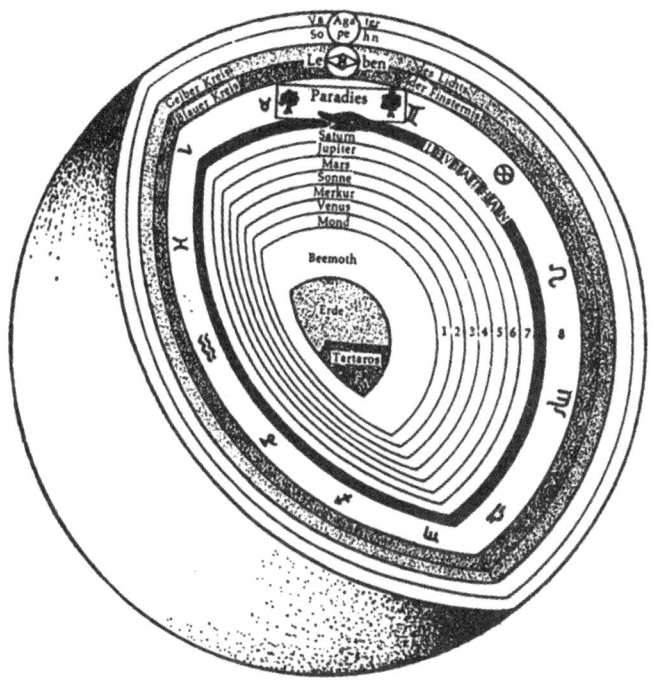

*12 Diagramm der Ophiten*

oder 157), über den Irenäus von Lyon berichtet: »Ein gewisser
Kerinth aus der Provinz Asia lehrte, das Universum sei nicht von
dem ersten Gott erschaffen worden, sondern von einer anderen
Kraft, die durch weiten Abstand von der obersten Macht – sie ist
über dem Universum – getrennt und entfernt sei. Ja sie kenne den
Gott, der über allem ist, nicht einmal.«[9]

Den ersten und obersten Gott, der über dem Universum
schwebt, nennen die Valentinianer »Voranfang«, »Vorvater« und
»Grund« – ein in unermeßlichen Höhen weilender, unerkennbarer
Gott. Die »*Geheimschrift des Johannes*«, ein gnostischer *Nag-
Hammadi*-Text, beschreibt diesen obersten überweltlichen Gott in

poetischen Formulierungen als reines Licht, wesenloses Licht: »Der [wahre] Gott, der Vater des Alls, der heilige [Geist], der Unsichtbare, der über dem All ist, der in seiner Unvergänglichkeit ist, indem er [im] reinen Licht [ist], in das kein Augenlicht hineinzublicken vermag. über ihn, den Geist, ziemt es sich nicht wie über einen Gott zu denken oder daß er von einer (bestimmten) Art ist. Denn er ist vorzüglicher als die Götter: eine Herrschaft (arche), über die niemand herrscht, ist er; denn keiner ist vor ihm, er braucht sie (die Götter) auch nicht; er braucht auch kein Leben, denn er ist ewig. Er braucht nichts, denn er ist unvollendbar, da er es nicht nötig hatte, daß man ihn vollende, sondern er ist alle Zeit ganz vollendet. Er ist Licht. Er ist unbegrenzbar, denn es gibt niemanden vor ihm, ihn zu begrenzen.«[10]

Hier tritt ein gänzlich unerkennbarer, »über-seiender« Gott an die Stelle der meist so menschlich dargestellten antiken Götter, die als Archonten oder kosmosbeherrschende Mächte im gnostischen Weltbild zwar noch vorkommen, jedoch gegenüber dem höchsten und wahren Gott in ihrer ganzen Nichtigkeit erscheinen. Aber der oberste der Archonten, Jaldabaoth, trachtet danach, sich zum höchsten Weltherrscher aufzuschwingen. im »*System der Ophiten*« (nach Irenäus) lesen wir: »Daher habe sich dann Jaldabaoth über alles, was unter ihm ist, erhoben, sich gerühmt und gerufen: Ich bin Vater und Gott, und über mir ist keiner! Als aber das die Mutter hörte, habe sie ihm entgegengerufen: Lüge nicht, Jaldabaoth, denn über dir existiert der Vater des Universums, der Erste Mensch, und der Mensch, der Sohn des Menschen!«[11]

In dem von Irenäus überlieferten »*System der Valentinianer*«, dem wohl einflußreichsten gnostischen System vor Entstehung des Manichäismus, wird dargestellt, wie es überhaupt zur Erschaffung des materiellen Kosmos kam – im Grunde nämlich durch ein Versehen, durch einen Betriebsunfall. Die Valentinianer schildern in ihrem Lehrsystem, wie *Sophia*, die Göttliche Weisheit, die sie auch hebräisch *Achamoth* (die Weisheit) nennen, durch ihre »Erregung« aus der oberen Lichtwelt abgegrenzt und zwangsweise in die Räume des Schattens und der Leere hinausgeworfen wird; dort bringt sie ohne Hilfe des Christus, ihres männlichen Duals, ein halbgöttliches Zwitterwesen hervor, den Demiurgen, der daraufhin die Archonten und den sinnlichen Kosmos erschafft. Da der Demiurg, selbst nur psychischer Natur, die Geistnatur seiner Mutter Sophia nicht kennt, glaubt er, der einzige Gott zu sein, und er postuliert, daß es neben ihm keinen anderen Gott gäbe. Der Demiurg der Valentinianer entspricht ziemlich genau dem Schöpfergott des Alten Testaments.

Der »Fall der Sophia« – ihr Austritt aus der oberen Lichtwelt und ihre eigenmächtige Erschaffung des Demiurgen – steht somit am Anfang allen Weltwerdens. Seit diesem Uranfang besteht der niedere, von der Weltenschlange umringte Kosmos, der sich nach eigenen Gesetzen entwickelt, beherrscht von der Macht der Archonten. Dem Fall der Sophia entspricht der Fall der menschlichen Seele. Denn als der Demiurg aus psychischem Urstoff das Menschengeschlecht erschafft, pflanzt Sophia-Achamoth den Menschen einen pneumatischen Geistfunken ein, der aus der oberen geistigen Lichtwelt stammt. Daher, sagen die valentinianischen Gnostiker, sei das Wesen des Menschen dreifaltig, nämlich *materiell*, *psychisch* und *pneumatisch*: »Sie [die Menschen] haben also ihre Psyche von dem Demiurgen, den Leib vom Boden, das Fleisch von der Materie, aber den pneumatischen Menschen von der Mutter Achamoth.«[12]

Kosmologie und Menschenbild der Gnosis münden nun unmittelbar ein in den gnostischen Heils- und Erlösungsweg. Wir folgen weiterhin dem »*System der Valentinianer*«: Die aus der geistigen Lichtwelt verbannte Sophia, die überdies in der Gefahr steht, selbst unter die Macht der von ihr geschaffenen Archonten zu geraten, ruft ihre männliche Zwillingsseele – den Christus – zu Hilfe. Dieser vernimmt den Hilferuf Sophias und steigt in die niedere, von den Archonten beherrschte Welt hinab, um die arg bedrängte Sophia zu erretten und in ihre göttliche Urheimat zurückzuführen. Mit der Befreiung der Sophia geht auch die Erlösung der »gefallenen« menschlichen Seele einher. Im »*Naasenerpsalm*«, einer wahren Perle gnostischer Poesie, erfahren wir, wie der Kosmische Chri-

stus in die niederen Welten hinabsteigt, um die bedrängten Menschenseelen zu erlösen, d. h. ihnen den Funken der Selbsterkenntnis einzupflanzen:

> Da sprach Jesus: Schau doch, Vater!
> Als Beute des Bösen schweifts über die Erde,
> Und doch von deinem Hauche gebildet,
> Versucht's zu fliehen bitteres Chaos,
> Und weiß doch nicht, wie durchzukommen.
> Aus diesem Grunde schick mich, Vater.
> Mit Siegeln will herab ich steigen,
> Will jeden der Äonen durchwandern,
> Mysterien, sie alle offen machen.
> Die Gottesgestalten will ich alle weisen:
> Das Abgetrennte des heiligen Weges,
> Gnosis rufend, will ich bereiten.[13]

Christus erscheint hier nur als *Impulsgeber* zur *Selbsterkenntnis*;
er eröffnet Mysterien und lehrt Gnosis, kurzum, er wirkt in all seinem Reden und Tun als *Wegweiser* zum Heil; ähnlich wie Buddha
weist er einen Weg, den nur der einzelne jünger selbst zu gehen vermag. Denn »Erlösung« heißt im Sinn der Gnosis nur: Selbsterlösung des Menschen durch Geist-Erkenntnis; sie bleibt eine wahrhaft freie prometheische Tat des Menschen selbst, wozu der aus der
Lichtwelt herabgestiegene Christus eigentlich nur Hilfsdienste lei-
stet. Genau darin liegt denn auch der Hauptunterschied zwischen
der gnostischen Christologie und der Erlösungslehre der Kirche,
die den Menschen eher zu einem rein passiven Objekt der Erlösung
erklärt.

In der Gnosis wird der Christus grundsätzlich als *Kosmischer
Christus* gesehen, als eine allwirkende Schöpfungskraft, die das
ganze Universum durchpulst. Im »*Evangelium nach Thomas*«,
einem gnostischen Nag-Hammadi-Text, lesen wir: »Es sprach Jesus
so: ich bin das Licht, das über allem ist. Ich bin das Universum. Das
Universum ist aus mir hervorgegangen, und das Universum ist zu

mir gelangt. Spaltet ein Holzscheit: Ich bin dort! Hebt einen Stein
hoch, und ihr werdet mich dort finden!«[14] Dieser Kosmische Christus, der Sohn nicht etwa des Demiurgen, sondern des obersten
Lichtgottes, wird nun recht scharf unterschieden von dem sterblichen Menschen Jesus von Nazareth, der mit seinem Leib dem
Kosmischen Christus nur vorübergehend als Wohnort diente. Mit
den Worten des Gnostikers *Kerinth* (nach Irenäus):

»Jesus aber sei nicht aus der Jungfrau geboren, denn das schien
ihm unmöglich. Er sei vielmehr Sohn des Joseph und der Maria
gewesen, genau so wie wir übrigen Menschen auch. Jesus habe
aber mehr als alle andern durch Gerechtigkeit, Weisheit und Ein-
sicht vermocht. Nach der Taufe [am Jordan] sei auf ihn, von der
obersten Macht kommend – derjenigen, die über allem ist –, der
Christus gestalthaft als Taube herabgestiegen. Und darauf habe er
den unbekannten Vater offenbart und Machttaten gewirkt. Am
Ende aber habe sich der Christus wieder von Jesus getrennt, und
Jesus sei gekreuzigt worden und auferstanden. Der Christus aber
sei leidensunfähig geblieben, da er ja vom Geiste sei.«[15]

Einer der einflußreichsten Gnostiker des 2. Jahrhunderts, der
aus Sinope am Schwarzen Meer stammende Schiffsreeder *Markion*
(85–160 n. Chr.), hat aus der gnostischen Christologie die Konsequenz gezogen, daß er nur das Neue Testament als christlich anerkennen wollte, das Alte Testament jedoch gänzlich verwarf – denn
das Alte Testament kündet ja von Jehova, dem finsteren Demiurgen der Diesseits-Welt, aus dessen Macht es sich ja gerade zu entwinden gilt. Nachdem er aus der Christengemeinde Roms ausgeschlossen wurde, wohl um das Jahr 144, gründete er seine eigenen,
»markionitischen« Gemeinden, wobei er einen Missionseifer entfaltete wie seinerzeit der Apostel Paulus. Bereits im Jahr 150
konnte der Kirchenmann Justin entsetzt schreiben, daß sich die
Gemeinden der Markioniten »über den ganzen Erdkreis« erstreck-
ten eine Art gnostische Gegenkirche, die für die sich gerade bil-
dende römisch-katholische Kirche eine ernsthafte Bedrohung darstellte. Die Auseinandersetzung mit der Gnosis wurde für die frühe
Kirche somit zur Überlebensfrage.

## 3. Der Manichäismus als ›gnostische Weltreligion‹

Im Manichäismus, der im 3. Jahrhundert n. Chr. aus dem Boden der spätantiken Gnosis herauswuchs, begegnen wir einem umfassenden und in sich geschlossenen Religionssystem, das – von den Kirchenvätern heftig bekämpft – lange Zeit den gefährlichsten Rivalen des offiziellen, kirchlich verfaßten Christentums darstellte. Selbst ein so bedeutsamer Theologe wie Augustinus (354–430) hatte elf Jahre lang den Lehren des Manichäismus angehangen, bevor er zum offiziellen, das heißt zum Kirchen-Christentum übertrat. Begründet von dem Propheten *Mani* (215–277), stellt der Manichäismus eigentlich eine Mischung dar zwischen christlicher Gnosis und neupersischer Theosophie. Herausgewachsen aus einem Kulturraum, der sich zwischen Mesopotamien, Persien und Nordwestindien aufspannt, strebte der Manichäismus danach, das Christentum, den Zarathustrismus und den Buddhismus zu einer Synthese zu vereinen. Mit Fug und Recht kann man ihn als eine »gnostische Weltreligion« bezeichnen.

Im Mittelpunkt seines Systems steht zwar durchaus Christus, aber Zarathustra und Buddha werden als seine »Brüder« bezeichnet, und Mani selbst gilt als Verkörperung des Heiligen Geistes, des von Christus einst verheißenen »Parakleten«. Die Seelen der Menschen betrachtet der Manichäismus als göttliche Lichtpartikel, die durch eigene Schuld in die Welt der Materie, eine ihnen an sich fremde und feindliche Welt, herabgefallen waren; dort verbleiben sie als Gefangene der Materie, und ihre Erlösung liegt allein in der Rückkehr in die göttliche Ursprungs- und Lichtwelt. Dem Propheten Mani als Träger des Heiligen Geistes fällt mit dem Anbruch des »Dritten Zeitalters« – der Endzeit – der Auftrag zu, die gefallenen Lichtpartikel, also die auf Erden verkörperten Seelen der Menschen, zum Paradies zurückzuführen; dies geschieht durch konsequente Askese und Verneinung der Materie. Die folgende Zusammenfassung der Lehren des Mani stammt aus der Quellensammlung manichäischer Originaltexte, die im Jahr 1930 in *Medinet Madi*, Oberägypten, aufgefunden wurde:

»Drei Zeiten, lehrte Mani, bestimmen die Geschichte der Erde. In der dritten und letzten Zeit aber, die jetzt herrscht, werden die himmlischen Lichtteile aus der Welt in ihre Heimat zurückkehren. Der lebendige Geist läutert die Lichtpartikel aus Mensch und Natur und macht daraus die beiden Lichtschiffe, Sonne und Mond, andere aber erhebt er zu Gestirnen am Firmament. In der ersten Hälfte des Monats steigen die Lichtpartikel in einer Säule der Herrlichkeit zum Monde hinauf, bis dieser zum Vollmonde erfüllt ist. Danach werden die Lichtteile zur Sonne emporgetragen und von dort zum Lichtparadiese, sichtbar an dem zur Mondsichel verjüngenden Mond, dem sichtbaren Zeichen des leeren Schiffes. Die Seele aber steigt zusammen mit dem Bilde ihres Meisters und den drei Engeln, die bei ihm sind, auf, sobald sie den Körper des Menschen verlassen hat. Dann tritt sie vor den Richter der Wahrheit und empfängt den Siegespreis, das Lichtkleid und die Kronen, Kranz und Diadem, des Lichtes.«[16]

Das Hochziel der manichäischen Gnostiker besteht also darin, das ewige Lichtkleid der Unsterblichkeit zu erlangen und in die geistig-göttliche Sonnensphäre einzugehen. Hier offenbart sich deutlich das Erbe der altpersischen Zarathustra-Religion, die Mani zunächst zugrunde legte, dann aber als religiöser Reformer zu überwinden trachtete. Wie schon der Zarathustrismus trägt die Lehre des Mani weitgehend den Charakter einer esoterischen Lichtreligion, die den Gedanken des »inneren Lichtes« im Sinn eines dem Menschen einwohnenden Göttlichen in den Mittelpunkt stellt. In den »großen Himmelslichtern« Sonne und Mond sahen die Manichäer allerdings keine wirklichen Astralgötter, ja eigentlich überhaupt keine Götter im üblichen Sinn, sondern nur Stellvertreter und Repräsentanten der höchsten überkosmischen Gottheit. In diesem Sinn schreibt ein unbekannter griechischer Autor um das Jahr 300 n. Chr. über die Manichäer, sie »verehren am meisten den Helios und die Selene, doch nicht als Götter, sondern als Weg, durch den sie zu Gott gelangen«.

Denn die Sonnen- und Mondensphäre sieht der Manichäismus ja nur als Durchgangsstationen, die die Seele auf ihrer Reise zum transzendenten Lichtparadies – ihrer eigentlichen Urheimat – zu durchlaufen habe. Aber während Zarathustra noch auf ein kommendes Gottesreich *auf Erden* hoffte, predigte Mani – infiziert vom Geist der Gnosis – bedingungslose *Weltflucht* und *Ablehnung der Materie*. Den Schülern des Mani war »Materie« durchaus nichts Durchgeistigtes, und schon gar nichts Durchgöttlichtes, sondern im Gegenteil Bestandteil einer »gefallenen Natur«, gleichsam ein »Werk des Teufels«. Diese Sicht führte sie zu einer konsequenten Weltablehnung, die sie asketisch und wirklichkeitsfremd werden ließ. So konnte der an sich hochfliegende Geistesimpuls des Manichäismus im realen Leben nicht Fuß fassen; ja das Scheitern »neumanichäischer« Sekten wie der Katharer in Südfrankreich war im Grunde schon vorprogrammiert durch eine falsche und einseitige, nämlich dualistische Sichtweise.

Der Manichäismus gleicht einem Baum, dem nach jeder Seite hin viele Äste entsprossen – religiöse Bewegungen, Sekten, gnostische Kirchen, die mit ihrer Lehre vom »Inneren Licht« das Morgen- und das Abendland gleichermaßen erschüttern. Mani selbst, auch ein begnadeter Dichter und Schriftsteller, hatte schon zu seinen Lebzeiten eine rege Missionstätigkeit entfaltet, so daß seine Lehre bald ins frühe Christentum eindrang; in Babylonien, Syrien, Kleinasien, Ägypten und Nordafrika traten ganze Christengemeinden geschlossen zu ihm über. Schließlich reichte das Einflußgebiet der von Mani begründeten Religion von der Grafschaft Toulouse im Westen – der Hochburg des Katharertums in Südfrankreich bis nach Turfan; Chinesisch-Turkestan, im Osten.

Im wilden Bergland am oberen Euphrat, in Armenien und Syrien, bildete sich um das Jahr 500 n. Chr. ein weiterer Ast aus dem Baum des Manichäismus: die Bewegung der *Paulikianer*: ein Volk von Kriegern, die den ganzen Osten Kleinasiens eroberten – anfangs von Byzanz heftig bekämpft, dann aber unter dem Einfluß der bilderstürmerisch gesonnenen Kaiser der Isaurier-Dynastie, seit *Leon III.* (717–741), offiziell geduldet, ja sogar gefördert. Zu Beginn des 9. Jahrhunderts, also zur Zeit Karls des Großen, begünstigt durch den Kaiser *Nikephoros* (803–811), konnten sie im ganzen oströmischen Reich ungehindert ihre Ideen verbreiten – vor allem auf dem Balkan, wo man sie schon vorher ansiedelte. Damit war der Funke der Gnosis von Asien nach Europa übergesprungen; die Paulikianer, nunmehr in Thrakien heimisch geworden, bildeten den Saatboden, dem nur kurze Zeit später die rein manichäische Bewegung der Bogomilen entspringen konnte.

## 4. Die Mission des Bogomilentums

Unter der im wesentlichen friedlichen Regierung des gutmütigen und gebildeten, ja gelehrten bulgarischen Zaren Peter (927–967) konnte *Bogomil* auf dem gesamten Balkan als Reformator und Religionsstifter ungehindert auftreten. Er begründete dort im zweiten Viertel des 10. Jahrhunderts ganz im Geiste des gnostischen Manichäismus die Bewegung der *Bogomilen*, die sich von ihrem Zentrum Philipolis in Thrakien bis nach Konstantinopel ausbreitete, wo sie zu Beginn des 12. Jahrhunderts blutig unterdrückt wurde. Allerdings, in anderen Teilen des Balkans und in Kleinasien konnte sich das Bogomilentum noch bis zur osmanischen Eroberung halten; es spricht für die Kraft der bogomilischen Lehre, daß einer der letzten national unabhängigen slawischen Könige des Balkans, König Twrtko von Bosnien (regierte von 1376–1391), in einem Augenblick, da das siegreiche Vordringen der türkischen Eroberer nicht mehr aufzuhalten schien, die bogomilische Lehre in seinem Land zur Staatsreligion erhob!

Die Mission der bogomilischen Lehre entfaltete eine solche Sprengkraft, daß sie im Laufe des 11. / 12. Jahrhunderts auch große Teile der gebildeten Oberschicht der byzantinischen Gesellschaft und sogar Mitglieder der Hocharistokratie als Anhänger gewinnen konnte. Ihrem Kern und Wesensgehalt nach war der Bogomilismus eine streng dualistische Erlösungsreligion, die den Gedanken des »Inneren Lichtes« – wie schon zuvor der Manichäismus – in den Mittelpunkt stellte. Die Bogomilen hielten sich für die einzig wahren Christen, da ihnen der *Logos* – das göttliche Prinzip einwohne; als Träger und Hervorbringer des Logos wirkt

jeder Bogomile als *Theotokos*, als »Gottesgebärer«. Die Gottesgeburt findet in jedem einzelnen Menschen statt; es liegt also der
Lehre ein stark ausgeprägter mystischer Individualismus zugrunde,
der kirchliche und staatliche Institutionen als überflüssig erscheinen läßt. Kein Wunder, daß die bogomilische Häresie von den weltlichen und geistlichen Obrigkeiten aufs heftigste bekämpft wurde:
vom bulgarischen ebenso wie vom byzantinischen Reich und
zuletzt von den siegreichen Osmanen.

Die Bogomilen als »Gottesgebärer«, *Theotokoi*, sahen sich als
Bürger der himmlischen Stadt Christopolis, des neuen Jerusalem
– nicht jedoch als Bürger dieser Welt. Allem weltlichen Glanz,
allen Herrschafts- und Machtansprüchen, aber auch allen Sinnen
reizen, die an sie herangetragen wurden, verweigerten sie sich
standhaft. Die Gemeinde gliederte sich in die größere Menge der
»*auditores*«, der Zuhörer – Anhänger im eigentlichen Sinn des
Wortes – und die kleine Schar der »*perfecti*«, der Vollkommenen,
die als gesonderter Priesterstand besondere Vorschriften der
Askese befolgten. Die Enthaltung von allem Welthaften, die sich
bei den genannten beiden Gruppen wohl nur graduell unterschied, folgt unmittelbar aus der bogomilischen Theologie und
Kosmologie, die deutlich Elemente eines altpersisch-zarathustri-
schen Dualismus aufweist. Auf der Grundlage eines solchen Dualismus wurde das Problem von« Gut« und »Böse« überraschend
einfach gelöst:

Die Bogomilen sahen das Weltendrama allen irdischen Geschehens nämlich als ein ewiges Ringen zwischen Christus und dem
Erzengel *Satanael*, dem insgeheimen Bruder Christi, der als zweiter, aber verstoßener Sohn Gottes selbst auch göttlichen Ursprung
besitze. Gott, der nach der häretischen Lehre der Bogomilen demnach zwei Söhne hat, den Guten und den Bösen, bleibt selbst »jenseits« von Gut und Böse (wie bei Nietzsche!). Der ewige Kampf
zwischen dem göttlichen Zwillingspaar Christus und Satanael
gleicht indes ganz dem Weltendrama der alten Zarathustra-Religion, dem Kampf zwischen *Ahura Mazdao*, dem Lichtgott, und
*Ahriman*, dem Fürsten der Finsternis. So kann man das Bogomi-

lentum in gewisser Hinsicht als einen radikalisierten Zarathustrismus betrachten.

Die irdisch-stoffliche Welt sehen die Bogomilen als die Schöpfung Satanaels, des antigöttlichen Widersachers; daher muß jeder
»wahre Christ«, also Bogomile, der als »Gottesgebärer« den *Logos*
Christi aus sich selbst hervorbringt, danach trachten, sich aus den
Klauen der an sich feindlichen und widergöttlichen Welt zu
befreien. Dies geschieht in erster Linie durch Askese, aber auch
durch Verweigerung gegenüber allen weltlichen wie auch geistlichen Autoritäten. Auf solche Weise erhält das Bogomilentum
einen sozialrevolutionären, gegen Staat und Kirche gerichteten
Impuls; als radikale Opposition gegen den Feudalismus konnte es
darum trotz seiner an sich weltflüchtigen Lehren die breiten Volks-
massen für sich gewinnen. Als die Bogomilen dann allerdings nicht
nur die Kirchen, sondern auch Burgen und Schlösser, die Stamm-
sitze der lokalen feudalen Macht, stürmten und dem Erdboden
gleichmachten, wurden sie mit Feuer und Schwert verfolgt und vie-
lerorts ausgerottet. Die wenigen Überlebenden flohen nach Dal-
matien und Istrien, nach Oberitalien und von dort aus nach Südfrankreich, wo sie den Keim des *Katharertums* legten!

Der Gerechtigkeit halber muß gesagt werden, daß sich die
Bogomilen auf dem Balkan nicht nur als »Bilderstürmer« betätig-
ten, sondern auf dem Gebiet der Kunst durchaus schöpferische
Kulturleistungen hervorbrachten. In der Vermittlung volkstüm-
licher Literatur an die südslawische und west-mittelmeerische Welt
hat sich das Bogomilentum große Verdienste erworben. Ein gründlicher Kenner der Materie, der Geschichtsschreiber Heinrich von
Wlislocki, sagt hierüber: »Der Bogomilismus hat aber das Verdienst, auch unter der Türkenherrschaft ›altkirchenslawische‹
Schriftwerke der Nachwelt vererbt zu haben. Ein Hauptbuch der
Bogomilen blieben »*Die Fragen des heiligen Johannes von Bogos-
law*«, die er auf dem Berge Tabor an den Herrn gestellt haben soll;
neben der Schilderung des Weltuntergangs eine Kosmogonie, wo-
rein die altheidnischen Überlieferungen der Ugrier aufgenommen
und der Bogomilenlehre angepaßt sind; aus Bulgarien gelangten sie

zu den Russen und Serben, in der lateinischen Übersetzung des oberitalienischen [bogomilischen] Bischofs Nazarius nach Italien und Frankreich.«[17] Auch die bogomilische Ikonen-Malerei darf nicht unerwähnt bleiben, die schon zwei Jahrhunderte vor Giotto den Goldgrund zugunsten einer dreidimensionalen Darstellung überwand – eine kühne Vorwegnahme der italienischen Renaissance!

Die Mission der bogomilischen Ideen in *Italien* begann wohl schon im 11./12. Jahrhundert, und sie erhielt seit der Zerschlagung der bogomilischen Bewegung auf dem Balkan neuen Auftrieb; denn Italien blieb immer »der Hauptsitz und die Pflanzschule des neuen Manichäismus«,[18] wie Ignaz von Döllinger in seiner »Sektengeschichte des Mittelalters« (1890) schrieb. Die Mission konzentrierte sich auf den wirtschaftlich und politisch fortgeschrittenen Norden Italiens, auf die Lombardei, Piemont und die Toskana; von dort aus griff sie über auf die Provence und die Grafschaft Toulouse, auf Aquitanien und das Languedoc. Aber schon um 1028 wurde auf Schloß Monteforte bei Turin eine asketisch-dualistische Sekte ausgehoben, deren Lehren, wie aus Landulfus' »Mailänder Geschichte« hervorgeht, »aus dem Orient herübergebracht worden sei«.[19] Das Bogomilentum wirkte als verbindendes Glied zwischen vorderasiatischem Manichäismus und südfranzösischem Katharertum, wobei Norditalien bei diesem Transport gnostischer Ideen von Ost nach West die entscheidende Drehscheibe bildete.

## 5. Die esoterische Bewegung des Katharismus

Der anfangs nur kleine Funke manichäischer Ketzerei, der vom Balkan nach Westeuropa überspringt, weitet sich in kürzester Zeit zu einem wahren Flächenbrand aus. Dem Siegeszug der neuen Ketzer – man nennt sie nun *Katharer*,[20] das heißt die *Reinen* – steht nichts mehr im Wege. Schon 1143 findet man sie in Köln, im Jahr darauf in Lüttich. In Südfrankreich, zumal in der Gegend um Albi, Carcassonne und Toulouse, wimmelt es schon von Katharern, denen sich später sogar die weltlichen Obrigkeiten, etwa der Graf

Raimund VI. von Toulouse (1194–1222) und Raimund-Roger von
Foix (1188–1223) anschließen. Aber auch im Norden Frankreichs,
vor allem in Burgund, in der Champagne und in Flandern, tauchen
plötzlich überall Katharer auf In Mont-Aime in der Champagne
wurde wohl das erste abendländische Bistum der Katharer gegründet. In Deutschland findet man sie in den Städten am Rhein entlang, vor allem in den Bischofssitzen, auch in Wien und Passau.
Aber die Hochburg des Katharertums bleibt nach wie vor Norditalien, die Lombardei, die zerklüftete Welt verwinkelter Städte von
Mailand bis Udine, von Como bis Viterbo.

In den von Menschenmassen prall angefüllten Vorstädten, auf
den labyrinthisch engen Gassen, in den Tavernen und auf den
Märkten, überall treten nun katharische Wanderprediger auf und
verkünden die von den Bogomilen ererbte Lehre vom »Inneren
Licht«. Die neue Anhängerschaft, die den Katharern massenweise
zuströmt, besteht vorwiegend aus Handwerkern und Tagelöhnern,
Schreibern und Tuchwebern, aber auch ehemalige Priester und
entlaufene Mönche kommen hinzu. Reiche Kaufleute, fürstliche
und adelige Personen betätigen sich, selbst im Hintergrund stehend, als Gönner und Förderer der neuen Bewegung. Diese hat sich
mittlerweile schon als *Kirche* formiert, eine Art *gnostische Gegenkirche* im Untergrund, die sich in Bistümer und Diözesen gliedert
– nicht als isolierte Einzelerscheinung, sondern als wohlorgani-
sierte Macht steht das Ketzertum nun der römisch-katholischen
Kirche gegenüber! In Südfrankreich residierten bereits vier katharische »Bischöfe«, nämlich in Toulouse, Albi, Carcassonne und Val
d'Aran. Und in Italien gibt es anfangs vier, später sechs Diözesen
der Katharer, die lebhaften Kontakt zu den noch verbliebenen
Bogomilen-Gemeinden auf dem Balkan unterhalten.

Von den Bogomilen haben die Katharer so gut wie alles übernommen, sowohl die gnostisch-manichäische Theologie als auch
die kirchliche Organisation. Denn auch die Katharer kennen die
übliche Zweiteilung der Gemeinde – hier die große Masse der
»*credentes*«, der Gläubigen, dort die kleine Schar der »*perfecti*«,
der »Vollendeten«, die als die eigentlichen Geweihten der Katha-

rer-Religion eine Art Priesterstand bilden. Beide Gruppen, »*auditores*« und »*perfecti*«, gab es schon bei den Bogomilen. Für die »perfecti«, in der Regel Wanderprediger, die in freigewählter Armut lebten, galt vor allem das Gebot der Ehelosigkeit, ja der völligen sexuellen Enthaltsamkeit, das die breite Anhängerschaft der Gläubigen weder einhalten konnte noch wollte. So bildeten die »*perfecti*«, aus deren Kreis natürlich auch die Bischöfe gewählt wurden, eine religiöse Elite innerhalb des Katharertums, dem die restliche Anhängerschaft in bezug auf Glaube und Lebensführung nachzueifern hatte. Die Ethik der katharischen Geweihten forderte strengste Askese; die Enthaltung von allem Weltlichen stand in ihrem Mittelpunkt.

Denn der Katharismus trägt das Profil einer reinen Jenseits-Religion, wie schon zuvor der Manichäismus. Ausgegangen wird von einer streng dualistischen Sicht der Wirklichkeit, die zwischen dem »Reich der Materie« als dem eigentlichen Reich des Bösen – der Schöpfung Satans – und dem »Reich des Geistes« als einem rein transzendenten Lichtreich eine unüberbrückbare Trennmauer annimmt. Ähnlich wie sich die Bogomilen des 10. Jahrhunderts für »*Himmelsbewohner*« hielten, die aus der Gefangenschaft der Materie auszubrechen und in das Himmelreich zurückzukehren strebten, so sahen sich die Katharer als »*gefallene Geister*« aus einer reineren Welt, ja als ursprüngliche Himmels- oder Engelwesen, die es nur durch Irrtum oder Verführung in die ihnen an sich wesensfremde Materie-Welt verschlug. Durch Askese, Enthaltung von allem Weltlichen, soll die ursprüngliche Engelnatur – das dem Menschen einwohnende Göttliche, das Innere Licht – wieder neu herausgeläutert werden, so daß ein Aufstieg zum Himmel erfolgen kann: ein Weg der Selbsterlösung, der jede Heilsvermittlung durch eine Kirche überflüssig macht.

Die »*perfecti*« hießen deswegen »Vollendete«, weil sie – so glaubte man – am Ende ihrer großen Weltenwanderung stehen und mit ihrem Tod unmittelbar in die himmlische Lichtwelt zurückkehren. Da ein solcher Zustand der Vollendung gewiß nicht in *einem* Erdenleben erreicht werden kann, zumal sich der

Engelsturz und der Fall der Menschengeister in die Materie vor
äonenlangen Zeiträumen ereignet hat, muß die gefallene Seele
mehrere Erdenverkörperungen durchlaufen – ein Weltenwande-
rer durch die Reiche der Stoffeswelt, immer angetrieben von der
Sehnsucht nach dem göttlichen Ursprung. Dieser Seelenwande-
rungs- oder *Reinkarnations*-Gedanke, wohl ein Erbteil der alten
Gnosis, wurde schon von den Bogomilen vertreten, die ihn an die
Katharer weitergaben. Die Katharer stehen somit in einer Tradi-
tionslinie mit den antiken Orphikern, mit den Pythagoreern und
den keltischen Druiden, die ja alle den im Abendland an sich
ungewohnten Gedanken der Wiederverkörperung lehrten. Daß
die Seelenwanderung neben der dualistischen Weltkonzeption
und dem »Inneren Licht« einen festen Platz im Lehrgebäude des
Katharismus innehatte, wurde von dem Historiker *Arno Borst*
(*Die Katharer*, Erstausgabe 1953, neu als Taschenbuch 1991)
erstmals quellenmäßig nachgewiesen.

Die Essenz der bogomilisch-katharischen Lehre faßt Borst
zusammen in den Satz: »Meine Seele ist die Seele eines gefallenen
Engels, die seither schon durch viele Körper wie durch wechselnde
Käfige hindurchgewandert ist«[21] – die sowohl orphische als auch
platonische Lehre vom Körper als dem »Kerker« der Seele schim-
mert hier durch. Arno Borst verweist auch auf den »Karma«-
Gedanken, der offensichtlich der katharischen Reinkarnations-
Lehre zugrunde lag: »Der sonst den Katharern fehlende Lohn- und
Strafgedanke, der in der christlichen Volkslogik eine große Rolle
spielt, bemächtigte sich des Glaubens von der Seelenwanderung. In
welchen Leib die Seele in ihrem nächsten Dasein eintreten wird, das
hängt von ihrem jetzigen Wohlverhalten ab; der Gute wird das
nächste Mal ein König oder Fürst sein, der Böse wird zum Pferd,
zum Rind, zum Esel oder gar zur Schlange werden. Ein Armer
erfährt voll Freude, daß er im letzten Leben ein mächtiger König
war; ein ›Vollendeter‹ berichtet seinen Gläubigen von seinem früheren Dasein als Pferd – sogar das Hufeisen, das er damals an einer
bestimmten Stelle verlor, finden die hocherfreuten Gläubigen ver-
rostet wieder.«[22]

Die Reinkarnations-Lehre bestimmte auch die alltägliche Moral der Katharer, insbesondere ihre *Speisevorschriften.* Denn da eine gefallene und büßende Menschen- bzw. Engelseele sich ihrer Meinung nach auch in Tiergestalt verkörpern konnte, war der Fleischgenuß und überhaupt das Töten von Tieren untersagt: Die Katharer lebten, wie seinerzeit schon die Pythagoreer, streng *vegetarisch*! Dazu noch einmal Arno Borst: »Die Praxis wird nun durch das Dogma gestützt; das Fleisch, das bei dem mythischen Kampf der abgefallenen Engel entstanden ist und in dem vielleicht unerlöste Menschenseelen ein tierisches Dasein abbüßen, darf nicht genossen werden; Käse, Eier und Milch sind ebenso verwerflich, nicht dagegen Fische, die nach katharischer Auslegung nicht aus der Zeugung, sondern aus dem Wasser hervorgehen.«[23] Auch andere Einschränkungen gelten: Man darf, sagen die Katharer, nur solche Tiere nicht töten, in denen etwa gefallene Engel wandern könnten, also Vierfüßler und Vögel; diese können, als Säugetiere und Warmblütler, Menschenseelen in sich aufnehmen. Für Insekten und Reptilien gilt dies nicht; die darf man töten.

Überhaupt: Das fünfte Gebot »Du sollst nicht töten!« wurde von den Katharern recht wörtlich genommen. Abgelehnt wurde die Todesstrafe an Übeltätern, auch der Krieg, gleich zu welchem Zweck und unter welchem Vorwand, ja selbst die persönliche Notwehr! Diese radikale Gewaltlosigkeit in Verbindung mit dem Vegetarismus läßt uns die Katharer geradezu als westliches Pendant zu den indischen *Jain*-Mönchen, zu den Buddhisten, zu den Anhängern Gandhis im 20. Jahrhundert erscheinen. Überhaupt trägt der Katharismus etwas zutiefst Östliches, Indisches, Buddhistisches an sich, wodurch er im *christlich* geprägten Abendland bestenfalls nur ein Fremdkörper bleiben konnte. Tatsächlich handelt es sich ja beim Katharertum um eine aus dem Vorderen Orient stammende Gnosis, die über Byzanz und den Balkan in den Westen Europas importiert wurde. Aber trotz dieser Fremdheit konnte er sich binnen kurzer Zeit in Europa als eine in sich geschlossene gnostische Gegenkirche formieren, die immer größere Menschenmassen an sich zog.

## 6. Der Kreuzzug gegen die Katharer

Die römische Machtkirche, nach vier »erfolgreichen« Kreuzzügen auf dem Höhepunkt ihrer Macht angelangt, erkennt spät – aber nicht zu spät! – die ihr drohende tödliche Gefahr; sie erkennt im Katharismus den eigentlichen Feind im Innern. 1179 wendet sich zwar das dritte Laterankonzil mit scharfen Worten gegen die Ketzer, die sie aber nur als Landplage, noch nicht als wirkliche Bedrohung betrachtet. Aber die »neuen Ketzer«, *novi haeretici*, gibt es mittlerweile schon überall – im Süden und Norden Frankreichs, in Italien, Deutschland, vereinzelt auch in Spanien: Die neue Ketzerei, selbst schon eine Kirche, sitzt tief im Herzen Europas! Die römische Kirche rüstet sich zum Gegenangriff; sie schickt Missionare aus, verfaßt Sendbriefe und Streitschriften gegen die Häretiker, faßt Konzilsbeschlüsse. Die auf dem Laterankonzil von 1215 gefaßten Bestimmungen gegen die Ketzer werden 1220 von Kaiser *Friedrich II.* zum weltlichen Gesetz erhoben. Weltliche und geistliche Obrigkeit, ehedem noch Todfeinde im Ringen um die Obermacht, vereinen sich nun in selten gesehener Eintracht, um die Katharer, diese gewaltlosen Vegetarier und an sich harmlosen Prediger der Weltflucht, physisch auszurotten – und zwar mit Feuer und Schwert!

Als dann am 14. Januar 1208 der päpstliche Legat in Südfrankreich, Peter von Castelnau, von einem Pagen des den Katharern nahestehenden Grafen Raimund VI. von Toulouse ermordet wird, nimmt dies Papst Innozenz III. zum willkommenen Anlaß, zum *Kreuzzug gegen die Katharer* aufzurufen – zum *Albigenserkrieg*, der eines der dunkelsten Kapitel der Kirchengeschichte, ja der abendländischen Kulturgeschichte überhaupt werden sollte! Am 24. Juni 1209 beginnt der Kreuzzug; Simon von Montfort, Graf von Leicester, ein kleiner Adeliger aus der Ile-de-France, wird nun zum Vorkämpfer der Christenheit. Aber immer mehr schieben sich politische Anliegen in den Vordergrund – vor allem das Bestreben des französischen Königs Phillip II., sich den politisch unabhängigen, kulturell und wirtschaftlich blühenden Süden Frankreichs mit der Grafschaft Toulouse als Mittelpunkt einzuverleiben. Von Spanien her mischt sich Peter II. von Aragon ein, der – ein Feind der französischen Krone – den »ketzerischen« Grafen Raimund von Toulouse unterstützt.

Der Kreuzzug wurde von den einträchtig verbündeten Mächten, Krone und Kirche, mit unvorstellbarer Brutalität geführt ein Krieg nicht etwa gegen die fernen Sarazenen, Seldschuken, Mauren, die dem Islam anhängen, sondern gegen das eigene Volk: gegen die geistig hochstehende okzitanisch-katalanische Kulturnation im Süden! Mit dem an 12. April 1229 geschlossenen Vertrag von Paris, der diese sogenannten »Albigenserkriege« offiziell beendet, wird der Einfluß Aragons in Südfrankreich völlig ausgeschaltet, die Grafschaft Toulouse dem französischen Kronland unmittelbar einverleibt. Aber das Ende des Kreuzzugs bedeutet keineswegs den Untergang des Katharertums; auch die Erstürmung der letzten Katharer-Fluchtburg *Montsegur* im Jahr 1244 signalisiert das Ende noch nicht.

In Südfrankreich fühlt sich, so Arno Borst, »noch um 1245 ein Großteil der Bevölkerung den Katharern eng verbunden«,[24] auch wenn nun immer mehr nach Oberitalien abwandern. In Spanien haben sich viele in Katalonien und Leon festgesetzt; auch der Norden Frankreichs, vor allem die Champagne, das Artois und Flandern, beherbergt noch viele Katharer, die allerdings ab 1233 blutig unterdrückt werden. Und in Deutschland? Wir finden ihre Spuren immer noch von Köln bis Straßburg, von Goslar bis Erfurt; und der grimmige Konrad von Marburg verbrennt sie in Scharen. Das Schicksal der Katharer war erst dann besiegelt, als der *Papst*, gestützt auf kaiserliche Reichsgesetze, die *Inquisition* einführte – damit stand der physischen Vernichtung des Katharertums in Europa nichts mehr im Wege! Ab 1233 begann die Inquisition ihr scheußliches Werk; im Jahr davor verkündete Kaiser Friedrich II. die Ketzerverbrennung als Reichsgesetz.

Die Verfolgungen ziehen sich noch jahrzehntelang hin; die Stadtkommunen in Norditalien und Südfrankreich sträuben sich gegen die Einführung der Inquisition. Bemerkenswert, daß um

*13 Montsegur, die letzte Fluchtburg der Katharer in den französischen
   Pyrenäen*

1260 in Norditalien, in den Städten zwischen Alessandria und Verona, überall noch katharische Diakone sitzen; ja es gibt eine vollständige Bischofsliste bis 1280! Aus dieser Zeit der Verfolgung stammt auch das »*Liber de duobus principiis*«,[25] eine Selbstdarstellung der katharischen Lehre aus gelehrter Feder, erst 1937 wurde dieses Manuskript in Florenz aufgefunden. Aber die Inquisition, getragen vom Dominikaner-Orden, breitete ihr Spinnen-Netz über das ganze Abendland aus; gründlich und gewissenlos verrichtete sie ihr Werk. Um 1300 fliehen die letzten Katharer nach Sizilien; in anderen Schlupfwinkeln Italiens, in der Bergfestung Piemont, halten sich die letzten Standhaften. Und dann verliert sich ihre Spur irgendwann im Nichts. Die Kirche der Katharer, ecclesia catharorum, ging den Weg in den Flammentod – und verschwand für immer von der Bildfläche der Geschichte.

# X.
## DER SONNENWEG DER MYSTIK

> Wer in der Sonnen ist / dem mangelt nicht das Licht
> Das dem, der außer ihr / verirret geht, gebricht.
> Nimm hin der Sonnen Licht / mein Jesus ist die Sonne
> Die meine Seel erleucht' / und macht sie voller Wonne.
> Wem seine Sonne scheint / desselbe darf nicht gücken
> Ob irgendwo der Mond / und andre Sterne blicken.
> Ich selbst muß Sonne sein / ich muß mit meinen Strahlen
> Das farbenlose Meer / der ganzen Gottheit malen.
>
> *Angelus Silesius*[1]

## 1. Der erste Mystiker. Dionysius Areopagita

Am Anfang aller christlichen Mystik[2] und Theosophie steht das Werk eines Unbekannten: *Dionysius Areopagita* war weder jener Athener Ratsherr, der laut Apostelgeschichte als einziger Zuhörer von Paulus bekehrt wurde (Apostelgeschichte 17, 34), noch war er identisch mit dem Pariser Märtyrer Dionysius, mit dem man ihn in der Tat oft verwechselte. Tatsächlich verbirgt sich hinter dem Namen des Dionysius Areopagita ein unbekannter Autor, ein griechisch schreibender Christ, der wohl um das Jahr 500 in Syrien oder Kleinasien gelebt haben muß. Manche glauben freilich, in der Person des Severus, Patriarch von Antiochia, der um 539 exkommuniziert starb, diesen Autor zu erkennen; aber der Schleier des Geheimnisses, der den ersten Mystagogen des Christentums umgibt, bleibt immer noch ungelüftet.

Alles, was die Nachwelt von ihm besitzt, sind seine Schriften, die allerdings im Abendland eine ungeheure Wirkung entfalteten.

Mit Sicherheit dürften sie – es handelt sich um vier Abhandlungen
– nicht vor dem Jahr 482 verfaßt worden sein; denn sie setzen die
Kenntnis nicht nur Plotins, sondern auch des Neuplatonikers
Proklos voraus. *Proklos* (410–458), das angesehene Haupt der
Athener Schule des Neuplatonismus, hatte seinerzeit die Lehren des
Plotin in systematische Form gebracht und damit die letzte philo-
sophische Hochblüte des antiken Heidentums herbeigeführt. Die
Werke des Dionysius Areopagita, der wegen seiner Anknüpfung an
Plotin und Proklos durchaus selbst als Neuplatoniker gelten darf,
gelangten erst im 9. Jahrhundert ins westliche Abendland. Der ost-
römische Kaiser Michael II. vermachte sie im Jahr 827 Ludwig dem
Frommen als Geschenk; daraufhin wurden sie von Abt Hilduin in
der Kathedrale St. Denis zu Paris aufbewahrt.

Nachdem sie von dem irischen Mönch Scotus Eriugena (810-
880), dem gelehrten Hofschulmeister Karls des Kahlen, ins Lateinische übersetzt wurden, wirken die Gedanken des Dionysius
nachhaltig auf das gesamte europäische Denken des Mittelalters
ein; sie beeinflußten Albertus Magnus, Thomas von Aquin, Meister Eckhart und Nikolaus von Kues; auch *Dante Alighieri*
(1265–1321), der Verfasser der *»Göttlichen Komödie«*, bezieht
sich auf sie. Im Lichte dieser Ideengeschichte erweist sich Dionysius Areopagita als ein Pionier west-östlicher Synthese, der den
oströmischen Geist neuplatonischer Mystik, ja mehr noch: den
orientalischen Geist mystischer Ekstase und gottestrunkener
Glückseligkeit mit dem Christentum und dem Geist des Abendlandes verschmolz, indem er tief hineinwirkte in die Gedankenwelt
der mittelalterlichen Scholastik. Da seine Schriften auf dem Latera-
nischen Konzil von 499 als authentisch und für die Christenheit
maßgeblich angenommen wurden, wurden sie von vielen Schola-
stikern gleich nach Aristoteles zitiert. Sie heißen:

*De Divinis Nominibus – Über die göttlichen Namen*
*De Mystica Theologia – Über die Mystische Theologie*
*De Caelesti Hierarchia – Über die Himmlische Hierarchie*
*De Ecclesiastica Hierarchia – Über die Kirchenhierarchie*

In seiner Hierarchienlehre erhebt sich der oströmische Theosoph Dionysius geist-entrückt in die Regionen des höchsten göttlichen Urlichts, wo er die wohlgestuften Ordnungen der Engel und Erzengel erschaut. Schon Proklos, der heidnische Philosoph, schilderte den Kosmos mit all seinen sinnlichen und übersinnlichen Wirklichkeits-Ebenen als einen einzigen, großen, hierarchisch gegliederten Weltenorganismus, der zwar vielgestaltige Götter-Hierarchien in sich birgt, aber doch von einer einheitlichen göttlichen Urkraft durchwaltet wird. Dieses alte, antike Götter-Pantheon, philosophisch überhöht und verklärt durch den Neuplatonismus, weiß Dionysius nun in seine Zeit hineinzuretten, indem er die »Logoi« der heidnischen Denker mit den »Engeln« des christlichen Mythos gleichsetzt. Hatten nicht schon vor ihm christliche Theologen den »Logos« der spätantiken Philosophen, etwa des Philo von Alexandrien, mit dem Christus der Bibel ineinsgesetzt?

Aber für Dionysius Areopagita sind diese Logoi oder Engel nicht bloß Abstraktionen, lebensleere Begriffe, Erfindungen eines spekulierenden Menschenverstandes, sondern tatsächlich existierende und durchaus lebendige Wesenheiten, die sich dem schauenden Auge des Eingeweihten in ihrer wahren Geistgestalt offenbaren. Für Dionysius gibt es im Universum eine Vielzahl von durchaus persönlich gedachten Schöpfungs-, Gestaltungs- und Erhaltungskräften, die als Sachwalter der höchsten Göttlichen Trinität in den himmlischen Welten unablässig tätig sind: und zwar zuoberst die *Throne*, *Cherubim* und *Seraphim* sodann die *Gewalten*, *Herrschaften* und *Mächte* – schließlich die *Engel*, *Erzengel* und *Urbeginne*: alles in allem ein wohlgeordneter und vielfältig abgestufter Schöpfungsaufbau, in dem Alles ineinandergreift und im Zusammenwirken ein lebendiges Ganzes bildet.

Die im Grunde genommen griechische, antike Idee von der Welt als einem *Kosmos*, als einem sinn-erfüllten harmonischen Ganzen, scheint hier noch hindurchzuleuchten. Areopagita hat mit seiner Hierarchienlehre diese Kosmos-Idee des klassischen Griechentums in die Welt des Christentums eingeführt; seine »Engel« sind gut und gerne auch platonische Ideen oder pythagoreische Zahlen, auf jeden Fall aber kosmosgestaltende Mächte. Liest man heutzutage derartige Ausführungen, so überkommt den Leser doch ein Gefühl der Fremdheit. Unserer heutigen Zeit scheint schon der bloße Gedanke einer realen Existenz von Engeln abwegig zu sein; allein in den Bewegungen der neuen Esoterik scheinen Engel wieder eine gewisse Rolle zu spielen. Rudolf Steiner hat mit seiner »Anthroposophie« aufzuzeigen versucht, wie intensiv die von Dionysius Areopagita geschilderten triadischen Engelshierarchien in die Erden- und Menschheitsentwicklung hineinwirken, indem sie nicht nur Einzelmenschen inspirieren (Engel), sondern auch Kulturkreise (Erzengel), ja ganze Zeitalter (Urbeginne).

In den Engelshierarchien sah Steiner die »älteren Brüder« der Menschheit, da sie in früheren Schöpfungszyklen schon ihr Menschheits-Stadium durchlaufen hätten und heute an dem Ort stünden, zu dem der Mensch erst in zukünftigen Weltentwicklungs-Zuständen gelangen soll. Die Hierarchienlehre des Areopagita hat Steiner komplett in die Evolutions- und Weltentwicklungslehre der »Anthroposophie« hineingenommen, ein Beweis eher für die geistige Strahlkraft jenes unbekannten syrischen Mönches, der um die Wende zum 6. Jahrhundert eine Abhandlung über die himmlischen Hierarchien verfaßt hat. Auch in Dantes »*Göttlicher Komödie*« wird der areopagitischen Hierarchien gedacht – am Ende des 28. Gesanges: Als Dante, von Beatrice geleitet, in den Lichtglanz des neunten Himmels auf steigt, sieht er neun Feuerkreise, die sich immerfort um die Ur- und Zentralsonne des Alls drehen; sie versprühen dabei wirbelnde Feuerfunken. Auch hier werden, für unsere heutige Zeit kaum nachvollziehbar, die neun Hierarchien als Inhalte einer geistigen Schau dargestellt:

> Sie, die so oft das Dunkel mir gehellt,
> Begann: Du siehst in den ersten Bogen
> Die Seraphim und Cherubim gesellt:

> Die kreisen so geschwind in ihren Schlingen,

Um Gott, soviel sie können, gleich zu sein:
So hehr ihr Schauen, ist auch ihr Vollbringen.

Die andern Lieben, die zunächst sich reih'n,
Nennt Thronen man, dem Gottantlitz errichtet,
Weil sie die Grenze ziehn den ersten Drei'n.[3]

Die folgenden Terzinen behandeln dann die im Range niedrigeren
Hierarchien, also die beiden unteren Triaden:

Die ersten sind in dieser Hierarchie
Herrschaften, neben denen Kräft' erglänzen,
Und als die dritten folgen Mächt' auf sie.
Dann schwingen in den zwei vorletzten Kränzen
Erst Fürstentümer sich, Erzengel dann;
Der letzte ist erfüllt von Engeltänzen.[4]

Die Wesenheiten der himmlischen Hierarchie kreisen um Gott wie
die Planeten um die Sonne – auch hier leuchtet ein erhabener
Kosmos-Gedanke hindurch, der das sichtbare Weltall als die
Widerspiegelung einer höheren geistigen Welt begreift. Kein Wunder, daß Areopagita das höchste Göttliche immer wieder mit dem
Symbol der Sonne umschreibt. Gott ist für ihn »das Gute« schlechthin; das physische Licht erscheint ihm als Abglanz und Abstrah-
lung dieser an sich transzendenten »Idee des Guten«. Uraltes
Sonnenpriestertum klingt noch durch, wenn Areopagita das *Licht*
als Sinnbild göttlicher Kraftausstrahlung mit geradezu enthusiastischen Worten feiert: »Was aber möchte einer über den Sonnenstrahl an und für sich sagen? Denn das Licht stammt vom Guten
und ist ein Bild der Güte. Deshalb wird das Gute mit dem Namen
›Licht‹ gepriesen, weil sich das Urbild im Abbild offenbart. Gleichwie nämlich die Güte der alles übersteigenden Gottheit von den
höchsten und vornehmsten Wesen bis zu den untersten herab-
dringt (...), so erleuchtet auch das strahlende Abbild der göttlichen
Güte, diese große, durch und durch lichte, immer flammende

Sonne, wie ein vielgestaltiges Echo des Guten, alle Körper, die an ihr teilnehmen können (...).«[5]

Mit diesen Worten erweist sich der unbekannte Autor als Vertreter eines *kosmischen Sonnen-Christentums*, wie es zur Zeit der Urkirche vielleicht existiert haben mochte. Zugleich ist er der erste bewußt christliche Mystiker des Abendlandes; ein anderes seiner Werke trägt ja den Titel »Über die Mystische Theologie«. Das Wort »Mystik« stammt aus dem Griechischen; es leitet sich her von dem Verb *myein*, das soviel bedeutet wie: die Lippen, die Augen schließen – also die kontemplative Versenkung ins eigene Innere, das sich beim immer tieferen Hineingehen als ein Spiegel des Weltganzen erweist. Und im Zustand der *myesis*, der Versenkung, herrscht nur noch tiefstes Schweigen; aber nicht nur die Stimme versinkt in einem mystischen Meer des Schweigens, sondern auch die Sinnestätigkeit und der Verstand. »Denn sobald unsere Seele«, schreibt Dionysius Areopagita, »sich zum Geistigen bewegt, erscheinen die Wahrnehmungen der Sinne und deren Gegenstände überflüssig, ebenso wie auch die intellektuellen Fähigkeiten überflüssig werden, wenn die Seele, gottähnlich geworden, durch unfaßbare Einigung mit den Strahlen des unzugänglichen Lichtes in Kontakt tritt (...).«[6]

Durch das symbolische Schließen der Augen, durch die Abkehr also von der äußeren Sinnenwelt, soll eine Art inneres Gesicht erweckt werden, das die Befähigung zum geistigen Schauen verleiht. Das in der geistigen Schau Gesehene bleibt allerdings zumeist jenseits alles Denkbaren und Sagbaren. Denn am Ende des mystischen Weges steht die *unio mystica*, die völlige Einswerdung des Meditierenden mit der allumfassenden Weltengottheit, die als die schöpferische Ur-Einheit des Alls der ewig fließende Springquell alles Guten, allen Lichtes und allen Lebens ist. Darin also liegt das höchste Ziel aller Mystik beschlossen: vereint zu sein mit dem uranfänglichen Einen, den heiligen Feuerfunken des eigenen Selbst hinabtauchen zu lassen in das Flammenmeer des großen göttlichen Weltenselbst; und dann erst, dann allein gelten die folgenden Worte des Angelus Silesius, die das Zentralerlebnis aller Mystik kennzeichnen:

Ich selbst muß Sonne sein / ich muß mit meinen
Strahlen // Das farbenlose Meer / der ganzen
Gottheit malen. //[7]

## 2. Die Tat-Mystik des Meister Eckhart

Der Dominikaner-Mönch *Meister Eckhart* (1260–1329) gilt als der
wortgewaltige Vollender der hochmittelalterlichen Mystik, die eine
Erneuerung des religiösen Lebens aus der Kraft lebendiger Geist-
Erfahrung anstrebte. Kein bloßer Autoritätsglaube sollte fortan
mehr gelten, kein bloß äußerlicher Bibelglaube, wie ihn die Kirche
forderte, keine Einbindung erfahrbarer Geist-Wirklichkeiten in
starre Lehrgebäude, sondern unmittelbares Innewerden Gottes auf
dem Wege der Kontemplation und der Meditation. Versenkung ins
eigene Innere, die Augen schließen, die Lippen schließen, Schweigen – das war von jeher schon der Weg der Mystik gewesen, auch
der außereuropäischen. Aber während die Mystik Plotins, Buddhas
und der klassischen Yoga-Schule zur Weltflucht neigt und das
Erdendasein des Menschen überhaupt ablehnt, kommt der eckhartischen Mystik ein Moment der Weltbejahung, der weltzuge-
wandten Aktivität zu.

Rückzug aus dem öffentlichen Leben, Askese und Selbst-Kastei-
ung werden nicht als Begleiterscheinungen des mystischen Weges
gesehen. Der Tat-Mystiker im Sinn von Meister Eckhart steht mitten in der Welt, er tut in der Welt seine Pflicht und Aufgabe, aber
in seinem innersten Seelengrund hält er sich frei von allen egohaf-
ten Bindungen an das Materiell-Weltliche. Die Eckhart-Mystik ist
somit ein religiöser Vergeistigungs- und Verinnerlichungsweg, der
den tätigen Menschen anspricht, ihn aber auch über den Horizont
seiner Taten hinaus das Licht des Ewigen schauen läßt.

In der Person und im Leben des Meister Eckhart erreicht die
mittelalterliche Mystik ihren Vollendungspunkt. Meister Eckhart
wollte »nicht Lesemeister, sondern Lebemeister« sein, also ein
Mann der Tat, der die Einswerdung mit dem Göttlichen gerade
mitten im tätigen Leben vollzieht. Deshalb stellte er die Wortver-

kündigung, den Predigerdienst, in den Mittelpunkt seines Lebens. Von allein, so glaubte er, würde das »Innere Licht« nicht in den Herzen der Menschen entflammen; es muß vielmehr durch das äußere Wort weitergegeben werden. Aber anders als später Jakob Böhme, der Laienprediger war, hatte Meister Eckhart eine gründliche theologische Ausbildung genossen:

Im Jahr 1303 war er an der Universität Paris »Magister« geworden. Im Dominikaner-Orden hatte er hohe Ämter inne: 1307 übernimmt der aus Thüringen stammende Eckhart die Leitung der Ordensprovinzen Sachsen und Böhmen; seit 1313 ist er Prior in Straßburg; um 1320 bezieht er einen theologischen Lehrstuhl an der Universität Köln. Überall predigt er zu großen Menschenmengen, meist auf Deutsch. Der Konflikt mit der Amtskirche konnte nicht ausbleiben. Ein Häresie-Prozeß gegen ihn wird angestrengt. 1329 trifft der in Avignon residierende Papst Johannes XXII. die Entscheidung: Mit seiner Bulle *In agro dominico* verdammt er die Lehre Meister Eckharts, besonders 28 ihrer Kernsätze, als »häretisch« (ketzerisch). Noch im selben Jahr stirbt der Meister.

Von nun an versinkt seine Lehre über 500 Jahre lang in Vergessenheit. Eine unmittelbare Nachwirkung gab es freilich doch: so auf den Straßburger Prediger *Johannes Tauler* (1300–1361), der den Geistessamen der Mystik weiterträgt; so auf die mystische Bewegung der »Gottesfreunde« am Oberrhein. Aber »wiederentdeckt« wird Meister Eckhart erst im 19. Jahrhundert, und zwar durch den verdienstvollen Germanisten Franz Pfeiffer, der 1857 die *»Deutschen Predigten und Traktate«* Eckharts in einer Gesamtausgabe herausbrachte. Darauf fußt die heute allgemein gebräuchliche Edition der Eckhartischen Schriften von Josef Quint.

Besonders in den deutschen »Predigten und Traktaten«, die ja an die Adresse des Volkes gerichtet waren, spricht der Dominikanermönch Eckhart von der ungeheuren Wucht der religiösen Unmittelbarkeitserfahrung – und wird so gegenüber den scholastischen Erstarrungen seiner Zeit zum Anwalt einer neuen Innerlichkeit. Obwohl ein Gelehrter von hohem Rang, der Aristoteles und Thomas von Aquin kannte, der an den Universitäten Paris und

Köln die scholastische Gelehrsamkeit seiner Zeit gründlich kennengelernt hatte, weist er die Macht abstrakter Gedanken über
Gott zurück als Hindernis jeder wirklichen unmittelbaren Gottes-
erfahrung. Es geht eben nicht an, »Gott« auf eine intellektuelle Formel zu reduzieren, wie es besonders die Scholastiker gar zu gern
taten; ist »Gott« doch der lebendige Urstrom, in den wir uns nicht
allein mit dem Denken, sondern mit unserem ganzen Sein hinein-
stellen müssen. Deshalb unterscheidet Eckhart grundsätzlich zwischen der erlebten Gottheit und einem bloß gedachten Gott. Das
Erleben Gottes steht bei ihm einzig im Mittelpunkt.

Der Unterschied zwischen einem bloß gedachten Gott und der
in den unauslotbaren Tiefen der menschlichen Subjektivität erfah-
renen Gottheit kommt schon in Eckharts Frühschrift, den »Reden
der Unterweisung«, deutlich zum Ausdruck. Heißt es doch dort:
»Der Mensch soll sich nicht begnügen lassen an einem gedachten
Gott, denn wenn der Gedanke vergeht, dann vergeht auch der
Gott. Man soll vielmehr einen wesenhaften Gott haben, der weit
erhaben ist über die Gedanken des Menschen und alle Kreatur.«[8]
Und weil Gott weit über allen Gedanken der Menschen steht, ist
es schlechterdings unmöglich, die Wirklichkeit Gottes gedanklich
einzuholen, sprich: irgendeine positive (bejahende) Aussage über
Gott zu formulieren. Vielmehr kann die Wirklichkeit Gottes nur
durch negative Abgrenzungen bestimmt werden; daher nennt sich
die Theologie der Mystik eine »negative Theologie« (theologia
negativa), die das Wesen Gottes nur in Verneinungen ausdrückt: Sie
sagt nicht, was »Gott« ist, sondern nur, was er nicht ist! Und zwar
deswegen, weil es unmöglich ist, die in den tiefsten seelischen
Abgründen erfahrene Gottheit in das Schema theologischer Gedan-
kensysteme hineinzupressen.

Mit dem Adlerflug des wahrhaft freien Geistes erhebt sich Mei-
ster Eckhart über alle zeitlichen Begrenzungen; er führt uns zu den
Quellen ewiger Weisheit, die in ähnlicher Form in allen mystischen
Traditionen der Welt, in der indischen Bhagavad Gita, in Lao-tse's
Tao-teh-King, im persischen Sufitum fließen. Die wahre Befreiung
des Geistes sieht Eckhart darin, daß der Geist – von allen weltlichen

Dingen gelöst – sich im Handeln nur noch vom Licht des Ewigen leiten läßt: »Man muß sorgsam sein, sich unbehindert zu halten bei aller Tätigkeit. Und nur die sind unbehindert, die all ihr Tun nach dem Vorbilde des Ewigen Lichtes richten. Geschäftigkeit ist ein äußerliches Getue; aber Tätigkeit, das ist, was man mit Bescheidenheit von innen her ausübt. Nur diese Menschen, die geziemenderweise so neben den Dingen stehen und nicht in ihnen, sind rechte Menschen. Sie stehen nahe zu dem Ihrigen, sie verwalten das Ihrige wohl recht, aber sie halten es nicht anders, als stünden sie dabei doch jederzeit am Rande der Ewigkeit.«[9]

Äußerlich steht der Mystiker mitten im praktischen Leben, innerlich bleibt er jedoch frei – sein Geist ist *über* den Dingen, nicht in den Dingen. Diesen Zustand völliger Losgelöstheit von allem Weltlichen hat Meister Eckhart mit Worten wie »Gelassenheit«, »Abgeschiedenheit«, »Leerheit« beschrieben. Er sagt: »Es gibt zweierlei Geburt des Menschen: eine in die Welt hinein und eine aus der Welt hinaus und in Gott hinein. Willst du nun wissen, ob du zu Gottes Sohn gemacht seist, so wisse: solange du noch um irgendein Ding Leid trägst, es sei denn um der Sünde willen, solange ist deine Kindschaft noch nicht geboren.«[10] Im Verlauf des mystischen Weges dringen wir in eine Region unseres Seelenlebens ein, die völlig frei von weltlichen Bildern, unerschaffen und unzerstörbar, ewig und göttlich ist. Diese Seelenregion liegt jenseits allen intellektuellen Begreifens, auch jenseits von Raum und Zeit; sie ist unser »stilles Kämmerlein«, das »Seelenfünklein«, das »Bürglein der Seele«, der »Seelengrund«. Auf dieses Ewige im Menschen, auf seinen göttlichen Geistkern, will Meister Eckhart immer wieder hinweisen.

In diesem Seelengrund nun vollzieht sich die »Geburt des Sohnes«, des Christus-Logos, ja die mystische Einswerdung des Menschen mit Gott selbst, das Wunder der *unio mystica*. Jede menschliche Sprache muß versagen, das zu schildern, was beim Zurückfließen in den grundlosen Abgrund, beim mystischen Einswerden mit Gott, empfunden wird. Meister Eckhart hat dennoch versucht, das Unaussprechliche auszusprechen. Das folgende Zitat aus den »*Predigten und Traktaten*« zählt zu den klassischen Texten der Deutschen Mystik: »Ich habe schon öfters gesagt: es ist eine Kraft in der Seele, die nicht Zeit noch Fleisch berührt, sie fließt aus dem Geist und bleibt im Geist und ist ganz und gar geistlich. In dieser Kraft ist Gott allzumal grünend und blühend in all der Freude, die er in sich selber ist. Denn der ewige Vater gebiert seinen ewigen Sohn in dieser Kraft ohne Unterlaß. Und hätte ein Mensch alles Gut der Erde und ließe das alles um Gott und würde einer der ärmsten Menschen, der je auf Erden lebte, und gäbe ihm dann Gott so viel Leid, als er je einem Menschen gab, und litte er dies alles bis an seinen Tod, und Gott gäbe ihm dann nur einen Augenblick anzuschaun, wie er in dieser Kraft ist: seine Freude würde also groß sein, daß ihm dagegen alles Leid und alle Armut noch zu wenig wäre. Denn Gott ist in dieser Kraft als in dem ewigen Jetzt. Wäre der Geist allezeit mit Gott in dieser Kraft vereiniget, der Mensch könnte nicht altem. Denn dies Jetzt, da Gott den ersten Menschen machte, und das Jetzt, in dem der letzte Mensch vergehen soll, und dies jetzt, in dem ich nun spreche, die sind alle zugleich in Gott und sind nichts denn ein einziges Jetzt.«[11]

Ähnlich beschreibt der Eckhart-Schüler *Johannes Tauler* das Zentralerlebnis der mystischen Gottvereinigung, das sich im Menschen selbst, im Ab-grund und Ur-grund seiner Seele, vollzieht. Es gibt nach Tauler in der Seele des Menschen einen »ungeschaffenen Abgrund«, ähnlich dem ungeschaffenen Seelengrund bei Meister Eckhart. Dieser innerste Wesenskern ist ewig, ist Gott selber. Tauler schreibt: »Der geschaffene Abgrund leitet wegen seiner Tiefe weiter hinein. Seine Tiefe und sein erkanntes Nichts zieht den ungeschaffenen Abgrund in sich, und da fließt der eine Abgrund in den anderen Abgrund und wird da ein einziges Eins, ein Nichts im anderen Nichts.«[12] Deutlich treten hier alle Kennzeichen »negativer Theologie« zutage: Das »einzige Eins« der mystischen Gottvereinigung wird zu einem »Nichts«, weil jedes Etwas ja nicht mehr jenem Bereich absoluter Transzendenz angehört, in dem Gott allein waltet. Ein Jahrhundert zuvor hatte schon *Mechthild von Magdeburg* (1207–1282), die Vertreterin hochmittelalterlicher

Frauen-Mystik, die 46 Jahre lang in einem Beginenkloster lebte, das Wesen der mystischen Einswerdung in ganz schlichten Versen ausgedrückt:

> Ich bin in dir, du bist in Mir,
> Wir können einander nicht näher sein,
> Denn wir sind beide in eins geflossen
> Und sind in eine Form gegossen
> Und bleiben so ewig unverdrossen.[13]

## 3. Mystik im Zeitalter der Reformation

Die Reformation, eine große geistige Befreiungsbewegung, die überall in Europa auftrat, hatte es sich zum Ziel gesetzt, den Menschen von der Bevormundung durch eine korrupt gewordene Kirchenhierarchie zu lösen und umfassende Glaubens- und Gewissensfreiheit zu verwirklichen. Der Glaube sollte fortan eine Sache des eigenen Gewissens, der eigenen Entscheidung sein – das war die Grundlehre *Martin Luthers* (1483–1546). Aber die Reformation Luthers, obgleich als großes Befreiungswerk in Gang gesetzt, verfiel in den Fehler, daß sie auf eine reine Wort-Theologie hinauslief. Das Schriftwort, das heißt der Wortlaut der Bibel mit Altem und Neuem Testament, gewann in ihr größere Bedeutung als die unmittelbare religiöse Erfahrung.

Angesichts dieser Einseitigkeit Luthers bildeten sich als Nebenströmungen der Reformation Schwärmer, Mystiker und Spiritualisten, die gegenüber dem äußeren Schriftwort dem »inneren Wort« – der mystischen Innenschau – den Vorrang gaben. Das Christentum sollte von einer bloßen Buchstaben-Theologie, zu der auch das Luthertum längst geworden war, zu einer lebendigen Geist-Erfahrung weiterentwickelt werden. Als Vertreter dieser Richtung seien hier *Hans Denck* (1500–1527), *Sebastian Franck* (1499–1542) und *Caspar Schwenckfeld* (1498–1561) genannt. Die *»Theologia Deutsch«*, ein Werk des 14. Jahrhunderts, dessen Verfasser unbekannt blieb, gewann zu Beginn der Reformation dadurch Bedeutung, daß Luther obgleich selbst kein Mystiker – sie 1516 und mehrfach später herausgegeben hatte.

Die Spiritualisten sahen in dem inneren Wort – dem inneren Licht, dem inneren Christus – einen universalen Gottfunken, der in allen Menschen, nicht etwa nur in den Christen, angetroffen werden kann. Dieser Universalismus, eigentlich schon Ausdruck eines neuzeitlichen Toleranz-Gedankens, findet sich klar ausformuliert bei Sebastian Franck: »Darum tauft allein der eine Geist alle Gläubigen und diejenigen, die dem innerlichen Wort gehorsam sind, mit Feuer und Geist, an welchem Ort der Welt sie auch sind. Denn Gott sieht nicht die Person an, sondern ist zu den Griechen wie zu den Barbaren und Türken, zum Herrn wie zum Knecht, sofern die das Licht behalten, das ihnen eingegeben ist und das ihrem Herzen einen ewigen Schein gibt.«[14] Daher: »Halte für Deine Brüder auch alle Türken und Heiden, wo sie auch seien, wenn sie Gott fürchten und – gelehrt und inwendig von Gott angezogen – Gerechtigkeit wirken, obgleich sie selber niemals von der Taufe, ja niemals von Christus selber irgendeine Historie oder einen Buchstaben gehört haben, sondern seine Kraft allein durch das innerliche Wort in sich vernommen und dasselbe fruchtbar gemacht haben.«[15] Die Mystik des inneren Wortes verdichtet sich hier zu einem toleranten und undogmatischen Christentum, das auf die Bruderschaft aller Menschen und Völker abzielt.

Der radikale Flügel der Reformation konnte sich jedoch in Deutschland nicht durchsetzen. Die Reformation Luthers mit ihrer Zwei-Reiche-Lehre und ihrem ausgeprägten Obrigkeitsglauben wurde zu einem Instrument in den Händen des Territorialfürstentums. Gruppierungen wie die Wiedertäufer, die Erwachsenentaufe, freie Priesterwahl durch die Gemeinde sowie Ablehnung des Eides und des Kriegsdienstes in ihr Programm geschrieben hatten, mußten heftigste Verfolgungen erdulden. Im Jahr 1529 verhängte der Zweite Reichstag zu Speyer die Todesstrafe über alle »Taufgesinnten«. Der Augsburger Religionsfrieden (1555) legte fest, daß nur der katholische und der lutherische Glaube zu dulden seien, wobei die Untertanen dem Bekenntnis ihrer Fürsten zu folgen hätten

(*»cuius regio, eius religio«*). So kam es, daß jede reformatorische Position, die über Luther hinausging, in Deutschland keine Möglichkeit mehr hatte, sich herauszubilden.

Dennoch konnte sich, unbemerkt am Rand der evangelischen Kirche, eine protestantische Mystik entfalten, die in den Kirchenliedern des *Paul Gerhard* (1607–1676), vor allem aber in den Liedern des niederrheinischen Dichters *Gerhard Teersteegen* (1697–1769) ihren reifsten Ausdruck erreichte. Man hat Teerstegen das »ursprünglichste, am schönsten entfaltete lyrische Genie des quietistisch-mystischen Pietismus« genannt. Von ihm sei hier ein Gedicht zitiert, das den mystischen Geist der schweigenden Anbetung in Worte faßt:

> Ich bin im dunklen Heiligtum
> Und bete an und bleibe stumm
> Oh ehrfurchtsvolles Schweigen!
> Der beste Redner sagt mir's nicht,
> Was man hier ohne Reden spricht
> Durch Lieben und durch Beugen.
> Ich bet' zwar stets, doch ohne Mund,
> Es macht der Friedenszug im Grund
> Die müden Lippen schließen.
> Auch weiß ich nichts zu beten mehr,
> Ich hab's erlangt, was ich begehr,
> Mein Beten ist genießen.[16]

In die Reihe der dichtenden Mystiker im Zeitalter des Pietismus gehört auch *Angelus Silesius*, eigentlich Johann Scheffler (1624–1677), der deutsche Barockdichter, der aus der Tiefe schmerzlich erlebter Seelenspannungen unmittelbar heilskräftig zu uns spricht, und zwar in seinem in der Spruchform epigrammatischer Alexandriner verfaßten *»Cherubinischen Wandersmann«*.

Spannungen begleiten den Dichter von Kindheit an. Der Vater aus alter deutscher Kolonie in Krakau, vom polnischen König geadelt, aber als Lutheraner nach Breslau übergesiedelt, heiratet noch im Alter von 62 Jahren eine Breslauer Arzttochter, die Mutter des Dichters, der mit 15 Jahren bereits als Weise im Leben steht. Seine Studienjahre in Straßburg, Leiden und Padua sind voll religiöser Bewegung; als Arzt in Breslau gerät er ganz in den Bannkreis der Mystik Jakob Böhmes, damit aber immer mehr in Widerspruch zur lutherischen Orthodoxie. 1653 tritt er zur katholischen Kirche über, wo er 1661 auch die Priesterweihe empfängt, da er im Protestantismus kein genügendes Verständnis für seine Mystik zu finden glaubt. Im Zwielicht zwischen Böhme-Mystik und Katholizismus sind denn auch jene Alexandriner-Sprüche entstanden, die den »*Cherubinischen Wandersmann*« bilden, das Grundwerk deutscher Mystik.

Die folgenden Verse zeigen uns Angelus Silesius als einen Mystiker von geradezu prometheischer Kühnheit, der über alles als göttlich Erachtete noch hinausstrebt, um ganz im ungeschaffenen Meer der mystischen »Über-Gottheit« aufzugehen:

> Weg, weg, ihr Seraphim, ihr könnt mich nicht erquicken!
> Weg, weg, ihr Engel all und was an euch tut blicken!
> Ich will nun eurer nicht, ich werfe mich allein
> Ins ungeschaffne Meer der bloßen Gottheit ein.

> Herr, es genügt mir nicht, daß ich dir englisch diene
> Und in Vollkommenheit der Götter für dir grüne:
> Es ist mir viel zu schlecht und meinem Geist zu klein:
> Wer dir recht dienen will, muß mehr als göttlich sein.

> Wo ist mein Aufenthalt? Wo ich und du nicht stehen.
> Wo ist mein letztes End, in welches soll ich gehen?
> Da, wo man keines find't. Wo soll ich denn nun hin?
> Ich muß noch über Gott in eine Wüste ziehn.

> Was man von Gott gesagt, das gnüget mir noch nicht,
> Die Über-Gottheit ist mein Leben und mein Licht.[17]

## 4. Die Geistesschau des Emmanuel Swedenborg

Dem schwedischen Naturforscher, Philosophen und »Geisterse-
her« *Emmanuel Swedenborg* (1688–1772) war es vergönnt, mit
seinem gewaltigen, aus geistiger Schau gewonnenen Werk Jahrhunderte über seinen Tod hinaus auf seine Nachwelt einzuwirken;
er übte starken Einfluß auf Goethe, Schopenhauer und die Romantiker aus, besonders auf Schelling, Novalis und Jean Paul, ferner
auf Balzac, Baudelaire und Strindberg. »Der gewürdigte Seher
unserer Zeiten (…), zu dem Geister durch alle Sinnen und Glieder
sprachen, in dessen Busen die Engel wohnten«, so nannte ihn Goethe (in den Frankfurter gelehrten Anzeigen 1772), und Balzac pries
ihn gar als den »*Buddha des Nordens*«, der als Stifter einer geistigen Urreligion mit Zarathustra, Moses Buddha, Konfuzius und
Jesus Christus in einer Reihe stünde.

Swedenborg liefert den Beweis dafür, daß Naturwissenschaft
und Mystik in keinen Gegensatz zueinander zu treten brauchen.
Der Sohn des Stockholmer Hofpredigers Jesper Swedberg studierte
in Uppsala und später auf Reisen in London und Paris hauptsächlich Mathematik, Mechanik, Astronomie, Geologie und Geogra-
phie. Nach Schweden zurückgekehrt, nahm er eine leitende Stellung im Bergwerkskollegium ein, wirkte auch als Ingenieur bei
Dock- und Schleusenbauten mit. Seine bis 1744 erschienenen
naturphilosophischen Hauptschriften begründeten seinen Ruf als
international anerkannter Wissenschaftler. Eine langjährige religiöse Krise (seit 1736) führte jedoch Ostern 1745 zu einem Beru-
fungserlebnis, das ihm die geistige Welt eröffnete und ihn fortan
mit Geistern und Engeln wie mit seinesgleichen verkehren ließ.

Gerade jetzt, als das schwedische Bergwerkskollegium ihn ein
stimmig zum Präsidenten wählen wollte, entsagt Swedenborg allen
Ämtern, schiebt Mikroskop, Seziermesser, Reagenzglas, Zirkel,
Lexika und gelehrte Bücher zur Seite, um sich ganz seinem geistigen Werk zu widmen, das man eher ein theosophisches als ein the-
ologisches nennen kann. In der Zurückgezogenheit eines kontem-
plativen Lebens verfaßt Swedenborg eine stattliche Anzahl

lateinischer Werke von barocker Weitschweifigkeit, scholastisch in zahlreiche Paragraphen gegliedert, in denen er seine Vision einer umfassenden geistigen Welteinheit niederlegt. Die wichtigsten dieser Werke, die der Tübinger Universitätsbibliothekar Joh. Fr. Immanuel Tafel Anfang des 19. Jahrhunderts in einer ziemlich wörtlichen Übersetzung ins Deutsche übertrug, tragen so wunderliche Titel wie *Arcana Coelestia* (Himmlische Geheimnisse, 1747–58), *De Coelo et de Inferno* (Himmel und Hölle, 1758) und *Apocalypsis Revelata* (Enthüllte Offenbarung, 1766).

Die Welten des Jenseits, Himmel, Hölle und Geisterwelt, allesamt ein exaktes Spiegelbild des Diesseits, beschreibt Swedenborg topographisch genau in allen Einzelheiten, und zwar« nach Ohren- und Augenzeugnis«, »nach Gehörtem und Gesehenem« *(ex auditis et visis).* Tatsächlich muß Swedenborg in ganz außergewöhnlichem Maße telepathische, mediale und hellsichtige Fähigkeiten besessen haben, die er auch im Alltagsleben anzuwenden wußte; als Beispiel hierfür wird immer wieder genannt, daß er den großen Brand von Stockholm 1756 deutlich vor Augen sah, obwohl er sich zur selben Zeit über 50 Meilen von Stockholm entfernt in Gothenburg aufhielt. Selbst Immanuel Kant, der verstandesscharfe Philosoph der Aufklärung, berichtet zahlreiche Anekdoten über Swedenborg, die dessen Ruf als medial begabten Seher und Visionär über jeden Zweifel erheben.

Wenn Swedenborg mit den Geistern Verstorbener oder mit den Engeln der himmlischen Lichtwelten verkehrte, befand er sich in einem Zustand der »Entrückung«, in dem der Geist sich außerhalb des Körpers befindet. Diesen Zustand außerkörperlichen Bewußtseins beschreibt er so: »Man wird in einen Zustand mitten zwischen Schlafen und Wachen versetzt. In diesem Zustand glaubt man, völlig wach zu sein; alle Sinne sind so wach, wie beim völligen Wachsein des Körpers, sowohl Gesicht wie Gehör wie merkwürdigerweise auch das Gefühl, das dann sogar feiner ist, als es im wachen Körper möglich wäre. In diesem Zustande sind Geister und Engel leibhaftig von mir gesehen, gehört und, was das Sonderbarste ist, auch berührt worden (...).«[18]

Die Geistesschau des Emmanuel Swedenborg deckt sich übrigens mit der *Dantes*, wie wir sie in der »*Göttlichen Komödie*« niedergelegt finden; nur mit dem Unterschied, daß Dante sein Werk als reine Dichtkunst verstanden wissen wollte, wogegen Swedenborg doch immer einen Anspruch auf Wissenschaftlichkeit erhebt und die Bedeutung der spirituellen Erfahrung als Urquell seiner Schriften hervorhebt. Himmel, Hölle und Geisterwelt, die Swedenborg beschreibt, heißen bei Dante *Paradiso*, *Inferno* und *Purgatorio*: der letztgenannte Ort eine Stätte des Übergangs, an dem die Seelen der Verstorbenen weilen, bevor sie entweder in den himmlischen Lichtgefilden oder in den dunklen Schlünden der Hölle ihren endgültigen Aufenthalt nehmen. Alle Gestorbenen gelangen also zuerst in die »Geisterwelt«.

Wie das Leben des Menschen nach dem Tod aussieht, wird von Swedenborg genauestens geschildert; es unterscheidet sich, wenn man seinem Bericht glauben will, nicht grundlegend vom Leben im Diesseits. Die Geisterwelt ist bei Swedenborg kein abstraktes Nirvana, sondern eine plastisch durchgestaltete Welt, die mit ihren Landschaften, Bergen, Flüssen und Tälern der materiellen Erdenwelt durchaus ähnelt: »Die Geisterwelt erscheint wie ein Tal zwischen Bergen und Felsen, das hier und dort sich senkt und hebt. Die Tore und Pforten zu den himmlischen Gemeinschaften sind nur denen sichtbar, die zum Himmel vorbereitet werden; von den anderen werden sie nicht gefunden. Zu jeder Gemeinschaft führt aus der Geisterwelt ein Eingang und dahinter ein Weg, der, aufsteigend, sich in mehrere teilt. Die Tore und Eingänge zur Hölle werden auch nur denen sichtbar, die sie betreten sollen; ihnen werden sie aufgetan. Sind sie geöffnet, so zeigen sich finstere, mit Ruß bedeckte Höhlen, schräg abwärts in die Tiefe führend, wo wieder mehrere Eingänge sind.«[19]

Auch der Himmel erscheint bei Swedenborg ganz konkret und plastisch – eine Welt der geistigen Urbilder, die prägend und formschaffend in die Regionen des Diesseits einwirken, so daß die materielle Erden-Wirklichkeit nichts anderes ist als ein Abglanz der geistigen Welt. Eingedenk der wechselseitigen Entsprechung von himmlischer und irdischer Welt sagt Swedenborg: »Die geistige Welt ist der natürlichen ganz ähnlich. Es erscheinen dort Länder, Berge, Felder, Flüsse wie in der natürlichen Welt, auch Bäume samt Samen und Früchten, Pflanzen, Blumen, sowie auch Tiere, Vögel und Fische, also alles, was zum Mineral-, Pflanzen- und Tierreich gehört. Nur ist das dort Befindliche nicht fix und feststehend wie in der natürlichen Welt, weil dort nichts natürlich, sondern alles geistig ist. All dies zeigt sich in lebendiger Erscheinung um den Engel und die englischen Gesellschaften her wie etwas von ihnen Hervorgebrachtes. Gehen sie weg, so erscheint es nicht mehr oder verändert sich, wenn andere Engel kommen. Alle diese Dinge existieren gemäß den Gefühlen und den daraus hervorgehenden Gedanken der Engel.«[20]

Die Engel sind demnach – wie bei Dionysius Areopagita, dem ostkirchlichen Mystagogen – schöpferisch tätige Wesenheiten, die durch ihre Denkkraft die Urbilder der sichtbaren Formgestalten hervorbringen. Die Engelwelt stellt somit einen Bestandteil der kosmischen Gesamtordnung dar, sie ist Ziel und Vollendungspunkt einer großangelegten kosmischen Evolution, die vom Menschen selbst ihren Ausgang nimmt und sich von dort aus zu den geistigen Reichen der Engel emporschwingt. Denn die Ausgangsbasis der Engelwelt bildet das Menschengeschlecht: »Gott hat das Weltall zu keinem andern Zwecke erschaffen, als daß ein Menschengeschlecht und aus diesem ein Himmel entstehe. Denn das Menschengeschlecht ist die Pflanzschule des Himmels. Der Endzweck der Schöpfung des Weltalls ist, daß ein Engelshimmel existiere. Weil dieser der Endzweck ist, so ist es auch das menschliche Geschlecht, da aus diesem der Himmel sich bildet.«[21]

Swedenborg glaubt nicht an Engel, die wie platonische Ideen in der geistigen Welt« präexistieren«; er kennt im Gegenteil nur solche Engel, die in früheren Äonen auf der Erde oder auf einem anderen Weltkörper als Mensch existiert haben. Dabei nimmt Swedenborg eine Vielheit bewohnter Welten im Universum an, auf denen teils menschliche, teils noch höher entwickelte Zivilisationen bestehen. Ähnlich sagt auch Goethe: »Der Mensch ist das erste

Gespräch, das die Natur mit Gott hält. Ich zweifle gar nicht, daß
dies Gespräch auf anderen Planeten viel höher, tiefer und verstän-
diger gehalten werden kann.«[22] Über die große kosmische Bruderschaft der Engel und Geister berichtet Swedenborg in seinem merk-
würdigen Buch »*Die Erdkörper in unserem Sonnensystem sowie
ihre Bewohner, Geister und Engel*« (1758).

Als Naturforscher hatte Swedenborg Gott in den Höhen des
gestirnten Himmels, im Wunder der Elektrizität, in den Eisen- und
Kupferadern der Bergwerke, in den Gesteinen und Kristallbildun-
gen des Erdreichs kennengelernt; als Geistesforscher offenbart sich
ihm Gott in gewaltigen Bildern und Visionen aus der geistigen
Welt. Die Einheit der sichtbaren und der unsichtbaren Welt
erschließt sich ihm unter dem Gesichtspunkt der Entfaltung des
unteilbar-einen göttlichen Lebens. Der uralte Weg der Mystiker,
der Weg eines Plato, Plotin, Dionysius Areopagita, Dante Alighieri
und Angelus Silesius, wird von Swedenborg nicht nur neu begangen,
sondern auch unter Einbeziehung der modernen Naturwissenschaft einer letzten Vollendung entgegengeführt.

# XI.
## Der Gralsimpuls

> Der große Artus schläft noch,
> All seine Krieger um ihn versammelt,
> Das Schwert stets in seiner Hand.
> Wenn es Tag wird über Cambry,
> Wird der große Artus wieder losziehen
> Und sein Leben zu ihrem Wohle einsetzen.[1]

## 1. König Artus – der historische Hintergrund

Die Tafelrunde des König Artus[2] gehört in jene geheimnisvolle Zeit an der Schwelle von der Spätantike zum Frühmittelalter, in der in England urbritisches Keltentum, germanisches Angelsachsentum und Christentum miteinander ringen und sich gegenseitig durchdringen – eine Zeit, deren Atmosphäre Marion Zimmer-Bradley in ihrem zum »Kultbuch« gewordenen Bestseller »*Die Nebel von Avalon*« so treffend dargestellt hat. In dieser Übergangs- und Wendezeit hat jener historische Artus gelebt, der dem späteren sagenumwobenen »König Artus« als Vorbild diente. Aber von den höfischen Schriftstellern des Mittelalters, besonders *Chrestien de Troyes* (1130–1190), wurden Artus und die um ihn gruppierte Tafelrunde zum Idealbild ritterlichen Lebens und gerechten Königtums hochstilisiert. Die Tafelrunde des König Artus – ein unerhörter Zauber geht von dieser Mythe aus, und die Namen der Artus-Ritter klingen noch heute an unser Ohr, als wollten sie Unvergessenes aus den Tiefen unserer Seele wachrufen.

Versetzen wir uns zurück in die Zeit des untergehenden Römischen Weltreichs. Im Jahr 417 entsendet Kaiser Konstantius eine letzte römische Legion nach Britannien, um die keltischen Briten gegen die anstürmenden Angelsachsen zu verteidigen. Diese wurden ursprünglich von einem keltischen Lokalfürsten namens Vortigern als Hilfstruppen ins Land gerufen, begannen aber zunehmend, sich des Landes zu bemächtigen. Als die römischen Truppen nun endgültig aus Britannien abziehen, wohl um das Jahr 440, übernimmt der romanisierte Britenkönig *Ambrosius Aurelianus* die Macht; es gelingt ihm zunächst, den Rivalen Vortigern und die mit ihm verbündeten Angelsachsen zu schlagen. Aber ab etwa 500 n. Chr. gewinnen die Angeln, Sachsen und Jüten in Britannien zunehmend wieder an Boden.

Da erst betritt König Artus, freilich nur schattenhaft und undeutlich erkennbar, die Bühne der Weltgeschichte. Doch die Nachrichten über ihn bleiben anfangs spärlich. Im 9. Jahrhundert erwähnt *Nennius*, ein lateinisch schreibender Mönch aus Wales, in seiner *Historia Brittorum* erstmals einen »Artus« als Heerführer *(dux bellorum)*, der die Britenstämme gegen die Angelsachsen verteidigt hätte: »Dann kämpfte Artus zusammen mit den anderen Britannierkönigen gegen die Sachsen, und er war ihr oberster Befehlshaber.«[3] In zwölf Schlachten habe der walisische Feldherr Artus seine Widersacher bezwungen, entscheidend in der Schlacht am Mount Badon, die heute etwa auf das Jahr 510 datiert wird. Ähnliche Hinweise auf Artus finden wir in den *Annales Cambriae*, den »Jahrbüchern von Wales«, dem Werk eines unbekannten Autors, und in dem altkeltischen Heldenlied *Gododdin*, das Aneirin, einem Barden des späten 6. Jahrhunderts, zugeschrieben wird.

Bezeichnenderweise sprachen all diese altkeltischen Quellen zwar von »Artus«, aber nicht von einem »›König‹ Artus«; auch Nennius nennt ihn ja ausdrücklich einen Heerführer. Aber in einem Preislied auf den verdienstvollen Artus-Ritter *Gereint* aus dem 10. Jahrhundert hören wir erstmals von einem »Kaiser« Arthur, der in Südwestengland Seite an Seite mit Gereint kämpft:

In Llongborth sah ich Arthur –
tapfere Männer schlugen mit Stahl –
den Kaiser, Herrscher der Kampfesmüh.[4]

Nach Nennius vergehen noch einige Jahrhunderte, bis wieder ein bedeutender Artus-Chronist aus dem Dunkel der Geschichte tritt. Es ist der englische Bischof und Chronist *Geoffry of Monmouth* (etwa 1100–1154), der in seiner »Geschichte der Könige Britanniens« (*Historia Regnum Britanniae*, 1136–1139), die Geschichtliches und Fabulöses durcheinandermischt, sowohl König Artus als auch den Zauberer und Weisen Merlin ausführlich beschreibt. Die erste wundersame Lebensbeschreibung des Merlin stammt auch von Geoffry of Monmouth, die *Vita Merlini*, ein Dichtwerk von 1525 lateinischen Hexametern, etwa ein Jahrzehnt nach der *Historia* entstanden.

Der anglo-normannische Reimchronist *Robert Wace* (1100 –1175), der das fabulöse Geschichtswerk des Geoffry of Monmouth unter dem Titel *Roman de Brut* in französische Verse übertrug, brachte den Artus- und Merlin-Sagenkreis von den Britischen Inseln nach Frankreich und damit in die Welt des höfischen Europa. Bei Wace wird im Zusammenhang mit Artus und Merlin der Tafelrunde- und Grals-Mythos ausgestaltet, insbesondere die Person des legendären Joseph von Arimathea eingeführt, der angeblich den Gral von Palästina direkt nach Britannien gebracht haben soll. Die umfangreichste Artus-Dichtung stammt indes aus dem ausgehenden Mittelalter, der *Morte Darthur* von *Thomas Mallory* (1408–1471), erschienen im Jahr 1485.

Im Verlauf des hohen Mittelalters wuchs Artus, eine mythische Gestalt wie Siegfried oder Dietrich von Bern, zu einem sagenhaften Heldenkönig heran, ja er wurde zum Idealbild eines christlichen Universalkönigs, dessen Ruhm sich über den ganzen Erdkreis verbreitet. In höchsten Tönen lobt ihn *Pseudo-Alanus* in seiner »*Prophetia Anglicana*«, die zwischen 1167 und 1174 entstand: »Wohin, soweit das Christentum reicht, wäre nicht der Name Arthurs, des Briten, auf den Flügeln des Ruhms gedrungen?

Wer, frage ich, spricht nicht von Arthur, dem Briten, der, wie uns die Pilger aus dem Osten berichten, den Völkern Asiens fast ebenso bekannt ist wie den Britanniern. Die Völker des Ostens sprechen von ihm ebenso wie die des Westens, mögen sie auch durch die Weite des Erdkreises voneinander getrennt sein. Rom, die Königin der Städte, besingt seine Taten, die auch ihrer einstigen Rivalin Carthago nicht unbekannt sind, und ebenso feiern ihn Antiochien, Armenien und Palästina ...«[5]

## 2. Die Tafelrunde - eine Mysteriengemeinschaft

Im Mittelpunkt der Tafelrunde des König Artus steht ein Mysterium, das Geheimnis des Heiligen Grals. Der Heilige Gral,[6] dem menschlichen Begreifen entrückt und unzugänglich, wird als eine Art göttliche Schale geschildert, als ein ewig fließender Springquell, aus dem göttliche Lichtkräfte in die Diesseits-Welt einfließen. Den Christen gilt der Heilige Gral bald als der Abendmahlskelch Christi, der das Erlöserblut in sich birgt, bald als das Gefäß des Heiligen Geistes, der sich bei Anbruch der Endzeit über die Menschheit ausgießt. Aber es gibt auch eine noch ältere vorchristliche Gralstradition, ja man könnte vom »Gral« als einem menschheitlichen Ur-Mythos sprechen!

Demgemäß wollte der Stifter und Begründer der Tafelrunde, der keltische Magier Merlin, ausdrücklich sowohl Christen als auch Heiden zum Gral zugelassen wissen – dem Weltimpuls des Heiligen Grals zu dienen, darin besteht die wahre Aufgabe der Tafelrunde! Das Symbol der Runden Tafel wählte Merlin deswegen, weil er damit die weltumfassende, universale Geltung des Gralsimpulses zum Ausdruck bringen wollte. »Einst ließ Merlin die Runde Tafel herstellen«, heißt es bei Thomas Mallory, »als Gleichnis für die runde Gestalt der Welt; und die Runde Tafel bezeichnet die Welt mit Recht, denn Christen wie Heiden kommen zu dieser Tafel. Nachdem sie zu Mitgliedern der Tafelrunde erwählt werden, halten sie sich für begnadeter und berühmter, als wenn sie die halbe Welt erobert hätten. (...) Nachdem Merlin die Runde Tafel hat-

te herstellen lassen, verkündete er, durch die Mitglieder der Tafelrunde werde die Wahrheit des Heiligen Grals überall bekannt werden.«[7]

Die Mitglieder der Tafelrunde, allesamt Geweihte des Heiligen
Grals, bilden untereinander eine *Mysteriengemeinschaft*. Es wird
hier deutlich, daß der Begriff »Tafelrunde« durchaus nicht eine
Gruppierung historischer Persönlichkeiten bezeichnet, sondern
sich als überzeitlicher Begriff auf eine lichthafte Bruderschaft von
Wissenden bezieht. Überhaupt handelt es sich bei der König-Artus-
Mythologie nicht um eine gewöhnliche Rittergeschichte, sondern
vielmehr um eine verschleierte Esoterik aus der Zeit des keltischen
Heidentums. In der offiziell voll christianisierten Gesellschaft des
frühen Mittelalters konnte das esoterische Wissen der einstmals
krafterfüllten keltischen Religion nur noch im Untergrund weiterleben, unter dem Schutzmantel einer poetisch ausgestalteten religiösen Mythologie, in wundersamen Erzählungen und Gedichten,
die von den umherziehenden Barden meist in Begleitung von Har-
fenmusik vorgetragen wurden. In christlicher Zeit war die bardi-
sche Sagen-Dichtung regelrecht ein Zufluchtsort, an dem die Alte
Religion der Druiden inmitten einer im Grunde feindlichen Umgebung noch überleben konnte.

Denn mit der gewaltsamen Christianisierung West-, Mittel-
und Nordeuropas wurde den dortigen Völkern die Möglichkeit
genommen, ihre eigenen organisch gewachsenen Religionen
schöpferisch weiterzuentwickeln. »Das Wachstum der heidnischen Religionen Nordeuropas«, schreibt Heinrich Zimmer, »ist
mit dem Eintreten ihrer Völker in den christlichen Raum in der
Blüte geköpft worden; mehr als die römische Kultur hat die Kirche bei den Kelten und Germanen und der breiten vorkeltischen
Urbevölkerung Frankreichs und der Britischen Inseln ihrem
Mythos seine Lebenssphäre, die alte Religion, entzogen. Schwebend und bodenlos lebte er weiter, ward ohne Kult und Ritual
wie anderwärts in gleicher Lage zu Sage und Dichtung, ward
weltlich und scheinbar unverbindlich, der Kirche als Gegner
schwer greifbar und bildete dabei fort und fort die innige Nah-

14 »Der Platz der Gefahr« an der Tafelrunde. Illustration aus einer
Handschrift, Frankreich, 15. Jahrhundert.

Mythen und Sagen hat der mittelalterliche Mensch seine ver-
schüttete Frühzeit und Völkerjugend ausgeträumt in Bildern und
Gestalten, im Artus- und Gralszyklus wurden sie zu Gesell-
schaftsromanen des ritterlich-höfischen Europa.«[8]
  Die Frage, ob König Artus und Merlin als historische Persönlichkeiten tatsächlich gelebt haben, tritt als belanglos in den
Hintergrund zurück, wenn man beide in erster Linie als überge-
schichtliche und transzendente Gestalten betrachtet. König Artus
könnte man mit dem vedischen Gott *Indra*, mit dem ägyptischen
*Osiris*, mit dem Drachentöter *Georg* oder mit dem heiligen
*Michael* vergleichen, denn als Lichtheld und Sonnenkrieger tritt er
ein für Wahrheit und Gerechtigkeit. In der Tat: König Artus erweist
sich in esoterischer Sicht als ein machtvoller Sonnen-Eingeweihter
und Sonnenheld, als ein menschheitserlösender Weltkönig. In diesem Sinn schreibt auch J. Sharkey (in »Celtic Mysteries«): »Artus
mag durchaus eine historische Gestalt gewesen sein, ein militäri-
scher Führer der Briten des 6. Jahrhunderts; seine eigentliche
Bedeutung jedoch ist die eines mythischen Helden: eines unsterblichen Sonnenkriegers. Er ist der beliebteste und der romantischste
der keltischen Sonnenhelden. (...) Artus, Sohn des Uther Pendra-

gon, ist mythisch eng verwandt mit dem Heiligen Michael als dem
Herrn des Lichts, der die Drachenmächte der Finsternis nieder-
wirft.«[9]

Merlin dagegen – er hat nicht das Hellstrahlende der Sonne an
sich, sondern etwas Dunkles, Tiefnächtliches, und zu dem stark
lunaren Element seines Wesens gesellt sich auch etwas Merkuri-
sches; man könnte ihn mit dem gallischen *Lug*, mit dem germanischen Magier-Gott *Odin*, mit dem ägyptischen *Hermes Trismegistos* vergleichen. Stets hält er sich im Hintergrund, sieht aber
vermöge seiner Fähigkeit der Zukunftsschau alles voraus: Daher
dient er dem König Artus als unentbehrlicher Ratgeber und Seelenführer. Während König Artus eigentlich eine Erlösungsfigur ist,
ein keltischer Messias, ein indogermanischer Weltheiland, so spielt
Merlin eher die Rolle des Propheten und Verkünders; er weist auf
einen Größeren hin, der nach ihm kommen wird. Wie Johannes der
Täufer dient er mit seinem Werk bloß der Vorbereitung. Er führte
einst Uther Pendragon mit Igraine zusammen, damit Artus aus
ihrer Ehe hervorgehe; sodann verkündete er Artus als den künftigen König Britanniens, schützte ihn vor Feinden und verschaffte
ihm sein wunderkräftiges Schwert *Excalibur*.

König Artus und Merlin, beide eher transzendente Gestalten,
unterliegen nicht dem Tod, sondern werden durch den Tod entrückt und erhöht. Von Merlin erfahren wir, daß er von seiner
Begleiterin und Gefährtin Nimue in das Innere einer Felsenhöhle
hineingezaubert wird. Und da bleibt er nun, wie Barbarossa im
Kyffhäuser, im Felsen eingeschlossen, alterslos und unberührt
vom Gang der Zeit, nur noch wartend auf seine dereinstige Auferstehung und Wiederkehr. Von König Artus berichtet die Sage,
daß er von dem Verräter Mordred, seinem unehelichen Sohn,
getötet wurde, und zwar in der Schlacht von *Camlann*, die auf
das Jahr 537 datiert wird. Doch Artus starb nicht, sondern wurde
auf die fern im Westen liegende Nebelinsel *Avalon* entführt, wo
er im Kreis seiner Schwester Morgaine le Fay und ihrer weisen
Frauen weiterlebt. Von seinen Wunden genesen, wird er dereinst
wiederkehren, um sein Volk, die von den Angelsachsen geknech-

teten keltischen Briten, endgültig zu erlösen: ein keltischer Weltheiland und zweifellos auch ein wiederauferstandener Sonnengott!

Avalon, die wundersame Apfelinsel, die fern im Westen ent-
rückte »Insel der Seligen«, wo – von Hesperiden gehütet – die
»Äpfel der Unsterblichkeit« wachsen, bedeutet keine geographische Insel wie das einstige Atlantis, sondern wohl eher ein transzendentes Paradies, eine Insel der Anderswelt. Kurz vor seinem
Ableben, in der Kapelle von Glastonbury, spricht König Artus die
folgenden Worte: »Dort, hinter den Wogen, liegt Avalon, die blühende Insel. Und ich will nach Avalon fahren, wo kein Hagel fällt,
und die Winde schlafen, und die Wiesen sich breiten bis hinunter
zur Sommer-See, dorthin, wo Friede ist und das Glück. Dort wohnt
die schönste aller Königinnen, Argante, die Fee. Sie wird meine
Wunden heilen, und ich werde liegen und warten auf einer goldenen Bank. Dereinst will ich wiederkommen zu meinem Königreich
und mit meinen Briten wohnen in Eintracht und Glück.«[10]

Nicht in der Diesseits-Welt liegt die Nebelinsel Avalon, sondern in der jenseitigen Astralwelt, und es mutet an wie die Nachtmeerfahrt des Gottes Re auf der Sonnenbarke, als König Artus
seine Jenseitsreise antrat. Denn als Artus den Tod nahen fühlt,
»... da ging über den Hügel ein wunderbarer Regen nieder, und
über das Wasser nahte ein Boot, gleitend mit den Wellen; darin
saßen drei Feen, von Schleiern umweht. Die Eine rief König Artus
und winkte ihm mit der Hand. Es war Morgane, des Königs
Schwester. Artus erkannte sie und ging ihr entgegen. Er stieg in
das Boot und zog sein Pferd am Zügel mit sich. Sie umfingen
Artus, trugen ihn sanft und legten ihn nieder. Das Boot trieb vom
Ufer weg; kaum war es zwei Bogenschuß weit entfernt, da kam
Girflet zurück und sah ihm nach, wie es im grauen Regen ent-
schwand. Einst, bei des Königs Geburt, eine Stunde nach Mitter-
nacht, erstrahlten die Sterne, nun fiel Regen über das Land, als
König Artus nach Avalon fuhr.«[11]

## 3. Merlin – ein keltischer Eingeweihter

In Merlin, dem keltischen *Myrddyn*,[12] begegnet uns ein Eingeweihter, der noch in den höfischen Dichtungen des Mittelalters als
Ratgeber des König Artus, als Stifter der Tafelrunde und als Kün-
der des Heiligen Grals auftritt. Der historische Merlin war vermutlich ein nordbritischer Barde, der im 6. Jahrhundert n. Chr. in
der ausgedehnten Waldeinsamkeit Caledoniens – heute das südliche Schottland – gelebt hat. Nur wenig wissen wir über den historischen Merlin. Selbst die älteste Quelle über ihn, ebenfalls die
»*Historia Brittorum*« des Nennius aus der ersten Hälfte des 9.
Jahrhunderts, nennt keine biographischen Daten, sondern schildert
Merlin als einen mit fast übermenschlichen Fähigkeiten ausgestat-
teten Seher und Magier. Merlin war schon damals ein Mythos, aber
ein stets lebendiger Mythos, der auch heute noch in den Herzen der
Menschen weiterlebt.

Zusammen mit Aneirin und Taliesin zählt Myrddyn zu den
legendären Barden des 6. Jahrhunderts. Einige alt-walisische
Gedichte, die im »Black Book of Carmarthen« (um 1250) gesammelt sind, werden ihm zugeschrieben – vor allem zwei, sie heißen:
*Afallennau* (»Apfelbäume«) und *Oianua* (»Grüße«). Im Mittelalter gab es Merlinische Prophezeiungen, immer wieder übersetzte
und kommentierte Handschriften, die weitverbreitet waren.

Myrddyn, der historische Merlin, war ein keltisch-britischer
Weiser, der noch altes druidisches Wissen in sich trug: Dichter, Prophet, Magier und politischer Ratgeber zugleich – einer der letzten
großen Eingeweihten der druidischen Religion! Heinrich Zimmer,
der bedeutende Indien-Kenner, schreibt über Merlin, er stelle »mit
einsamer Vollendung im Abendlande dar, was anderen Kulturvöl-
kern, zum Beispiel Indien oder den Indianern, eine geläufige und
gebietende Figur ist: der Zauberer als Lehrer und Seelenführer
...«[13] Die Vita Merlins gleicht in der Tat einem Heiligenleben:
Übernatürlich sind die Umstände seiner Geburt wie seines Todes,
voller Wundertaten ist sein Leben; aber Merlin ist kein christlicher
Heiliger. In ihm lebt nicht der Geist der Weltentsagung, sondern der

sinnenfrohe schöpfungszugewandte Geist des keltischen Heidentums.

In christlicher Zeit sah man in Merlin ein innerlich zwiespältiges Wesen, das sowohl teuflische als auch göttliche Züge in sich trug. Der Sage nach, berichtet von dem walisischen Abt *Geoffry of Monmouth* in seiner »Vita Merlini« (um 1135), ist Merlin nicht auf natürliche Weise gezeugt worden, sondern aus der Verbindung zwischen einer jungfräulichen Prinzessin und einem *Incubus*, einem Nachtdämon, hervorgegangen. Die Incubi galten im mittelalterlichen Volksglauben als naturgeistige Wesenheiten aus der Monden-Sphäre, die den Menschen böse Träume senden. So trug Merlin, nach christlicher Deutung, sowohl Dämonisches als auch (von seiner mütterlichen Abstammung her) Jungfräulich-Marianisches in sich; das Dämonische aber war es, das ihm gewaltige Macht über die okkulten Naturkräfte verlieh, das ihn zum Magier im Vollsinn des Wortes werden ließ!

In der Nacherzählung eines mittelalterlichen Textes, »*Lancelot und Ginevra*«, einem Liebesroman aus dem 13. Jahrhundert, heißt es über Merlin: »Er kannte den Keim aller Dinge, ihre Verwandlung und Erneuerung, er kannte das Geheimnis von Sonne und Mond, die Gesetze, nach denen die Sterne den ihnen zugeteilten Himmelsraum durchlaufen, kannte die Zaubergebilde von Wolken und Luft, die Rätsel des Meeres. Er kannte die Dämonen unterhalb des Mondes, die Träume senden. Er verstand den heiseren Schrei des Reihers, den singenden Flügelschlag der Schwäne, des Phönix Auferstehen. Er wußte den Zug der Kraniche, die Bahn der schwimmenden Fische zu deuten und die blinden Ahnungen der Menschen, und er sagte alle Dinge so, wie sie später geschehen sind, voraus.«[14]

Mit anderen Worten: Merlin war tief in alle Naturgeheimnisse eingeweiht! Er war, darüber besteht kein Zweifel, ein Druide; denn auch die Druiden beobachteten den Sternenlauf, weissagten aus dem Vogelflug, hörten Götterstimmen im Rauschen der Eichenbäume. Ein solches Naturwissen aber als »dämonisch« zu bezeichnen – diese Wertung stammt aus dem christlichen Mittelalter, aus

einer Zeit, da alle Gewalten der Nacht, alles Mondhafte, Traum-
welthafte, dämonisiert wurde und einem glasklaren Verstandesbe-
wußtsein weichen mußte. Merlin aber stand mit dieser, längst vergessenen oder verdrängten, Nachtseite der Welt in inniger
Verbindung. Aus dieser tiefnächtlichen Welt- und Bewußtseinsseite
schöpfte er seine große Kraft.

Wie alle Priester und Eingeweihten des Keltentums, ja überhaupt des Alten Europa besaß Merlin offenkundig ein Wissen um
das Wirken der Erd-Energien. Die folgende Geschichte vom ein-
stürzenden Turm des Königs Vortigern gibt dies deutlich zu erkennen: Zu der Zeit, da die Truppen des untergehenden Römischen
Weltreiches Britannien verließen, wurde der mächtige Vortigern
zum König der Inselkelten. Eines Tages wollte er einen Wehrturm
erbauen, der jedoch – kaum aufgebaut sofort wieder zusammen-
stürzte. Dies wiederholte sich mehrmals. Niemand wußte diesem
Übel Abhilfe zu verschaffen. Die falschen Sterndeuter rieten dem
König, sich eines etwa siebenjährigen Knaben zu bemächtigen, der
keinen natürlichen Vater habe; dieser sei die Ursache des Einsturzes und müsse auf dem Grundstein des Turmes als Bauopfer getötet werden.

Die Häscher des Königs ergriffen schließlich in Carmarthen den
siebenjährigen Merlin. Dieser – vor den König geführt entlarvte die
falschen Wahrsager, womit er sich dem ihm zugedachten Opfertod
entzog, und deckte zugleich die wahre Ursache des Einsturzes auf
Zum König sprach er: »Jetzt höre, war-um der Turm nicht stehen
will. Nicht tief unter der Erde, auf dem Fleck, wo der Bau angefangen wurde, ist ein großer Fluß. Unter dem Bett des Flusses liegen zwei Drachen, die sich einander nicht sehen, der eine ist weiß,
der andere ist rot; sie liegen unter zwei sehr großen wunderbaren
Felsen. Diese Drachen nun fühlen die Last des Gebäudes zu schwer
auf sich, darum bewegten sie sich und schüttelten die Last, die sie
drückte, von sich.«[15] Der König ließ unter dem Fundament des Turmes nachgraben; in der Tat kamen die beiden Drachen zum Vor-
schein, die sich gegenseitig vernichteten. Das Bauwerk konnte nun
errichtet werden und stand felsenfest.

Die auf den ersten Blick naiv erscheinende Geschichte birgt einen tieferen Sinn in sich; man muß sie nur nicht allzu wörtlich nehmen. Der Turm des Königs Vortigern stand offenbar über einer unterirdischen Wasserader. Die zwei darunter liegenden Drachen sind zwei sich überkreuzende Erdkraftlinien. Unser Heimatplanet Erde wird – wie die uralte Wissenschaft der Geomantie lehrt – von Meridianen feinstofflicher Energie durchzogen; diese unsichtbaren Kraftströme werden *ley lines* oder Drachenlinien genannt. Merlin muß nicht nur Magier und Zukunftsseher gewesen sein, sondern auch praktizierender Geomant: ein Meister über die chthonischen Kräfte, der die Drachenkraft der Erde freizusetzen und zu bezwingen vermochte.

Eine andere Merlin-Sage, die ebenfalls von Geoffry of Monmouth berichtet wird, bringt die Person Merlins mit dem prähistorischen Felsendom *Stonehenge* in Verbindung. Erzählt wird von einem Kreis mächtiger wundertätiger Steine, die vor Urzeiten ein Riese irgendwo in Irland aufgestellt haben soll. Uther Pendragon, der König der Briten, wollte sich in den Besitz der magischen Steine bringen und schickte daher seine Heere nach Irland. Merlin begleitete die Heerschar. Schließlich fand man den Steinkreis. Aber die Steine waren tonnenschwer, so daß man sie nicht von der Stelle rücken, geschweige denn nach England transportieren konnte. Da trat Merlin in den Steinkreis hinein; von seinen Lippen kamen lautlose Beschwörungsformeln, und die Steine wurden auf Grund des Besprechungszaubers plötzlich federleicht, so daß man sie ohne alle Mühe mitnehmen und in Südengland, in der Ebene von Salisbury, wiederaufrichten konnte.

Diese Sage ist sicherlich Ursache für das schier nicht ausrottbare Vorurteil, dem schon die Romantiker des 19. Jahrhunderts, erst recht aber die New-Age-Esoteriker unserer Tage zum Opfer gefallen sind: das Vorurteil, die keltischen Druiden hätten den Bau von Stonehenge errichtet und in Gebrauch gehabt. Merlin rückt im Licht dieser Sage gänzlich in die Dämmerung des Unbekannten zurück und entpuppt sich als einer der letzten Wissenden der Vorzeit. Er steht im Wissens- und Überlieferungsstrom der vorgeschichtlichen europäischen Megalith-Kultur, und er kennt die astronomische und kultische Bedeutung von Stonehenge, wenngleich er sicherlich nicht die Anlage erbaut oder mit Hilfe eines Besprechungszaubers von Irland nach England verpflanzt hat.

In der »*Vita Merlini*« des Geoffry of Monmouth wird Merlin allerdings nicht als großer Magier und Zauberkundiger darge- stellt, sondern als schlichtweg Wahnsinniger – ein »Wald- mensch«, der sich, wahnsinnig geworden, menschenscheu in die Wildnis zurückgezogen hat: *Merlinus Silvestris*. Hinter diesem Typus Merlins steht, schattenhaft und nur in Umrissen erkennbar, eine historische Gestalt. Es ist jener anfangs schon erwähnte Myrddyn, ein nordbritischer Barde, der im 6. Jahrhundert n. Chr. gelebt haben muß. Er war Dichter und Prophet, aber auch in weltlichen Dingen einflußreich. Als sein Schutzherr *Gwenddolau* im Jahr 573 in der Schlacht von *Ardeydd* getötet wurde, floh Myrddyn in die Einöde der südschottischen Wälder, wo er sich vor den Nachstellungen des Königs Rhydderch verborgen hielt. Vorher aber, in der Entscheidungsschlacht, soll Myrddyn angeb- lich den Verstand verloren haben. Darauf versank er tagelang in Trauer:

»Drei Tage lang hatte er schon geweint und alle Speisen ver- weigert, so groß war der Schmerz, der ihn verzehrte. Immer von neuem ganz außer sich, füllte er mit lautem Klagegeschrei die Luft, dann entwich er ungesehen in die Wälder. So hielt er seinen Einzug in den Hain und war froh, unter den Eschen verborgen zu liegen; und er staunte über die wilden Tiere, die in den Lichtungen wei- deten. Bald lief er ihnen nach, bald eilte er ihnen voraus. Er nährte sich von den wilden Kräutern und ihren Wurzeln, er genoß die Früchte der Bäume und die Beeren des Dickichts; er wurde ein Waldmensch, gleichsam ein den Wäldern Geweihter.«[16]

Alles deutet darauf hin, daß Myrddyn nach seinem einschnei- denden, lebenswendenden Schlacht-Erlebnis nicht zum Wahnsin- nigen, sondern vielmehr zum Druiden wurde. Die Worte: »So hielt er seinen Einzug in den Hain«, weisen deutlich darauf hin. Die

Druiden waren in vorchristlicher Zeit die »Geweihten der Wälder«, und die Haine, die heiligen Waldlichtungen, waren ihre
geheimen Tempelstätten. So wurde auch für Myrddyn der Wald
zum Mysterienort. Mit den Wesenheiten des Waldes stand er in
inniger Verbindung, und noch ein *Nikolaus Lenau* (1802–1850)
konnte dichten:

> Wie Merlin
> Möcht' ich durch die Wälder ziehn;
> Was die Stürme wehen,
> Was die Donner rollen,
> Und die Blitze wollen,
> Was die Bäume sprechen,
> Wenn sie brechen,
> Möcht' ich wie Merlin verstehen.[17]

## 4. *Wolfram von Eschenbachs Parcival-Dichtung*

In den frühen britisch-keltischen Fassungen der Gralssage tritt
König Artus als eine Art endzeitlicher Weltkönig und Menschheits-
Erlöser auf – sonnengleich steht er im Mittelpunkt der Tafelrunde.
Die Kunde von einem besonders ausgezeichneten Artus-Ritter
namens Parcival wird uns erstmals in einem in Kymrisch abgefaß-
ten, frühen walisischen Text namens »*Peredur*« gebracht, der zur
Sammlung der *Mabinogion*-Texte gehört. In Peredur begegnen wir
dem walisischen Prototyp des Parcival; hier tritt der keltische
Ursprung der Parcival-Sage klar zutage.

Überhaupt geht der Gralsmythos auf britisch-keltische und irische Ursprünge zurück: Denken wir nur an den »Kessel der
Wiedergeburt« des Hochgottes Dagda, an den Wunderkessel des
Riesen Bran oder an Caridwens Zauberkessel. Der Kessel dient hier
stets als ein Symbol für magische Transformation und Wiedergeburt. Im Lauf der Zeit wandelte sich der Gralskessel in eine kosmische Schale oder ein himmlisches Kelchgefäß, aus dem wie aus
einem Jungbrunnen geistige Erneuerungskräfte verströmen. Das

Wort »Gral« stammt allerdings nicht aus dem Keltischen, sondern aus dem Altfranzösischen; es bedeutet dort soviel wie ein kunstvoll gearbeitetes Trinkgefäß *(»graal«)*.

Eine Christianisierung des ursprünglich keltischen Grals-Mysteriums wurde erst spät von den christlichen Minnesängern des Mittelalters vorgenommen. Es war der französische Troubadour *Robert de Boron*, der als erster diese keltische Grals-Schale ausdrücklich mit dem Abendmahls-Kelch Christi gleichsetzte, und zwar in seiner auch die Person des Joseph von Arimathia einbeziehenden Dichtung *»Estoire du Saint Graal«*, die wohl im 12. Jahrhundert entstanden sein mag. Hieran schließen sich die beiden großen Parcival- und Gralsdichtungen des hohen Mittelalters an: Das Werk *»Perceval ou li Contes del Graal«* des Chrestien de Troyes, das Fragment blieb, und der *»Parcival«* des deutschen Minnesängers Wolfram von Eschenbach (1170–1220), eine monumentale epische Versdichtung in 16 Büchern, die in vielem an den Vorgänger Chrestien anknüpft, das Motiv jedoch zu einem echten Einweihungsgeschehen ausgestaltet.

Einen Dreistufenweg zum Heiligen Gral muß Wolfram von Eschenbachs Parcival beschreiten. Die drei Stationen dieses Gralsweges sind zuerst der Unschuldszustand des Naturburschentums, dann der durch Irrsal und Suche gekennzeichnete Übergangszustand des Artusrittertums, und zuletzt der lichtvolle Vollendungszustand des Gralskönigtums, das in der Person des Parcival-Sohnes Lohengrin fortgesetzt wird und seinen Ausdruck in einer universellen, Okzident und Orient versöhnenden Grals-Spiritualität findet. Genau darin unterscheidet sich Wolfram auch von all seinen Vorgängern, etwa *Hartmann von Aue* (1170–1215), der mit seinen beiden höfischen Romanen »Erek« und »Iwein« die König-Artus-Thematik in Deutschland einführte – alle diese Vorläufer nämlich, einschließlich Chrestien de Troyes, gelangen in der Entwicklung ihrer Heldenfigur über das Artusrittertum nicht hinaus; es fehlt ihnen die spirituelle Ausrichtung. Wolfram von Eschenbach hat jedoch mit seinem *»Parcival«* nicht einen Ritterroman, sondern einen echten Einweihungsroman geschaffen.

Als Sohn des fahrenden Ritters *Gachmuret* und der Königin *Herzeloyde* wächst Parcival in der Waldeinsamkeit von Wales zu einem naiven Naturkind heran, ohne auch nur eine Ahnung zu haben von der Größe seiner Aufgabe und Schicksalsbestimmung. Eine zufällige Begegnung mit Rittern weckt in ihm den Wunsch, selbst Ritter zu werden, und so verläßt er die heimatlichen Gefilde, um – wie es sich für einen Ritter gehört! – auf Abenteuerfahrt aus-zuziehen. Seine kindlich-naive »Unschuld« verliert er Schritt um Schritt auf diesem mühevollen Weg zur Ritterschaft. Sein Lehrer wird der Ritter *Gurnemanz*, der ihm eine vollendete höfische Erziehung angedeihen läßt. Im Gebrauch der Waffe unschlagbar, wird er bald in den Kreis der Artusritter aufgenommen.

Auf einer seiner ritterlichen Fahrten gelangt Parcival in die Gralsburg *Monsalvat*, wo er den leidenden »Fischerkönig« *Amfor-tas* vorfindet, seinen eigenen Oheim, wie es sich später herausstel-len wird. Er versäumt es jedoch, ihm die entscheidende Erlösungs-Frage zu stellen, die Frage: »Was fehlt Dir, Oheim?«; und so zieht er unverrichteter Dinge weiter. Bei diesem ersten – erfolglosen – Besuch auf der Gralsburg sieht Parcival auch den Gral selbst, wie er in feierlicher Prozession in den Festsaal hineingetragen wird, ein lichtverströmendes Mysterium, dessen Gegenwart dem siechen Amfortas sichtlich Linderung verschafft. Wolfram von Eschen-bach beschreibt diese Szene in der Gralsburg folgendermaßen:

> Dann kam die Königin herein;
> Ihr Antlitz gab so lichten Schein:
> Die meinten all, es wolle tagen.
> Als Kleid sah man die Jungfrau tragen
> Arabiens schönste Weberei.
> Auf einem grünen Achmardei
> Trug sie des Paradieses Preis,
> Des Heiles Wurzel, Stamm und Reis.
> Das war ein Ding, das hieß der Gral,
> Ein Hort von Wundern ohne Zahl.[18]

15 Galahad, Parzival und Bors verehren den Gral. Illumination, 14.
   Jahrhundert.

Betrübt über sein schmachvolles Scheitern in der Gralsburg, angespornt auch durch die Zornesworte der Magierin *Kundrie*,
begibt sich Parcival auf den Weg einer individuellen Gottsuche, die
immer auch Gralssuche bedeutet, ritterliche »Quete«: Denn der
Gral stellt ja etwas durchaus Transzendentes dar, das über den
Bereich der sinnlichen Wirklichkeit hinausgeht. Auch die Gralsburg – *Monsalvat*, der »Berg des Heils« – gehört nicht der sinn-

lichen Wirklichkeit des dreidimensionalen Raum-Zeit-Universums an, sondern der Region eines jenseitigen göttlichen Lichtreiches; und der Weg zur Gralsburg ist ein Lichtweg. Parcival hat es als seine zentrale Lebensaufgabe erkannt, diesen Weg zum Licht in aller Bewußtheit zu beschreiten; dazu muß er allerdings durch sämtliche Zweifelsphasen und Läuterungszustände hindurchgehen, er muß – gleich dem Adepten der alten Mysterien – Prüfungen bestehen und Schwellen überschreiten, bevor er zum Gipfelerlebnis der Erleuchtung durch das Göttliche gelangen kann.

Parcival schien lange Zeit nicht zu wissen, daß es ein geheimes Schicksalsgesetz gibt, das ihn zur Erlösungstat bestimmt; denn seine Aufgabe wäre es doch gewesen, den leidenden Amfortas durch die Mitleidsfrage »Was fehlt Dir, Oheim?« von seiner Qual zu befreien und selbst das Amt des Gralskönigs zu übernehmen. Aber der Erlöser muß sich zuerst selbst erlösen, und dies geschieht durch eine spirituell vertiefte Selbsterkenntnis. Parcivals Dreistufenweg zur Gralskönigswürde erweist sich somit letzten Endes als ein Weg der Selbsterkenntnis, der bis zur tatkräftigen Verwirklichung des Geistig-Göttlichen im Menscheninneren hinführt. Und während die anderen Ritter der Tafelrunde – vor allem *Gawan* – noch ganz im Weltlichen befangen bleiben und lediglich traditionelle Ritterethik ausleben, entwickelt sich Parcival zu einem echten Gottsucher, der die Selbst- und Gotteserkenntnis, beide untrennbar miteinander verbunden, zunehmend als seine zentrale Lebensaufgabe erfaßt.

## 5. Das Gralsgeheimnis – dargestellt von Trevrizent

Als Parcival nach langen Irrfahrten und Wanderungen schließlich in die Klause des Einsiedlers *Trevrizent* gelangt, da erst erfährt er die Wahrheit über seine Herkunft und Bestimmung, da erst wird ihm das Wesen des Heiligen Grals enthüllt. Trevrizent wird nun Parcivals Lehrer, aber er ist kein ritterlich-höfischer Lehrer wie Gurnemanz, sondern ein echter Mystagoge. Den Gral beschreibt er als einen »*makellos reinen Stein*«, der aus höheren Geisteswel-

ten auf die Erde hinabgelangt sei; und nur Menschen reinen Her-
zens sind berufen, diesen Wunderstein zu hüten. Solche zum
Hüteramt berufenen Menschen stellen auch eine ritterliche
Gemeinschaft dar, eine universelle Grals-Bruderschaft, in die aller-
dings nur diejenigen aufgenommen werden, die sich eines solchen
Amtes als würdig erweisen. Man kann den Gral nicht aus eigener
Kraft erringen, sondern nur durch höhere Sendung zum Dienst am
Gral berufen werden.

Die Deutung des Grals als Stein kommt nicht so häufig vor wie
das Kessel-, Kelch- oder Schalen-Motiv, sie tritt erstmals im sogenannten »*Jüngeren Titurel*« auf, der lange Zeit dem Minnedichter
*Albrecht von Scharffenberg* zugeschrieben wurde, tatsächlich aber
aus der Feder Wolfram von Eschenbachs stammt. Auch dort wird
der Gral geschildert als ein Stein: und zwar jener Edelstein, der dem
Erzengel Luzifer aus der Krone fiel, als dieser sich von Gott
abwandte und in tiefere Ebenen herabstürzte. Wolfram von
Eschenbach beschreibt das Wirken des Grals allerdings so, daß
man dabei an den alchemistischen »Stein der Weisen« denken
muß.

Was hat es nun mit diesem Gral auf sich? Der Einsiedler Trevrizent erwähnt als ersten Gralsforscher einen »Heiden« namens
*Flegetanis*, der den Gral »in den Sternen« gesehen haben will – ein
deutlicher Hinweis auf den Gral als *kosmisches Weltprinzip*. Deshalb geht jene Deutung auch völlig fehl, die den Gral als eine irdische Trinkschale betrachtet, als ein materielles Gefäß, das angeblich sogar in irgendeinem Versteck (in Südfrankreich? oder in den
Pyrenäen?) verborgen liegt. Nein: Der Gral ist ein *astrales Urge-
heimnis*. Die Worte des Trevrizent belegen es eindeutig: »Einst lebte
ein Heide mit Namen Flegetanis, der für seine Gelehrsamkeit hoch-
berühmt war. Dieser Naturforscher stammte von Salomon ab und
war aus altem israelischem Geschlecht. Dieser Mann zeichnete die
Geschichte des Grals auf. (...) Der Heide Flegetanis besaß Kenntnisse über die Bahnen der Sterne und ihre Umlaufzeit. Mit dem
Kreislauf der Sterne ist aber das Geschick der Menschen eng verbunden. So entdeckte der Heide Flegetanis in der Konstellation der

Gestirne verborgene Geheimnisse, von denen er selbst nur mit
Scheu erzählte. Er erklärte, es gäbe ein Ding, das ›der Gral‹ heiße;
diesen Namen las er klar und unzweideutig in den Sternen.«[19]

Aber der eigentliche Ursprung des Grals liegt nicht allein im
Kosmisch-Astralen, sondern – noch darüber – in den höchsten Reichen göttlicher Transzendenz; Engel brachten ihn nämlich auf die
Erde herab: »Jene edlen und erhabenen Engel, die im Kampf zwischen Lucifer und der göttlichen Dreieinigkeit für keine Seite Par-
tei ergreifen wollten, wurden zur Strafe auf die Erde verbannt, um
den makellos reinen Stein zu hüten. Ich weiß nicht, ob Gott ihnen
verziehen oder ob er sie endgültig verworfen hat. Wenn es seine
göttliche Gerechtigkeit zuließ, hat er sie vielleicht wieder in Gna-
den aufgenommen. Seitdem hüten den Stein die Menschen, die
Gott dazu berufen und denen er seinen Engel geschickt hat. Herr,
so steht es also um den Gral!«[20]

Durch den Sturz der Engel auf die Erde wurde der himmlisch-
kosmische Gral zu einem irdischen Gral; denn Wolfram bezeichnet ihn ja auch als »Ding« (»Das war ein Ding, das hieß der Gral
/ ein Hort von Wundern ohne Zahl«). Der Gral ist somit die
Gestaltwerdung eines Göttlich-Transzendenten; und er untersteht
ja immer noch dem Hüteramt der Engel. Mit den oben zitierten
Worten des Einsiedlers Trevrizent wird das Grals-Mysterium vor
allem mit dem gnostischen Mythos vom Engelsturz in Verbindung
gebracht; der ewige Kampf zwischen Licht und Finsternis, Gott
und Luzifer, Gut und Böse stand stets im Mittelpunkt aller gno-
stisch-manichäischen Häresie. Und haben sich nicht die gnostischen Katharer, deren Kultur in Südfrankreich noch in hoher Blüte
stand, als Wolfram seinen »Parcival« schuf (wohl zwischen 1200
und 1210), selbst als »gefallene Engel« begriffen, wie schon seinerzeit die Bogomilen auf dem Balkan? Waren die Katharer vielleicht jene auf die Erde gestürzten Engel, die den »Gral« mit sich
brachten?

Zweifellos besitzt Wolframs Parcival-Dichtung einen gnostisch-
manichäisch-katharischen Hintergrund; es besteht jedoch kein
Anlaß, den Gral für einen ganz realen Kultgegenstand der Katha-

rer zu halten. Der Gral in Wolframs Beschreibung trägt nämlich so
ausgeprägt märchenhafte Züge, daß man ihn nur als einen mythischen Gegenstand betrachten kann. Trevrizent schildert ihn als
einen »makellos reinen Stein (...) Er heißt lapsit exillis. Die Wunderkraft des Steines läßt den Phönix zu Asche verbrennen, aus der
er zu neuem Leben hervorgeht. Das ist die Mauser des Phönix, und
er erstrahlt danach ebenso schön wie zuvor. Erblickt ein totkran-
ker Mensch diesen Stein, dann kann ihm die folgende Woche der
Tod nichts anhaben. Er altert auch nicht, sondern sein Leib bleibt
wie zu der Zeit, da er den Stein erblickt. Ob Jungfrau oder Mann:
wenn sie, in der Blüte ihres Lebens stehend, den Stein zweihundert
Jahre lang ansehen, ergraut lediglich ihr Haar. Der Stein verleiht
den Menschen solche Lebenskraft, daß der Körper seine Jugend-
frische bewahrt. Diesen Stein nennt man auch den Gral.«[21]

Der Gral, ein himmlisches Mysterium, das im irdischen Gestalt
annahm, empfängt seine Wunderkraft direkt aus den himmlischen
Sphären. Wir wollen nochmals, anstatt den Gedanken nur zu refe-
rieren, den Dichter selbst zu Wort kommen lassen: »Heute haben
wir Karfreitag, und an diesem Tag kann man sehen, wie eine Taube
vom Himmel herabfliegt und eine kleine weiße Oblate zum Stein
trägt. Nachdem sie die Oblate auf den Stein gelegt hat, kehrt die
blendendweiße Taube zum Himmel zurück. Wie gesagt: jedes Jahr
am Karfreitag legt sie eine solche Oblate auf den Stein, die ihm die
Wunderkraft verleiht, die köstlichsten Getränke und Speisen dieser Erde in überströmender Fülle darzubieten, alles, was die Erde
hervorbringt, auch alles Wildbret unter dem Himmel, ob es fliegt,
läuft oder schwimmt. Die Wunderkraft des Grals sichert das
Dasein seiner ritterlichen Bruderschaft.«[22]

Um den Wunderstein, von diesem auch genährt und am Leben
erhalten, gruppiert sich eine geheime Bruderschaft – die auf Schloß
*Monsalvat* lebende Gemeinschaft der Gralsritter. Anders jedoch als
die weltverneinenden Katharer sehen diese Gralsritter ihre Haupt-
aufgabe im Dienst an der Welt: »Mir ist bekannt, daß in Munsal-
wäsche beim Gral viele wehrhafte Ritter leben, die häufig auf
Abenteuer ausreiten. Diese Tempelherren sehen im Kampf, ob er

Niederlage oder Ruhm bringt, eine Buße für ihre Sünden.«²³ Mit dieser Beschreibung, die ja das Schwergewicht auf ritterliches Tun legt, scheiden die Katharer als Gralshüter im vorhinein aus; man könnte eher an einen geheimen esoterischen Ritterbund denken wie z. B. die *Templer*, die als kämpfender Orden im Jahr 1118 von dem hl. Bernhard, Hugo von Payen und acht anderen französischen Rittern begründet wurde. Diese können Wolfram vielleicht als Vorbild für seine ideelle Gralsrittergemeinschaft gedient haben.

Parcival erfährt beim Gespräch mit Trevrizent, dem Höhepunkt der ganzen Dichtung, auch etwas über die erbliche Gralskönigswürde. Der erste Gralskönig war nämlich Titurel, der den Gralstempel von Monsalvat zu der Zeit errichtete, als der Gral noch über der Erde schwebte, bereit, sich alsbald im Reich der Materie zu inkarnieren. Im »*Jüngeren Titurel*«, auch von Wolfram verfaßt, findet sich eine anschauliche Beschreibung des von Titurel erbauten Gralstempels: »Er war von kreisrunder Form mit zweiundsiebzig achteckigen Chören, von denen je zwei ein Glockenhaus trugen. In der Mitte erhob sich ein von vielen Fenstern und spitzbogigen Öffnungen durchbrochener Turm, dessen Knauf ein glühroter Rubin bildete, darüber ein Kreuz von hellem Kristall und auf demselben ein Adler aus Gold mit ausgebreiteten Flügeln. Wo im Innern die Bogen sich kreuzten, waren Karfunkel angebracht, die bei Nacht Tageshelle verbreiteten. (…) Die hochgewölbte Decke bestand aus blauem Saphir, wie das Firmament anzusehen; daran bewegten sich, ein Wunder der Kunst, Sonne, Mond und Sterne in derselben Ordnung, wie die himmlischen Lichter um die Erde sich bewegen.«²⁴ Die Gralsburg ist also ein *Astraltempel*.

Und dieser Titurel nun, Erbauer der Gralsburg und Begründer der Gralsdynastie, hatte drei Söhne – *Amfortas*, *Trevrizent* und *Gachmuret*, den Vater Parcivals. Die Gralskönigswürde ging zunächst auf Amfortas über; dieser beging jedoch eine Verfehlung (er begehrte eine Frau, aber nicht jene, die ihm vom Schicksal zugedacht war), wurde daher seines Amtes enthoben und mußte zeitlebens an jener Wunde leiden, die nur der Gral selbst zu lindern vermochte. Auf wen sonst sollte nun das Gralskönigtum übergehen,

wenn nicht auf Parcival, da Amfortas und Trevrizent doch beide
kinderlos waren? In dem Augenblick, da Parcival sein Amt als
Gralskönig antritt, wird Amfortas von seinem Leiden erlöst.

## 6. Ein Exkurs über die Lohengrin-Sage

Mit Lohengrin, dem Sohn des Parcival und seiner Gemahlin Kond-
wiramur, wird die Dynastie der Gralskönige fortgesetzt. Eines
Tages kommt er auf einer von Schwänen gezogenen Barke der von
Widersachern bedrängten Herzogin *Elsa von Brabant* zu Hilfe;
doch muß er sie nach glücklicher Ehe wieder verlassen, da sie die
verbotene Frage nach seiner Herkunft stellt, indem sie ihn nach seinem Namen befragt. Wolfram von Eschenbach stellt diese seltsame
Sage an das Ende seines »Parcival«. Eine höfische Dichtung der 2.
Hälfte des 13. Jahrhunderts, aus zwei Teilen von verschiedenen
Verfassern, behandelt sie nochmals in der Nachfolge Wolframs.
Durch Richard Wagners Oper »Lohengrin« – 1850 in Weimar
uraufgeführt – erlangte der Sagenstoff erstmals weitere Verbrei-
tung. Was hat es mit diesem Schwanenritter Lohengrin auf sich?

Ein Geheimnis liegt über dem *Namen* Lohengrins; vermutlich
handelt es sich hierbei um einen Mysterien-Namen, der nur auf der
Stufenfolge der Einweihung erlangt werden kann und in dem sich
gewissermaßen das Wesen des Eingeweihten ausdrückt. Das
höhere, geistig-göttliche Selbst des Eingeweihten liegt in seinem
Mysterien-Namen beschlossen. Üblicherweise bedarf ein solcher
Einweihungs-Name strengster Geheimhaltung; nur unter dem
Schutzmantel des Schweigens darf er bewahrt werden, damit das
in diesem Namen beschlossene Wissen nicht allzu unbedacht preisgegeben werde.

Mit dem Namen Lohengrins hängen auch *Herkunft, Ziel* und
*Auftrag* dieser Gestalt zusammen. Elsa von Brabant darf ihn weder
nach seinem Namen noch nach seiner Herkunft befragen! Denn
Lohengrin – als der Sohn Parcivals – entstammt den Lichthöhen der
Gralsburg Monsalvat, und die von dort ausgesandten Gralsritter
haben den Auftrag, *unerkannt* unter den Menschen zu wirken! Ein

Gralsritter, da in höherem Auftrag zum Weltwirken ausgesandt, darf sich nie als Gralsritter zu erkennen geben; denn der Gral kann nur im Geheimen wirken. Deshalb soll man nie einen Diener des Grals nach seinem Mysterien-Namen befragen. Als Elsa ihn aber dann doch nach seinem Namen befragt, und er nicht ausweichen kann, gibt er sich als Gralsgesandter zu erkennen:

> Wer nun dem Gral zu dienen ist erkoren,
> Den rüstet er mit überirdischer macht, –
> An dem ist jedes Bösen Trug verloren,
> Wenn ihn er sieht, weicht dem des Todes Nacht,
> Selbst wer von ihm in ferne Land' entsendet,
> Zum Streiter für der Tugend Recht ernannt,
> Dem wird nicht seine heilge Kraft entwendet,
> Bleibt als sein Ritter dort er unerkannt;
> So hehrer Art ist doch des Grales Segen,
> Enthüllt muß er des Laien Auge fliehn: –
> Des Ritters drum sollt Zweifel ihr nicht hegen,
> Erkennt ihr ihn – dann muß er von euch ziehn.[25]

Archetypisch betrachtet, verkörpert der Gralskönig den Typus des göttlichen Sonnenhelden. Auch Lohengrin zeigt sich bei näherem Hinsehen ganz deutlich als Sonnenheros, sein Schwan – Geleittier auf allen Reisen – als Sonnentier. Galt doch schon den Völkern des Altertums – besonders im hohen Norden – der Schwan als Kulttier des Sonnengottes. Da der Wegzug der Schwäne im Herbst und ihre Wiederkehr im Frühjahr dem Lauf der Sonne entsprachen, lag es nahe, den Schwan als ständigen Begleiter des Sonnengottes zu betrachten.

Insbesondere gibt es Ähnlichkeiten zwischen Lohengrin und dem griechischen Sonnengott *Apoll*. Über diesen berichtet uns Himerios: »Apoll kommt zu den Hyperboreern auf einem mit Schwänen bespannten Schiffswagen, und zwar vom Meere her.«[26] Die antiken Völker nannten die Insel der Hyperboreer auch die Schwaneninsel. Ähnlich Älian: »Die Hyperboreerinsel liegt im nördlichen Ozean, sie wird von den Griechen auch Schwaneninsel genannt, weil zur Zeit der Feste Apollons unzählige Scharen von Schwänen das Heiligtum umschweben. Auch kreisen die Schwäne siebenmal singend um die Insel, worauf Apollon sieben Saiten auf seine Lyra spannt, weil die Schwäne siebenmal sangen.«[27]

Lohengrin in seinem Schwanenwagen erscheint geradezu als eine Nachbildung des von den Griechen verehrten »hyperboreischen Apoll«; sein Gralsreich ist die Insel der Hyperboreer. Vermutlich handelt es sich bei der Lohengrin-Geschichte um eine uralte Volkssage, um einen ganz eigenen Sagenkreis höchstwahrscheinlich nordischen Ursprungs, den Wolfram seinem Parcival-Zyklus nur mehr oder minder übergangslos angehängt hat.

## 7. Quellen und Hintergründe der Gralserzählung

Wolfram von Eschenbach bekennt, daß er die Urfassung der Gralserzählung einem provencalischen Dichter namens *Kyot* (richtiger wohl: *Guijot*) verdanke: »Kyot, der berühmte Meister der Dichtkunst, fand in Toledo in einer unbeachteten arabischen Handschrift die Erstfassung dieser Erzählung. Zuvor mußte er die fremde Schrift lesen lernen, allerdings ohne die Zauberkunst zu studieren. Ihm kam zustatten, daß er getauft war, sonst wäre die Erzählung bis heute unbekannt geblieben. Keine heidnische Wissenschaft reicht nämlich aus, das Wesen des Grals zu entschlüsseln und in seine Geheimnisse einzudringen.«[28]

Seinem Vorgänger Chrestien de Troyes, dessen Werk »*Perceval*« er freilich über weite Strecken hin fast wörtlich paraphrasiert, wirft Wolfram vor, die ursprüngliche, von Guijot stammende Gralsgeschichte verfälscht zu haben: »Hat Meister Chrestien de Troyes diese Geschichte nicht wahrheitsgetreu berichtet, dann darf Kyot, der sie uns in der richtigen Fassung überlieferte, wohl zürnen. Der Provencale berichtet am Schluß, wie Herceloydes Sohn nach seiner Bestimmung die Gralsherrschaft errang, die Amfortas verwirkt hatte. Die authentische Erzählung mit dem richtigen Schluß ist also aus der Provence nach Deutschland gekommen, und ich, Wolfram von Eschenbach, schließe dort, wo der provencalische Meister den Schlußpunkt setzte.«[29]

Die Provence, der Ursprungsort der Erzählung, lag nicht nur nahe am maurischen Spanien, sondern es bildete im 13. Jahrhundert regelrecht eine kulturelle Drehscheibe zwischen West und Ost, über die alchemistisches, gnostisches und magisch-kabbalistisches Gedankengut in die europäische Kulturwelt einfließen konnte. Allerdings, seltsam genug: Weder konnte ein provencalischer Dichter namens Guijot (oder ähnlich) bis heute ausfindig gemacht werden, noch existiert eine von ihm verfaßte Urfassung der Gralserzählung! Allerdings bekennt auch Chrestien de Troyes, daß er seiner Parcival-Dichtung ein – von ihm nicht näher bestimmtes – »Quellenbuch« zugrunde gelegt habe, das er von seinem Schutzherrn Graf Philipp von Flandern erhalten habe. Stammt dieses Buch vielleicht von jenem unbekannten Guijot de Provence?

Gehörte Guijot möglicherweise den verfolgten Katharern an, oder war er ein den Katharern nahestehender Troubadour, der mit der Gralserzählung einen geheimen gnostischen Mythos überlieferte? Die Idee eines Erlösers, der sich – wie Parcival selbst erst seiner Rolle als Erlöser bewußt werden muß, weil er beim Herabstieg in die Erdenwelt seinen Auftrag vergaß, stammt auch aus dem Umkreis der Gnosis; sie wird im gnostischen »*Perlenlied*«, das zu den apokryphen »Thomasakten« gehört, in allerdings märchenhafter Form entfaltet. Aber Wolfram von Eschenbach schöpft auch aus den Quellen arabisch-alchemistischer Weisheit, die er mit der westeuropäisch-keltischen Gralstradition und dem höfischen Ritterethos seiner Zeit zu einer umfassenden und großartigen Synthese verbindet, zu einer west-östlichen Grals-Spiritualität. Wolframs Parcival-Dichtung kann man somit als ein alchemistisches Mysteriendrama betrachten, ähnlich wie Goethes »Faust«, das am Werdegang des Ritters Parcival einen gnostischen Selbsterkenntnis- und Selbsterlösungsweg veranschaulichen möchte.

Parcival steht dabei als Sinnbild für den durch spirituelle Transformation gewandelten und geläuterten »neuen Menschen«; Amfortas für den in Unwissenheit und Leiden befangenen »alten

Menschen«. Daher muß der »alte Adam« Amfortas von dem »gnostischen Heiland« Parcival immer wieder neu erlöst werden! Aber
sowohl das gefallene Menschentum des Amfortas als auch die faustisch nach Höherem strebende Lichtnatur Parcivals bilden
Bestandteile des Menschen selbst. Amfortas und Parcival sind nicht
nur konkrete Einzelpersönlichkeiten, sondern vielmehr Archety-
pen des Menschlichen überhaupt. Amfortas lebt in uns als das Her-
abziehende, aber auch Parcival als das Hinaufstrebende, und stets
muß die niedere Menschennatur durch die höhere Menschennatur
neu erlöst werden, wenn der Mensch denn je zu dem göttlichen
Urbild seines Menschentums hingelangen will.

# XII.
## Die Hermetik / Alchemie

Nach all dem hör ich an einem Tag,
Daß mein Meister zu mir sagt,
Wie so viele Männer geduldig und weis'
Suchten und fanden den Weißen Stein mit Fleiß.
Danach wurden sie wahrhaft belehrt,
Mit viel Mühe, was ihr Stein wert.
Aber wen'ge (sagt er) könnten es nur sein,
Die in 15 Königreichen haben unsern roten Stein.

*Aus dem ›Theatrum chemicum britannicum‹*[1]

## 1. Die Alchemie – Kunst der Stoffumwandlung

Unter »*Alchemie*«[2] wird im allgemeinen die Kunst der Gold-gewinnung verstanden, eine bestimmte – meist im Geheimen ausgeübte – experimentelle Praxis, die letztendlich auf die Ver-wandlung und Veredelung physischer Stoffe abzielt. Aber die Umwandlung der Stoffe stellt nur die äußere Seite der Alchemie dar. Ihrem inneren esoterischen Sinngehalt nach ist die Alchemie ein Schulungs- und Einweihungsweg, der das Aufsteigen der Menschenseele zu einem umfassenden All-, Geist- und Gottbe-wußtsein ermöglichen soll. Auch lebt in der Alchemie noch ural-te babylonisch-chaldäische Sternenweisheit fort, denn der Mikro-kosmos des menschlichen Erdendaseins wird immer in Verbin-dung mit dem Makrokosmos des großen Weltenalls gesehen. Demzufolge betrachtet die Alchemie den Aufstiegs-Weg des Men-schen zu seinem geistigen Ursprung als einen Durchgang durch die verschiedenen Planeten-Sphären. Wobei den sieben klassi-

schen Planeten von der Alchemie folgende *Metalle* zugeordnet
werden:

| | |
|---|---|
| *Saturn* | *Blei* |
| *Mond* | *Silber* |
| *Merkur* | *Quecksilber* |
| *Venus* | *Kupfer* |
| *Mars* | *Eisen* |
| *Jupiter* | *Zinn* |
| *Sonne* | *Gold* |

Der Aufstieg des Menschen durch die Planeten-Sphären findet
seine irdische Entsprechung in der stofflichen Transformation,
genauer: in der Kunst der Metallumwandlung. Darin besteht der
eigentliche alchemistische Umwandlungsprozeß: Aus *Blei / -Saturn*
soll *Gold / -Sonne* gewonnen werden! Das bedeutet, ins Esoterische
gewendet: Aus der Bleischwere der Grobstofflichkeit soll das Gold
des göttlichen Sonnen-Bewußtseins herausgeläutert werden! Die
Alchemisten waren durchaus Goldsucher; allein im Mittelpunkt
ihres Suchens stand nicht so sehr das äußere Gold, sondern vielmehr das innere Gold, das symbolisch soviel wie die innere Sonne
oder das göttliche Selbst bedeutet. » *Aurum nostrum non est aurum
vulgi*«, lautete daher die Devise der Alchemisten: »Unser Gold ist
nicht das gewöhnliche (materielle) Gold.«

Lange Zeit hat man die Alchemie überhaupt nur für eine primitive embryonale Vorform der Chemie gehalten, ohne zu erkennen, daß die uralte *Königliche Kunst*, wie man die Alchemie auch
nannte, eigentlich einen Weg der geistigen Schulung darstellt. Dieser naiv-ahnungslosen Sicht gilt es das entgegenzustellen, was etwa
ein Alexander von Bernus in seinem Buch »Alchemie und Heilkunst« (1948) schreibt: »Der Hintergrund der Alchimie ist Einweihung, ist eine über Jahrtausende hinreichende Mysterienschulung: in vorchristlichen Zeitaltern aus der Seelenlage
ägyptisch-chaldäisch-hellenistischen Weltzugehörigkeitsbewußt-
seins, später aus dem Orient über die arabische Kulturwelt in das

Abendland einfließend, wird sie tingiert von der Substanz des Christentums. Gewiß steht die Transmutationsidee im Mittelpunkt des alchymistischen Einweihungsweges, doch nicht die der Verwandlung der Metalle, sondern der innere mystische Transmutationsprozeß, wovon die äußere chemisch-physikalische Metallumwandlung nur die innerhalb des Materiellen sichtbar und real gewordene Erscheinungsform ist.«[3]

Die Alchemistische Kunst trägt etwas zutiefst Geheimnisvolles, Sphinxhaftes an sich, und die Ursprünge dieser Kunst verlieren sich im Dunkel fernster Vergangenheit. Die Alchemie ist eigentlich eine *philosophia perennis* oder *Ewige Philosophie*, denn es hat sie schon immer da gegeben, wo der Mensch durch eine geistig erweiterte Natur- und Kosmoserkenntnis zu einer bewußten Handhabung der Schöpfungskräfte gelangt. Alchemie ist ja nichts anderes als: Beherrschung des Stoffes durch den Geist! Die Stoff-Beherrschung und Stoff-Transformation durch die Kraft des Geistes werden im allgemeinen Sinn auch als »Magie« bezeichnet, und insofern können auch der magische Taoismus im alten China, der tibetanische Tantrismus und diejenigen indischen Yoga-Systeme, die auf die Erlangung übersinnlicher Fähigkeiten *(siddhis)* ausgehen, als außer-europäische Formen der Alchemie betrachtet werden. Aber nicht nur in China, Tibet und Indien wurde die hohe und heilige Kunst der Stofftransformation gelehrt, sondern auch in Griechenland und Ägypten; überall aber galt sie als ein geheiligtes Priesterwissen, das strenger Geheimhaltung unterlag.

Die Ursprünge der Alchemie gehen in älteste Zeiten zurück, vielleicht gar bis auf Atlantis; und als geheime Kunst hoher Magie wurde sie von den Weisen aller Zeiten gehütet. Aber als *abendländische Mysterienschulung* tritt sie erst in der Spätantike auf, ausgehend von der oberägyptischen Stadt *Alexandria*. Von dort aus wirkt sie im Laufe des 2., 3. und 4. Jahrhunderts n. Chr. in die ganze jüdisch-hellenistische Geisteskultur der östlichen Mittelmeerwelt hinein. Im Jahr 296 verfügte der Kaiser Diocletian, daß alle Bücher über Goldmacherei verbrannt werden sollten: ein Beweis für das Vorhandensein alchemistischer Praktiken schon im

Römischen Imperium! Nach dem Niedergang Alexandrias wurde die Alchemie von den Arabern übernommen, und erst über den Umweg des Arabertums – speziell über das maurische Spanien mit Toledo als geistigem Mittelpunkt – gelangte sie im 11./12. Jahrhundert in den westlich-abendländischen Kulturbereich hinein. Dort wirkte sie weiter fort über das Ende des Mittelalters hinaus bis in den Beginn der Neuzeit. Als prominente Alchemisten werden genannt unter den Arabern: *Dschabir, Rhasis, Ibn Sinna* (Avicenna), im christlichen Mittelalter: *Albertus Magnus, Roger Bacon, Raymundus Lullus.*

Gegen Ende des Mittelalters sehen wir die Alchemie zu einer reinen Goldkocherei herabsinken, aber während der Renaissance erlangte sie eine geistige Wiedergeburt, obgleich ihr Jakob Burckhardt in Italien »nur eine untergeordnete Rolle« zugesteht: »Die Adeptenmystik, welche außer dem Gold noch den allbeglückenden Stein der Weisen suchte, ist vollends erst ein spätes nordisches Gewächs, welches aus den Theorien des Paracelsus usw. emporblüht.«[4] Das »Große Werk« der Alchemie, das *opus magnum,* gipfelt natürlich in der Herstellung des Steins der Weisen (lapis philosophorum) und damit auch in der »Goldgewinnung«, das heißt: in der Veredelung der Stofflichkeit; und da das Vermögen hierzu letztlich im Menschen selbst liegt, bedeutet das Große Werk der Alchemie, wie später der französische Okkultist *Eliphas Levi* (1810–1875) schreibt, »vor allem die Erschaffung des Menschen durch ihn selber, das heißt die volle und gänzliche Inbesitznahme seiner Fähigkeiten und seiner Zukunft; es ist insbesondere die vollkommene Befreiung seines Willens ...«[5]

Die Alchemie in ihrer wahren und ursprünglichen Bedeutung, nicht die dekadente Goldkocherei der spätmittelalterlichen Alchemisten, stellt etwas durchaus Zukunftsweisendes dar. In ihrem Mittelpunkt stand das Stoffgeheimnis, aber der »Stoff« wurde dabei nicht so begriffen wie die »Materie« im Sinn der heutigen Naturwissenschaften, sondern für die eingeweihten Arkanen-Schüler der Alchemie war »Stoff« nichts anderes als »verdichteter Geist«, eine Chiffrenschrift Gottes. Als arkanologische Wissenschaft bedeutet Alchemie somit nichts anderes als Naturforschung und Naturwissenschaft aus dem Geist göttlichen Schöpfungswissens, eine wahrhaft *spirituelle Naturwissenschaft*, in der sich Selbsterkenntnis, Naturerkenntnis und Gotterkenntnis zu einer untrennbaren Einheit zusammenschließen. Denn den Schlüssel zum Mysterium des Stoffes, zur Chymischen Hochzeit von Natur und Geist, bildet immer noch – wie der Dichter Novalis hier deutlich sagt – das alte und urewige *Erkenne Dich Selbst*:

> Glücklich, wer weise geworden
>> und nicht die Welt mehr durchgrübelt,
>> Wer in sich selber den Stein ewiger Weisheit
> begehrt.
> Nur der vernünftige Mensch ist der wahre Adept –
>> er verwandelt Alles Leben in Gold –
>> braucht Elixiere nicht mehr.
> In ihm dampfet der heilige Kolben – der König ist
>> in ihm – Delphos auch und erfaßt endlich das:
> Kenne dich selbst.[6]

## 2. Die Tabula Smaragdina

Die Alchemisten des Mittelalters und der Renaissance beriefen sich auf eine sonderbare Schrift, die von dem legendären *Hermes Trismegistos* (dem dreimalgroßen Hermes) verfaßt sein soll und Smaragdene Tafel oder *Tabula Smaragdina* heißt. Ihre Hauptaussage wird zuweilen auf den bekannten Satz » *Wie oben, so unten* « reduziert, der in manchen Kreisen als »der hermetische Satz« schlechthin gilt. Tatsächlich enthält die Smaragdene Tafel insgesamt 16 aphoristische Rätselsätze, die vollständig die Grundlagen einer arkanologischen Wissenschaft enthalten. Das Wort »Arkanum« wird hier als gleichbedeutend mit dem Wort »Mysterium« verwendet, und eine arkanologische Wissenschaft ist eine solche, die das Einweihungswissen mit dem Erkenntnisprinzip durchdringt. Im folgenden bringe ich den vollständigen Wortlaut der

Smaragdenen Tafel des Hermes Trismegistos in deutscher Übersetzung,[7] um ihn anschließend einer Sinn-Deutung zu unterziehen.


*Tabula Smaragdina*

[1]    Es ist wahr ohne Lüge, gewiß und sehr wahr.

[2]    Was das Untere ist, ist wie das, was das Obere ist.

[3]    Und das, was das Obere ist, dient wie das, was das Untere
       ist, um die Wunder einer Sache zu Stande zu bringen.

[4]    Und wie alle Dinge von einem her stammen, durch den
       Plan eines: so stammen alle geschaffenen Dinge von dieser
       einen Sache her durch Adoption.

[5]    Sein Vater ist die Sonne, seine Mutter der Mond.

[6]    Der Wind trug es in seinem Bauche, seine Nährerin ist die
       Erde.

[7]    Es ist der Vater aller Vollendung der ganzen Welt, seine
       Tugend ist vollkommen, wenn es in Erde verwandelt wor-
       den.

[8]    Trenne die Erde vom Feuer, das Subtile vom Dichten suk-
       zessiv mit großer Geschicklichkeit.

[9]    Es steigt von der Erde zum Himmel und steigt dann wieder
       zur Erde hinab und erhält die Kraft der Oberen und Unte-
       ren.

[10]   So hast du den Ruhm der ganzen Welt.

[11]   Daher wird von dir fliehen jegliche Finsternis.

[12]   Das ist aller Stärke Stärke, weil sie jede subtile Sache
       besiegt und jede feste durchdringt.

[13]   So ist die Welt erschaffen.

[14]   Daher stammen die wundersamen Anpassungen, deren
       Maß dieses ist.

[15]   Deswegen heiße ich der dreimalgroße Hermes, der ich
       habe drei Teile der Philosophie der ganzen Welt.

[16]   Es ist vollendet, was ich vom Wirken der Sonne gesagt
       habe.

Es hat schon Kommentatoren gegeben, die im Text der *Tabula Smaragdina* lediglich eine Gebrauchsanweisung zur Herstellung des Steins der Weisen sehen wollten, jenes magischen Universalmittels, das unedle Metalle wie Blei in Gold zu verwandeln vermag. Unsinnig wäre indessen die Vorstellung, daß der Stein der Weisen durch äußere Prozeduren und Operationen gewonnen werden könnte. Nein: Der Stein der Weisen, dieses Haupt-Arkanum der Alchemie, ruht vielmehr in unserem eigenen Inneren als unsere wahre, höhere Menschennatur! Der Stein der Weisen meint dasselbe, was der Mystiker Meister Eckhart als das »Seelenfünklein« und die indischen Meister als das »Atman« bezeichneten: unser höheres, geistig-göttliches Selbst, das – wenn in rechter Weise erlöst – die Welt der Stofflichkeit durchlichtet und selbst die äußere physische Leiblichkeit unseres Körpers in eine höhere Geistleiblichkeit umwandelt. So und nur so ist die Aufforderung des Alchemisten Gerhard Dorn (16. Jahrhundert) zu verstehen: »*Transmutemini in vivos lapides philosophicos!*« – »*Verwandelt euch in lebendige Steine des Weisen!*«[8]

Das magische Universalmittel, das den Stoff in Geist transformiert, ist der Mensch selbst, und die *Tabula Smaragdina* kündet eigentlich vom Menschengeheimnis! Während Fragment 1 der Smaragdenen Tafel nur als Einleitungssatz dient, wird mit Fragment 2 gleich mitten hineingesprungen in das Menschengeheimnis: »Was das Untere ist, ist wie das, was das Obere ist!« Dieser Satz drückt ein urewiges Weltgesetz aus, dem wir alle unterstehen; es bestimmt unser Sein und Schicksal, wie auch den Aufbau des Kosmos überhaupt. Es handelt sich um das Gesetz der Analogie von Oben und Unten, der wechselseitigen Entsprechung von Mikrokosmos und Makrokosmos.

Das Kleine ist stets ein Abbild des Großen, das Untere ein Abbild des Oberen, und der Mensch als geistbeseelte Wesenheit ein Abbild des Universums. Die unteren und oberen Welten, Mikrokosmos und Makrokosmos, wirken zusammen, um »das Wunder einer Sache« hervorzubringen, nämlich das *Wunder des Menschen*. Dies meint genau Fragment 3: »Und das, was das Obere ist, dient wie das, was das Untere ist, um die Wunder einer Sache zu Stande zu bringen.« Der Mensch, nicht der Einzelmensch, sondern der geistige All- und Universalmensch, war ursprünglich selbst ein Bestandteil des göttlichen Schöpfergeistes; darum sagt die Smaragdene Tafel in Fragment 4: »... so stammen alle geschaffenen Dinge von dieser einen Sache her.«

Auch die beiden folgenden Fragmente sprechen von der Menschwerdung: »Sein Vater ist die Sonne, seine Mutter der Mond. Der Wind trug es in seinem Bauche, seine Nährerin ist die Erde.« Es waren geistige Sonnen- und Mondkräfte, die den Menschen in seiner jetzigen Gestalt geformt haben.[9] Und wenn es heißt, der »Wind« trug es in seinem Bauche, so meint »Wind« (Lufthauch, Griechisch *pneuma*) offenkundig den *Äther*: Der Weltäther ging gleichsam mit dem Menschen schwanger, und wie eine Schwangere das Embryo ihres Kindes, so trug der Weltäther den Keim des sich bildenden Menschenwesens in sich, bevor der Mensch sich stofflich auf Erden inkarnieren konnte.

Fragment 7 sagt: »Es (das Ding, die Sache, der Stein der Weisen, also der Mensch selbst) ist der Vater aller Vollendung der ganzen Welt, seine Tugend ist vollkommen, wenn es in Erde verwandelt worden« – wenn es sich also, das Menschenwesen, in physischer Leibesgestalt auf Erden inkarniert. Denn der Mensch im physischen Leib ist im Licht der esoterischen Alchemie gleichsam ein sterblicher Gott, wie umgekehrt die Götter unsterblich gewordene Menschen. Durch die schrittweise Selbst-Vervollkommnung des Menschen wird der ganze Kosmos größerer Vervollkommnung entgegengeführt.

Die Aufforderung in Fragment 8: »Trenne die Erde vom Feuer, das Subtile vom Dichten sukzessiv mit großer Geschicklichkeit« bezieht sich – in logischer Fortsetzung des bisher Gesagten – wiederum auf den Menschen selbst, und die Aufforderung bedeutet soviel wie: Trenne vom dichten Erdenleib den subtilen Feuerleib, das heißt den geistig-göttlichen Lichtleib, und zwar: »sukzessiv mit großer Geschicklichkeit!« Damit wird bereits der Aufstiegs-Weg des Menschen thematisiert, während in den bisherigen Sätzen der

*Tabula Smaragdina* die Herkunft des Menschen und der Prozeß der Menschwerdung dargestellt wurden.

Die Loslösung des Astralkörpers vom physischen Leib und die Himmelfahrt der Seele bildeten die Sinnmitte und das innere Geheimnis aller Mysterien-Einweihung. Sie stand, deutlich thematisiert in Fragment 8, auch im Mittelpunkt des alchemistischen Einweihungs-Weges. Die Seele des Initiierten sieht sich in die Lage gesetzt, den physischen Leib willentlich zu verlassen und in immer höhere Geistesregionen aufzusteigen, wobei sie allerdings nach spätestens drei Tagen in den physischen Leib zurückkehren muß – dieser Vorgang der Himmelfahrt oder Astralreise wird in Fragment 9 angesprochen: »Es (das Wunder des Menschen, der Mensch selbst) *steigt von der Erde zum Himmel und steigt dann wieder zur Erde hinab und erhält die Kraft der Oberen und Unteren.*«

Die folgenden Fragmente dienen nur noch der Bestätigung und Abrundung des bisher Gesagten. So Fragment 10: »So hast du den Ruhm der ganzen Welt.« Der eingeweihte Arkanen-Schüler der Alchemie wird den »Ruhm der ganzen Welt« haben, weil er sich von den Beschränkungen der materiellen Stoffwelt befreit hat. Von ihm wird »fliehen jegliche Finsternis«, denn er ging den Weg zurück in die verloren gegangene göttliche Lichtheimat. Er hat »aller Stärke Stärke, weil sie jede subtile Sache besiegt und jede feste durchdringt«, also den Stein der Weisen, der eigentlich als ein inneres Seelenvermögen im Menschen selbst ruht.

Die *Tabula Smaragdina* soll der Sage nach zuerst von dem Magier *Appolonios von Tyana* (lebte im 1. Jahrhundert n. Chr.) aufgefunden worden sein; später gelangte sie in die Hände des Priesterarztes *Sergios von Ris-Aina* (6. Jahrhundert n. Chr.), der den Text aus dem Altsyrischen ins Lateinische übersetzte. In lateinischer Fassung ist die Smaragdene Tafel des Hermes Trismegistos in Europa mindestens seit dem 11. / 12. Jahrhundert n. Chr. bekannt, denn aus dieser Zeit stammt ein ebenfalls in lateinischer Sprache verfaßter Kommentar hierzu von einem Mönch namens *Hortulanus.* Aber die eigentlichen Einweihungs-Schriften des Hermes

Trismegistos, alle in Griechisch verfaßt, blieben dem Mittelalter unbekannt; erst die Renaissance brachte sie zutage.

## 3. Der Weisheitslehrer Hermes Trismegistos

Der aus Ägypten stammende Weisheitslehrer Thot Hermes, der den Beinamen *Trismegistos* – der *Dreimalgroße* – erhielt, gilt gemeinhin als der legendäre Begründer der Alchemie, die darum auch die »Hermetische Kunst« heißt. Wer war Hermes Trismegistos? War er ein Gott, ein Halbgott, ein aus höchsten Geistesebenen Herabgestiegener, der gekommen ist, um die Menschheit zu belehren, oder war er eine historische Persönlichkeit? Wir wissen es nicht; seine Historizität wurde bis heute noch nicht nachgewiesen, und doch galt er im Altertum als einer der größten Wissenden aller Zeiten. Seine Weisheit soll angeblich in vielen Büchern niedergelegt worden sein, nach Clemens Alexandrinus in insgesamt 42, davon 36 Bücher theologischen und astronomischen sowie 6 medizinischen Inhalts.

Von allen diesen Büchern gibt es indessen heute keine Spur mehr; als »Hermetische Schriften« kennen wir lediglich einen in griechischer Sprache abgefaßten Corpus von 15 Dialogen, der mit dem Poimandres-Dialog beginnt und unter dem Namen *Corpus Hermeticum* bekannt ist, außerdem den lateinisch abgefaßten Dialog *Asklepius*, die von Stobaeus gesammelten Fragmente, ferner die *Tabula Smaragdina* und zahlreiche Einzelschriften in lateinischer, griechischer und koptischer Sprache, die sich mit den verschiedensten Formen der Astrologie, der Weissagung und der Magie befassen. Viele dieser Schriften stammen von unbekannten Autoren, wurden aber dem legendären Hermes Trismegistos als Verfasser zugeschrieben. Das *Corpus Hermeticum*, zweifellos die bedeutendste aller Hermetischen Schriften, das eindeutig den Geist einer spätantiken alexandrinisch-hellenistischen Gnosis atmet, dürfte nach E. Zeller keiner früheren Zeit als »den letzten Jahrzehnten des dritten Jahrhunderts n. Chr. angehören«.[10]

Symbolischen Charakter trägt allein schon der Name des unbekannten Verfassers der hermetischen Schriften; in ihm werden zwei Göttergestalten der antiken Welt synkretistisch miteinander verknüpft, der ägyptische *Thot* und der griechische *Hermes*. In Ägypten hatte der ibisköpfige Gott Thot, auch *Djehuti*, der im Neuen Reich (1559–1200 v. Chr.) auch in Paviangestalt verehrt wurde, sein Kultzentrum in Hermopolis; er galt als Gott des Wissens, der Schrift und der Sprache. In einer Inschrift auf dem Sockel des Gütervorstehers Cheriuf, die aus der Zeit des Königs Amenophis III. stammt, wird er als Lehrer aller möglichen Künste und Handwerke dargestellt: »So priesen Götter und Menschen seine Weisheit, mit der er die Gottesdienste und Opfer eingerichtet hatte. Er hatte die Menschen das Schreiben gelehrt und die Kunst der Rede. Er hatte die Beamten angewiesen, wie sie die Tempel und Paläste für Götter und Könige zu pflegen hätten. So wurde nichts von seiner Weisheit vergessen, auch nicht die Kunst des Handwerks im Weben und Flechten, in Jagd und Ackerbau.«[11]

Hermopolis, der Kultort des Thot, heißt wörtlich übersetzt: *Stadt des Hermes*; aber die Wesensverwandtschaft zwischen Thot und dem griechischen Hermes kommt nicht nur in diesem Namen zum Ausdruck. Homer beschreibt Hermes als einen Gott, der »den Werken aller Menschen Anmut und Glanz verleiht« (Odyssee XV / 319), als den Götterboten, Mittler zwischen himmlischer und irdischer Welt, als Führer und Beschützer der Wanderer auf allen Wegen, aber auch als Führer der verstorbenen Seelen im Totenreich. Darüber hinaus steht er als Gott der Kniffe und Listen auch in einem gewissen Bezug zur Magie, und sein Stab Caduceus mag als Wanderer- wie auch als Zauberstab gelten. Ihm entspricht in der nordeuropäisch-germanischen Mythologie der Magier-Gott *Odin*, ein ewiger Wanderer gleich Hermes, der insbesondere die Schrift erfunden haben soll. Ob Odin, ob Hermes, ob Merkur, ob Thot – es ist ein und derselbe Wissensgott, gleich in welcher Gestalt er auftritt; immer hat er mit der Sprache und dem Wort zu tun, besonders mit dem Zauberwort.

Hermes Trismegistos zählt zusammen mit *Zarathustra*, *Pythagoras* und *Lao Tse* zu den größten Geisteslehrern der Menschheit.

Edouard Schuré hat ihm in seinem Buch »Die großen Eingeweihten« (1909) ein ganzes Kapitel gewidmet, und er gelangt zu der
Ansicht, daß der Name Thot Hermes nicht nur eine einzelne Person bezeichnet, sondern auch eine Art Sammelbezeichnung darstellt. Schuré schreibt: »Hermes ist ein genereller Name wie Manu
und Buddha. Er bezeichnet zugleich einen Menschen, eine Kaste
und einen Gott. Als Mensch ist Hermes der erste, der große Eingeweihte Ägyptens; als Kaste ist er die Priesterschaft der okkulten
Tradition; als Gott ist er der Planet Merkur, dessen Sphäre mit einer
Kategorie von Geistern, von göttlichen Eingeweihten assimiliert
ist.«[12]

Die Wesensgestalt des Hermes Trismegistos trägt indessen nicht
nur merkurische, sondern auch lunare Elemente in sich, zumal der
ägyptische Thot auch als zaubermächtiger Mondgott gesehen
wurde; und tatsächlich lebt in der Hermetik nicht strahlende klare
Sonnenweisheit, sondern tiefnächtliche Mondenweisheit: eine Welt
der Magie, der Symbolik und des Unbewußten. Diese magische
Mondenwelt wird indessen durchdrungen von der kristallklaren
Erkenntniskraft des Merkur. Die Astrologie, Magie, Alchemie und
das damit verknüpfte Orakelwesen stellen freilich nur eine Seite der
Hermetik dar. Die philosophische Hermetik, wie sie uns in den
Schriften des *Corpus Hermeticum* entgegenleuchtet, beinhaltet tatsächlich ein voll ausgebildetes System hellenistischer Gnosis, das
die Gott-Werdung des Menschen durch Gott-Erkenntnis zu erreichen trachtet.

Die frühesten Belege für die Existenz einer gnostischen Geheimlehre des Hermes Trismegistos finden sich erst in der Literatur der
Kirchenväter, so bei *Cyrill*, *Athenagoras*, *Tertullian*, *Laktanz* und
gar bei *Augustinus* (354–430), dem wohl einflußreichsten Kirchenlehrer der Spätantike, dessen Wirkung sich über das ganze
christliche Mittelalter hinweg erstreckte. Und dieser Augustinus,
Mythos und Geschichte bunt durcheinander mischend, schreibt
über Person und Wirkung des Hermes Trismegistos folgendes:
»Denn was jene Philosophie anbetrifft, die angibt, etwas zu lehren,
wodurch die Menschen selig werden, so wurden ihre Studien in

jenen Ländern [Ägypten] erst ungefähr zur Zeit des Mercurius, den sie Hermes Trismegistos nannten, berühmt. Das war zwar lange vor den Weisen oder Philosophen Griechenlands, aber doch nach Abraham, Isaak, Jakob und Joseph, ja sogar später als Moses. Denn man hat ermittelt, daß zur Zeit der Geburt Mosis Atlas gelebt hat, der Bruder des Prometheus und mütterlicher Großvater des älteren Mercurius, dessen Enkel jener Mercurius (Hermes) Trismegistos gewesen ist.«[13]

Wenn den Angaben, die der Kirchenlehrer und Bischof von Hippo Regius Augustinus über die historische Lebenszeit des Hermes Trismegistos macht, auch nur im Geringsten Glauben geschenkt werden kann, dann hätte dieser Eingeweihte »lange vor den Weisen oder Philosophen Griechenlands«, aber »später als Moses« in Ägypten gelebt. Dies ist eine recht konkrete Angabe: Der Auszug israelitischer Stämme aus Ägypten unter *Moses* (hebräisch *Moscheh*) dürfte sich gegen Ende des Neuen Reiches um 1250 v. Chr. abgespielt haben; die »Weisen Griechenlands« beginnen in der kleinasiatischen Landschaft Ionien etwa ab 600 v. Chr. öffentlich aufzutreten: von *Thales* (624–546), *Anaximander* (611–546) und *Anaximenes* (586–525) bis hin zu *Pythagoras* (580–500) und *Heraklit* (535–470). Die historische Lebenszeit des Hermes Trismegistos würde demnach in den Zeitraum hineinfallen, der sich zwischen dem 13. und dem 6. Jahrhundert v. Chr. aufspannt. Es wäre die Zeit von der 20. Dynastie (1185–1075) eines Ramses III. und Ramses XI. bis hin zur 25. Dynastie (712–653).

Dieser Zeitabschnitt in der Geschichte Ägyptens, vom Ende des Neuen Reiches bis zum Beginn der Spätzeit, war politisch und kulturell eine Zeit des Verfalls und des Niedergangs. In der Spätzeit nämlich, von der 25. Dynastie an, wird Ägypten nur noch von Fremdvölkern beherrscht: ab 662 v. Chr. vom Assyrerkönig Assurbanipal, ab 525 vom Perserkönig Kambyses, ab 332 von Alexander dem Großen und seinen Diadochen, ab 30 v. Chr. schließlich von den Römern. Diese Niedergangs-Zeit hatte der historische Hermes Trismegistos schon vorhergesagt, kündigt er doch in seiner Schrift *Asklepius* eine Zeit an, »in der die Ägypter die Götter umsonst anbeten werden, weil die Götter Ägypten verlassen haben und zum Himmel hinaufgestiegen sind. Wie eine Waise wird Ägypten sein, nachdem es von allen seinen Göttern verlassen worden ist. Dann aber werden Fremde in das Land kommen und werden es beherrschen.«[14]

Wenn Hermes Trismegistos den Niedergang der Spätzeit prophetisch vorgeahnt hat, selbst aber noch später als Moses lebte, dann könnte seine Lebensspanne mit ziemlicher Gewißheit in die sogenannte *3. Zwischenzeit* (21. bis 24. Dynastie, 1085–715 v. Chr.) angesetzt werden. Er wäre sodann ein Zeitgenosse der israelitischen Könige *Saul* (um 1010), *David* (1006–966) und *Salomo* (966–926) gewesen, ein Zeitgenosse auch der Religionsstifter *Konfutsius* und *Lao Tse* im allen China. Zu dieser Zeit neigte sich im Indus-Tal die spätvedische Kultur, in Griechenland die mykenische Kultur ihrem Ende entgegen. In Hellas stand das Mysterienwesen noch in hoher Blüte: Man denke etwa an das Orakel von Delphi, an die Kultstätten von Eleusis und Samothrake; lange vor dem Auftreten der Philosophen, Jahrhunderte vor dem Weisen *Solon* (640–561), Jahrhunderte auch vor Pythagoras, Heraklit und Platon.

Aber wie paßt es damit denn zusammen, daß die dem Hermes Trismegistos zugeschriebenen Schriften, das *Corpus Hermeticum*, der *Asklepius* und die von Stobaeus gesammelten Fragmente, eindeutig aus hellenistisch-spätantiker Zeit stammen? Gelten sie nicht als ein Zeugnis und Produkt der sogenannten *Alexandrinischen Schule*, der auch Philon, Ammonios Sakkas und Plotin entstammen, aus der Zeit zwischen zwischen 250 und 350 n. Chr.? Klafft da nicht eine Lücke von mehr als einem Jahrtausend zwischen dem Leben des historischen Hermes Trismegistos und seinen Schriften? In der Tat, eine solche Lücke ist vorhanden, aber wäre es nicht auch möglich, daß es (wie schon E. Schuré vermutete) mehrere Personen unter dem Namen Hermes gegeben hat, Ältere und Jüngere, Spätere und Frühere, Götter und Menschen?

Sagt nicht der Dreimalgroße Hermes selbst, daß er einen Großvater habe, der auch schon Hermes geheißen hat (*Asklepius* III /

37)? Der Kirchenvater Augustinus, dessen Ausspruch wir nochmals in Erinnerung zurückrufen wollen, nennt den Atlas Bruder
des Prometheus – den mütterlichen Großvater »des älteren Mercurius, dessen Enkel jener Mercurius (Hermes) Trismegistus gewesen ist«. Wir haben also mindestens zwei Hermes voneinander zu
unterscheiden, einen Älteren und einen jüngeren, wobei der Ältere
in direkter Linie von Atlas abstammt. *Atlas* galt im griechischen
Mythos als Sohn des Titanen *Japetos* und der Okeaniden *Klymene*,
und er hatte die Aufgabe, das Gewölbe des Himmels zu stützen.
Seine Töchter sind die Pleiaden, Hyaden und Hesperiden. Die
Alten haben aus diesem Atlas bald die Personifizierung der Weltsäule gemacht, bald den legendären König von *Atlantis*, gestützt
auf den Bericht Platons, bald den großen Astronomen, Mathema-
tiker und Philosophen.

Die griechische Mythologie nennt Hermes – den Götterboten –
einen Sohn der Nymphe *Maia*, den sie einst von Zeus dem Göttervater empfangen habe. Die Nymphe Maia gilt indessen als eine
Tochter des Riesen Atlas, und insofern ist es mythologisch richtig,
Hermes einen Enkel des Atlas zu nennen. Dieser Hermes nun, der
Hermes des Mythos, soll seinerseits einen hochbedeutenden Enkel-
sohn gehabt haben, nämlich den *Hermes Trismegistos*, den Weisheitslehrer Ägyptens und Begründer der Alchemie, den unbekannten Verfasser der Hermetischen Schriften? Man sieht hier, wie ein
menschlicher Stammbaum, je weiter man ihn zurückverfolgt, in
den Stammbaum der Götter überzugehen scheint. Menschen und
Götter sind ununterscheidbar miteinander verschwistert, und
Hermes Trismegistos scheint in einer illustren Ahnenreihe zu stehen, die sich bis auf Atlas – den König von Altantis – zurückführen läßt.

Wer also war dieser *Thot-Hermes*, der auch der *Dreimalgroße*
genannt wird, als historische Persönlichkeit? War er ein hellenistischer Philosoph, der um das Jahr 300 n. Chr. in Alexandria gewirkt
hat? Oder war er ein ägyptischer Hohepriester, der – ein Zeitgenosse König Salomons – um das Jahr 1000 v. Chr. in der Zeit von
der 21. bis zur 24. Dynastie die bald eintretende Unterdrückung

270 DIE HERMETIK / ALCHEMIE

der Ägypter durch die Fremdvölker voraussagte? Wer war diese
Persönlichkeit, Schöpfer einer gnostischen Geheimlehre, deren
Wirkung sich auf das frühe Christentum, auf die jüdische Mystik,
auf die Alchemie, auf die gesamte arabische Philosophie, Astronomie und Medizin ausdehnte? Wer war dieser Geisteslehrer des
Abendlandes, auf den sich noch im Mittelalter Alchemisten wie
*Arnaldus von Villanova* (1235 –1311), *Raymundus Lullus*
(1235–1315) und *Trevisanus* (1406–1490) als ihren Meister berufen, ja dessen Name auch einem *Albertus Magnus* (1193–1280)
nicht unbekannt ist?

   War er denn überhaupt ein Mensch, dieser Hermes Trismegistos, oder nicht viel eher ein Gott? Oder gehörte er zu jenen Vertretern der Menschheit, in denen menschliche und göttliche Natur
sich miteinander verschwistert haben? War er ein menschgewor-
dener Gott, oder ein gottgewordener Mensch? Ein aus eigener
Kraft zu den Göttern Aufgestiegener? Lehrt die Hermetik denn
nicht, daß der Mensch selbst ein seinem Ursprung nach göttliches
Wesen ist, das sich aus Unwissenheit und Irrtum an die Welt der
Materie gekettet hat, aus der er sich aber durch echte Gott-
Erkenntnis wieder befreien kann? In diesem Sinn schrieb auch der
Dichter *Novalis* (1772–1801), damit Wesen und Hauptziel der
Hermetischen Einweihung zusammenfassend: »Wir werden die
Welt verstehn, wenn wir uns selbst verstehn, weil wir und sie inte-
grante Hälften sind. Gotteskinder, göttliche Keime sind wir. Einst
werden wir sein, was unser Vater ist.«[15]

## 4. Das Corpus Hermeticum

In einer Handschrift aus dem Besitz der Königin Kleopatra über
*Chrysopoia*, also über die Goldmacherkunst, findet sich die Abbildung des *Ouroboros*, der sich selbst in den Schwanz beißenden
Schlange, ein gebräuchliches antikes Symbol des alchemistischen
Prozesses. Die Inschrift dieser Abbildung lautet: *hen to pan*, Eins
ist Alles. Aus dem all-einen Gott ging das All hervor, und in ihn
wird es schlußendlich wieder zurückkehren. So bildet letztlich alles

Weltgeschehen einen großen Kreislauf. Es ist der große Zyklus des Seins, symbolisch dargestellt durch den alchemistischen Drachen Ouroboros, der sich vom Schwanz her auffrißt, der sich ewig erneuert durch Tod und Wiedergeburt.

Der Satz von der Einheit allen Seins, auch Haupt- und Kernsatz der Alchemie, durchzieht die Schriftensammlung des *Corpus Hermeticum*. Die Hermetik, eine Philosophie des Lebendigen und der All-Einheit, stellt den Gedanken der Identität von Ich, Welt und Gott in ihren Mittelpunkt. Es ist in dieser Sicht ein Irrtum anzunehmen, das Ich sei eine isolierte, von der Welt losgelöste Monade. Denn eigentlich sind Ich und Welt eins; nur Irrtum und Verstrickung hindern es daran, dies zu erkennen. Und wenn das Ich sein Einssein mit der Welt erkannt hat, dann hat es auch die Einigung mit dem All-Gott vollzogen, der im Sinn der Hermetik nicht als ein transzendenter Schöpfergott, sondern als ein immanenter Weltengott aufgefaßt wird. Deshalb sind nach Professor G. Quispel, Utrecht, alle Schriften der Hermetik nur verschiedene Variationen über das Thema: »Wer sich selbst kennt, kennt das All.«[16]

»Erkenne dich selbst!«, griechisch *gnothi seauton*, so soll die Inschrift auf dem Tempel des Apollon-Orakels zu Delphi gelautet haben. Wahre Selbsterkenntnis geschieht nach den Lehren der Hermetik nur durch All- und Kosmos-Erkenntnis, die zugleich auch die wahre Gott-Erkenntnis bedeutet! Gott-Erkenntnis nicht im Sinn von theoretischer Reflexion, sondern als ein wesensmäßiges Einswerden mit Gott. Ein solcher Weg der Selbst-, All- und Gott-Erkenntnis wird nicht nur in der Hermetischen Philosophie gewiesen, sondern auch im Neuplatonismus sowie in der mystischen Geheimlehre des Hinduismus, die in den ab 800 v. Chr. entstandenen *Upanishads* schriftlich niedergelegt wurde. Der Zentralgedanke der Upanishaden-Philosophie Altindiens ist die wesensmäßige Einheit des *âtman* mit dem *brahman*, der Einzelseele mit der Universalseele und Weltengottheit.

In der *brihad-âranyaka-upanishad* beispielsweise heißt es: »Nur das Brahman war hier am Anfang. Dies kannte nur sich selbst: ›Ich bin Brahman‹. Darum wurde es zu der ganzen Welt. Wer immer von den Göttern das erkannte, der wurde dazu (zur ganzen Welt). Ebenso ist es bei den Rishis, ebenso bei den Menschen. (...) Darum wird auch jetzt der, der so weiß: ›ich bin Brahman‹, zur ganzen Welt.«[17] Die Identität von *âtman* und *brahman* – das ist im Grunde genommen ganz und gar »hermetisch« gedacht. Zusammen mit den Upanishaden und dem *Tao-teking* des Lao-Tse, mit den Schriften Plotins, der mittelalterlichen Mystiker und der islamischen Sufis zählt das *Corpus Hermeticum* des Hermes Trismegistos zu den Grundtexten der mystischen Weltliteratur.

Das *Corpus Hermeticum* bildet inhaltlich ein organisches Ganzes: Es enthält einen Weltschöpfungsmythos, eine Anthropologie und einen Seelen-Erlösungs-Weg; eine Bekehrungspredigt, eine »Bergpredigt« gar und mehrere Hymnen mystisch-religiösen Inhalts, daneben aber auch eher philosophische Dialoge im Stil Platons. In den Dialogen treten als Gesprächspartner Hermes, Tat und Asklepius auf – die beiden letzteren aber bloß als Fragende; Tat (hergeleitet von Thot?) scheint der leibliche Sohn des Hermes Trismegistos zu sein. Aber die stark an Platon erinnernde Sprache, auch die Übernahme einige seiner Philosopheme, wie insbesondere der »Ideenlehre«, darf nicht den Eindruck aufkommen lassen, das *Corpus Hermeticum* sei ein philosophischer Text, »philosophisch« im akademischen, schulmäßigen Sinn. Wir haben es hier vielmehr mit einem nur äußerlich philosophischen (und auch dies nur an einigen Stellen), im Wesenskern aber eindeutig »mystischen« Text zu tun, mit der kanonischen Schriftensammlung einer mystisch-gnostischen Geheimreligion.

Die erste Druckausgabe des *Corpus Hermeticum* fällt mitten in die Hochblüte der italienischen Renaissance hinein, in das Jahr 1471: eine Übersetzung des griechischen Urtextes ins Lateinische, die auf Geheiß des Fürsten *Cosimo de Medici* von *Marsilio Ficino* (1433–1499), dem allseits anerkannten Haupt der Platonischen Akademie von Florenz, angefertigt wurde. Ficinos Übersetzung muß damals in Europa eine wahre Welle der Hermes-Begeisterung ausgelöst haben, eine Wiedergeburt des esoterischen Hermetismus. So wird im »*Tractatus quae dicitur Thomae Aquinatis de Alche-*

*mia«* (1520) Hermes Trismegistos als Psychopompos, als Seelen-
führer im Totenreich, zitiert. Auf ihn beruft sich auch Agrippa von
Nettesheim in seiner *»Occulta Philosophia«* (1530–1533). In der
Kathedrale von Siena findet sich eine Phantasie-Darstellung des
»Hermes Mercurius Trismegistos«, und die Inschrift darunter
nennt ihn einen *contemporeanus Moysi*, einen Zeitgenossen des
Moses. Das Gemälde datiert aus dem Jahr 1488.

Seit seiner Wiederentdeckung und Neuherausgabe durch Marsilio Ficino wurde das *Corpus Hermeticum* in alle europäischen
Hochsprachen übersetzt, ins Englische (1650), ins Französische
(1866) und ins Deutsche (1706).[18] Nachhaltig wirkten die hermetischen Gedankengänge auf die frühe Rosenkreuzer-Bewegung ein.
Das *»Rosarium Philosophorum«* (1550) jedenfalls beruft sich auf
Hermes den Dreimalgroßen; die französischen Rosenkreuzer – mit
der Alchemie vertraut – hatten als Initiationsritus einen *»rite her-
metique«*. Auch die *»Societas Rosicruciarum in Anglia«* vergab
einen Hermetischen Grad. Rosenkreuzertum, Freimaurerei, Alchemie, die Welt der Logen und der Geheimgesellschaften – das ist der
geistige Untergrund, in den sich die Hermetik im Laufe des 17., 18.
und 19. Jahrhunderts zunehmend zurückgezogen hat, verdrängt
durch die Aufklärung und die damals neu aufgekommenen Naturwissenschaften.

## 5. Pico dela Mirandola

Giovanni *Pico dela Mirandola* (1463 –1494), einer der überragenden Geister der italienischen Renaissance, ein Freund Polizians
und zum Kreis um *Lorenzo il Magnifico* in Florenz gehörig, wollte
im Jahr 1486 alle Gelehrten der Welt nach Rom einladen, um ihnen
900 Thesen vorzulegen, in denen er die grundlegende Übereinstimmung zwischen antiker Mysterienweisheit und christlichem
Glauben nachzuweisen suchte. Ein ganz sinnenfrohes, weltzuge-
wandtes Christentum vermählt sich bei Pico dela Mirandola mit
neuplatonischen, hermetischen und kabbalistischen Gedanken-
gängen – ein synkretistisches System westlicher Esoterik, wie es in

ähnlicher Form später von den Rosenkreuzern herausgebildet wurde.

Pico dela Mirandola, der griechischen Sprache wie auch des Hebräischen mächtig, hatte das *Corpus Hermeticum* und die heiligen Bücher jüdischer Magie und Mystik, die Schriften der *Kabbala*, im Original gelesen, und er verfolgte den Plan, eine öffentliche Gelehrten-Disputation einzuberufen, wie sie ja seit dem Mittelalter im scholastischen Lehrbetrieb durchaus üblich waren. Die Einladung hierzu – sie ging an alle Universitäten Italiens, Spaniens, Frankreichs und Deutschlands – beginnt mit den Worten: »Der Graf von Mirandola wird diese neunhundert Sätze, die der Dialektik, der Moralphilosophie, der Physik, der Mathematik, der Metaphysik und der Theologie, der Magie und der Kabbala entnommen sind und welche teils eigene Gedanken vertreten, teils aus den Schriften der weisen Chaldäer, Araber, Griechen, Ägypter und Lateiner stammen, öffentlich verteidigen. In der Formulierung dieser Thesen hat er sich nicht der rein lateinischen Sprache angeschlossen, sondern er hat sich der Sprache der berühmten Disputatoren in Paris bedient (...)«[19]

Als Einleitung zu diesen 900 Thesen sollte eine von Pico verfaßte »*Rede über die Würde des Menschen*« *(Oratio de Hominis Dignitate)* dienen, die in ihrem Kein ein neues, revolutionäres Menschenbild darstellt: das Menschenbild der Renaissance in ihrer ersten bewußten Ausformulierung! Aber zu der geplanten Disputation sollte es nicht kommen. Papst Innozenz VIII. verbot das kühne Unternehmen und verhängte über den jungen Gelehrten Pico dela Mirandola den Kirchenbann. Zwar wurde der Bann durch Papst Alexander VI. im Jahr 1493 wieder aufgehoben, doch zu diesem Zeitpunkt hatte Pico der Philosophie abgeschworen und sich – wohl unter dem Einfluß Savonarolas – ganz einem mönchisch-asketischen Leben hingegeben. Im Jahr darauf starb er, plötzlich und unerwartet, an einem fiebrigen Infekt, noch nicht ganz 32 Jahre alt. Aber mit seiner »*Rede über die Würde des Menschen*«, die erst posthum veröffentlicht wurde (Bologna, 1496), hatte der tragisch Verstorbene ohne Zweifel die entscheidende Programmschrift der italienischen Renaissance verfaßt, die weit über das *Quattrocento* hinaus in die Zukunft weist und die Ecksteine eines neuzeitlichen Menschenbildes legt.

Ein Grundgedanke, der die *»Rede über die Würde des Menschen«* wie ein roter Faden durchzieht, besagt, daß der Mensch von Natur aus keiner festen Wesensbestimmung unterliegt, sondern sich sein »Wesen« stets neu »setzt«, nicht aus eigener Willkür heraus, sondern aus bewußter selbstverantwortlicher Entscheidung. Der Mensch trägt von Natur aus alle Möglichkeiten in sich, und er muß selbst entscheiden, auf welche Stufe der Schöpfung er sich stellt – ob auf die des Tieres, des Menschen, des Engels, ja selbst Gottes. Darin, daß er sich seine »Natur« selber erschafft, darin besteht die Freiheit, die Würde, die Berufung des Menschen!

An entscheidender Stelle seiner Rede läßt Pico den Schöpfergott an den Menschen folgende Worte richten: »Keinen festen Sitz, keine dir eigene Gestalt, kein besonderes Erbe haben wir dir, Adam, gegeben, damit du welchen Sitz immer, welche Gaben immer, die Du Dir nach Deinem Wunsch und Deinem Entschluß erwählest, zu eigen haben mögest. Alle anderen Wesen haben eine bestimmte Natur erhalten und werden von uns unter vorher bestimmten Gesetzen festgehalten. Dich allein bindet keine Schranke, es sei denn, daß Du selber nach Deinem Willen, den ich Dir verliehen, sie Dir vorschreibst. Mitten in die Welt habe ich Dich gestellt, damit Du umso leichter um Dich schaust und schaust alles, was darinnen ist. Ich schuf Dich als ein Wesen, weder himmlisch noch irdisch, weder sterblich noch unsterblich allein, damit Du Dein eigner freier Bildner und Überwinder seiest und jedwede Form, die Du für Dich erwählst, annehmen könntest. Du kannst zum Tier entarten und zum Göttlichen Dich wiedergebären.«[20]

Ganz ähnlich hatte es ein anderer großer Humanist jener Zeit, *Nicolaus Cusanus* (1401–1464), ausgedrückt: »Es kann demnach der Mensch ein menschlicher Gott sein und Gott menschlich; er kann ein menschlicher Engel sein, eine menschliche Bestie, ein menschlicher Löwe oder Bär, oder was sonst auch immer. Denn innerhalb der Wirkmöglichkeit der Menschheit existiert alles dies auf seine Weise. Es gibt aber keine andere Begrenzung der aktiven Schöpferkraft der Menschheit als eben die Menschheit selbst.«[21] Der Mensch der Renaissance – das ist nicht mehr Adam, der Erd-gebundene, sondern Prometheus, das einzige Wesen neben Gott, das über die Gabe kreativer Schöpferkraft verfügt. Erst im Welt-bild der Renaissance erhält der Mensch jenes Maß an Freiheit, Würde und Göttlichkeit, das es ermöglicht, ihn als im Prinzip ebenbürtigen Mitschöpfer und Partner an die Seite Gottes zu stel-len. Denn als »Bildner und Schöpfer seiner selbst« besitzt der Mensch auch die Fähigkeit der *deificatio*, der Gottwerdung – ein erst im geistigen Klima der Renaissance möglicher, aber eigentlich antik-hermetischer Gedanke.

## 6. Das mystische System der Kabbala

Auf die christliche Religionsphilosophie, überhaupt auf die abend-ländische Philosophie der Neuzeit hat die »*Kabbala*«[22] die mystisch-gnostische Geheimtradition des Judentums – einen Ein-fluß ausgeübt, der nicht hoch genug veranschlagt werden kann. Hier ist vor allem der Philosoph und Naturforscher *Mercurius van Helmont* (1614–1699) zu nennen, Sohn des Kabbalisten und Alchemisten *Jan Baptist van Helmont* (1577–1644), der schon die chemische Beschaffenheit der Gase untersuchte. Mercurius van Helmont, der ein abenteuerliches Leben an verschiedenen europä-ischen Höfen verbrachte, weihte den Philosophen *Leibniz* (1646–1716) in die Geheimlehre der Kabbala ein, worauf dieser auf kabbalistischer Grundlage seine berühmte »*Monadenlehre*« entwickelte.

Nachdem *Christian Knorr von Rosenroth* (1636–1689), selbst Alchemist, einige kabbalistische Texte ins Lateinische übersetzt und unter dem Titel »*Kabbala Denudata*« (1677) veröffentlicht hatte, konnte die in den Schriften der Kabbala niedergelegte jüdi-sche Urweisheit die esoterischen Systeme der Barockzeit nachhal-tig beeinflussen, besonders die frühe Rosenkreuzer-Bewegung. Das Wort *Kabbala* (auch *Quabalah*) bedeutet im Hebräischen zunächst

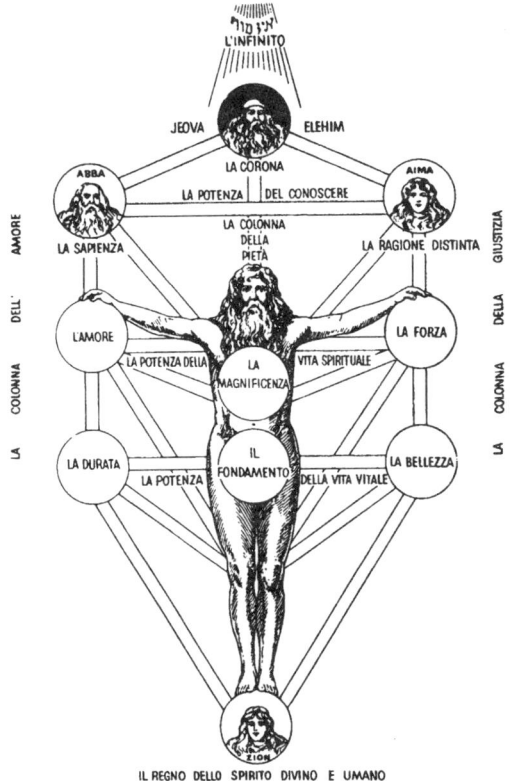

*16 Der kabbalistische Sephirotbaum.*

nichts anderes als »Überlieferung«; es bezeichnet eine uralte, vielleicht 5000jährige Überlieferungstradition esoterischen Wissens. Freilich taucht der Name »Kabbala« und mit ihm die schriftliche Niederlegung der Tradition erst im 13. Jahrhundert auf, seitdem sie sich als esoterische Lehre von einigen rabbinischen Schulen Spaniens und Südfrankreichs über den ganzen abendländischen Kulturraum ausbreitete.

Das Hauptbuch der Kabbala, das *Sefer-al-Sohar*, das »Buch vom göttlichen Lichtglanz«, wurde vermutlich in großen Teilen erst von dem 1305 verstorbenen Moses ben Schemtob de Leon verfaßt. Dann gibt es noch, neben einer Vielzahl von anonymen und apokryphen Schriften, das *Sefer-al-Jezirah*, das »Buch von der Weltformung«, das von der Urerschaffung der Welt durch die Kraft der 10 Zahlen und der 22 Buchstaben des hebräischen Alphabets kündet. Ein Hauch von pythagoräischer Zahlenmystik weht durch diese Schrift, die nach Meinung von Experten auf das 3. bis 6. Jahrhundert n. Chr. datiert werden kann, nach kabbalistischem Glauben jedoch direkt auf den Stammvater Abraham zurückgeht. Abraham stammte aus Ur in Chaldäa, und er war in die alt-babylonische Sternenweisheit der Chaldäer eingeweiht, ähnlich wie später Moses in die Mysterien der Ägypter.

Da nach rabbinischer Ansicht »alles, was der Heilige, Gebenedeite (Gott) an seiner Welt geschaffen hat, er auch am Menschen geschaffen« hat, ergibt sich hieraus das Weltbild der wechselseitigen Entsprechung von Oben und Unten. Demnach wurde »die ganze untere Welt nach dem Vorbilde der oberen (himmlischen) gemacht«, und der Mensch ist ein Universum im Kleinen.[23] Denn nach jüdisch-rabbinischer, auch nach kabbalistischer Ansicht kommt der Menschengestalt universelle Bedeutung zu; sie stellt den Prototyp alles Geschaffenen dar. Selbst der Weltenschöpfer, der Unaussprechliche, hat die Menschengestalt angenommen – Jahwe, der oberste Gott der Juden, wird auch in den Traditionen jüdischer Mystik mit letzter Konsequenz anthropomorph gedacht. So lesen wir etwa im *Sefer-al-Sohar*: »Die Gestalt des Menschen schließt alles in sich, was im Himmel und auf Erden ist, die oberen und die unteren Wesen. Darum hat der Alte der Alten sie zu der seinen gemacht.«[24]

Auch das Universum trägt Menschengestalt, ja als *Adam Kadmon* bildet es einen großen makrokosmischen Menschen. Adam Kadmon ist der Ur- und All-Mensch; unmittelbar aus der schöpferischen Kraft der Gottheit hervorgegangen, sozusagen das personifizierte Universum, trägt er alle schöpferischen Energien des Universums in sich. Als Weltenbaum oder *Sephiroth-Baum* durchragt er alle Ebenen des Seins, von der dichtesten Materie über die kosmisch-astralen Zwischenebenen der Planetensphären bis hoch hinauf zu den Engel- und Erzengel-Welten und den Reichen der schöpferischen Urgeister. In seiner ausladenden Wucht beinhaltet dieser kosmische Baum mit Wurzel, Stamm und Krone die zehn schöpferischen Potenzen des Universums: die zehn *Sephiroth*.

In den zehn Sephiroth verkörpern sich die schöpferischen Potenzen des Universums, in denen die oberste Gottheit selbst sich stufenweise Gestalt und Bewußtheit errungen hat. Neun der Sephiroth werden in drei Dreiergruppen oder Triaden geordnet; es gibt jeweils eine *Triade*

1. in *Azilut*, der göttlichen Ursprungswelt
2. in *Beriah*, der geistig-intelligiblen Überwelt
3. in *Jezirah*, der feinstofflich-astralen Zwischenwelt

Unterhalb der Astralwelt liegt noch *Asijah*, die Welt der materiellen Ausgestaltungen, die für uns allein wahrnehmbare Realwelt. Sie stellt die Manifestation einer weiteren, einer zehnten Sephirah dar. Die zehn Sephiroth sind nichts anderes als verschiedene Stufungsgrade gestaltgewordener Göttlichkeit; denn sie alle sind aus dem Urlicht Gottes hervorgegangen und bilden, untereinander verbunden durch ein Netzwerk göttlicher Energiekanäle, den Gesamtorganismus des Universums.

An der Spitze des kabbalistischen Weltgebäudes thront *Ain Soph*, das ungeschaffene Urlicht Gottes, und darunter, unmittelbar daraus hervorgegangen, leuchtet die höchste und oberste Sephirah, *Kether*. Der Name Kether bedeutet Krone; dabei ist wohl in erster Linie an die Krone eines Lebensbaumes zu denken. Kether stellt die Krönung des ganzen Universums dar. Diesbezüglich lesen wir im Buch *Sefer-al-Sohar*: »So hat die ›Ursache der Ursachen‹ zehn Sephiroth hervorgebracht und nannte die ›Krone‹ Ursprung: in ihr ist kein Ende des Strömens und Quellens: deshalb nannte Er sich selbst: ›Endloser‹. So hat Er nicht Bild und Form, und kein Gefäß

ist, Ihn zu fassen, von Ihm irgend nur zu wissen.«[25] Im höchsten
Ursprung bleibt die Gottheit in der Tat noch form- und gestaltlos,
trägt aber schon verborgen eine männlich-weibliche Polarität in
sich, die sich in weiteren Emanations-Stufen anthropomorph ausgestaltet zu den Sephiroth *Binah* und *Chockma*, den Kräften des
Urweiblichen und des Urmännlichen, die zusammen mit *Kether* die
Triade der höchsten göttlichen Ursprungswelt bilden.

So stellt denn der kabbalistische Lebensbaum ein in sich
geschlossenes ökologisches System dar, indem gegensätzlich-polare
Weltkräfte sich in dynamischen Spannungszuständen ergänzen und
in einem höheren Dritten ihren Ausgleich finden. Alles im Weltsystem der Kabbala ordnet sich triadisch, alles läuft hinaus auf den
»größten Menschheitsgedanken« (E. Bischoff), die »Trinitätsidee«:
In der geistig-intelligiblen Welt sind es die Sephiroth *Geburah* und
*Chesed*, die in der vermittelnden Kraft Tipherets ihren Ausgleich
finden; in der Astralwelt finden wir die männlich-weibliche Polarität von *Hod* und *Netzach*, die durch *Jesod* als dem höheren Dritten reguliert und zur in sich ruhenden Triade zusammengebunden
wird. Somit lauten die drei Triaden:

> *Kether – Binah – Chockma*
> *Geburah – Chesed – Tipheret*
> *Hod – Netzach – Jesod*

Der Sephirot-Baum als makrokosmischer Mensch, als Adam Kadmon, umfaßt natürlich auch alle Planeten-Sphären des Universums. Die Sphäre *Jesod* wird dem Mond zugeordnet, *Hod* und *Netzach* dem Merkur und der Venus; *Tipheret* bedeutet die
Sonnensphäre, *Geburah* und *Chesed* symbolisieren Mars und Jupiter, *Binah* bedeutet den Saturn, und *Chockma* trägt den ganzen
Tierkreis mit allen Planeten und Sternbildzeichen in sich. *Malkuth*,
als die zehnte und unterste Sephirah, ist die Erde. Hier muß zweifellos orientalische Sternenweisheit in das mystische System der
Kabbala eingedrungen sein; die planetarischen Sphären als Organe
Adam Kadmons stehen auch zu den entsprechenden Zentren des

menschlichen Organismus in Bezug. Uraltes, Babylonisch-Astrales, hat ebenso wie Reste einer matriarchalen Urreligion seinen Niederschlag in der Kabbala, der mystischen Tradition des Judentums, gefunden. Ja es scheint, daß die alt-mesopotamische Mutterreligion in der Kabbala noch viel deutlichere Spuren hinterlassen hat als in den offiziellen Lehren des Judentums. Betont doch gerade die Kabbala immer wieder, daß ein Weltgleichgewicht nur durch den rechten Ausgleich zwischen den männlichen und weiblichen Formkräften des Universums geschaffen werden kann.

Die Seele des Menschen, so lehrt die Kabbala, entspricht ihrem eigentlichen Wesen nach dem »himmlischen Menschen«, dem Adam Kadmon aus der oberen Sephiroth-Welt. Demzufolge ordnet sich die Seele des Menschen triadisch: Sie besteht aus *Neschamah*, der Vernunftseele, die als der dem Absoluten verwandte Seelenanteil direkt von der Sephirah *Kether* oder vom *Ain Soph* herstammt; sodann aus *Ruach*, der Astralseele, die von der Sephirah *Tipheret* abgeleitet wird; und schließlich aus *Nepesch*, der animalischen Seele, die – die unteren Seelenkräfte umfassend – von der Sephirah *Malkuth* herkommt. So stellt der Mensch mit seiner Seelen-Organisation ein Abbild des großen Universums dar.

Die menschlichen Seelen präexistieren seit Anbeginn der Schöpfung; sie müssen aber zwecks Läuterung und Vervollkommnung verschiedene Daseinsformen in der stofflichen Welt durchlaufen, umschlußendlich wieder an ihren himmlischen Ursprungsort zurückzukehren. In diesem Zusammenhang entwickelt die Kabbala die Lehre von der Seelenwanderung, der wiederholten Erdenverkörperung des Menschen *(Gilgul)*, die wir im Hauptbuch der Kabbala, dem *Sefer-al-Sohar*, wie folgt ausgedrückt finden: »Alle Seelen sind den Prüfungen der Seelenwanderung unterworfen, und die Menschen wissen nicht, was die Wege des Allerhöchsten sind. Sie wissen nicht, wie sie jederzeit gerichtet werden, bevor sie in diese Welt kommen, und wenn sie aus dieser Welt gehen. Sie wissen nicht, wieviele Seelenwanderungen und geheimnisvolle Prüfungen sie durchzumachen genötigt sein werden, ferner wieviele

Geister und Seelen in diese Welt kommen, die nicht in den Palast des himmlischen Königs zurückkehren werden ...« [26]

Eine andere kabbalistische Schrift, Rabbi *Isaak Lurjas* »Buch von der Seelenwanderung«, nennt sogar konkrete Beispiele für wiederholte Erdenleben: »Der König Salomo, über den der Friede sei, war eine von den Wiedereinkörperungen unseres Lehrers Mose, über dem der Friede sei. Er war auch eine Wiedereinkörperung des Nimrod, der den Turm von Babel baute. Und weil der König Salomo, über dem der Friede sei, die Tochter des Pharao heiratete und diese ihn in jener (Hochzeits-) Nacht zum Irrtum verführte und die Israeliten (durch seine Abwesenheit) am Morgengottesdienst (und Opfer) im Tempel verhindert waren, wurde er wieder eingekörpert in den Propheten Jeremiah, zu dessen Zeit der Tempel zerstört wurde.« [27]

Im Zusammenhang mit dem Reinkarnationsgedanken hat die Kabbala eine Lehre von den »göttlichen Funken« herausgebildet, die seit Weltenurbeginn allen geschaffenen Dingen einwohnen. Bei dem alles hervorbringenden Schöpfungsprozeß, bei der Ausstrahlung der zehn Sephiroth aus dem *Ain Soph*, sind göttliche Funken in die Tiefen der Materie herabgefallen, die – nun von materiellen Verschalungen umgeben – ihrer Erlösung harren, die nur allein der Mensch zustande bringen kann. »Dem Menschen liegt es ob«, so deutet der jüdische Religionsphilosoph *Martin Buber* (1878–1965), »die Funken aus den Dingen und Wesen zu läutern, denen man im Alltag begegnet, und sie zu immer höheren Stufen, zu immer höheren Geburten zu erheben, von Mineral zu Pflanze, von Pflanze zu Tier, von Tier zu Mensch, bis der heilige Funke zu seinem Ursprung zurückkehren kann.« [28] Dies erinnert an den gnostischen Erlösungsmythos (etwa im Manichäismus!), ja es darf überhaupt angenommen werden, daß die Kabbala – mit der ägyptischen Hermetik und der aus ihr hervorgegangenen Alchemie wesensverwandt – in unmittelbarer Nachbarschaft zur hellenistischen Gnosis entstanden sein muß.

# XIII.
## DAS ROSENKREUZERTUM

> Darauf rüstete ich mich auf den Weg, zog meinen weißen Lei-
> nenrock an, umgürtete meine Lenden mit einem blutroten
> Band, kreuzweise über die Schultern gebunden, auf meinen
> Hut steckte ich vier rote Rosen …
>
> *Aus der ›Chymischen Hochzeit‹ des Christian Rosenkreutz,*
> *1616*[1]

## 1. Die Ewige Philosophie der Rosenkreuzer

In der Esoterik der Rosenkreuzer[2] verbindet sich ein von Grund auf
erneuertes, reformatorisches Christentum mit den okkulten Traditionen des Abendlandes – vor allem mit der *Astrologie*, der *Alchemie* und der *Kabbala*. Es handelt sich beim Rosenkreuzertum
keineswegs bloß um irgendeine Neben- oder Seitenströmung christlicher Mystik, sondern um einen ganz eigenständigen Kulturimpuls,
der – auf uraltes Geisteswissen zurückgreifend – den Menschen auf
dem Wege stufenweiser Einweihung durch die verschiedenen kosmischen Sphären hindurch zur Welt des Göttlichen hinführen möchte. Dabei wird auf die innere esoterische Geistesforschung ebenso
großer Wert gelegt wie auf die äußerlich-weltliche Naturforschung.

Zu Beginn des 17. Jahrhunderts – noch vor Ausbruch des Drei-
ßigjährigen Krieges – wurde die Öffentlichkeit in gleich drei kurz
hintereinander erschienenen Schriften auf die Existenz einer geheimen Rosenkreuzer-Bruderschaft hingewiesen. Sie heißen: *Fama
Fraternitatis* (1614), *Confessio Fraternitatis* (1615) und *Die Chymische Hochzeit Christiani Rosenkreutz* (1616).

Alle drei Werke, ursprünglich anonym veröffentlicht, entstammen der Feder des württembergischen evangelischen Pfarrers *Johann Valentin Andreae* (1586–1654). Bei der Niederschrift dieser Werke hatte Andreae wohl »in höherem Auftrag« gehandelt; denn hinter all seinen Ausführungen steht die überragende Geistgestalt des Lehrers Christian Rosenkreutz, eine eher legendäre Figur, deren Lebensalter in einem biographischen Abriß mit 106 Jahren angegeben wird (1378–1484).

Die *Chymische Hochzeit*, äußerlich gesehen ein barock-weitschweifiger Einweihungsroman mit stark märchenhaften Zügen und voll okkulter Symbolik, stellt den in sieben Stufen sich vollziehenden Einweihungsweg der *Esoterischen Alchemie* dar. Dieser Rosenkreuzer-Weg unterscheidet sich wesentlich vom Weg der christlichen Mystiker. Der Mystiker-Weg war ja immer ein »Weg nach innen« gewesen, in den eigenen »Seelengrund« hinein; in der Innerlichkeit sollte dann das Göttliche als gegenwärtig erfahren werden. Dagegen weist das Rosenkreuzertum einen Weg geistiger Natur- und Kosmoserkenntnis, der uns das Göttliche mitten im Weltganzen – im Kosmos selbst – erleben läßt. Die »Chymische Hochzeit« besteht gerade in der Vermählung des Geistes mit der Materie. Und das Ziel rosenkreuzerischen Tuns liegt nicht in der Flucht in die eigene Innerlichkeit, sondern vielmehr in einer aktiven Weltbewältigung, die in einer Geist-Verklärung und Spiritualisierung alles Materiellen gipfelt.

Im Unterschied zur »Mystischen Hochzeit«, der Hochzeit zwischen Gott und der Seele, die sich nur im Inneren abspielt, liegt der Sinngehalt der »Chymischen Hochzeit« in der Durchgeistung des Stoffes beschlossen. Und insofern eine Transformation der Materie zum Geistigen angestrebt wird, kann man das Rosenkreuzertum auch als einen Weg spiritueller Alchemie verstehen. Tatsächlich knüpft das frühe Rosenkreuzertum an die alchemistischen Traditionen des Mittelalters bewußt an, grenzt sich allerdings um so schärfer ab gegen die zeitgenössische Vulgär-Alchemie, wie sie zu jener Zeit im Schwange war, die letztlich kein anderes Ziel mehr kannte als die künstliche Herstellung von Gold.

In der *Fama Fraternitatis* lesen wir: »Was aber zu unserer Zeit das gottlose und verfluchte Goldmachen betrifft, das so sehr überhand genommen hat, so ist zu sagen, daß viele dahergelaufene Lecker eine große Büberei damit treiben, indem sie die Neugierde und die Glaubwürdigkeit vieler mißbrauchen. Selbst bescheidene Personen halten dafür, daß die Verwandlung der Metalle höchster Zweck und Ziel der Philosophie wäre, um die es allein ginge, und derjenige Gott besonders lieb sein müsse, wenn er möglichst große Goldmassen und Klumpen machen könnte. Dabei hoffen sie Gott, den allwissenden Herzenskündiger, durch unbedachtes Bitten und durch Selbstquälerei zu bereden. So bezeugen wir hiermit öffentlich, daß solches falsch und es mit den wahren Philosophen so beschaffen ist, daß ihnen Gold zu machen ein Geringes und nur ein Parergon (Nebenwerk) ist, derengleichen sie wohl noch etliche tausend bessere Stücklein haben.«[3]

In der *Fama Fraternitatis* wird betont, die Rosenkreuzer-Philosophie sei nicht neu, sondern sie gehe bis auf »den Fall Adams« zurück; sie besteht also als »*Ewige Philosophie*« seit dem Anbeginn aller Zeiten. Die Rosenkreuzer würden diese Philosophie so vertreten, wie »sie Adam nach seinem Fall erhalten und wie Moses und Salomon sie geübt«[4]. Auch bestünde kein grundsätzlicher Gegensatz zwischen philosophischer Erkenntnis und Glaubenswahrheit: »Deshalb soll es nicht heißen: In philosophischer Hinsicht ist etwas wahr, in theologischer hingegen falsch, sondern: Worauf Plato, Aristoteles, Pythagoras und andere gründen und worauf Henoch, Abraham, Moses, Salomo setzen, besonders in der Zusammenschau des großen Wunderbuches der Bibel, das harmoniert zusammen und gleicht einer Sphäre oder einem Globus, dessen Teile vom Zentrum gleichweit entfernt sind.«[5]

Der Begriff »Ewige Philosophie« wurde im Abendland zuerst von dem Theologen *Aug. Steuchus* (1496–1549) in seinem Werk »*De philosophia perenni*« (1540) verwendet, der hierunter den unvergänglichen, durch alle Wandlungen sich erhaltenden Kern abendländischer Philosophie und Esoterik verstand. Aufgegriffen wurde dieser Begriff dann von dem Philosophen *Leibniz*

(1646–1716), der – der Weisheit der Alten eingedenk – einmal
schrieb: »Würde man aber die Spuren der Wahrheit bei den Alten
(...) sichtbar machen, so zöge man das Gold aus dem Schlamm, den
Diamanten aus dem Berg und das Licht aus der Finsternis, und das
wäre in der Tat *perennis quaedam philosophia*, eine gleichsam
ewige Philosophie.«[6]

Ein zeitgenössischer Autor, der Amerikaner Ken Wilber (»Halbzeit der Evolution«), sagt von der Ewigen Philosophie, sie sei »eine
Anschauung, die von der großen Mehrheit der wirklich begabten
Theologen, Philosophen, Weisen und sogar von Wissenschaftlern
zu den verschiedensten Zeiten vertreten wurde (...) Sie bildet den
esoterischen Kern des Hinduismus, Buddhismus, Taoismus,
Sufismus und der christlichen Mystik. Sie wird aber auch ganz oder
teilweise von individuellen Geistesgrößen – von Spinoza bis Albert
Einstein, Schopenhauer bis C. G. Jung, William James bis Plato –
verkündet.«[7]

Im Mittelpunkt der Ewigen Philosophie steht der Gedanke der
wechselseitigen Entsprechung von Mikro- und Makrokosmos, eine
großartige geistgeschaute Einheit allen Seins, die »Geist« und
»Materie« gleichermaßen umfaßt. Das Universum bildet eine
große lichterfüllte Einheit, wie sie von den gottgeeinten Eingeweihten aller Zeiten – gleich ob Brahmanen, Druiden oder Orphikern – im Akt der mystischen Einswerdung, in der *unio mystica*,
visionär geschaut wurde. Auch in der Rosenkreuzer-Esoterik lebt
jene Ewige Philosophie weiter fort, die – aus dem sagenumwobenen Atlantis stammend – der Weisheit Altindiens und Ägyptens,
dem keltischen Druidentum sowie allen griechischen, keltischen
und nordischen Mysterien zugrunde liegt.

## 2. Das Mysterium der ›Chymischen Hochzeit‹

Wer war Christian Rosenkreutz? *Max Heindel* (1865–1919), der
Begründer der Rosenkreuzer-Gemeinschaft (*Rosicrucian Fellow-
ship*, 1909 in Seattle / USA gegründet), sagt, er sei ein »hoher geistiger Lehrer« gewesen, »der den symbolischen Namen Christian

Rosenkreuz (Das christliche Rosen-Kreuz) trug (…) Er gründete den Geheimorden der Rosenkreuzer mit dem Endziel, esoterisches Licht auf die mißverstandene christliche Religion zu werfen und die Geheimnisse des Lebens und des Seins vom wissenschaftlichen Standpunkt in Harmonie mit der Religion zu erklären.«[8] Aber tatsächlich konnte eine historische Persönlichkeit mit Namen Christian Rosenkreutz nie nachgewiesen werden; die Gestalt des Geisteslehrers bleibt in mythisches Dunkel gehüllt, ähnlich wie Hermes Trismegistos, der Begründer der Alchemie.

In seiner *Fama Fraternitatis* von 1614 beschreibt Johann Valentin Andreae den legendären Begründer der Rosenkreuzer-Esoterik folgendermaßen: »Das dem Herzen Jesu eingepflanzte Samenkorn, Christian Rosenkreutz, stammte aus vornehmer und erleuchteter deutscher Familie. Er war für sein Jahrhundert der Mann, der durch göttliche Offenbarung, durch erhabenste Imagination, durch unermüdliches Bestreben den Zugang fand zu himmlischen und menschlichen Mysterien und Geheimnissen. Er behütete seinen mehr als königlichen Schatz, den er auf seinen Reisen gesammelt hatte, der aber seinem Jahrhundert noch unangemessen war, vor den späteren Generationen, bis er wieder ausgegraben würde, setzte treue und engverbundene Erben ein über seine Künste und seinen Namen, erbaute eine ›Kleine Welt‹, die in allen Bewegungen der ›Großen Welt‹ entsprach, und schuf schließlich ein Kompendium aller vergangenen, gegenwärtigen und zukünftigen Geschehnisse.«[9]

In der *Chymischen Hochzeit* von 1616 erscheint Christian Rosenkreutz jedoch nicht als eine historische Gestalt; er tritt vielmehr als eine rein symbolische Figur auf, die exemplarisch bestimmte Seins- und Bewußtseinszustände des Menschen versinnbildlicht. Als ein »dem Herzen Jesu eingepflanztes Samenkorn«, *granum pectori Jesu insitum*, symbolisiert die Gestalt des Christian Rosenkreutz das höhere geistig-göttliche Selbst des Menschen, das – gleichsam ein Samenkorn des Christus-Impulses – im Prozeß stufenweiser Einweihung freigesetzt und, wie eine dem Samenkorn entsprießende Pflanze, zu immer größerer Entfaltung gebracht wird. Die sieben blutroten Rosen, die – wie das Emblem der Rosenkreuzer zeigt – aus dem Holz des schwarzen Kreuzes erblühen, könnten als Verbildlichung der sieben Seelenzentren im Energiekörper des Menschen gedeutet werden (im Indischen die sieben *Chakras*). Das Rosenkreuz wäre somit ein Sinnbild für spirituelle Entwicklung schlechthin.

In der *Chymischen Hochzeit* wird in einer Abfolge von mythischen Bildern der siebenstufige Einweihungsweg der Rosenkreuzer-Esoterik dargestellt. Obgleich eine üppige Fülle von alchemistischen Symbolen verwendet wird, handelt es sich doch um einen Weg der Esoterischen Alchemie, in dem die äußere Metallveredelung nur als eine Metapher für die eigentlich zu leistende Arbeit der Seelenveredelung gesehen wird. Das Geheimnis der Stoff-Transformation bildet dabei nur den kleineren Bestandteil einer umfassenden esoterischen Wissenschaft, in der sich Naturerkenntnis, Gotterkenntnis und Selbsterkenntnis zu einer unlöslichen Einheit vermählen. Eine solche rein esoterische Alchemie, die über die Arbeit an den physischen Stoffen weit hinausgeht, hatte auch der dem Rosenkreuzertum geistverwandte Dichter *Angelus Silesius* (Johannes Scheffler, 1624–1677) im Sinn gehabt, der im Prozeß des alchemistischen Tingierens geradezu die heilige Trinität von Vater, Sohn und heiligem Geist am Werk sieht:

> Der heilge Geist, der schmelzt, der Vater, der verzehrt,
> Der Sohn ist die Tinktur, die Gold macht und verklärt.
> So wenig du das Gold kannst schwarz und Eisen nennen,
> So wenig wirst du dort den Mensch am Menschen kennen.
> Schau doch, wie hoch vereint die Goldheit mit dem Blei,
> Und der Vergöttete mit Gottes Wesen sei.[10]

Im Mittelpunkt der »Chymischen Hochzeit« steht indes das Mysterium des »*Stirb und Werde!*«, da das Königspaar am vierten Tag enthauptet und an den folgenden Tagen durch »chymische« Prozeduren wiedererweckt, ja vollständig neugeschaffen wird. Selbstverständlich dürfen auch diese Vorgänge nicht wört-

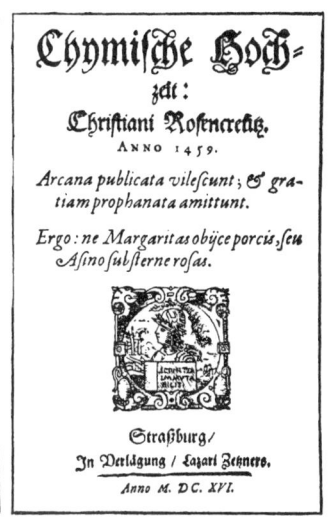

17 Titelseiten von alten Rosenkreuzer-Schriften

lich genommen werden; mit dem Tod ist ein »mystischer Tod« gemeint, das Aufgehen des ich im großen ungeschaffenen Meer der Gottheit; und das darauf folgende Neuwerden stellt eine mystische Neugeburt dar, eine Erneuerung des MenschenWesens von Grund auf, bis hin zu einer neuen, geistdurchlichteten Leiblichkeit. Der Sinn dieses mystischen »*Stirb und Werde!*« kommt zum Ausdruck in dem bekannten Rosenkreuzer-Sinnspruch, den wir bereits in der *Fama Fraternitatis* finden: *In Deo nascimur, in Jesu morimur, per spiritum reviviscimus. – In Gott sind wir geboren, in Jesus sterben wir, durch den Geist werden wir wiedergeboren.*[11]

Die sieben Tage der »Chymischen Hochzeit«, vom Aufbruch und gefahrvollen Weg über die Ankunft im Schloß und das Hochzeitsfest mit seinem blutigem Ende bis zur chymischen Neuerschaffung des Königspaares, stellen die Abfolge eines inneren Dramas dar, das im Prozeß der Einweihung durch eigenes Erleben nachvollzogen werden kann. Am Ende dieses siebenfachen inneren Weges steht also der wiedergeborene, neue Mensch, das wiederauferstandene Königspaar. Dabei handelt es sich keineswegs etwa um die Züchtung eines künstlichen Homunkulus-Menschen in der Retorte, auch wenn es in der Symbolgeschichte der »*Chymischen Hochzeit*« so dargestellt wird, sondern tatsächlich geht es um die Geburt des höheren geistig-göttlichen Selbst im Menschen, um die Neuerschaffung des Menschen durch ihn selbst, die als Gewinnung des »Steins der Weisen« auch von den Adepten der klassischen Alchemie schon angestrebt wurde. Die allegorische Erzählung der Chymischen Hochzeit nimmt folgenden Verlauf:

*Erster Tag:* An einem »Abend vor dem Ostertag« erscheint bei Christian Rosenkreutz ein himmlischer Sendbote, ein lichtstrahlender Engel, der ihm einen versiegelten Brief überreicht. In dem Brief befindet sich, in Reimform abgefaßt, die Einladung zu dem bevorstehenden Hochzeitsfest des Königspaares. Christian Rosenkreutz bricht auf, wobei er es nicht versäumt, sich wie ein Pilger zu kleiden: mit einem weißen Leinenrock und vier blutroten Rosen auf dem Hut.

*Zweiter Tag:* Nach einem Gang durch den Wald – wohl ein Symbol für spirituelle Suche – gelangt Rosenkreutz schließlich zum königlichen Schloß. Dies gleicht aber eher einem Mysterien-Tempel. Am Portal hängt ein Schild mit den Worten: *Procul hinc, procul ite Prophani!* (Hinweg von hier, hinweg Uneingeweihte!) Allerlei Gäste, hohes und niederes Volk, auch eitle Prahler, versammeln sich im Festsaal. Dort erscheint ihnen eine Jungfrau »mit einem schneeweißen glänzenden Kleid angezogen, welches vor lauter Gold schimmerte« – offensichtlich die von den Adepten verehrte Jungfrau *Alchemia.*

*Dritter Tag:* Eine Gruppe Geharnischter bringt eine Tugendwaage daher, auf der alle zur Hochzeit Geladenen auf die Lauterkeit ihrer Gesinnung geprüft werden. Die meisten der Gäste – hochgestellte Personen, Könige und Kaiser, Hofalchemisten – bestehen die Probe nicht und werden schimpflich verjagt. Die übrigen, unter ihnen Rosenkreutz, werden zu einem Festmahl geladen.

*Vierter Tag:* Nachdem sie sich im »Hermes-Brunnen« (ein Symbol für alchemistische Weisheit) gewaschen hatten, werden die Geladenen zum Königspaar geführt. Zur Feier der Hochzeit wird ein Mysterien-Spiel in sieben Akten aufgeführt; und danach geschieht das Unerwartete: »Endlich trat in den Saal ein kohlschwarzer langer Mann herein, der trug in der Hand ein scharfes Beil. Nachdem nun zuerst der alte König auf den Sessel geführt worden war, wurde ihm das Haupt abgeschlagen und in ein schwarzes Tuch gewickelt, das Blut aber in einem großen goldenen Pokal aufgefangen und zu ihm in den bereitgestellten Sarg gelegt, zugedeckt und auf die Seite gestellt. (…) Dies schien mir wahrlich eine blutige Hochzeit.«[12] Die getötete Königsfamilie soll nun mit Hilfe »chymischer« Kunst wiederbelebt werden.

*Fünfter Tag:* Nach einem unerlaubten Besuch im »Venusgrab«, wo Rosenkreutz die Göttin der Liebe unverhüllt in ihrem Himmelbett liegen sieht, geht man daran, unter Anleitung der Jungfrau Alchemia dem getöteten Königspaar neues Leben einzuhauchen. Dazu werden die Leichname der Königsfamilie in sieben Schiffen über das Meer zu einer verborgenen Insel gebracht, wo sich der *Turris Olympi* befindet, wohl eine Art alchemistisches Laboratorium. Dort sollen Rosenkreutz und seine Adepten aus der Asche der Gemordeten zwei künstliche Menschengestalten erbilden, das neue Königspaar.

*Sechster Tag:* Das »Große Werk«, die Erschaffung der zwei Homunkuli, vollzieht sich in sieben Phasen und auf sieben Stockwerken. Zuerst wird die Asche der Könige in Wasserdampf verwandelt, aus dem sich eine goldene Kugel bildet. Im Innern dieser Kugel entsteht, indem sie intensivster Sonneneinstrahlung ausgesetzt wurde, ein Ei, das nun sogleich in einem kupfernen Kessel ausgebrütet wird. Schließlich entschlüpft dem Ei der Wundervogel Phönix, der wie ein Chamäleon alle möglichen Farben annimmt, bis er zuletzt verbrennt. Aus der Asche des Phönix, entsprechend präpariert, bilden sich sodann zwei kleine Menschen, »jedes nur vier Zoll lang«, die anschließend neubelebt und -beseelt werden.

Vom Blut des Phönix genährt, erreichen sie wieder normale Größe und Menschengestalt.

*Siebter Tag:* Nachdem das Königspaar solcherart wiederhergestellt wurde, kehrt man vom *Turris Olympi* zum Schloß zurück. Rosenkreutz wird, seines Werkes wegen, zum »Ritter zum Goldenen Stein« ernannt. Da er jedoch unerlaubterweise die Göttin Venus unverhüllt sah, soll er dem König fortan als Türsteher dienen. Aber dazu kommt es nicht; die Geschichte endet als Fragment: »Hier mangeln ungefähr zwei Quartblätter, und er, der Autor, der vermeinet, er müsse am Morgen Torhüter sein, ist heimgekommen.«[13]

Zugegeben: Auf den ersten Blick betrachtet, liest sich diese »Chymische Hochzeit« des Christian Rosenkreutz wie ein alchemistisches Märchen. Aber die üppig wuchernde Fülle an Symbolik und Anspielungen läßt erahnen, daß sich hinter der Erzählung doch mehr verbergen mag als eine bloß der Unterhaltung dienende Fantasy-Geschichte. Für den tiefer Blickenden liegt der Mysterien-Sinn der Erzählung offen auf der Hand:

Die Alchemie hieß nicht umsonst die »Königliche Kunst«; der König und die Königin symbolisieren *den Menschen* in seiner männlich-weiblichen Polarität, Animus und Anima. Christian Rosenkreutz stellt als Symbolgestalt das *höhere Selbst* dar, das als der vielgesuchte »Stein der Weisen« über die Fähigkeit der Goldwerdung, der inneren Licht- und Sonnen-Werdung verfügt. Im Mittelpunkt der Erzählung steht die Enthauptung und Neubildung des Königspaares – also das Mysterium des mystischen »Stirb und Werde!«, die Geburt eines neuen göttlichen Selbst aus dem alten sterblichen Ich. Sowohl das Schloß des Königs als auch der *Turris Olympis*, in dem sich die alchemistische Transmutation vollzieht, befinden sich im Inneren der menschlichen Seele.

Die Neuerschaffung des Menschen durch ihn selbst, das eigentliche Werk der Esoterischen Alchemie, wird nun in allen Einzelheiten in der Schilderung des »Sechsten Tages« beschrieben: Zuerst die Sublimation, die zur Folge hat, daß die aufgelösten Körper des Königspaares ineinanderfließen und der »sündige« Teil des Menschen »volatisiert«, also vergeistigt wird, bis er sich in eine Lebenswasser *(Aqua Vitae-)* Substanz verwandelt, die dann in der goldenen Kugel aufgefangen wird. Dann die Bestrahlung der goldenen Kugel (ein Symbol des geist-erneuerten Selbst des Menschen) durch die Sonne, das heißt durch die geistig-göttliche Sonnenkraft (oder Christuskraft), die bewirkt, daß im Innern der Kugel das Ei entsteht, aus dem der Phönix schlüpft: Das durch göttliche Sonnenkraft bestrahlte Selbst bringt also den Keim eines neuen spirituellen Zukunfts-Menschen aus sich selbst hervor!

Bei all dem handelt es sich nicht um äußere Labor-Vorgänge, sondern um innere Prozesse, um die Geburt eines voll-spiritualisierten Menschen, der sich auch eine neue Leiblichkeit erschafft, einen neuen Astralkörper, Ätherkörper, ja selbst einen neuen physischen Körper! Darum, und nur darum allein, geht es in der »Chymischen Hochzeit« des Christian Rosenkreutz. In einer gewaltigen prophetischen Schau wird hier das Bild einer spirituellen Zukunfts-Menschheit vorweggenommen, die in der fernsten Zukunft kommender Weltentwicklungs-Zustände vielleicht irgendwann einmal Wirklichkeit werden wird.

Nebenbei sei erwähnt, daß geheime Praktiken spiritueller Alchemie, die auf eine Transmutation des Menschen hinauslaufen, auch in indischen *Yoga*-Systemen und im alt-chinesischen *Taoismus* vorkommen. Der vollendete taoistische Weise hat sich mit Hilfe seines göttlichen Selbst einen neuen physischen Leib geschaffen, der allerdings – wie man es auch bei indischen Fakiren sieht – den materiellen Gesetzen von Raum und Zeit nicht mehr untersteht: »Er erklärte, auf dem Berge Ku-sche lebe ein geistergleicher Mann, dessen Fleisch wie Eis und Schnee, dessen Haltung wie die einer Jungfrau sei; er esse keine Früchte der Erde, er nähre sich von Luft und Tau; und auf den Wolken fahrend, fliegende Drachen sein Gespann, schweife er jenseits der Vier Meere (›d. h., jenseits der Grenzen der irdischen Welt‹) umher.«[14] Ja selbst über physische Unsterblichkeit verfügt solch ein Vollendeter, der – nur noch äußerlich ein Mensch – in jeder Hinsicht den Göttern gleicht. Die Möglichkeit zu solcher Vollendung liegt keimhaft schon im Jetztmenschen beschlossen.

Und diese Möglichkeit göttlicher Selbst-Verwirklichung gilt es aus dem sterblichen Jetztmenschen herauszuläutern wie Gold aus der Eisenschlacke. Deshalb sagen auch die chinesischen Alchemisten, die Eingeweihten des Taoismus:

> Das Flüchtige wandelt sich in die wahre Essenz;
> der menschliche Geist wird zum Geist des Tao.
> Wie könntest du das Gold vom Erz trennen,
> ohne es im Feuer zu läutern?[15]

## 3. Paracelsus von Hohenheim

Theophrastus Bombastus von Hohenheim, bekannt als *Paracelsus* (1493–1541)[16], war Arzt, Naturphilosoph, Theosoph und Sozialreformer zugleich – ein wahrhaft zukunftsweisender Geist. Als *Arzt* verwendet er die von Hexen und Kräuterweibern erlernten Naturheilverfahren der Volksmedizin, die auf die Stärkung der Selbstheilungskräfte des Organismus abzielen, was ihm die Feindschaft der Ärzte- und Apotheker-Zünfte seiner Zeit einbrachte. Als *Naturphilosoph* entwirft er, ganz in der Tradition der okkulten Philosophie stehend, ein magisches Weltbild, das den Gedanken der Allbeseelung der Natur in den Mittelpunkt stellt. Dies Weltbild knüpft zweifellos an Grundgedanken der Hermetik an.

Als *Theosoph* entwickelt er eine Mystik der Erfahrung, die sich nicht auf dogmatische Aussagen gründet, sondern allein auf die Erfahrung des göttlichen Urfunkens im eigenen Inneren. Als *Sozialreformer* schließlich wendet Paracelsus sich gegen die Unterdrückung von Volksrechten und Volksfreiheiten durch die Obrigkeit, gegen die Einführung des römischen Privateigentums an Boden, gegen das ausbeuterische System des Geldverleihs auf Zins, und – gegen den Krieg. Die Ideen des Paracelsus besitzen also außerordentliche Aktualität! Und die geistesgeschichtliche Wirkung dieses vielseitigen Mannes ist enorm: Unmittelbar wirkte er zunächst auf Jakob Böhme, über Böhme auf die Romantiker Schelling und Franz von Baader, daneben auch auf die frühe Rosenkreuzer-Bewegung. Der paracelsische Geistesimpuls gleicht einem Saatgut, das jahrhundertelang im Unterirdischen gärt, vereinzelt außergewöhnliche Früchte hervorbringt, aber wohl erst in zukünftigen Zeiten vollends aufbrechen wird.

Daß Paracelsus nicht schon längst zu einem »Klassiker« der heutigen Esoterik und New-Age-Bewegung geworden ist, die sich ja auf die Werte des Sanften, Organischen, Spirituellen besinnt, und sich (ganz im paracelsischen Geiste) für Naturheilverfahren, einfaches Leben und alternative Technologien interessiert, mag ausschließlich dem hohen Schwierigkeitsgrad seiner Texte zuzuschreiben sein. Sie sind in einem altertümlichen Deutsch geschrieben, und überdies mit zahlreichen lateinischen Brocken durchsetzt, ganz im Schreibstil der Renaissance. Dies tut jedoch der Aktualität seiner geistigen Botschaft keinen Abbruch.

Die äußere Biographie des Theophrastus Paracelsus von Hohenheim zeigt uns zunächst ein unstetes Wanderer-Leben. Geboren wurde er zu Einsiedeln in der Schweiz, seine medizinischen Studien nahm er an italienischen Universitäten auf, danach wirkte er als Naturarzt in den Ländern Österreich, Schweiz, Elsaß und Süddeutschland. 1527 wurde er sogar an die Universität Basel berufen, um dort Medizin zu lehren, mußte aber die Metropole am Oberrhein nur allzubald wieder verlassen, da er sich mit den medizinischen Autoritäten der Stadt überwarf. Bis zu seinem Tod – 1541 in Salzburg – blieb er auf Wanderschaft.

Das Unstete und Wechselhafte seines Lebens, die ständige Aufbruchs-Stimmung, die ihn wie eine Aura umgibt, entspricht dem Geist der Zeit, in der er lebte. Es war eine Übergangzeit – wie unsere heutige. Erschütterungen der althergebrachten Autoritäten, die Reformation, Bauernaufstände und die Geburt einer neuen Wirtschafts- und Sozialordnung in Europa waren ihre speziellen Kennzeichen. In der medizinischen Wissenschaft wollte Paracelsus das gleiche, was der junge Luther mit der Theologie tun wollte: sie von Grund auf revolutionieren. Die medizinische Wissenschaft sollte sich nicht mehr an den herkömmlichen scholastischen Lehr-Autoritäten ausrichten – das waren damals vor allem: *Hypokra-*

*tes*, *Galenus*, *Avicenna* – sondern einzig an dem neugewonnenen Prinzip »der Vernunft und der Erfahrung«.

Das bedeutet aber nicht, daß Paracelsus nur als Vorfahr der modernen Naturwissenschaft zu deuten wäre. Denn die moderne Naturwissenschaft reduziert den Begriff der »Erfahrung« immer auf die rein sinnliche Erfahrung, wie sie – verschärft durch mechanische Meßinstrumente – im wissenschaftlichen »Experiment« auftritt. Bei Paracelsus hingegen wird im Begriff der »Erfahrung« die Wahrnehmung höherer Geist-Wirklichkeiten nicht ausgeschlossen. Denn Paracelsus geht nicht von einem materialistischen, sondern von einem spirituellen Welt- und Menschenbild aus. Die rechte Erkenntnis der Natur soll auf etwas Höheres vorbereiten: »Darum ob gleich wohl mit der Natur angefangen wird, so folgt doch nicht aus dem, daß in der Natur soll aufgehört werden und in ihr bleiben. Sondern weiter suchen und enden in dem Ewigen, das ist im göttlichen Wesen und Wandel! ... Also hab ich mit dem Licht der Natur angefangen, und ungezweifelt in Gott dem Herrn, im Licht des Ewigen [will ich] beschließen.«[17]

Paracelsus sieht den Menschen als ein universales Wesen, das Himmel und Erde in sich trägt, ein Mikrokosmos als Abbild des großen Makrokosmos: »Denn also hat Gott den Menschen geschaffen, daß der Mensch, Himmel und Erd vereiniget sind, und daß das Licht der Natur dem Himmel befohlen ist, und der Mensch, dasselbig durch ihn zu empfangen.«[18] Ja selbst »Gott« kann der Mensch nur in sich selbst finden: »Nichts ist im Himmel und auf Erden, das nicht im Menschen sei ... Denn Gott, der im Himmel ist, der ist im Menschen. Denn wo ist der Himmel als der Mensch? – Wir sind auch Götter, darum daß wir seine Kinder sind; aber der Vater selbst sind wir nicht. Darum bleibt allein ein Gott und nicht mehr, und wir sind für und für seine Kinder.«[19]

Da Paracelsus den Menschen als ein kosmisches Wesen sieht, entfaltet er eine ausführliche okkulte Menschenkunde, die außer dem physischen Leib auch mehrere übersinnliche Wesensglieder als Bestandteile des menschlichen Organismus kennt. Neben dem physischen Leib des Menschen – dem »*elementarischen*« Leib – kennt

Paracelsus auch den »*Archeus*« als Träger ätherischer Lebenskraft sowie den »*siderischen*« Leib – *Astralkörper* würde man heute wohl sagen – und Träger der Seele und des Geistes. Das höchste göttliche Prinzip im Menschen nennt Paracelsus den »*Engel*« des Menschen: »Also sollet ihr wissen, daß nichts von Gott in uns kommet, so mit in uns der Engel wär, der von uns zu Gott ein innerliche himmlische Botschaft führete; noch nichts von Gott zu uns ohn ein solch Mittel, das schneller ist denn alle Gedanken.«[20]

Wie der Mensch, stellt auch das Universum als Ganzes in der paracelsischen Weltsicht einen belebten und durchseelten Organismus dar, der von zahlreichen Geisterarten – auch Naturgeistern und Elementarwesen – bewohnt wird. Am ausführlichsten hat Paracelsus das Reich der Naturgeister in seinem poetischen »*Liber de nymphis, sylphis, pygmaeis et salamandris*« beschrieben. Paracelsus nennt das Reich der Naturgeister »eine andere Schöpfung und Kreatur«, die unabhängig von der Menschenwelt existiert. Die vier Elemente betrachtet er als die »Wohnungen«, als das »chaos« oder Lebenselement der Naturgeister, die er nach ihren üblichen Bezeichnungen benennt:

»So wisset … die vier Geschlecht der Geistmenschen, als nämlich von den Wasserleuten, von den Bergleuten, von den Feuerleuten und den Windleuten … ihre Wohnungen sind vielerlei, das ist nach den vier Elementen: eine im Wasser, eine in der Luft, eine in der Erden, eine im Feuer. Die im Wasser sind Nymphen; die in der Luft sind Sylphen; die in der Erden sind pygmaei, die im Feuer salamandrae … Wiewohl von Wasserleuten undina der Nam auch ist, und von den Luftleuten silvestres, und von den Bergleuten gnomi und vom Feuer mehr vulcani als salamandrae …«[21] Gnome nennt Paracelsus also die Geister der Erde, der Mineral- und Gesteinswelt im Erdinneren; Undinen die belebenden Geister des Wassers, Sylphen die Luftgeister und Salamander die Elementarwesen des Feuers. Diese paracelsischen Bezeichnungen der Naturgeister haben sich im abendländischen Kulturkreis bis heute erhalten.

Paracelsus gibt auch eine – etwas sonderbare – Anweisung zur Herstellung des »Steins der Weisen«, den er allerdings mit rein

äußerlich-labortechnischen Mitteln zu gewinnen hofft. Man
nehme, heißt es in seinem Rezept, *Elektrum*, »und trenne davon
das Reine vom Unreinen. Hierauf lasse man bis zur Weiße rever-
berieren, sublimiere durch den Salmiax (Gefäß) so lange, bis es sich
auflöst. Dann kalziniere und resolviere man wieder; setze es demnach in einen Pelikan (Gefäß) und lasse es einen Monat digerieren.
Das koaguliert sich nun zu einem Körper, der niemals verbrennt,
sich nicht verzehrt und unverwest bleibt. Er nimmt alles Minder-
wertige hinweg bei sinnlich wahrnehmbaren und unwahrnehmba-
ren Dingen, wie wir oben mitgeteilt haben.«[22]

Von den *Homunkuli*, den künstlichen Menschen zum magischen Gebrauch, sagt Paracelsus, daß sie« aus dreierlei Stoffen«
hergestellt werden, »aus Erde, Wachs und Metall, sonst aber aus
keinem Stoffe«.[23] Zu einer rein esoterischen Auffassung von der
Alchemie, wie sie in den Rosenkreuzer-Mysterien vorherrscht,
hatte sich Paracelsus offenbar noch nicht aufgeschwungen.

## 4. Die Kosmosophie des Jakob Böhme

Gotterkenntnis, Kosmos-Erkenntnis, Naturmystik und okkulte
Menschenkunde vereinigen sich in der Theosophie des *Jakob
Böhme* (1575–1624), jenes schlichten Görlitzer Schusters, der als
»philosophus teutonicus« – erster deutscher Philosoph – in die Geistesgeschichte einging, in einer *einzigen* geistigen Schau. Darum ist
Jakob Böhme auch kein Philosoph im üblichen Sinn, kein trocke-
ner Stubengelehrter, sondern ein »Philosoph« im ganz ursprünglichen Sinn: ein Weisheitssuchender, dem es allein um den Erwerb
echter Sophia – göttlicher Weisheit – geht. Nicht auf spekulativem
Wege, durch rationales Denken, will der Mystiker Böhme zu letzter Erkenntnisgewißheit gelangen, sondern durch *geistiges
Schauen*, durch das *Öffnen des inneren Auges*, also durch die
bewußte Wiederherstellung okkulter Wahrnehmungsvermögen,
die in den Menschen zwar angelegt, jedoch weitgehend verschüttet und zurückgedrängt worden sind. So ausgebildet sind die geistigen Sinnes- und Fühlorgane Jakob Böhmes, daß er selbst beim

Anblick eines Erdklumpens in die Geheimnisse des geistigen Kosmos hineinblickt:

»Wenn ich einen Stein oder Erdklumpen aufhebe und ansehe, so sehe ich das Obere und das Untere, ja die ganze Welt darinnen, nur daß an einem jeden Dinge etwa eine Eigenschaft die größte ist, darnach es auch genennet wird. Die anderen Eigenschaften liegen alle miteinander auch darinnen, allein in unterschiedlichen Graden und Centris und sind doch alle Grade und Centra nur ein einziges Centrum. Es ist nur eine einige Wurzel, daraus alles herkommt.«[24] Hier begegnet uns ein Gedanke, der schon bei Jakob Böhmes großem Vorläufer und Geistesverwandten *Paracelsus* in klarer Weise gefaßt wird, der Haupt- und Kerngedanke der Rosenkreuzer-Esoterik: die wechselseitige Entsprechung von Mikro- und Makrokosmos. Der Gedanke, daß Alles in Allem enthalten, Alles mit Allem verbunden ist, daß aber auch Alles aus Einem geistigen Urgrund fließt.

Bloßes Bücherstudium, das rein intellektuell bleibt und nicht das Moment des geistigen Schauens enthält, wird von Böhme abgelehnt: »Ich trage in meinem Wissen nicht erst Buchstaben zusammen aus vielen Büchern, sondern ich habe den Buchstaben in mir. Liegt doch Himmel und Erden mit allem Wesen, dazu Gott selber, im Menschen. Soll er dann in dem Buche nicht lesen dürfen, das er selber ist? (…) So ich mich selber lese, so lese ich in Gottes Buch.«[25] Konsequenterweise wendet sich Böhme auch gegen jede Schriftgelehrsamkeit im religiösen Bereich. Meilen trennen ihn daher von dem bibel-orthodoxen Wortglauben eines Luther, diesem Klebenbleiben am äußerlichen Wort, und es ist kein Wunder, daß der Görlitzer Oberpfarrer Gregor Richter, Erzlutheraner, Böhmes Erstlingswerk »*Aurora oder Morgenröte im Aufgang*« (1612) auf der Stelle konfiszieren ließ. Sogar ein Schreibverbot ließ die orthodoxe Geistlichkeit über den hochbegabten Autor der »*Aurora*« verhängen.

Böhme möchte den Menschen auf die eigenen Füße stellen, ihm zum eigenen spirituellen Wahrnehmen verhelfen. Auf Erfahrungen muß der Glaube gründen, nicht auf starren Dogmengebäuden.

Unsere spirituellen Sinnesorgane, seit Äonen verschüttet, müssen
neu entwickelt werden. Dies geschieht durch Rückzug von der
Außenwelt, durch Einkehr und Innenschau, durch mystische Versenkung, durch Schweigen:

> Der Jünger sprach zum Meister:
> Wie mag ich kommen zu dem übersinnlichen Leben,
> daß ich Gott sehe und höre reden?
> Der Meister sprach:
> Wenn du dich magst einen Augenblick in das schwingen,
> da keine Kreatur wohnet, so hörst du, was Gott redet.
> Der Jünger sprach:
> Ist das nahe oder ferne?
> Der Meister sprach:
> Es ist in dir, und so du magst eine Stunde schweigen
> von allem deinen Wollen und Sinnen, so wirst du
> unaussprechliche Worte Gottes hören.[26]

Im Schweigen vernimmt der Jünger das »innere Wort« Gottes. In
mystischen Wendungen spricht Böhme von Gott als dem *Ungrund*
und *ewigen Nichts*: »Man kann nicht von Gott sagen, daß er dies
oder das sei, böse oder gut, daß er in sich selber Unterschied habe;
denn er ist in sich selber naturlos, sowohl affekt- und kreaturlos.
Er hat keine Neiglichkeit zu etwas, denn es ist nichts vor ihm, dazu
er sich könnte neigen, weder Böses noch Gutes. Er ist in sich selber der Ungrund, ohne einigen Willen gegen die Natur und Kreatur als ein ewig Nichts (...) Er ist das Nichts und das Alles; und ist
ein einiger Wille in dem die Welt und die ganze Kreation lieget. In
ihm ist alles gleich ewig ohne Anfang, in gleichem Gewichte, Maß
und Ziel. Er ist weder Licht noch Finsternis, weder Liebe noch
Zorn, sondern das ewig Eine.«[27]

Gott als letzter Realitätsgrund entzieht sich jeder Sprache, jeder
begrifflichen Einordnung. Er offenbart sich jedoch im Kosmos: in
der »Signaturenschrift« der Natur, die es in rechter Weise zu entschlüsseln gilt. Die Signaturen der Natur sind für Böhme Chiffren

Gottes, die er in den Sternenhimmel, in die Erde, in die vier Elemente hineingeschrieben hat, um in diesen Chiffren ein Gleichnis seiner selbst zu geben. So sagt Böhme: »Wir dürfen (d. h. brauchen) kein ander Zeugnis als das große Buch Himmels und der Erden, Sternen und Elementen mit der Sonnen, da wir dann das Gleichnis Gottes genug erkennen und noch viel hundertmal mehr in uns selber, so wir uns selber kennen und betrachten. (...) Denn wie Gott von Ewigkeit hat das Wesen dieser Welt in seinem Worte gehabt, welches er immer in die Weisheit hat gesprochen, also haben wirs auch in unserem Worte und sprechen es in die Wunder seiner Weisheit. Denn Gott ist selber das Wesen aller Wesen, und wir sind als Götter in ihm, durch welche er sich offenbart.«[28]

Hier sieht man deutlich, daß Böhme im Grunde seines Herzens reiner Kosmos-Mystiker bleibt, der die Spuren Gottes allein im »Buch der Natur« lesen will und im eigenen Inneren; jede Offenbarungsschrift bleibt im Vergleich zu solchen Natur- und Seelenerfahrungen letzten Endes bedeutungslos. Böhmes *Kosmosophie*, seine geist-erleuchtete Naturbetrachtung, mündet ein in eine *Christosophie*, indem er Christus als den von Anfang an existierenden Logos mit dem fortschreitend sich offenbarenden inneren Wort Gottes gleichsetzt. Auch in diesem Punkt besteht eine unüberbrückbare Kluft zwischen der Kosmos-Mystik Böhmes und dem Protestantismus; denn Böhme betont, daß der Kosmische Christus unmittelbar zu den Menschen spricht, nicht durch den Mund menschlicher Vermittler und Priester: »Christus muß selber der Lehrer in dem menschlichen Geiste sein.«[29] Christus als der »*Innere Meister*« erscheint, modern ausgedrückt, als ein Archetyp des *höheren Selbst*.

Von Erkenntnisdrang getrieben, seherisch hochbegabt, jedoch bar jeder Formalbildung, hat Jakob Böhme mit der Sprache gerungen, um in ungelenken stammelnden Worten die Inhalte seiner umfassenden Geistesschau anderen Menschen mitzuteilen. »Philosophus teutonicus«, deutscher Philosoph, hieß er wohl deswegen, weil er – entgegen der Sitte der Zeit – seine Texte auf Deutsch schrieb. Die Beschäftigung mit dem Werk Böhmes, des immer wie-

der vergessenen und immer wieder neu entdeckten Meisters der
Kosmosophie, dürfte auch die Menschen unserer Zeit spirituell
bereichern.

## 5. Goethes Rosenkreuzertum

Johann Wolfgang von *Goethe* (1749–1832), wohl der größte Dichter der Deutschen, aber auch ein hoher Eingeweihter und Esoteriker, kam schon früh in seinem Leben mit der Alchemie und rosen-
kreuzerischem Gedankengut in Verbindung. Im Jahr 1768 war
Goethe, ernstlich an Tuberkulose erkrankt, von seinem Studienort
Leipzig in seine Heimatstadt Frankfurt zurückgekehrt, um sich
dort von fachkundigen Ärzten behandeln zu lassen. Er wurde – mit
Erfolg – von dem Arzt *Dr. Friedrich Metz* kuriert, ein Eingeweihter der Rosenkreuzer-Esoterik, der dem Patienten auch das
mystisch-alchemistische Schrifttum nahebrachte. In seiner späteren
Autobiographie, »Dichtung und Wahrheit«, äußerte sich Goethe
folgendermaßen über diesen rosenkreuzerischen Arzt:

»Um den Glauben an die Möglichkeit eines solchen Universalmittels zu erregen und zu stärken, hatte der Arzt seinen Patienten,
wo er nur einige Empfänglichkeit fand, gewisse mystische che-
misch-alchemistische Bücher empfohlen und zu verstehen gegeben,
daß man durch eignes Studium derselben gar wohl dahin gelangen
könne, jenes Kleinod sich selbst zu erwerben; welches um so not-
wendiger sei, als die Bereitung sich sowohl aus physischen als
besonders aus moralischen Gründen nicht wohl überliefern lasse,
ja daß man, um jenes große Werk einzusehen, hervorzubringen und
zu benutzen, die Geheimnisse der Natur im Zusammenhang kennen müsse, weil es nichts Einzelnes, sondern etwas Universelles sei
und auch wohl gar unter verschiedenen Formen und Gestalten hervorgebracht werden könne.«[30]

In der langen Zeit der Genesung, nicht weniger als anderthalb
Jahre in Frankfurt, auf die drei Semester in Straßburg folgten, fand
Goethe auch Zugang zu den pietistischen Kreisen um *Susanne von
Klettenburg* (1723–1774), in denen Werke über Alchemie und

mystische Kabbala gelesen wurden. Hier stieß Goethe, auf Anregung der Frau von Klettenburg, auf Georg Wellings »*Opus Mago-Cabbalisticum*« (1719), das – zusammen mit anderen, ähnlichen Werken – die Hauptquelle des (wohl zu Anfang des 18. Jahrhunderts entstandenen) »Ordens der Gold- und Rosenkreuzer« bildete. Das Werk muß Goethe dazu angeregt haben, sich noch in andere alchemistische Bücher zu vertiefen. Nochmals sei aus »Dichtung und Wahrheit« zitiert:

»Sie (Susanne von Klettenburg) hatte schon insgeheim Wellings ›Opus magocabbalisticum‹ studiert (…) Ich schaffte das Werk an, das, wie alle Schriften dieser Art, seinen Stammbaum in gerader Linie bis zur Neuplatonischen Schule verfolgen konnte. (…) Gedachtes Werk erwähnt seine Vorgänger mit vielen Ehren, und wir wurden daher angeregt, jene Quellen selbst aufzusuchen. Wir wendeten uns nun an die Werke des Theophrastus Paracelsus und Basilius Valentinus; nicht weniger an Helmont, Starckey und andere, deren mehr oder weniger auf Natur und Einbildung beruhende Lehren und Vorschriften wir einzusehen und zu befolgen suchten. Mir wollte besonders die ›Aurea Catena Homeri‹ gefallen, wodurch die Natur, wenn auch vielleicht auf phantastische Weise, in einer schönen Verknüpfung dargestellt wird …«[31]

Bei der »*Aurea Catena Homeri*« (Goldene Kette Homers) handelt es sich um ein im Jahr 1723 anonym erschienenes Werk des Arztes J. von Forchenbaum; mit der goldenen Kette bezeichnet es den Stammbaum der neuplatonischen Philosophen, von Plotin bis etwa zu *Friedrich Ch. Oetinger* (1702–1782), der ebenfalls dem Orden der »Gold- und Rosenkreuzer« angehörte. So war der noch nicht ganz zwanzigjährige Goethe bereits in die gesamte neuplatonische und mystisch-rosenkreuzerische Literatur seiner Zeit eingedrungen. Ergänzt wurden die okkulten Studien, wie Goethe bekennt, durch die Lektüre der »Kirchen- und Ketzergeschichte« von *Gottfried Arnold* (1666–1714). Der langsam Genesende versäumte es nicht, sich aus den Versatzstücken dieser Literatur seine »Privatreligion« zusammenzubauen: »Der neue Platonismus lag zum Grunde; das Hermetische, Mystische, Kabbalistische gab auch seinen Beitrag her, und so erbaute ich mir eine Welt, die seltsam genug aussah.«[32]

Im Giebelzimmer seiner elterlichen Wohnung hatte sich Goethe, von Jugend an brennend interessiert an Fragen der Naturforschung, inzwischen ein kleines alchemistisches Labor eingerichtet. Dort stellte er einen Windofen auf, richtete ein Sandbad her, verwendete Glaskolben als Abrauchschalen, bereitete aus im nahen Main gefundenen Kieselsteinen einen »Liquor silicium«. Daß die Alchemie – wie parallel dazu, die Naturforschung – für Goethe ein Thema blieb, das ihn zeitlebens gefangenhielt, beweist nicht zuletzt sein dichterisches Hauptwerk: der »Faust«.

Im Jahr 1784, kurz vor Antritt seiner Italienischen Reise, schrieb Goethe ein längeres Gedicht, in dem er sich deutlich als Rosenkreuzer zu erkennen gibt – es trägt den Titel »Die Geheimnisse«. Die Handlung ähnelt jener der »Chymischen Hochzeit«: Da wird der Pilger Markus auf die Reise geschickt, und nach langen mühevollen Wanderungen erreicht er schließlich ein Schloß, in dem sich eine Bruderschaft von Auserwählten zusammenfindet. Es unterliegt keinem Zweifel, um welche Bruderschaft es sich hier handelt, denn über der verschlossenen Pforte des Schlosses leuchtet das bekannte Emblem der Rosenkreuzer: das *Kreuz mit den Rosen* ...

> Doch von ganz neuem Sinn wird er durchdrungen,
> Wie sich das Bild ihm hier vor Augen stellt:
> Es steht das Kreuz, mit Rosen dicht umschlungen.
> Wer hat dem Kreuze Rosen zugesellt?
> Es schwillt der Kranz, um recht von allen Seiten
> Das schroffe Kreuz mit Weichheit zu begleiten.[33]

Goethe gehörte zudem *Freimaurer*-Logen an, so etwa der *Strikten Observanz* und dem von Weishaupt 1776 in Ingolstadt gegründeten *Illuminaten*-Orden; eine Zugehörigkeit zu den »Gold- und Rosenkreuzern« läßt sich zwar aus manchen seiner Andeutungen rückschließen, konnte aber bisher nicht nachgewiesen werden.

Allerdings, einen wahren Rosenkreuzer erkennt man nicht unbedingt nur daran, daß er einem Orden angehört, der sich rosenkreuzerisch nennt. So sagt auch Franz Hartmann: »Der Name Rosenkreuzer bezieht sich auf die mystische Bedeutung von Rose und Kreuz. Das Kreuz ist das Zeichen des Leidens, aber auch der Freiheit und Erlösung; die Rose ist das Symbol der Herrlichkeit, der Liebe, der aufgegangenen Selbsterkenntnis, der geistigen Wiedergeburt, ohne die es kein selbstbewußtes unsterbliches Dasein gibt. Ein Rosenkreuzer im wahren Sinn des Wortes ist ein Adept, ein Wiedergeborener oder Erleuchteter, ein ›Buddhist‹ (von buddhi = das Licht der göttlichen Wahrheit). Ein solcher Rosenkreuzer kann durch keinerlei äußerlichen Hokuspokus gemacht werden. Wenn man durch das Anhängen eines Ordens einen Rosenkreuzer schaffen könnte, so könnte man dadurch auch Hunde und Katzen in Rosenkreuzer verwandeln. Es ist also eine Würde, die auf keine andere Weise erlangt werden kann, als durch den mystischen Tod.«[34]

Goethe war sich wohl bewußt, daß die wahre Bruderschaft der Eingeweihten in der Geistigen Welt besteht, von wo sie unsichtbar in das Erdenleben hineinwirkt. In einem seiner schönsten Logen-Gedichte, es nennt sich »Symbolum«, huldigt der Poet diesen aufgestiegenen Meister-Seelen, die uns Hiesigen mit ihrer geistigen Kraft helfen, im Erdendasein zu bestehen:

> Doch rufen von drüben
> Die Stimmen der Geister,
> Die Stimmen der Meister:
> Versäumt nicht zu üben
> Die Kräfte des Guten.

> Hier winden sich Kronen
> In ewiger Stille,
> Die sollen mit Fülle
> Die Tätigen lohnen!
> Wir heißen euch hoffen.[35]

# XIV.
## GOETHE ALS ESOTERIKER

Über Goethe:
Sein Atmen war eins mit dem atmenden All:
Er verstand das Gemurmel der Quellen,
Des Laubes Geflüster, des Schauers Schall,
Und er hörte die Knospen schwellen.
Er sah in der Bibel die Sterne hell;
Ihm vertraut' ihr Sehnen die Meereswell.
*Jewgenij Boratynskij (1800–1844)*[1]

## 1. Goethes spirituelle Naturwissenschaft

Ein Gespräch über die *Urpflanze* – besonders darüber, ob sie »Erfahrung« oder »Idee« sei –, das Goethe und Schiller im Juli 1794 miteinander geführt haben, stand am Beginn der langen und fruchtbaren Freundschaft zwischen diesen beiden »Klassikern« des deutschen Geistes. Goethe hat den Verlauf dieses Gespräches in einem späteren Essay (»Glückliches Ereignis«, enthalten in den naturwissenschaftlichen Schriften) noch einmal nachgezeichnet. Er beschreibt, wie er Schiller nach dem gemeinsamen Besuch eines Vortrages nach Hause begleitet, wie sich zwischen beiden ein Gespräch über die »*Metamorphose der Pflanzen*« entspinnt, und wie er schließlich – im Hause Schillers angekommen – vor den Augen des erstaunten Gastgebers mit wenigen markanten Federstrichen das von ihm geschaute Bild der »Urpflanze« zeichnet:

»Wir gelangten zu seinem Hause, das Gespräch lockte mich hinein; da trug ich die Metamorphose der Pflanzen lebhaft vor und ließ, mit manchen charakteristischen Federstrichen, eine symbolische Pflanze vor seinen Augen entstehen. Er vernahm und schaute alles mit großer Teilnahme, mit entschiedener Fassungskraft; als ich aber geendet, schüttelte er nur den Kopf und sagte: ›Das ist keine Erfahrung, das ist eine Idee.‹ Ich stutzte, verdrießlich einigermaßen; denn der Punkt, der uns trennte, war dadurch aufs strengste bezeichnet. Die Behauptung aus Anmut und Würde fiel mir wieder ein, der alte Groll wollte sich regen; ich nahm mich aber zusammen und versetzte: Das kann mir sehr lieb sein, daß ich Ideen habe, ohne es zu wissen, und sie sogar mit Augen sehe.«[2]

Das damals geführte Gespräch über die »Urpflanze« offenbart die Unvereinbarkeit zwischen der streng logisch-rationalen, an Kant ausgerichteten Erkenntnislehre Schillers und der ganzheitlich-organischen Weltanschauung Goethes. Schiller glaubte nämlich, daß eine Idee, wie die Urpflanze ja eine ist – »Idee« im Sinn Platons, ein *geistiges Urbild* – niemals Gegenstand der Erfahrung sein könne. Für ganz und gar unmöglich hielt er es, daß man das Geistig-Urbildliche einer Idee mit Augen sehen oder gar mit Federstrichen nachzeichnen könne. Er war vielmehr der Überzeugung – darin ganz in der Nachfolge Kants –, daß dem menschlichen Erkenntnisvermögen recht enge Grenzen gezogen seien. Nur das Sinnlich-Wahrnehmbare kann, so Kant und Schiller, Gegenstand menschlicher Erfahrung sein.

Goethe hat seinen Weg der Welt- und Naturerkenntnis mit dem Begriff »*anschauendes Denken*« umschrieben. Anschauendes Denken bedeutet für ihn ein Denken, dessen Inhalte nicht aus dem Denken selbst – aus dem Intellekt – kommen, sondern aus *geistiger Schau*. Insofern besteht hier eine Öffnung gegenüber dem Bereich des Spirituellen. Geistige Schau bedeutet nämlich die Fähigkeit, die geistigen Urbilder allen Seienden – die Ideen – wahrzunehmen, die lebendigen Urgestalten und Formkräfte in der geistigen Welt, die formgebend, prägend und schaffend auf die physisch-sinnliche Welt einwirken. In jeder Pflanze lebt das Bild der geistigen Urpflanze. In allen Erscheinungen der physisch-sinnlichen Welt findet der geistig Schauende die Formgestalten der Ideen abbildhaft ausgedrückt und wiedergegeben.

Und Goethe war – anders als Schiller! – sehr wohl der Ansicht, daß der Mensch die Urformgestalten der Ideen mit (Geistes)Augen sehen und insofern auch zum Gegenstand seiner »Erfahrung« machen kann. Hat Goethe doch auf seiner berühmten *Italien-Reise* (1786–88) unter dem hellen Glanz der südlichen Sonne und in der betörenden Pracht der mittelmeerischen Pflanzenwelt das Geistesbild der Urpflanze mit eigenen Augen gesehen! Denn in Italien konnte Goethe bis zu den Wurzeln seines eigenen Seins herabsteigen und der verborgenen Urkräfte allen Lebens innewerden. In der Urpflanze, ja in den »Urphänomenen« überhaupt, erkannte er die typenbildenden Gestaltungskräfte allen Seins, die – unzählige Entwicklungsstufen hervorbringend – sich ins Unendliche wandeln und trotzdem ihre organisierende, artbildende Form bewahren.

Goethe besaß wie nur wenige Menschen die Fähigkeit, das Geistige unmittelbar in der Natur wirken zu sehen. Bei seiner ganzheitlich-organischen Weltanschauung handelt es sich um eine Konzeption, in der »Natur« und »Geist« als zwei sich ergänzende Pole einer untrennbaren höheren Einheit erkannt werden. Die *Natur* offenbart sich dem Seherauge Goethes immer als lebendige *Geist-Natur*. In einem kühnen Entwurf von ungeheurer Tragweite wollte er Naturphilosophie, Naturwissenschaft und Geistesphilosophie zu einer einzigen großen Synthese miteinander vereinen. Diese ins Spirituelle erweiterte Naturwissenschaft wollten Goethe, aber auch Schelling, Novalis, Carus und andere Mitstreiter, allesamt führende Geister der deutschen Romantik und Klassik, der rein mathematischen und mechanistischen Naturwissenschaft eines *Newton* oder *Descartes* entgegenstellen.

Die Naturforschung hat im Leben und Schaffen Goethes den breitesten Raum eingenommen, wobei neben seiner Lehre von der Urpflanze (erstmals dargestellt in der Abhandlung »Metamorphose der Pflanzen«, 1790) seine Entdeckung des Zwischenkieferknochens im menschlichen Schädel wie auch seine lebenslange Beschäftigung mit der Farbenlehre (gegen Newtons »Optics«) seine Bedeutung als Forscher und Wissenschaftler einigermaßen erkennen lassen. Hinter der Person Goethes steht eine geistige

Weltmacht, der Goetheanismus. Eine Erneuerung und schöpferische Weiterentwicklung des Goetheanismus, der goetheanischen Denkweise und Erkenntnismethode, gehört zu den großen Aufgaben unserer Zeit.

Das Ringen um eine spirituelle Natursicht entsprang der Tiefe und dem inneren Auftrag des mitteleuropäischen Geistes, der in der Goethe-Zeit überhaupt seinen Höhepunkt erreicht hatte. Der Kampf Goethes gegen Newton – die Namen sind hier nur stellvertretend gemeint – war in Wahrheit ein Kampf zweier Weltmächte. Es war ein Kampf des Organischen gegen das Mechanische, des ganzheitlichen Wahrbewußtseins gegen die Analyse, des Lebens gegen die Abstraktion. Der Goetheanismus als eine alternative Naturwissenschaft legt seinem Forschen eine Erkenntnismethode zugrunde, die darauf abzielt, die Spaltung von Subjekt und Objekt, Ich und Welt, Innen und Außen zu überwinden; denn jenseits aller Gespaltenheit liegt eine umfassende Einheit im Geiste. In diesem Sinn sagt Goethe in seinem Gedicht »Epirrhema« (entstanden 1818/19):

> Müsset im Naturbetrachten
> Immer eins wie alles achten:
> Nichts ist drinnen, nichts ist draußen;
> Denn was innen, das ist außen.
> So ergreifet ohne Säumnis
> Heilig öffentlich Geheimnis.[3]

Die Natur erschöpft sich nicht im Äußerlichen, sondern die Natur hat auch eine innere, spirituelle, transzendente, mystische Seite; denn das Wesenhafte der Natur liegt im Verborgenen. Nur eine Einweihung in höhere Seins- und Bewußtseinszustände kann die inneren Sinne des Menschen öffnen und somit den geistigen Wesenskern der Natur sichtbar machen. Und die folgenden Goethe-Worte (zu Eckermann gesprochen), richtungweisend für alle Naturwissenschaftler, wie überhaupt für alle, die zu einer Erfahrung des Lebendig-Wirklichen gelangen wollen, geben geradezu den Wesenskern der ganzheitlich-organischen Weltanschauung wieder: »Die Gottheit ist wirksam im Lebendigen, aber nicht im Toten; sie ist im Werdenden und sich Verwandelnden, aber nicht im Gewordenen und Erstarrten. Deshalb hat auch die Vernunft in ihrer Tendenz zum Göttlichen es nur mit dem Werdenden, Lebendigen zu tun, der Verstand mit Gewordenem, Erstarrtem, daß er es nutze.«[4]

Die lebendige *Geist*-Natur offenbart sich dem Geistesauge Goethes letzten Endes gar als die schaffende *Gott-Natur*, denn »Gott« und »Natur« sind für ihn schlechterdings nicht voneinander zu trennen. Sie schmelzen pantheistisch-mystisch zu einer Einheit zusammen. Damit wird auch der Gegensatz zwischen Wissenschaft und Religion hinfällig, denn jeder Naturforscher im goetheanischen Sinn betätigt sich zugleich als Gottsucher. Beim Anblick des Totenschädels seines Freundes Schiller ruft Goethe aus:

> Was kann der Mensch im Leben mehr gewinnen,
> Als daß sich Gott-Natur ihm offenbare?
> Wie sie das Feste läßt zu Geist zerrinnen,
> Wie sie das Geisterzeugte fest bewahre.[5]

Aber der Gott Goethes, das ist freilich nicht der wie ein Despot über und außerhalb der Welt thronende Schöpfergott, von dem die Bibel spricht, auch nicht der Erste Unbewegte Beweger des Aristoteles, schließlich auch nicht der in fernsten Jenseitswelten schwebende, in absoluter Transzendenz für immer verborgene Gott der Mystiker, der Gott Buddhas, Plotins und der Theosophen. Der Gott Goethes ist vielmehr derjenige, der sich als das bewußte Weltganze stufenweise hochentwickelt, der sich in heiliger Immanenz und im ewigen Hier und jetzt in allen Naturerscheinungen als der schaffende Welturgrund offenbart. »Ihm ziehmt's, die Welt im Innern zu bewegen«:

> Was wär ein Gott, der nur von außen stieße,
> Im Kreis das All am Finger laufen ließe!

> Ihm ziehmt's, die Welt im Innern zu bewegen,
> Natur in sich, Sich in Natur zu hegen,
> So daß, was in Ihm lebt und webt und ist,
> Nie Seine Kraft, nie Seinen Geist vermißt.[6]

Der Gott Goethes weilt nicht in einem transzendenten Jenseits, sondern in einem numinosen Inseits, das gewissermaßen die Innenseite des Universums bildet. Zu dieser Innenseite des Alls vermag auch der Mensch vorzudringen, wenn er das All in seinem eigenen Inneren ergründet. Jeder Mensch trägt den ganzen Kosmos in sich. Innen und Außen sind in Wahrheit eins. In der Außenwelt können wir nur das erkennen, was wir urbildhaft in den Tiefen unserer Innenwelt vorfinden. Und der goetheanische Satz »Wie Innen, so Außen« muß ergänzt werden durch den hermetischen Satz »Wie oben, so unten«. Alles in der Schöpfung, vom Makrokosmos bis zum Mikrokosmos, wird durch eine Kette universeller Entsprechungen zu einem organischen Ganzen zusammengewoben.

Wie könnten wir, beispielsweise, die Sonne oben am Himmel wahrnehmen, wenn wir nicht ein geistiges Urbild der Sonne in uns selbst trügen? Goethe dichtet die folgenden Verse:

> Wär nicht das Auge sonnenhaft,
> Die Sonne könnt es nie erblicken;
> Läg nicht in uns des Gottes eigne Kraft,
> Wie könnt uns Göttliches entzücken?[7]

## 2. Goethes esoterisches Menschenbild

Den Menschen sah Goethe als ein nicht nur irdisches, sondern auch kosmisches Wesen, das – aus Weltenhöhen auf die Erde herabgestiegen einen Funken aus göttlicher Urlichtflamme in sich trägt. Ja er glaubte sogar, ein Gesamtbild kosmischer Evolution vor Augen, daß aus den heutigen Menschen sich künftig höhere Geistwesen entwickeln würden. Darum nannte er die Erde eine

»Pflanzschule für eine Welt von Geistern«. Im Gespräch mit Eckermann (vom 11. März 1832) äußerte er sich diesbezüglich in folgender Weise:

»Gott hat sich nach den imaginierten sechs Schöpfungstagen keineswegs zur Ruhe begeben, sondern er ist noch fortwährend wirksam wie am ersten. Diese plumpe Welt aus einfachen Elementen zusammenzusetzen und sie jahraus jahrein in den Strahlen der Sonne rollen zu lassen, hätte ihm sicher wenig Spaß gemacht, wenn er nicht den Plan gehabt hätte, sich auf dieser materiellen Unterlage eine Pflanzschule für eine Welt von Geistern zu gründen. So ist er fortwährend in höhern Naturen wirksam, um die geringen hochzuziehen.«[8]

Daß der Mensch auf dem Wege seiner spirituellen Höherentwicklung eine ganze Kette von Erdenverkörperungen durchlaufen muß, war für Goethe eine Gewißheit. Angedeutet wird dieser Reinkarnations-Gedanke in manchen seiner lyrischen Gedichte, so beispielsweise in dem berühmten »Gesang der Geister über den Wassern«:

> Des Menschen Seele
> Gleicht dem Wasser,
> Vom Himmel kommt es,
> Zum Himmel steigt es,
> Und wieder nieder
> Zur Erde muß es,
> Ewig wechselnd.[9]

In der Gefährtin *Charlotte von Stein* erkannte Goethe gar eine aus zahlreichen früheren Erdenleben mit ihm schicksalsmäßig verbundene Dualseele, und er widmet ihr folgende Zeilen:

> Sag, was will das Schicksal uns bereiten?
> Sag, wie band es uns so rein genau?
> Ach, du warst in abgelebten Zeiten
> Meine Schwester oder meine Frau.[10]

Gewiß kannte Goethe auch die Schluß-Abschnitte aus G. E. Lessings »Erziehung des Menschengeschlechts« (1780), wo es heißt: »Aber warum könnte jeder einzelne Mensch nicht mehr als einmal auf dieser Welt vorhanden gewesen sein? (...) Warum könnte *ich* nicht hier bereits einmal alle die Schritte zu meiner Vervollkommnung getan haben, welche bloß zeitliche Strafen und Belohnungen den Menschen bringen können? (...) Warum sollte ich nicht so oft wiederkommen, als ich neue Kenntnisse, neue Fertigkeiten zu erlangen geschickt bin? Bringe ich auf *einmal* so viel weg, daß es der Mühe wieder zu kommen etwa nicht lohnt? Darum nicht? – Oder, weil ich es vergesse, daß ich schon dagewesen? Wohl mir, daß ich es vergesse. Die Erinnerung meiner vorigen Zustände würde mir nur einen schlechten Gebrauch des gegenwärtigen zu machen erlauben. Und was ich auf jetzt vergessen *muß*, habe ich denn das auf ewig vergessen? Oder, weil so zu viel Zeit für mich verloren gehen würde? – Verloren? – Und was habe ich denn zu versäumen? Ist nicht die ganze Ewigkeit mein?«[11]

Lessing und Goethe galt der Gedanke an die wiederholten Erdenleben des Menschen als Selbstverständlichkeit, als ein in der Natur liegendes kosmisches Gesetz. Der Mensch ist ein Bürger der Ewigkeit, aber er muß durch einen ständigen Wechsel von Sterben und Neugebären hindurchgehen, denn nur im Zyklus des »Stirb und Werde!« kann der Mensch sich zu höheren Formen geistbewußten Lebens emporläutern. Daher:

> Und solang du das nicht hast,
> Dieses: Stirb und werde!
> Bist du nur ein trüber Gast
> Auf der dunklen Erde.[12]

## 3. Das Göttliche und die Götter

Im Werk Goethes finden sich immer wieder Hinweise auf höhere Geistwesenheiten – eine lichtstrahlende Weiße Bruderschaft, bestehend aus Göttern, Halbgöttern oder Engeln –, die den Menschen auf seiner Reise durch den Zyklus der Inkarnationen begleiten, um helfend und fördernd in den Lauf der Menschheits-Entwicklung einzugreifen. Goethe hatte den Geist des klassischen Griechentums, den Geist der heidnischen Antike, tief in sich aufgenommen; er lebte ganz aus dem Quellborn antiker Weltfrömmigkeit. Von Geburt zwar Deutscher, dem Herzen nach aber Grieche und immerzu »das Land der Griechen mit der Seele suchend« (Iphigenie), war ihm der Gedanke an wirkende Göttermächte, die – hoch über dem Menschen stehend – tätig in die Weltentwicklung eingreifen, sehr geläufig. Man hüte sich, in Goethes Polytheismus nur ein literarisches Stilmittel seiner lyrischen Dichtungen zu sehen, quasi eine inhaltsleeres Metapher ohne eine dahinterliegende tiefere Bedeutung! Eine solche Deutung geht an der Mitte der Goetheschen Weltanschauung geradewegs vorbei.

Goethes Polytheismus – seine Vielgötterverehrung – stellt einen zentralen Bestandteil seiner spirituellen Welterfahrung dar, und dieser Polytheismus steht nicht im Widerspruch zum Pantheismus seiner Naturphilosophie. Denn aus Einheit entspringt Vielheit; warum sollte nicht aus der all-einen Gott-Natur eine Vielheit göttlicher Kräfte hervorgehen können? Goethe war ein universaler Geist, der das Göttliche in vielerlei Gestalt erfahren konnte. Im Aphorismus 807 der »Maximen und Reflexionen« sagt er: »Wir sind naturforschend Pantheisten, dichtend Polytheisten, sittlich Monotheisten.« Der Gott Goethes zeigt sich uns mal als monotheistischer Ein-Gott, mal als pantheistischer All-Gott, dann wieder als heidnisch-antikes Götterpantheon, und doch ist es immer dieselbe Gottheit, vielfarbig schillernd wie ein Lichtstrahl im Prisma.

In einem Gespräch mit Kanzler Müller hatte sich Goethe auch über »Dämonen« (*daimones*, im Griechischen götterähnliche Wesen) geäußert; Carl Gustav Carus schreibt in seinen »Lebenserinnerungen« darüber: »Da wurde denn erzählt, wie er sich spät abends darüber ausgesprochen, wie es denn doch so gar verschiedene Dämonen gebe, darunter einige höheren Ranges: Urgeister, welchen die kleinen Dämonen manches in den Weg zu legen suchten, die aber trotz allem immer wieder durchdrängen und gewissermaßen schon in ihrem Menschendasein sich von unverwüstlicher Natur zeigten. Dann, wie es gar wohl in der Macht des den göttlichen Funken in sich bewahrenden und erhellenden Dämons stehe zur eigentlichen individuellen Unsterblichkeit sich hindurchzuarbeiten, während der getrübte und schwache allmählich wie Licht verlösche – und dergleichen tiefsinnige Betrachtungen mehr. Endlich aber war er in tiefster Nacht vom Tisch aufgestanden, sagend:, Es ist unrecht, daß ich mich über diese Dinge hier so ausspreche, dar-über spreche ich eigentlich nur mit Gott!«[13]

Ein Gedicht aus dem Zyklus der »Orphischen Urworte« trägt den Titel »Daimon«. Und in den »Römischen Elegien«, diesem wohl sprechendsten Zeugnis des dichterischen Polytheismus Goethes, lesen wir:

> Fromm sind wir Liebende, still verehren wir alle Dämonen,
> Wünschen uns jeglichen Gott, jegliche Göttin geneigt.[14]

Betonen wir es hier nochmals: Wenn Goethe von »höhern Wesen« spricht – Göttern und Dämonen –, dann waren dies für den geistbegabten Dichter Goethe durchaus erfahrbare und immer wieder erfahrene Realitäten. Goethe besaß einen unmittelbar-intuitiven Zugang zur Geisteswelt der Götter und zu den uns umgebenden Geisterwelten. Ein so aus geistiger Erfahrung gewonnener Polytheismus, der bewußt an heidnisch-antike Vorbilder anknüpft, brachte Goethe natürlich in Konflikt mit der herrschenden Religion seiner Zeit, dem Christentum. Mochte er auch in seiner frühen Sturm- und Drang-Zeit vorübergehend am Gefühls-Christentum der Herrnhuter Gefallen gefunden haben (wie etwa Schleiermacher und Novalis), mochte er sich selbst später noch – etwa in den Gesprächen mit Eckermann – über Bibel und Christentum im positiven Sinn geäußert haben, so bleibt doch die Tatsache bestehen, daß er zeitlebens ein erklärter Nicht-Christ war. Gegenüber *Jacobi* nannte er sich einen »*alten Heiden*« (Brief vom 11. Januar 1808), und in den »Zahmen Xenien« finden sich solche Verse, die an Deutlichkeit nichts zu wünschen übrig lassen:

Mit Kirchengeschichte was hab ich zu schaffen?
Ich sehe weiter nichts als Pfaffen; (...)
Glaubt nicht, daß ich fasele, daß ich dichte;
Seht hin und findet mir andre Gestalt!
Es ist die ganze Kirchengeschichte
Mischmasch von Irrtum und von Gewalt.[15]

Diese deutliche Abgrenzung gegen jede Form des Kirchen-Chri-
stentums steht keineswegs im Widerspruch zu der hohen Wertschätzung, die Goethe der Person Christi stets entgegenbrachte. Im
Gespräch mit Eckermann (vom 11. März 1838) bekannte er:
»Fragt man mich, ob es in meiner Natur sei, Christus anbetende
Ehrfurcht zu erweisen, so sage ich: durchaus! ich beuge mich vor
ihm, als der göttlichen Offenbarung des höchsten Prinzips der Sitt-
lichkeit. Fragt man mich, ob es in meiner Natur sei, die Sonne zu
verehren, so sage ich: durchaus! Denn sie ist gleichfalls eine Offenbarung des Höchsten, und zwar die mächtigste, die uns Erdenkin-
dern wahrzunehmen vergönnt ist.«[16] Auch darin bleibt Goethe ein
»alter Heide« (oder ein Christ der Zukunft?), daß er die Verehrung
des Christus in einem Atemzuge mit der Sonnenverehrung gleichsetzt.

   Christ und Heide, Deutscher und Grieche, Naturforscher und
Esoteriker, Wissenschaftler und Dichter – all dies trug Goethe in
sich, aber letzten Endes kann man ihn wohl nur richtig verstehen
als einen kosmischen Mystiker, dessen höchstes Sehnsuchtsziel
darin liegt, sich mit der Weltseele zu vereinigen:

Weltseele, komm, uns zu durchdringen!
Denn mit dem Weltgeist selbst zu ringen,
Wird unsrer Kräfte Hochberuf.
Teilnehmend führen gute Geister,
Gelinde leitend höchste Meister
Zu dem, der alles schafft und schuf.[17]

## 4. Goethes metaphysischer Titanismus

Das Streben des Menschen, das Göttliche im eigenen Inneren durch freie Schaffenskraft zu entbinden, ja selbst den Göttern gleich zu werden, hat Goethe in mythischen Bild-Gestalten wie *Prometheus, Ganymed* und vor allem *Faust* immer wieder in den Mittelpunkt seines literarischen Schaffens gestellt. Schon in seiner Frankfurter Zeit hatte sich der Dichter mit dem Schicksal des unglücklichen Titanen gründlich beschäftigt, und wir besitzen zwei Akte eines lang verschollenen Prometheus-Dramas aus dem Jahr 1773, die den Helden im Trotz gegen die Götter als Bildner der Menschheit darstellen. In die Periode des »Titanismus« im Leben des jugendlichen »Sturm-und-Drang«-Dichters fallen neben dem *Prometheus*-Fragment auch Werke wie *Mahomet, Cäsar, Sokrates, Götz* und nicht zuletzt der *Faust* in seinen verschiedenen Fassungen. Der *Ur-Faust*, nur zwei Jahre später als das erwähnte Drama entstanden, atmet ganz den Geist dieses Goethe'schen Titanismus.

Faust, von Goethe als ein tragisches, aber doch ideales Bild menschlichen Höherstrebens dargestellt, ist vermessen genug, sich den Göttern gleichzustellen; deshalb ruft er ja auch den Erdgeist an, dem er, wie er meint, gleicht. Aber der Erdgeist, der in lodernder Flamme erscheint, verhöhnt Faust, indem er spricht:

> Da bin ich! – Welch erbärmlich Grauen
> Faßt Übermenschen dich! Wo ist der Seele Ruf?
> Wo ist die Brust, die eine Welt in sich erschuf
> Und trug und hegte? die mit Freudebeben
> Erscholl, sich uns, den Geistern, gleichzuheben?[18]

Bezeichnenderweise wird hier im Zusammenhang mit Faust der Begriff des »Übermenschen« gebraucht. Die titanisch-himmelstürmende Natur Fausts, freilich dazu verurteilt, an der höheren Macht der Götter zu scheitern, kommt auch in seiner folgenden Selbstbeschreibung treffend zum Ausdruck:

Ich, Ebenbild der Gottheit, das sich schon
Ganz nah gedünkt dem Spiegel ewger Wahrheit,
Sich selbst genoß in Himmelsglanz und Klarheit,
Und abgestreift den Erdensohn;
Ich, mehr als Cherub, dessen freie Kraft
Schon durch die Adern der Natur zu fließen
Und, schaffend, Götterleben zu genießen,
Sich ahnungsvoll vermaß, wie muß ichs büßen!
Ein Donnerwort hat mich hinweggerafft.[19]

Zusammen mit seinem Prometheus-Drama hatte Goethe 1773
auch ein längeres monologisches Prometheus-Gedicht in einem
genialen Wurf zu Papier gebracht, das sein Freund Fritz Jacobi –
ohne die Erlaubnis des Dichters – im Jahr 1785 veröffentlichte. Erst
1788 nahm Goethe das Gedicht in sein Gesamtwerk auf In seiner
Autobiographie wird Goethe, auf seine titanisch inspirierte Jugendphase rückblickend, folgendes bemerken: »Ich hatte jung genug gar
oft erfahren, daß in den hülfsbedürftigsten Momenten uns zuge-
rufen wird: ›Arzt, hilf dir selber!‹, und wie oft hatte ich nicht
schmerzlich ausrufen müssen: ›Ich trete die Kelter allein!‹ (...)
Indem ich nun hierbei die Hülfe der Menschen abzulehnen, ja aus-
zuschließen hatte, so sonderte ich mich, nach Prometheischer
Weise, auch von den Göttern ab (...)«[20] Aus diesen Worten geht
hervor, daß Goethe als Schaffender sich – zumindest vorübergehend – mit der Gestalt des Prometheus identifiziert hatte.

Und tatsächlich stellt der metaphysische *Titanismus*, wie er im
Prometheus-Gedicht von 1773 besonders treffend zum Ausdruck
kommt, Goethes entscheidende Triebfeder dar, das nie ruhende
*»primum mobile«* seiner schöpferisch-genialischen Kraft. In diesem von hinreißendem Elan beflügelten Jugendgedicht läßt Goethe sein höheres Ich, Prometheus, sprechen: »Hast du nicht alles
selbst vollendet, heilig glühend Herz?«[21]

Über den »himmelstürmenden Sinn« der Titanen, die sich gegen
Zeus auflehnten, aber von ihm in den Tartarus, also in die Unterwelt, gestoßen wurden, äußerte sich Goethe später so: »Doch auch

die kühneren jenes Geschlechts, Tantalus, Ixion, Sisyphus, waren meine Heiligen. In die Gesellschaft der Götter aufgenommen, mochten sie sich nicht untergeordnet genug betragen (…) und sich eine traurige Verbannung zugezogen haben. Ich bemitleidete sie, ihr Zustand war von den Alten schon als wahrhaft tragisch anerkannt (…)«[22] Goethe nennt neben Tantalus zwei andere Titanen, Ixion, den Vater der Kentauren, und Sisyphus, den Gründer Korinths – alle drei gelten als Vertreter derselben himmelstürmenden Gesinnung, die ihnen auch ähnliche Strafen in der »traurigen Verbannung« des Tartarus einbrachte.

Die Sympathie mit den gebannten Titanen war für Goethe ein nicht nur philosophisches, sondern gleichermaßen auch dichterisches Bekenntnis, in dem er sein eigenes Genie-Erleben zum Ausdruck brachte. Und es spannt sich ein Bogen vom Prometheus der frühen Dichtung von 1773, der sagt: »*Hast du nicht alles selbst vollendet, heilig glühend Herz?*« bis hin zu dem »Übermenschen« Faust, der nach den oben zitierten Worten des Erdgeistes »*eine Welt in sich erschuf*«. Die Titanen, Prometheus und Faust stehen somit als Sinnbilder für die genialische Produktivität des wahren Künstlers, zumal des Dichters, der allein in der Lage ist, Welten und Wirklichkeiten, Gestalten und Schicksale aus dem eigenen Inneren heraus neu zu erschaffen.

Hatte der junge Goethe in seinem Prometheus-Drama noch den trotzenden Titanen verherrlicht, der den »Göttern droben« die Gott-Natur seines eigenen Wesens entgegenstellt, so betont der Dichter später im Faust die Bedeutung der dem Erlösungs-Bemühen des Menschen »von oben« zu Hilfe kommenden göttlichen Gnade: »Wer immer strebend sich bemüht, den können wir erlösen!« Der allzu hochfahrende jugendliche Titanentrotz hatte sich, so scheint es, im reiferen Alter gelegt. Und wie eine Antithese zu Prometheus liest sich das in Weimar in der Zeit zwischen 1775 und 1786 entstandene Gedicht »*Grenzen der Menschheit*« Das Gedicht warnt den Menschen davor, seinen eigenen Kreis zu überschreiten, sich gar mit den Göttern zu messen; es betont auch die unüberschreitbare Kluft, die sich zwischen Menschen und Göttern auftut:

Denn mit Göttern
Soll sich nicht messen
Irgendein Mensch.
Hebt er sich aufwärts
Und berührt
Mit dem Scheitel die Sterne,
Nirgends haften dann
Die unsichern Sohlen
Und mit ihm spielen
Wolken und Winde.[23]

Gegenüber den Göttern erscheint der Mensch hier in seiner ganzen bedauernswürdigen Kleinheit; ein Spielball von Wind und Welle, bleibt er waltenden Natur- und Göttermächten hilflos ausgeliefert. Mit den »Grenzen der Menschheit«, die vielleicht auch seine eigenen Grenzen gewesen sind, hat Goethe seine eigene Prometheus-Natur bezähmt, überwunden, in Fesseln geschlagen. Der einstige »Sturm und Drang«, der wohl tatsächlich nur eine Jugendphase, wenn nicht gar Jugendtorheit war, ist einer reifen abgeklärten Erkennntnis der eigenen Begrenzungen gewichen. Und dennoch: Ist es nicht immer der »jugendlich-törichte« Titanismus, dieses bedingungslose Höherstreben, dieses ebenso mutige wie unbedachte Greifen nach den Sternen, das für jeden wahren Künstler – auch für den späteren Goethe – die Antriebskraft allen Schaffens darstellt?

# XV.
## DIE TRANSZENDENTALISTEN

> Washington sagte: ›Freunde Amerikas! Blickt über
>     den Atlantik!
> Ein Bogen ist am Himmel gespannt & eine schwere
>     Eisenkette
> Senkt sich, Glied um Glied, von Albions Klippen über
>     das Meer herab,
> Um Amerikas Brüder & Söhne zu binden, bis Unsere
>     Gesichter bleich sind,
> Die Köpfe gebeugt, die Stimmen schwach, die Hände
>     von der Arbeit zerschunden,
> Die Füße blutig auf heißem Sand und die Peitschenstriemen
> Hinabreichen zu Generationen, die in künftigen Zeiten
>     vergessen werden.
> Die kräftige Stimme verstummte, denn ein furchtbarer
>     Windstoß jagte über das Meer
> Die Wolke im Osten zerriß: Auf seinen Klippen stand
>     Albions  zorniger Prinz,
> Eine Drachengestalt mit klirrenden Schuppen.

*William Blake, Amerika (1794)*[1]

## 1. Ralph Waldo Emerson – Dichter und Nonkonformist

Amerikanischer Pioniergeist, Naturmystik und die Philosophie
des Deutschen Idealismus – vor allem Goethes und Schellings
– verbinden sich in der Person des aus Neuengland stammenden
Literaten *Ralph Waldo Emerson* (1803–1882). Ohne Emerson,
diesen Erwecker des »amerikanischen Transzendentalismus«, wäre
weder die bahnbrechende *Grashalme*-Lyrik eines Walt Whitman

noch der »zivile Ungehorsam« eines Henry David Thoreau denkbar gewesen – ja, ohne ihn, der die Stilform des literarischen Essays
zur Meisterschaft brachte, hätte schließlich auch ein Friedrich
Nietzsche seine kristallklaren Aphorismen nicht schreiben können.
Dieser bekannte sich offen als ein Bewunderer des Amerikaners
Ralph Waldo Emerson, und noch in seinem letzten Buch (Götzen-
dämmerung, 1889) beschreibt er ihn so: »Viel aufgeklärter, schwei-
fender, vielfacher, raffinierter als Carlyle, vor allem glücklicher (...)
Ein solcher, der sich instinktiv bloß von Ambrosia nährt, der das
Unverdauliche in den Dingen zurückläßt. (...) Emerson hat jene
gütige und geistreiche Heiterkeit, welche allen Ernst entmutigt; er
weiß schlechterdings nicht, wie alt er schon ist und wie jung er noch
sein wird (...).«[2].

Ralph Waldo Emerson trägt den Geist Amerikas in sich, einen
Geist radikaler Demokratie, wie er in Jefferson und Abraham Lin-
coln lebte, aber auch den Geist Europas, besonders den der
Romantiker, der Dichter und der Naturphilosophen. Mit Carlyle,
Wordsworth und Coleridge stand er in persönlicher Verbindung;
den Geist Platons, Shakespeares, Swedenborgs und Goethes hatte
er tief in sich aufgenommen. Als Heroen des Geistes galten ihm jene
Europäer, die er in seiner Sammlung *Essays on Representative
Men* (1850) als die höchsten Vertreter des Menschengeschlechts
feierte. Kaum ein amerikanischer Philosoph wurzelte so tief im
Europäertum wie er, aber kaum ein anderer war wie er in der Lage,
den Geist Europas zu durchdringen mit dem freiheitlichen Unab-
hängigkeitswillen Amerikas, mit einem bodenständig-amerikani-
schen Individualismus, der sich einerseits aus dem Ethos eines religiösen Nonkonformismus, andererseits aus dem wildromantischen
Siedlerleben in unberührter Natur herleitet.

In seinen brillanten *Essays* (1841) hat Ralph Waldo Emerson
erstmals das Ethos eines heroischen Individualismus entfaltet, der
sich dann bei Nietzsche zum schwindelerregenden Gipfelgedanken
des Übermenschentums steigert. Im Mittelpunkt seiner Lebensphilosophie, in zahlreichen Schriften und Essays niedergelegt, steht
der Begriff des *self-reliance*, zu deutsch *Selbstvertrauen*: ein bedin-

gungsloser Glaube an die Kräfte des eigenen Selbst, das als Kern der bewußten Persönlichkeit nicht etwa das niedere Ego, sondern etwas Überpersönlich-Kosmisches darstellt. Emerson wirft uns zurück auf unser Ureigenstes, Innerstes, auf unser eigentliches Selbst; und er lehrt uns, nicht Vorbildern und Autoritäten nachzueifern, sondern ganz aus dem Ureigenen heraus zu schaffen. Denn jeder Mensch, der wahrhaft »Ich bin!« zu sich selbst sagen kann, stellt etwas Einmaliges, Unwiederbringliches dar. Der kategorische Imperativ, den Emerson aufstellt, lautet nicht: »Sei einem höheren Gesetz gehorsam!«, sondern er lautet schlicht und einfach: »Sei du selbst!«

»Sei du selbst!«, das bedeutet auch: Vertraue dir selbst! Sei dein eigener Gesetzgeber, dein eigener König und Hohepriester sei der Vollender deines eigenen Wesens! Das Moralgesetz, nach dem du handelst, steht nicht in irgendwelchen als heilig erachteten Schriften niedergeschrieben; es leuchtet in Flammenschrift in deinem eigenen Herzen. Wie Nietzsche und Max Stirner bemüht sich Emerson um eine selbstgesetzgebende Moral, frei von Geboten, Verordnungen und Gesetzen, herausgeboren aus dem Inneren des zu sich selbst erwachten Einzelnen. Bei Nietzsche ist dies die Moral des »Übermenschen«, der – ganz im Bewußtsein seines einmaligen Selbst – sich aus dem Bann allgemeinen Herdenmenschentums herausgelöst hat, um selbst im Angesicht einer scheinbar sinnlosen »Ewigen Wiederkehr des Gleichen« den selbstgesetzten Sinn eines tätigen Schöpfertums zu verwirklichen.

Die Erhebung einer Institution, Lehre, Ideologie oder Religion zu einer Art Über-Ich, der sich das ich des Einzelnen willig unterzuordnen habe, bedeutet für Emerson ein Greuel; die einzige Untugend ist die des Konformismus. Daher: Keine Konformität mehr, keine Anpassung an Normen und Schablonen, die Anspruch auf Allgemeingültigkeit erheben! Es gibt keine Allgemeingültigkeit im gesellschaftlichen Leben, es kann keine geben, denn jedes Individuum ist eine Welt für sich, und es trägt einen ganzen Kosmos in sich. Was für den Einen gilt, muß nicht für Alle gelten! In seinem Essay *Self-Reliance* (»Selbstvertrauen«) hat Emerson diesen

Gedanken in aphoristische Klarheit gefaßt. Er sagt dort: »Wer ein Mensch sein will, der muß Nonkonformist sein. Wer unsterbliche Siege erringen will, darf sich nicht durch den Namen der Güte behindern lassen, sondern muß erforschen, ob es Güte sei. Nichts ist endlich heilig als die Integrität deines eigenen Geistes. Sprich dich von dir selbst frei, und du wirst auf der Welt ein Stimmrecht haben.«[3]

Ganz in sich selbst gegründet, nur nach selbstgegebenem Gesetz lebend, Meister seines eigenen Geschicks, soll der Mensch ganz im *Hier und Jetzt* wirken, ganz in der Gegenwart: »Die Rosen unter meinem Fenster berufen sich nicht auf frühere oder bessere Rosen; sie geben sich als das, was sie sind; sie existieren heute mit Gott. Für sie gibt es keine Zeit. Da ist einfach die Rose, vollkommen in jedem Augenblick ihrer Existenz. Bevor eine Blattknospe aufgebrochen ist, wirkt ihre gesamte Lebenskraft; in der voll erblühten Blume ist nicht mehr davon, in der blattlosen Wurzel nicht weniger. Ihre Natur ist befriedigt, und sie befriedigt die Natur in jedem Augenblick gleich.«[4]

Selbst aus einer puritanischen Familie stammend, von Haus aus Theologe und zeitweilig Priester in der Unitarier-Kirche, wendet sich Emerson schärfstens gegen jede Vorherrschaft religiöser Traditionen, die eine Opferung der Gegenwart zugunsten der Vergangenheit bedeuten. Nicht vergangene Gottes-Offenbarungen zählen heute, sondern nur das, was der Geist Gottes im Hier und jetzt der Gegenwart spricht. »Es ist die Aufgabe des wahren Lehrers, uns zu zeigen, daß Gott *ist*, nicht, daß er einmal *war*; daß er spricht, und nicht, daß er einmal gesprochen hat«, so führte Emerson auf einer Ansprache vor Studenten der Theologischen Hochschule aus (*The Divinity School Adress*, 1838), und er forderte die Versammelten auf, »die guten Vorbilder zu meiden, auch diejenigen, die der Vorstellung der Menschen heilig sind, und es zu wagen, Gott ohne Vermittler und ohne Schleier zu lieben.«[5]

Denn was sich eigenmächtig zwischen Gott und den Menschen stellt – Priester, Kulte, Liturgien, Dogmen und heilige Offenbarungsschriften – wirkt wie eine Trennmauer, die uns vom lebendigen Kräftestrom spiritueller Erfahrung abtrennt. Aber: »Die Beziehungen der Seele zu dem göttlichen Geist sind so rein, daß es profan wäre, Vermittler einschieben zu wollen. Es muß so sein, daß wenn Gott spricht, er nicht nur eines, sondern alles mitteilen wird; daß er die Welt mit seiner Stimme erfüllen wird; daß er Licht, die Natur, Zeit, Seelen aus dem Mittelpunkt des gegenwärtigen Lebens ausstreuen und neu das Ganze datieren und schaffen wird. Immer wenn ein Mensch schlicht eine göttliche Weisheit empfängt, schwinden die alten Dinge dahin, Hilfsmittel, Lehrer, Texte und Tempel fallen; er lebt heute und nimmt Vergangenheit und Zukunft in die gegenwärtige Stunde auf Alles wird heilig in Beziehung auf ihn, eines so gut wie das andere.«[6]

Wenn Emerson über das Göttliche spricht – über das Göttliche *in uns*, das in schauender Ekstase erfahren wird –, dann spricht er in der ihm so wohlvertrauten Sprache der Mystiker, von Plotin über Jakob Böhme bis zu Swedenborg, auch in der Sprache der altindischen Veden, deren zeitlose Weisheit er kannte. Den Puritanismus, dieses verhängnisvollste Erbe Amerikas, hatte Emerson in sich selbst überwunden: das Predigeramt in der Unitarischen Kirche mußte er aus Gewissensgründen niederlegen (1832), um in der Existenz des freien Schriftstellers und Gelehrten durchzubrechen zu einer mystischen Kosmos-Freudigkeit, die auch mit Goethes Weltanschauung tiefste Verwandtschaft aufweist. Den Gott der Tradition – des Christentums zumal – hatte Emerson überwunden, um den Gott der lebendigen Geist-Erfahrung wiederzufinden, und zwar sowohl in der Sprache der Natur als auch in den tiefsten Urgründen des eigenen Inneren.

Die folgenden Worte kann nur jemand schreiben, der die *unio mystica*, Einswerdung der Seele mit der göttlichen All-Seele, selbst vollzogen hat: »Unaussprechlich ist die Vereinigung von Gott und Mensch in jedem Wirken der Seele. Der einfachste Mensch, der in seiner Lauterkeit Gott verehrt, wird Gott. Und doch ist das Einströmen dieses besseren und universellen Selbst für immer neu und unerforschlich. Es inspiriert Ehrfurcht und Staunen. Wie wertvoll, wie beruhigend für den Menschen entsteht der Gedanke an Gott, bevölkert den einsamen Ort und glättet die Narben unserer Fehler und Enttäuschungen! Wenn wir mit unserem Gott der Tradition gebrochen haben und von unserem Gott der Rhetorik abgelassen haben, dann mag Gott unser Herz mit seiner Gegenwärtigkeit entflammen.«[7]

So sehr Emerson einerseits dem Individualismus frönt und den unvergleichlichen Wert des Einzelmenschen betont, so kennt er andererseits doch eine kosmische All-Einheit, die allem Einzel- und Sonderdasein zugrunde liegt: die *over-soul*, Überseele oder Weltseele. Natur, Gott und Weltseele bedeuten für Emerson dasselbe; sie schmelzen zusammen im Begriff der *Überseele*. So führt der radikale Individualismus Emersons nicht zur Vereinzelung und Atomisierung, sondern er bleibt eingebunden in den Universalismus einer mystischen All-Einheits-Schau der Welt. Die Welt ist nicht ein Agglomerat zusammenhangloser Einzel-Individuen, sondern sie ist die Weltseele in ihren verschiedenen, nur scheinbar getrennten Aspekten. Das Individuum, das nach selbstgegebenen Gesetzen lebt, handelt auch im Einklang mit dem allgemeinen Weltgesetz.

Mit Worten von unbeschreiblicher Poesie und Schönheit beschreibt Emerson die »Überseele« als den einheitlichen Urgrund der Welt: »Die höchste Richterin über alle Irrtümer der Vergangenheit und Gegenwart und die einzige Prophetin der notwendigen Zukunft ist die große Natur, in der wir ruhen wie die Erde in den sanften Armen der Atmosphäre. Sie ist jene Einheit, jene Überseele, in der das individuelle Dasein jedes Menschen enthalten ist und mit allen anderen eins wird. Sie ist das Allherz, dem jedes aufrichtige Gespräch und jede rechte Tat huldigt; die überwältigende Wirklichkeit, die alle unsere billigen Künste und Talente widerlegt, die jeden zwingt, für das zu gelten, was er ist, und mit seinem Wesen zu sprechen, nicht bloß mit der Zunge. Sie ist es, die immer mehr danach strebt, in unser Denken und Handeln einzugehen, um sich in Weisheit, Tugend, Kraft und Schönheit zu verwandeln.«[8]

Als Emerson im Jahr 1862 mit *Abraham Lincoln* zusammentraf, da begegneten sich zwei Persönlichkeiten, in denen wohl das höchste und edelste Menschentum, das Amerika hervorgebracht hat, sich verwirklichte. In Lincoln verehren wir den Humanisten und politischen Reformer – in Emerson den amerikanischen Mystiker, den Dichter und Philosophen, Seher und Visionär. Man könnte ihn beinahe einen zeitgenössischen Brahmanen nennen, aus dessen Stimme die zeitlose und ewig-gültige Weisheit des Kosmos zu uns spricht. Unter seinen zahlreichen Gedichten sticht eines besonders hervor, das den Titel »Brahma« trägt:

> Der rote Schläger denkt, daß er erschlüge
> Und der Erschlagne denkt, er sei erschlagen;
> Sie wissen nicht, wie heimlich ich es füge,
> Daß alle Dinge mich im Innern tragen.
>
> Für mich ist nah, was ferne und versunken;
> Sonne und Schatten geben sich nichts nach;
> Götter erscheinen mir, die längst entschwunden;
> Ein und dasselbe sind mir Ruhm und Schmach.
>
> Wer mich verleugnet, kennt nicht seine Lage:
> Wenn er mich flieht, bin ich, was ihn beschwingt;
> Ich bin der Fragesteller und die Frage;
>
> Ich bin das Lied, das der Brahmane singt.
> Die Götter sehnen sich nach meinen Gründen,
> Den Heiligen Sieben laß' ich keine Ruh;
> Du, Liebender des Guten, wirst mich finden
> Und kehrst dem Himmel deinen Rücken zu.[9]

## 2. Henry David Thoreau – die Kraft der Verweigerung

»Wer ein Mensch sein will, der muß ein Nonkonformist sein«: Es gibt wohl kaum einen anderen Menschen aus Emersons Umkreis, auf den dieser Ausspruch passender zuträfe als auf seinen Freund und Geistesverwandten *Henry David Thoreau* (1817–1862). Sein

radikaler Nonkonformismus und Individualismus, der im purita-
nisch geprägten Neuengland des frühen 19. Jahrhunderts wie eine
Herausforderung wirken mußte, führte ihn zum freiwilligen Rückzug aus der Zivilisation, zum naturnahen Leben in den Wäldern
von Massachusetts. Das Buch »*Walden*«, erschienen 1854, ist das
Ergebnis des rund zwei Jahre dauernden Einsiedlerlebens in einer
selbstgebauten Blockhütte. »Ich bin in den Wald gegangen«,
schreibt Thoreau in diesem Buch, »weil mir daran lag, mit Vorbe-
dacht zu leben, es nur mit den Grundtatsachen des Lebens zu tun
zu haben und zu sehen, ob ich lernen könne, was es zu lernen gibt,
damit mir in der Stunde des Todes die Entdeckung erspart bliebe,
nicht gelebt zu haben.«[10] In der Einsamkeit des Waldlebens wollte
Thoreau zu den Wurzeln des Seins vorstoßen.

In die Zeit des Pionierlebens im Wald fällt auch jene Begeben-
heit, die Thoreau in Konflikt mit der Staatsgewalt brachte und die
Grundlage seines 1849 erschienenen Buches »*Über die Pflicht zum
Ungehorsam gegen den Staat*« bildet. Aus Protest gegen die Sklaverei und gegen den Krieg mit Mexiko hatte Thoreau 6 Jahre lang
keine Wahlsteuer mehr bezahlt. Eines Tages nun begegnete er auf
dem Weg von seiner Blockhütte zu dem etwa 5 km entfernten
Städtchen Concord dem Steuereinnehmer: Thoreau wurde verhaftet, kam für eine Nacht ins Gefängnis von Concord, wurde aber
am nächsten Tag wieder freigelassen, da inzwischen ein unbekannter Gönner die Steuerschuld für ihn beglichen hatte. Diese
Episode – sie ereignete sich im Jahr 1846 – verarbeitete Thoreau
zu seinem weitverbreiteten Büchlein über den zivilen Ungehorsam,
ein bis heute klassisches Werk, das ihn zum Ahnvater der modernen Bürgerrechtler, Oppositionellen und Widerstandskämpfer
macht. Auch *Mahatma Gandhi* (1867–1948), der Befreier des indischen Subkontinents, las das Buch, als er selbst in einem südafri-
kanischen Gefängnis eingekerkert saß.

Thoreaus Steuerverweigerung war nicht bloß ein Akt blinder
Rebellion, sondern sie entsprang einer wohldurchdachten Gewis-
sensentscheidung. In der abendländischen Geistesgeschichte gilt
Sokrates als der Entdecker des autonomen Gewissens. Aber selbst

Sokrates ordnete sein Gewissen dem Gesetz unter – obgleich unschuldig verurteilt, weigerte er sich zu fliehen, und er trank den ihm dargereichten Giftbecher. Der Reformator Martin Luther kämpfte gleichfalls für Gewissensfreiheit, wollte das Gewissen aber auf den religiösen Bereich beschränkt wissen. Henry David Thoreau ist der erste, der das autonome Gewissen und seine Gebote dem Staat überordnet, sogar dann, wenn sie politische Inhalte betreffen; das Gewissen gilt ihm mehr als der Staat. Deshalb ist sein Werk ein wirklicher Meilenstein in der Geschichte der politischen Ideen.

Wenn das autonome, nur sich selbst verantwortliche Gewissen Vorrang gegenüber dem Staat besitzt, dann ist auch das Individuum grundsätzlich dem Staat vorangestellt. Es stellt die ursprünglichere und größere Macht dar, von welcher der Staat sich erst herleitet. Ganz in diesem Sinn heißt es am Schluß der Schrift über den zivilen Ungehorsam: »Der Fortschritt von einer absoluten zu einer beschränkten Monarchie, von einer beschränkten Monarchie zu einer Demokratie, ist ein Fortschritt in Richtung auf wahre Achtung vor dem Individuum. Sogar der chinesische Philosoph war weise genug, das Individuum als Grundlage des Reiches anzusehen. Ist die Demokratie, wie wir sie kennen, wirklich die letztmögliche Verbesserung im Regieren? Ist es nicht möglich, noch einen Schritt weiter zu gehen bei der Anerkennung und Kodifizierung der Menschenrechte? Nie wird es einen wirklich freien und aufgeklärten Staat geben, solange der Staat sich nicht bequemt, das Individuum als größere und unabhängige Macht anzuerkennen, von welcher all seine Macht und Gewalt sich ableiten, und solange er den Einzelmenschen nicht entsprechend behandelt.«[11]

Thoreau ist kein Weltverbesserer; er entwirft kein utopisches Gesellschaftsmodell, sondern er ist schlichtweg ein rebellischer Einzelgänger, der sich aller »Politik« fernhält. Er will den Staat nicht abschaffen, wie die Anarchisten, sondern ihm, wo immer möglich, aus dem Wege gehen. Und er bekennt sich, gleich anderen amerikanischen Radikalen vor ihm wie Jefferson und Paine, zu dem Grundsatz, daß die Regierung die beste sei, die am wenigsten regiere. Gleich zu Beginn seines Essays über den zivilen Ungehorsam stehen die markanten Worte: »Ich habe mir den Wahlspruch zu eigen gemacht: ›Die beste Regierung ist die, welche am wenigsten regiert‹; und ich sähe gerne, wenn schneller und gründlicher nach ihm gehandelt würde. Wenn er verwirklicht wird, dann läuft es auf dies hinaus – und daran glaube ich auch: ›Die beste Regierung ist die, welche gar nicht regiert‹; und wenn die Menschen einmal reif dafür sein werden, wird dies die Form ihrer Regierung sein.«[12]

Da Thoreau von einer extrem individualistischen Weltanschauung ausgeht, setzt er auch den Hebel jeder sozialen Veränderung beim Individuum an: Jegliche Herrschaft beruht auf ihrer bewußten oder unbewußten, stets aber freiwilligen Anerkennung durch die Beherrschten. Herrschaft kann sich überhaupt nur so lange erhalten, wie es genug Beherrschte gibt, die an ihrer eigenen Beherrschung mitwirken; besteht daher eine als ungerecht empfundene Herrschaftsordnung, so liegt es am Einzelnen zu prüfen, inwieweit er sie durch sein eigenes Handeln mitträgt. »Ich finde, wir sollten erst Menschen sein, und danach erst Untertanen. Man sollte nicht den Respekt vor dem Gesetz pflegen, sondern vor der Gerechtigkeit. Nur eine einzige Verpflichtung bin ich berechtigt einzugehen, und das ist, jederzeit zu tun, was mir recht erscheint. (...) Das Gesetz hat den Menschen nicht um ein Jota gerechter gemacht; gerade durch ihren Respekt vor ihm werden auch die Wohlgesinnten jeden Tag zu Handlangern des Unrechts.«[13]

Die Lebensphilosophie, die Thoreau nicht nur verkündete, sondern auch exemplarisch vorlebte, besteht darin, frei und ungebunden zu leben, nur dem eigenen inneren Sittengesetz zu gehorchen, keinesfalls als Werkzeug oder verlängerter Arm irgendeines Unrechts zu dienen. Diese Lebensphilosophie entspringt nicht christlichem Glauben; Thoreau neigt eher zu einer pantheistischen Naturfrömmigkeit, die sich mit indischer und fernöstlicher Weisheit vermählt. Wie Emerson, der Inspirator des romantisch-idealistischen Kreises der »Transzendentalisten«, hatte auch Thoreau die Upanishaden und die Bhagavad Gita gelesen; er erscheint wie eine frühe Vorwegnahme des modernen Hippie-Typus, bei dem die Begeisterung für indische Weisheit stets mit einer Verweigerung gegenüber dem Machtanspruch der modernen westlichen Zivilisation einhergeht.

In den tagebuchartigen Aufzeichnungen seines Buches *Walden* spricht Thoreau von der »wundersamen, uralten Schöpfungsgeschichte der Bhagavad-Gita, (...) im Vergleich mit welcher sich unsere heutige Welt und ihre Literatur höchst kleinkariert ausnehmen. Ich frage mich, ob diese Weltanschauung nicht einem früheren Daseinszustand zuzuweisen ist, so weit entfernt ist sie in ihrer Erhabenheit von unserer Begriffswelt. Ich lege das Buch hin und begebe mich zu meinem Brunnen, um Wasser zu holen, und siehe, da begegne ich dem Diener des Brahmanen, des Priesters von Brahma, Vishnu und Indra, der immer noch am Ganges in seinem Tempel sitzt und die Veden liest oder mit einer Brotkante oder und einem Krug Wasser am Fuße eines Baumes weilt. Ich begegne seinem Diener, der gekommen ist, um für seinen Herrn Wasser zu schöpfen, und unsere Eimer scheuem sich gewissermaßen im selben Brunnen aneinander. Das lautere Waldenwasser vermischt sich mit dem heiligen Wasser des Ganges. Rauher Wind treibt es in sagenhafte Fernen, wo einst Atlantis und die Hesperiden lagen ...«[14]

## 3. Walt Whitman – die Mystik der ›Grashalme‹

Walt Whitman (1819–1892), von Geburt Amerikaner, aber mütterlicherseits von holländischen Einwanderern abstammend, hat mit seiner »*Grashalme*«-Sammlung ein Werk der Dichtkunst geschaffen, das einzigartig dasteht – nicht nur in der Literatur Amerikas, sondern in der Weltliteratur überhaupt. Die »Grashalme«, unter dem Titel »*Leaves of Grass*« erstmals 1855 erschienen, im Selbstverlag gedruckt und nur 95 Seiten stark, wuchsen im Lauf von neun Auflagen bis zur heutigen Größe und Gestalt heran – ein Werk wie ein Granitblock, urgewaltig, monolithisch, ganz in sich selbst ruhend, ein Teil Amerikas, aber auch den ganzen Kosmos in sich tragend. Die Sprache, der Walt Whitman sich bedient, schöpft aus den Uranfangsgründen jeglicher Dichtung überhaupt. Die Orphischen Hymnen, Homer, die Psalmen, die Eddas und die indischen Veden atmen einen zutiefst verwandten Geist.

Eine solche mythische Dichtersprache, die zutiefst archaisch anmutet, verbindet sich bei Whitman in ganz einzigartiger Weise mit dem Geist und Wortschatz der Moderne. Stets in freien Rhythmen daherrollend, bald feierlich-archaisch, bald sinnlich-dionysisch, bis zum Phallischen gesteigert, ekstatisch bis in höchste Gipfelhöhen entrückt, bald wieder ganz praktisch und weltfroh, durchdrungen vom Optimismus und Pioniergeist eines tatkräftigen Yankeetums, so verdichtet sich die Sprache der »Grashalme« zu einer Folge feierlicher Sprechgesänge. Es sind moderne Hymnen, die in einem dithyrambischen, beinahe singenden Tonfall dahertönen; in der Tat kann man Whitman am ehesten als einen Hymnendichter bezeichnen.

In solchen kraftvollen Hymnen besingt Walt Whitman die Welt, wie er sie erschaut und erlebt, mit all seinen Sinnen erfährt, die Welt seiner unmittelbaren Umgebung. Diese Welt heißt Amerika – nicht die U.S.A., wie wir sie heute kennen, sondern Amerika in der urgewaltigen Wucht seiner grandiosen Landschaften, himmelragender Gebirge wie die Rocky Mountains, reißender Ströme wie der Mississippi, der Niagara-Fälle, der grün-wogenden Ozeane endloser Prärien. Es ist aber auch das Amerika der volkreichen Städte mit ihren dicht wimmelnden Menschenmassen, mit ihren Handwerkern und Hafenarbeitern, die Welt der wurzelkräftigen amerikanischen Demokratie. Amerika erwächst in der Schau Whitmans zu einer Art nährenden Allmutter, die allen Raum und Lebensrecht gibt, auch den Einwanderern aus Europa, ja auch den Indianern und den aus Afrika importierten Negersklaven.

Walt Whitman besitzt einen Sinn für Demokratie, dies Wort zu verstehen im Sinn einer bodenständigen Graswurzel-Demokratie der Pioniere und Trapper, die am Rande der Wildnis in kleinen Townships leben. Zu diesem Demokratismus mit stark populistischen Zügen gesellen sich ein ausgeprägter Patriotismus – eine bedingungslose Liebe zu Land und Volk – und eine bis zu kosmischer Mystik sich steigernde Naturliebe. Diese drei Komponenten, die im Werk Walt Whitmans zusammenfließen, bilden die innere Mitte seiner Grashalme-Dichtungen. Whitman bleibt in all seiner poetischen Wesensäußerung in so eminentem Maße amerikanisch, daß man ihn schlechterdings nicht in einen anderen Erdteil verpflanzen könnte.

Anders als Emerson, der bei aller Naturverbundenheit doch immer ein *gentleman* blieb, ein Mann von hoher geistiger Bildung und verfeinerter Lebensweise, tritt uns Walt Whitman als Sohn des Volkes und gänzlich unverbildeter Naturbursche entgegen. Aus der Familie eines Handwerkers stammend, mußte er schon in jungen Jahren seinen Broterwerb als Drucker- und Setzer-Lehrling, als Zimmermann, Tagelöhner und später als Journalist bei Tageszeitungen bestreiten, kein Intellektueller also, sondern ein *self-made-man*, der sich ganz von unten emporarbeitete, indem er sein Glück in den verschiedensten Jobs suchte, die sich ihm boten. Daher haftet seiner Sprache stets etwas Bodenständiges an, und in seinen Grashalme-Hymnen stehen die derbsten Kraftausdrücke und Slang-Worte dicht neben den zartesten poetischen Wortbildungen.

Walt Whitman verkündet in seinen Hymnen eine *Mystik der Grashalme*, eine dionysische Mystik üppig wuchernden Lebens, ungebändigter, frei wachsender Natur. in der Tat handelt es sich hierbei um eine *kosmische Mystik*, die sich im Bewußtsein des wesensgemäßen Einsseins von Selbst, Natur und Gott zu einem Höchstmaß von Lebensbejahung emporschwingt. Walt Whitman achtet in der Natur das Höchste ebenso wie das Geringste, den Morgenstern ebenso wie den Tautropfen, die Sonne ebenso wie den Grashalm, diesen grünen Hieroglyphen Gottes, dem er den folgenden enthusiastischen Hymnus darbringt:

> Ein Kind sagte: ›Was ist das Gras?‹, und pflückte es mir
> mit vollen Händen.
> Wie konnt ich dem Kinde antworten? Ich weiß nicht
> besser als das Kind, was es ist.

Ich glaube, es muß die Flagge meines Wesens sein,
    gewoben aus hoffnungsgrünem Stoff.
Oder ich glaube, es ist das Taschentuch Gottes,
Eine duftende Gabe und Andenken, mit Absicht fallen
    gelassen,
Mit dem Namen des Eigentümers in einer der Ecken, so
    daß wir schauen und fragen mögen: ›Wem gehörts?‹
Oder vielleicht ist das Gras selber ein Kind, das Neu-
    geborene der Pflanzenwelt.
Oder ich glaube, es ist eine einzige große Hieroglyphe
Und bedeutet: Trieb und Wachstum sind die gleichen
    überall,
(…) ohne Unterschied, ich empfange sie ohne Unter-
    schied.
Und nun erscheint es mir das schöne, unverschnittene
    Haar von Gräbern.[15]

Es ist nur allzu verständlich, daß Walt Whitmans Grashalme-
Mystik im noch weithin puritanischen Amerika des 19. Jahrhunderts auf Unverständnis stieß; die Kritiken in den Journalen waren
geradezu vernichtend! Nur ein einziger Lichtstrahl durchbrach
dieses Dunkel des Nichtverstehens, die Stimme Ralph Waldo Emersons, der – selbst ein gefeierter Schriftsteller – gleich nach Erscheinen der »Grashalme« dem Schöpfer dieser Dichtungen einen Brief
schrieb (datiert vom 21. Juli 1855), in dem es heißt: »… ich bin
nicht blind für den Wert der wundervollen Gabe der ›Grashalme‹.
Für mich sind sie das Außergewöhnlichste an Geist und Weisheit,
das Amerika bis jetzt hervorgebracht hat. Ich bin voller Glück,
wenn ich sie lese, denn Kraft macht uns glücklich. (…) ich begrüße
Sie am Anfang einer großen Laufbahn, die für einen solchen Start
einen weiten Vordergrund gehabt haben muß. Ich habe mir ein
wenig die Augen gerieben, um festzustellen, ob dieser Sonnenstrahl
nicht doch eine Täuschung ist. Aber der solide Sinn des Buches ist
nüchterne Gewißheit. Es besitzt das höchste Verdienst: es stärkt
und ermutigt.«[16]

Und tatsächlich atmen die »Grashalme« auch Emersons Geist, denn sie beinhalten dessen Lehre des *Self-Reliance*, des transzendentalen Selbstvertrauens, wie auch seine pantheistische Sicht der *Over-Soul*, der Welten- und Allseele als Einheit von Gott und Natur. Aber während Emerson seinen Pantheismus auf dem Wege tiefschürfender Gelehrsamkeit heranbildete er knüpfte an alte Traditionen der abendländischen Philosophie von Platon bis Swedenborg an –, war Walt Whitman ein Pantheist aus Instinkt, der ein Minimum an formaler Schulbildung besaß und bei der Herausbildung seiner Weltanschauung ganz aus der Kraft seiner eigenen Intuition schöpfte. So konnte denn der »*National Intelligencer*« (Ausgabe von Februar / März 1856) in einer – ausnahmsweise einmal wohlwollenden – Rezension feststellen: »Walter Whitman ist Pantheist. Ohne wahrscheinlich jemals Spinoza gelesen zu haben, ist er Spinozist. Ohne wahrscheinlich tief in den göttlichen Plato eingedrungen zu sein, ist er Platonist in groben Umrissen ... Das aber können wir mit aller Offenheit sagen: niemand kann diese seltsamen Gedichte in Prosa lesen, ohne durch die wunderbare Kraft der Beschreibung und Wortmalerei ergriffen zu werden.«[17]

Im Mittelpunkt der »Grashalme« steht ein langes Gedicht mit dem Titel »*Song of Myself*«, Gesang von mir selbst, oder besser: Gesang meines Selbst, in dem die Lehre des transzendentalen Selbst-Bewußtseins in einzigartiger Weise entfaltet wird. Hier besingt der Dichter die Freude am eigenen Körper, aber auch die Wesenseinheit von Körper und Seele, durchtränkt vom Wissen um die große Bruderschaft aller Menschen, ja aller Lebewesen im Geist Gottes. Die hymnische Besingung des eigenen Selbst darf keinesfalls mit Egoismus verwechselt werden:

> Ich feiere mich selbst und singe mich selbst,
> Und was ich mir anmaße, sollst du dir anmaßen,
> Denn jedes Atom, das mir gehört, gehört auch dir.

> In allen Menschen seh ich mich selbst, keiner mehr und
>     keiner ein Gerstenkorn weniger,

Und das Gute und Schlechte, das ich von mir sage,
    sage ich auch von ihnen.
Ich weiß, ich bin fest und gesund,
Zu mir strömen von allen Seiten die Dinge des Weltalls
    unaufhörlich,
Alle sind sie an mich geschrieben und ich muß die
    Schrift entziffern.[18]

In allen seinen Mitmenschen, Mitbrüdern, kann Whitman sein eigenes Selbst erblicken; denn das *Myself*, das er, ruhmvoll seine eigene Kraft bezeugend, aus seinen Gesängen zu uns sprechen läßt, ist etwas durchaus Überpersönliches – ein universales Welten-Selbst. Dieses kann sich in jeglichem Ding, selbst im geringsten, als Spiegelbild des göttlichen All-Selbst erkennen:

Ich höre und sehe Gott in jeglichem Ding, aber begreife
    ihn nicht im geringsten,
Noch begreife ich, wer wunderbarer sein könnte als ich.
Warum sollte ich wünschen, Gott besser zu sehen als
    heut?
Ich sehe etwas von Gott in jeder der vierundzwanzig
    Stunden des Tags und in jeder ihrer Minuten,
In den Gesichtern von Männern und Frauen sehe ich
    Gott und in meinem eignen Gesicht im Spiegel (...)[19]

Hier berührt sich Walt Whitman zutiefst mit der altindischen Geisteswelt, wie sie in den Veden und Upanishaden niedergelegt ist; ja man glaubt geradezu Urindisches in den feierlich-rhythmischen Gesängen der »Grashalme« heraufsteigen zu sehen, so als ob eine zeitlose Brahmanen-Weisheit sich im Amerika des 19. Jahrhunderts, in dieser so modernen, aufstrebenden, jungen und dynamischen Welt des Fortschritts, Ausdruck verschaffen wollte. Deshalb konnten Spötter und Kritiker, die mystische Urgewalt einer solchen Weltschau nicht ahnend, wohl auch sagen, die »Gedichte Whitmans seien wie ein Konglomerat aus der ›Bhagavad-Gita‹ und dem

›New York Herald‹«[20] – im Grunde eher ein Kompliment als eine Beleidigung; denn was gibt es Höheres als die Vermählung überzeitlicher Mystik mit der Welt der konkreten Tagesereignisse, wie man sie im »New York Herald« (oder in jeder anderen Tageszeitung auch) dargestellt findet? Die Mystik der »Grashalme« ist realweltlich und sinnlich, diesseitig und fleischlich, körperlich und irdisch – eine Mystik des vollen ungeteilten Lebens!

Gerade darin unterscheidet sich Whitman von den asketischen Strömungen des indischen Geisteslebens, daß bei ihm keinerlei Geringschätzung der Materie vorkommt – im Gegenteil, zwischen »Materie« und »Geist« besteht kein Wesensunterschied. So lesen wir in dem Gedicht *» Von Paumanok kommend«*:

> Ich will Gedichte der Materie dichten, denn ich glaube,
>    sie werden die geistigsten sein,
> Und ich will die Gedichte meines Leibes und der
>    Sterblichkeit dichten,
> Denn ich glaube, so werde ich mir am besten die
>    Gedichte meiner Seele und der Unsterblichkeit
>    schaffen.[21]

In seinen Hymnen besingt Walt Whitman eine spirituell verklärte, geistig transparent gewordene Welt; es gibt dort keine Materie »an sich«, sondern nur geist-durchwirkte Materie. Deshalb verspürt er den Zauber geheimer und verborgener Göttlichkeit in allen Dingen, auch in jedem Grashalm, in jedem Tautropfen, in jedem Staubpartikel. Alles in der Schöpfung, selbst das Kleinste und Geringste, grenzt eigentlich an ein Wunder:

> Ich glaube, ein Grashalm ist nicht geringer als das
>    Tagwerk der Sterne,
> Und die Ameise ist nicht minder vollkommen, und des
>    Zaunkönigs Ei, und ein Samenkorn,
> Und die Baumkröte ist ein Meisterwerk vor dem
>    Höchsten.

Und die Brombeerranken könnten die Hallen des
    Himmels schmücken,
Und das schmale Gelenk meiner Hand spottet aller
    Technik.
Und die Kuh, die wiederkäut mit gesenktem Kopf
    übertrifft jedes Bildwerk,
Und eine Maus ist Wunders genug, um Sextillionen von
    Ungläubigen wankend zu machen.[22]

Als Henry David Thoreau, offenbar angeregt durch Emersons
Zustimmung, Whitman im Jahr 1856 in Brooklyn aufsuchte, sagte
er ihm, die »Grashalme« seien so wunderbar wie die schönsten
Dichtungen des Orients. Tatsächlich wurde Indien für Whitman
eine Art Sehnsuchtsland der Seele, aber nicht das übervölkerte
Indien der Gegenwart, sondern das mythische Indien der Vorzeit.
Die Fertigstellung des Suez-Kanals und zugleich der transkonti-
nentalen Eisenbahn in Amerika feierte Whitman in seinem Gedicht
»Passage to India« (1868), in dem er den Zusammenschluß aller
Völker der Erde und ihre Wiedervereinigung mit der mutmaßlichen
Wiege der Menschheit, nämlich eben Indien, und die Erscheinung
des »Dichters« als den »wahren Sohn Gottes« besingt, der die Kluft
zwischen Mensch und Natur wieder schließt. Letztlich ist die
»Durchfahrt nach Indien« der Durchbruch zu unserem Geistespol,
dem wahren Selbst, dem Zauberland Indien, das in uns selbst liegt.
Es gilt, die unbekannten Meere unseres eigenen Inneren zu durch-
schiffen, um vielleicht eines Tages fernes unbekanntes Land am
Horizont zu erspähen, die Heimat unserer Seele. Es ist insofern eine
»Durchfahrt zu mehr als Indien«:

Ja – Durchfahrt, o Seele, zum Erstlingsgedanken!
Nicht zu Ländern und Meeren nur, sondern zu deiner
    eigenen klaren Frische,
Zu der jungen Reife deines Werdens und Blühens,
Zu den Gefilden keimenden Gottesworts.
O Seele, unhemmbare, ich mit dir und du mit mir,

Beginne die Umsegelung der Welt, des Menschen,
Die Heimkehr-Reise seines Geistes
Zum Ursprung früher Paradiese,
Zurück, zur Wiege der Weisheit, zu den Erkenntnissen
    der Unschuld, Zurück zur reinen Schöpfung.[23]

# XVI.
## Die Theosophie

Die Meister.
Welch' Segen. daß die Meister zu uns kamen,
welch' Segen sprießt aus ihrer Lehre Samen!
Welch' Glück, von Brüdern dies Zusammensein,
Und welcher Frieden geht durch unsre Reihn!
Wer solche Meister, die sich selbst bezwungen,
die sich zu letzter Freiheit durchgerungen,
von Herzen achtet, weil er sie versteht:
ein solcher auf des Himmels Wegen geht.

*Aus dem Dhammapadam*[1]

## 1. Helena Petrowna Blavatsky und ihr Werk

Das Wort »*Theosophie*«, das sich aus den beiden griechischen
Worten *theos* (= Gott) und *sophia* (= Weisheit) herleitet, geht
auf die neuplatonischen Schulen der Spätantike zurück; es bedeutet nach dem Ausdruck der Begründerin der weltweiten theosophischen Bewegung, der Russin *Helena Petrowna Blavatsky*
(1831–1891), »Göttliche Weisheit«, und zwar eine Weisheit
»gleich jener, welche die Götter besitzen«[2]. Die Theosophie beansprucht, ein umfassendes System der Göttlichen Weisheit zu sein,
eine Synthese von Wissenschaft, Religion und Philosophie. Sie
schöpft aus dem Quellborn altindischer und buddhistischer
Geheimlehren, liegt aber als »philosophia perennis« und Quint-
essenz aller Religionen auch den Mysterienschulen des Westens
zugrunde, besonders der des Pythagoras, sowie der früh-
christlichen Gnosis und der jüdischen Kabbala.

Inspiriert von unbekannten Meistern aus Indien und Tibet, die in weltentrückter Abgeschiedenheit auf den Gipfelhöhen des Himalaya lebten, verband sich die Theosophie mit neu-hinduistischen Reformbewegungen in Indien; aber am nachhaltigsten wirkte sie in den Ländern des Westens, in Europa wie in Amerika gleichermaßen, wo sie jenes geistige Vakuum aufzufüllen vermochte, das der Materialismus des 19. Jahrhunderts verursacht hatte. Nicht nur, daß führende Wissenschaftler wie Thomas Edison, der Erfinder der Glühbirne, William Crookes und Camille Flammarion der Theosophischen Gesellschaft angehörten, die auf dem Höhepunkt ihrer Entwicklung mehr als 100 000 Mitglieder gezählt haben soll auch Schriftsteller wie *William Butler Yeats* (1865–1939), *James Joyce* (1882–1841), *D. H. Lawrence* (1885–1930) und *T. S. Elliot* (1888–1965), Maler wie *Wassily Kandinsky* (1866–1944), *Piet Mondrian* (1872–1844), *Paul Klee* (1879–1940) und *Paul Gauguin* (1848–1902), Komponisten wie *Gustav Mahler* (1860–1911) und *Jean Sibelius* (1865–1957) standen unter dem geistigen Einfluß der Theosophie; ja selbst auf dem Schreibtisch Albert Einsteins lag nach Aussage seiner Nichte stets ein Exemplar der »*Geheimlehre*«, des von H. P. Blavatsky verfaßten Hauptwerks der Theosophie.

Das Werk des russischen Malers *Nicholas Roerich* (1874–1947), die frühe Esoterische Bewegung Deutschlands, die »Lebensreformbewegung« der 20er Jahre mit ihrem Zentrum auf dem Monte Verita bei Ancona, die Anthroposophie Rudolf Steiners – sie alle entspringen dem geistigen Wurzelboden der Theosophie. Aber mehr als dies: Genau 100 Jahre nach der Gründung der Theosophischen Gesellschaft, im Jahr 1975, erschienen in Kalifornien zwei Bücher, die den Beginn einer neuen Ära kennzeichnen – »*Die Sanfte Verschwörung*« von Marilyn Ferguson und »*Das Tao der Physik*« von Fritjof of Capra. Die Bewegung des »*New Age*« in Amerika und Europa, die von den beiden Werken angefacht wurde, enthält im Grunde genommen die Grundgedanken der Theosophie, wenngleich in vereinfachter und zuweilen wohl auch verwässerter Form. Jedenfalls: Wenn heutzutage in den Län-

dern der westlichen Hemisphäre Begriffe wie »Reinkarnation«
und »Karma« zum geistigen Allgemeingut gehören, dann ist dies
vorwiegend dem Wirken der Theosophischen Gesellschaft zu verdanken, die erstmals das Gedankengut der asiatischen Hochreligionen in Europa verbreitete.

Die Gründerin dieser weltweiten geistigen Erneuerungsbewe-
gung der Theosophie, Helena Petrowna Blavatsky, war eine außergewöhnliche, schillernde, zweifellos stets umstrittene Persönlichkeit, die ganz unterschiedliche Eigenschaften in sich vereinte –
Abenteuerlust, Tollkühnheit und heldenhaften Mut, dazu eine
schier unerschöpfliche Energie und Willenskraft, aber auch ausgeprägte mediale Fähigkeiten, begleitet von einer Befähigung zu tief-
schürfenden wissenschaftlichen Studien und einer brillanten
sprachlichen Ausdruckskraft. Ihr äußerer Lebenslauf, teils weitgehend unbekannt, teils von zahllosen Legenden umrankt, ist zweifellos eine der eindrucksvollsten Frauen-Biographien des 19. Jahrhunderts. Am 12. August 1831 wurde sie unter dem Namen
*Helena von Hahn* als Tochter des deutschstämmigen russischen
Offiziers Peter von Hahn in der ukrainischen Stadt Jekaterinoslaw
(heute Dnepropetrovsk) geboren. Ihre früh verstorbene Mutter,
eine geborene Fadejev, trat recht erfolgreich als Roman-Schrift-
stellerin hervor. Bei Helena Petrowna zeigte sich neben einem
ungestümen Temperament schon früh eine ausgeprägte hellsichtige
Veranlagung, eine Art naturwüchsige Medialität, die sich im Laufe
ihres Lebens noch weiter herausbildete. Die Schwester Vera
erinnert sich an ein Ereignis:

»Etwa zehn Werst [zehn Kilometer] von der Gouverneursvilla
entfernt gab es ein Feld, ein ausgedehntes Stück Land, das offensichtlich der Boden eines großen Sees oder Meeres gewesen war,
denn in ihm konnte man versteinerte Relikte von Fischen und
Muscheln sowie Zähne uns unbekannter Tierriesen finden. (...)
Unzählige herrliche, sensationelle Geschichten bekamen wir Kinder und Schulmädchen von Helena in jener Zeit zu hören. Ich erinnere mich an sie, sie lag in voller Länge auf dem Boden hinge-
streckt, das Kinn auf beide Handflächen gestützt, beide Ellenbogen

tief in den weichen Sand gegraben. Sie begann laut zu träumen und schilderte uns ihre Visionen, die für sie ebenso greifbar waren wie die Realität. Wie wunderschön beschrieb sie das Leben dieser Wesen in der Tiefe des Meeres, deren verwitterte Überreste heute ringsum vor unseren Augen in Staub zerfielen. Wie anschaulich schilderte sie deren einstige Kämpfe und Schlachten auf dem Stück Boden, auf dem sie heute lag und versicherte, daß sie das alles vor Augen sehe; präzise zeichnete sie mit dem Finger die phantastischen Umrisse längst ausgestorbener Meerestiere in den Sand und ließ fast noch die Farben von Fauna und Flora dieser toten Region vor unserem Blick erscheinen ...«[3]

Die damals etwa 10jährige Helena Petrowna hat entweder Phantasiegeschichten erzählt – oder sie war tatsächlich schon in der Lage, die Ereignisse einer weit zurückliegenden Vergangenheit in den ätherischen Bildern der »*Akasha-Chronik*« zu lesen! In ihrem späteren Hauptwerk »*Geheimlehre*« zeichnet sie die Bilder früherer Erd- und Weltentwicklungszustände, und es scheint, daß sie dieses Gesamt-Panorama kosmischer Evolution ebenso deutlich vor Augen sah wie als Kind das Leben der fossilen Meerungeheuer. Im Jahr 1849, achtzehn Jahre alt, heiratete sie den fast doppelt so alten Staatsbeamten Nikifor *Blavatsky*, Vize-Gouverneur von Eriwan, den sie schon nach drei Monaten wieder verließ; vor den Nachstellungen des geprellten Ehegatten floh sie zunächst nach Konstantinopel, von dort nach Griechenland, Ägypten und Frankreich. 1851 begegnet sie in London jenem mysteriösen Meister M. (Morya), in dem sie den unsichtbaren Beschützer ihrer Kindheit wiedererkennt. Eine Tage-buch-Eintragung in französischer Sprache erwähnt den »Meister, den ich aus meinen Träumen kannte«[4], und nennt als Datum den 12. August 1851.

Bei diesem geheimnisvollen Meister Morya handelt es sich um einen Abgesandten der »Großen Weißen Bruderschaft«, jenes unsichtbaren Ordens spiritueller Meister, der im Verborgenen die geistige Höherentwicklung der Menschheit überwacht. Helena Blavatsky wird zeitlebens mit diesem Meister in Kontakt bleiben und unter seiner Anleitung ihr Lebenswerk vollenden. Kurz nach der

ersten Begegnung trifft sie ihn im Londoner Hyde Park, wie uns
Gräfin Wachtmeister berichtet: »Eines Tages, bei einem Spazier-
gang, sah sie zu ihrem Erstaunen einen hochgewachsenen Hindu
mit einigen indischen Prinzen die Straße entlangkommen. Sie
erkannte ihn sofort ... Am Tag darauf schlenderte sie durch den
Hyde Park; sie wollte allein sein und ungestört über ihr außerge-
wöhnliches Abenteuer nachdenken. Als sie aufblickte, sah sie dieselbe Gestalt auf sich zukommen; diesmal sagte ihr der Meister, er
sei mit den indischen Prinzen in einer wichtigen Mission nach London gekommen und er würde sich gern persönlich mit ihr treffen,
da er ihre Mithilfe bei einer Unternehmung brauche, mit der er
gerade beginnen wolle [und deren Natur er umriß]. Um sich auf
diese wichtige Aufgabe vorzubereiten, [würde sie] drei Jahre in
Tibet zubringen müssen.«[5]

Tibet, dieses hermetisch abgeschlossene Reich auf den Gipfelhöhen des Himalaya, wird für Helena Blavatsky zum Brennpunkt
ihres Lebens werden, zum Ort ihrer geistigen Schulung, an dem sie
für alle weiteren Aufgaben ihres Lebens vorbereitet wird. Schon
1854 versuchte sie vergeblich, nach Tibet einzureisen, doch lernte
sie bei dieser Gelegenheit den riesigen indischen Subkontinent kennen mit allen seinen Fakiren, Yogis und religiösen Geheimnissen.
Eine Frucht dieser ausgedehnten Indien-Fahrten ist ihre Artikel-
serie *»Aus den Höhlen und Urwäldern Hindustans«*, die später
auch als Buch erschien. In den Jahren 1856/57 reiste sie nochmals
durch Indien, Kashmir, Ladakh, Teile von Tibet und Burma; und
nachdem sie in Italien an der Seite Garibaldis für die Republik
focht und in der Schlacht von Mentana schwer verwundet wurde,
hielt sie sich 1868 wieder in Tibet auf, wo sie hoch im Karakorum-
Gebirge im Haus des Meisters *Koot Hoomi* wohnte, aber auch mit
Meister *Morya* engen Kontakt hatte. Dort erlernte sie nach eigener Aussage die geheime Priestersprache Senzar, die »Mysterien-
sprache aller eingeweihten Adepten der Welt«.

So hat sich Helena Blavatsky schon lange vor *Alexandra David-
Neel* (die in den 1920er Jahren Tibet bereiste) das religiöse Wissen
Tibets erschlossen – sie wurde sogar in die »verbotene Hauptstadt«

Lhasa eingelassen und von Lamas in Traditionen des Geheimen Buddhismus eingeweiht. Mit Eifer nahm sie das »*Licht des Ostens*« in sich auf, um es in leicht gewandelter Form der in Dekadenz und Materialismus abgesunkenen Zivilisation des Westens zu präsentieren. Deshalb reiste sie auf Anweisung ihres Meisters Morya nach kurzem Zwischenaufenthalt in Ägypten und im Nahen Osten nach New York, um in Amerika eine neue Heimat zu gewinnen. Als die nunmehr 42jährige Weltreisende amerikanischen Boden betrat, genau am 4. Juli 1873, sollte ein neuer Abschnitt in ihrem Leben beginnen. Denn Amerika war dazu ausersehen, die Geburtsstätte und der geistige Pflanzboden der Theosophischen Gesellschaft zu werden.

Die neue amerikanische Bürgerin, selbst mit außerordentlichen okkulten Kräften ausgestattet, fand bald Anschluß an spiritistische Kreise. Diese versammelten sich regelmäßig auf der Farm der Brüder *William* und *Horatio Eddy* in Chittenden im Staate Vermont, um in düsteren Seancen die Geister Verstorbener anzurufen. Der moderne *Spiritismus*, zweifellos eine Gegenbewegung gegen den materialistischen Fortschrittsglauben des 19. Jahrhunderts, begann 1849 in der Familie des Farmers John Fox in den USA. Bei ihm begann sich ein Abgeschiedener angeblich durch Klopfzeichen zu melden; und in kürzester Zeit wuchs sich der Spiritismus in den sogenannten »gehobenen« Gesellschaftsschichten Amerikas und Europas zu einer regelrechten Modebewegung aus: das Tischerücken als Gesellschaftsspiel einer stets unter Langeweile leidenden großbürgerlichen Welt! Es versteht sich, daß Helena Blavatsky dem Spiritismus stets ablehnend gegenüberstand, so sehr sie ihn auch gegen den Vorwurf des Betrugs verteidigte; und es entstand in ihr der Wunsch, die an spiritistischen Phänomenen Interessierten über die Grundlagen einer wahren Spiritualität aufzuklären.

In den Spiritisten-Kreisen um die Eddy-Farm begegnete sie schließlich ihrem späteren langjährigen Mitarbeiter *Henry Steel Olcott* (1832–1907), einem Landwirt, Juristen und ehemaligen Offizier der Bürgerkriegsarmee der Nordstaaten, der – nebenbei auch ein Journalist – in den Blättern »Sun« und »Daily Graphik«

über die Experimente der Eddies berichtet hatte. Olcott erkannte in der rätselhaften Russin sogleich ein weitaus bedeutsameres Medium als die Brüder Eddy, ja sie erwies sich ihm als eine Eingeweihte in spirituelles Wissen, und so entspann sich zwischen beiden eine intensive Zusammenarbeit. Im Juli 1875 findet sich in Helena Blavatskys Notizbuch ein Eintrag folgenden Wortlauts: »Weisung direkt aus Indien erhalten, eine philosophisch-religiöse Gesellschaft zu gründen und einen Namen für sie auszusuchen – und Olcott [zum Präsidenten] zu wählen.«[6]

Am Abend des 7. September 1875 war der Zeitpunkt gekommen. im Anschluß an den Vortrag eines gewissen H. Felt, der im Hause Blavatsky stattfand, gründeten die 17 beteiligten Personen spontan eine Art spirituelle Studiengesellschaft, die erst zehn Tage später den Namen »*Theosophische Gesellschaft*« erhielt. Zum Präsidenten wurde Henry Olcott gewählt, zum Sekretär der junge, aus Irland eingewanderte Rechtsanwalt *William Q. Judge* (1851–1896). Die Gesellschaft bekannte sich zu folgenden Zielen:

> 1. Den Kern einer universellen Bruderschaft der Menschheit zu bilden, ohne Unterschied von Rasse, Glaube, Geschlecht, Kaste oder Hautfarbe;
> 2. Das Studium alter und moderner Religionen, Philosophien und Wissenschaften und das Aufzeigen der Wichtigkeit solcher Studien;
> 3. Die Erforschung der nicht geklärten Naturgesetze und der im Menschen verborgenen, übernatürlichen Kräfte.[7]

Von Anfang an wurde in der Theosophischen Gesellschaft das »*Licht des Ostens*« gepflegt, die Esoterik des Buddhismus, auch der Yoga, die Lehren der Reinkarnation und des Karma – die Spiritisten, die sich zunächst in großer Zahl der Gesellschaft angeschlossen hatten, verließen diese ebenso schnell wieder, da Frau Blavatsky sich standhaft weigerte, ihre medialen Fähigkeiten in der Öffentlichkeit zu präsentieren. Für Sensationsgierige war kein

Raum gegeben; es sollte echte seriöse Studienarbeit geleistet werden. Im übrigen sei nur darauf hingewiesen, daß die Theosophische Gesellschaft (die das Hakenkreuz, dieses uralte indisch-tibetische Sonnensymbol, in ihrem Emblem trug) mit ihren Grundgedanken der universellen Bruderschaft aller Menschen, der Gleichstellung aller Rassen und der Gleichberechtigung von Mann und Frau äußerst progressive Ziele verfocht, die ihrer eigenen Zeit weit voraus eilten, ja selbst gegenwärtig immer noch wie eine Zukunftshoffnung klingen.

*18 Emblem der Theosophischen Gesellschaften.*

Schon bald verlegte die Theosophische Gesellschaft ihren Hauptsitz nach Indien – Helena Blavatsky hatte 1877 noch ihr erstes Hauptwerk »*Isis entschleiert*« veröffentlicht, ein monumentales Opus von 1300 Druckseiten, und Ende 1878 läßt sie sich zusammen mit Henry Olcott dauerhaft in Indien nieder. Das Hauptquartier der weltweiten theosophischen Bewegung befand sich zunächst in Bombay, dann in Adyar, einem Vorort von Madras. Dort wurde auch die Zeitschrift »*The Theosophist*« herausgegeben.

Auf die Bewegung der neo-hinduistischen Renaissance, die in Indien zu jener Zeit um sich zu greifen begann, übte die junge theosophische Bewegung einen gewaltigen Einfluß aus; sie verstand sich als Gegenkraft gegen Kolonialismus und christliche Mission. Denn damals, schreibt Edward Conze, kam eine »ständig wachsende Zahl Gebildeter in Indien, Sri Lanka und Japan (...) zu der Überzeugung, es bleibe ihnen gar nichts anderes übrig, als das System des Westens mit allem, was dazugehörte, zu übernehmen. Die christlichen Missionare waren überzeugt, daß Massenbekehrungen bevorstanden. Aber ganz plötzlich und unerwartet nahm die Strömung einen anderen Weg. Einige wenige Mitglieder der herrschenden Rasse, weiße Männer und Frauen aus Rußland, Amerika und England, Theosophen, reisten zu Hindus und Singhalesen und äußerten ihre Bewunderung für die Weisheit des Ostens. (...) Durch ihr rechtzeitiges Eingreifen hat die Theosophische Gesellschaft der Sache des Buddhismus einen großen Dienst erwiesen.«[8] Helena Blavatsky und Henry Olcott waren bei ihrem ersten Besuch in Sri Lanka im Mai 1880 durch Ablegung des »fünffachen Laiengelübdes« bereits offiziell zum Buddhismus konvertiert.

Zeitweilig trug man sich sogar mit dem Gedanken, die Theosophische Gesellschaft mit dem »*Arya Samaj*« verschmelzen zu lassen. Es handelte sich dabei um eine neuindische Reformsekte, die von dem aus Kathiawar stammenden Brahmanen *Dayanand Sarasvati* (1824–1883) begründet wurde und die Vedas als die einzige göttliche Offenbarung auf Erden postulierte. Zu der geplanten Verschmelzung kam es nicht; doch zeigt das Ereignis die zutiefst indophile Haltung der Theosophen auf. Viele junge Inder, selbst noch überzeugt von der Vorherrschaft der weißen Rasse, konnten erst durch die Begegnung mit der Theosophie zu einer Wertschätzung ihrer eigenen Religion und Kultur gelangen. So etwa *Mohandas Gandhi* (1869–1948), der in seiner Autobiographie über seine Zeit als Jura-Student in London schreibt: »Ich erinnere mich, daß ich auf Drängen meiner Freunde Madame Blavatskys ›Schlüssel zur Theosophie‹ las. Dieses Buch regte in mir den Wunsch an, auch Bücher über den Hinduismus zu lesen, und belehrte mich eines Besseren über die von den Missionaren verbreitete Behauptung, die Hindulehre sei voller Aberglauben.«[9]

Aber die Theosophen inspirierten nicht nur die indische Reform- und Unabhängigkeitsbewegung, sie waren umgekehrt auch die Ersten, die den Westen mit der tieferen geistigen Essenz der Hindureligion bekannt machten – sie wirkten als Brückenbauer zwischen Ost und West, als Pioniere einer Ost-West-Synthese. Francesca Arundale erinnert sich, wie der Theosoph *Alfred Percy Sinnett* (1840–1921) sein ihm von Meister Koot Hoomi diktiertes Buch »*Esoterischer Buddhismus*« herausbrachte – welches Aufsehen es in Europa erregte, wo man die östliche Gedankenwelt noch gar nicht kannte: »Die Auswirkungen von ›Esoterischer Buddhismus‹ und den späteren theosophischen Lehren auf die theologische und literarische Presse kann man sich heute kaum vorstellen. Karma und Reinkarnation, zuvor fast unbekannte Begriffe, wurden in Predigten und Äußerungen vieler prominenter Kirchenführer erwähnt. Die Zeitungen waren voll von kritischen oder mißbilligenden Anspielungen auf die neuen Ideen. Diese Ideen jedoch waren nicht mehr wegzudenken, und die Saat ist reichlich aufgegangen.«[10]

## 2. Der Entwicklungsgedanke in der ›Geheimlehre‹

Die »Geheimlehre«, das 1888 in vier Bänden erschienene Hauptwerk der Theosophie, beschreibt in monumentalen Bildfolgen das Gesamtpanorama der kosmischen Evolution – vom Ursprung des Universums über das Werden unseres Sonnensystems bis zur Entwicklung der archaischen Menschheits-Kulturen auf der Erde, der »Wurzelrassen«, die der gegenwärtigen Zivilisation vorausgingen. Dabei werden insbesondere behandelt:

> 1. *Kosmogenesis (Weltentstehung) = Band 1*
> 2. *Anthropogenesis (Menschwerdung) = Band 2*

Band 3 mit dem Titel »*Esoterik*« wurde von Annie Besant zusammengestellt, Band 4 ist der Indexband. Die Geheimlehre möchte eine »Synthese von Wissenschaft, Religion und Philosophie« (so der Untertitel) zustandebringen. Sie geht davon aus, daß jede bewußte Seele im All einen Teil der göttlichen Allseele bildet, aber auch davon, daß der individuelle göttliche Funke einen ganzen Zyklus von Inkarnationen durchwandern muß, um sich zu immer höheren Formen der Göttlichkeit emporzuläutern. Der göttliche Funke wird sein Endziel nicht erreichen, ehe er nicht zuvor »(a) jede elementare Form der phänomenalen Welt dieses Manvantara durchlaufen hat, und (b) Individualität erlangt hat, anfangs durch natürlichen Trieb, später durch selbstherbeigeführte und selbsterdachte Anstrengungen, dabei von seinem Karma zurückgehalten, und so durch alle Grade der Intelligenz, vom niedersten bis zum höchsten Manas, von Mineral und Pflanze bis hinauf zum heiligsten Erzengel (Dhyani-Buddha) emporgestiegen ist.«[11]

Lebensformen wie Mineralien, Pflanzen, Tiere, Menschen, Halbgötter, Engelwesen und Geistige Hierarchien bilden somit die Glieder in einer einzigen großen Evolutionskette, die der Läuterung des göttlichen Funkens in verschiedenen Seinsformen dient; die »Geheimlehre« steht somit im Gegensatz zur rein materialistischen Evolutionslehre des Darwinismus. Obgleich der Entwicklungslehre eine tiefe Berechtigung zukommt, liegt in der Reduzierung allen Geschehens auf das Materielle doch der Nachteil dieser Theorie. Dem Darwinismus stellt die Geheimlehre den Gedanken einer spirituellen Evolution in immer höheren Entwicklungs-Zyklen entgegen, der den östlichen Weisheitstraditionen, besonders den Schriften des nepalesischen Buddhismus, entstammt. Es handelt sich um eine uralte, ehemals universale, jahrhundertelang von Meistern und Eingeweihten gehütete Lehre von der Welt- und Menschheitsentwicklung. Man könnte sie »*Esoterischer Buddhismus*« oder »*Geheimbuddhismus*« nennen, was nach Helena Blavatskys Aussage dasselbe bedeutet wie »*Geheimlehre*«.

Den Ausführungen der Geheimlehre über die Welt- und Menschheits-Evolution liegt darum ein uraltes Manuskript östlicher Herkunft zugrunde, das »*Buch Dzyan*«, dessen zwölf Stanzen im Verlauf des Werkes ausführlich kommentiert werden. Was hat es mit diesem Buch auf sich: Stammt es aus dem geheimen Bestand abgeschiedener Lamaklöster? Die Orientalisten, Tibetolo-

gen, Philologen kannten es bislang nicht, und es ging der Verdacht
um, daß es sich um eine geniale Erfindung der Helena Blavatsky
handle. Diese sagt von dem Buch Dzyan, es sei »in *Senzar* niedergeschrieben worden, in der geheimen priesterlichen Sprache, nach
den Worten der göttlichen Wesen, welche es den Söhnen des Lichts
diktierten, in Centralasien, gerade am Anfange der fünften (unserer) Rasse; denn es gab eine Zeit, da seine Sprache (das Serizar) den
Initiierten aller Nationen bekannt war, als die Voreltern der Tolteken sie ebenso leicht verstanden als die Bewohner der verlorenen
Atlantis, welche sie ihrerseits von den Weisen der dritten Rasse, den
Manushis, ererbten, welche sie direkt von den Devas der zweiten
und ersten Rasse lernten.«[12]

Das »Buch Dzyan« würde demnach eine heilige Urzeit-Weisheit
enthalten, die bis auf Atlantis zurückgeht und im Laufe der Kul-
turepochen von den Eingeweihten aller Nationen überliefert
wurde. Doch das Buch Dzyan existiert tatsächlich; dem Tibetolo-
gen David Reigle ist es mittlerweile gelungen, es zu identifizieren:
als Teil der Bücher des *Kiu-Te*, als der fünfte und esoterische Teil
des *Kalachakra-Tantra* mit dem Titel *Jnana*. Am Beginn der Kosmogenesis, Band 1 der »Geheimlehre«, stehen die Strophen:

1. Die Ewige Mutter, gehüllt in ihre immer unsichtbaren Gewänder, hatte wieder einmal sieben Ewigkeiten
geschlummert.
2. Es gab keine Zeit, denn sie lag schlafend in dem
unendlichen Schoße der Dauer.
3. Das Universalgemüt war nicht vorhanden, denn es
gab keine Ah-hi, es zu enthalten.
4. Die sieben Wege der Seligkeit existierten nicht. Die
großen Ursachen des Leidens waren nicht vorhanden,
denn es war niemand da, sie hervorzubringen oder in
sie verstrickt zu werden.
5. Dunkelheit allein erfüllte das unendliche All ...[13]

Die Strophen klingen dunkel und unverständlich; sie beschreiben das leere gestaltlose Nichts vor dem Beginn einer neuen Welt-schöpfung. In der Theosophie wird nämlich davon ausgegangen, daß es im Universum einen ständigen rhythmischen Wechsel von Entstehen und Vergehen gibt, und wenn ein Schöpfungszyklus sei-nen Abschluß erreicht hat, wird die Welt in einen Zustand relati-ven Nicht-Seins zurückkehren, in ein schöpferisches Chaos, in die tiefdunkle Weltennacht eines *Pralaya*. Mit dem Beginn des nächst-folgenden Schöpfungszyklus wird die Welt aus dem Nicht-Sein in das Sein gerufen, und die Morgendämmerung eines neuen Wel-tentages, eines manifestierten Seinszustandes oder *Manvantara* zieht herauf Denn allem Chaos muß ein Kosmos, allem Kosmos ein Chaos folgen, und die makrokosmischen Schöpfungszyklen folgen aufeinander wie Tag und Nacht.

Hier wird ganz offensichtlich an die *indische Weltalter-Lehre* angeknüpft, in welcher der Entwicklungsgedanke schon früh auf einem hohen philosophisch-spekulativen Niveau gedacht wurde. Der Welturgrund war im alten Indertum das *Brahma*. Weltentste-hung ist Brahma-Geburt, Weltende ist Brahma-Tod, aber auf jeden solchen Tod folgt wieder eine neue Brahma-Geburt. Das Leben des Brahma währt 100 Brahma-Jahre, und wie beim Menschen Wachen und Schlafen aufeinander folgen, so kennt auch der Brahma Perioden der Aktivität und solche der Ruhe. Das Leben des Brahma teilt sich daher in Brahma-Tage und Brahma-Nächte. Ein Brahma-Tag ist ein *Kalpa* oder Äon und umfaßt 1000 Große Welt-zeitalter, *Mahajugas*, deren jedes 4 230 000 Menschenjahre dauert. Ein Mahajuga teilt sich in vier *Jugas* oder normale Weltalter, die als *Krita*, *Tretâ*, *Dvâpara* und *Kali* bezeichnet werden. Sie stellen hinsichtlich ihrer Dauer und Art eine abnehmende Reihe im Sinn der mathematischen Folge 4, 3, 2, 1 dar:

| | | |
|---|---|---|
| *Krita* | 4 800 Götterjahre | 1 728 000 Menschenjahre |
| *Tretâ* | 3 600 Götterjahre | 1 296 000 Menschenjahre |
| *Dvâpara* | 2 400 Götterjahre | 864 000 Menschenjahre |
| *Kali* | 1 200 Götterjahre | 432 000 Menschenjahre |
| *insgesamt:* | 12 000 Götterjahre | 4 320 000 Menschenjahre |

Wenn ein solcher Brahma-Tag von 4 320 000 000 Menschenjahren zu Ende ist, so erfolgt, dem Mythos zufolge, ein *partieller Weltuntergang*, der jedoch nur die Erde, die Unterwelt und die niederen Götterhimmel des Weltsystems betrifft; ist die Brahma-Nacht vorüber, so erfolgt eine Neuschöpfung. ist das gesamte Brahma-Leben abgelaufen, so kommt es zu einem *globalen Weltuntergang*, das heißt die Stoffe kehren in einen Zustand undifferenzierter Urmaterie wieder zurück, aus der nach einer längeren Pause schöpferischer Ruhe wieder ein neuer Brahma und somit eine neue Welt hervorgeht. Die Zahlenangaben, welche die Dauer der Kalpas, Mahajugas und Jugas bezeichnen, legen Zeugnis ab von dem hochentwickelten mathematischen Talent der Alten Inder wie auch von ihrer Ehrfurcht gegenüber der Größe und Unvorstellbarkeit makrokosmischer Entwicklungs-Zyklen.

Wenn es im »Buch Dzyan« heißt: »*Die Ewige Mutter (...) hatte wieder einmal sieben Ewigkeiten geschlummert*«, bedeuten die »Sieben Ewigkeiten« sieben *Mahakalpas*, oder einen *Manvantara*, was der Dauer eines Brahma-Lebens von 100 Brahma-Jahren entspricht. Da ein Jahr im Leben des Brahma 360 Brahma-Tage von je 4 320 000 000 Menschenjahren Dauer und ebenso viele Brahma-Nächte umfaßt, so ergibt sein ganzes Leben den kaum noch vorstellbaren Zeitraum von 311 040 000 000 000 Menschenjahren. So lange dauert ein *Manvantara*, ein großer makrokosmischer Entwicklungszyklus von Weltschöpfung bis Weltuntergang.

Die zyklische Sicht des Universums, die von den Weisen Altindiens vorgeahnt wurde, entspricht dem Weltbild der naturwissenschaftlichen Kosmologie. Man geht heute davon aus, daß die der »Ur-Explosion« vor 11 Milliarden Jahren nachfolgende *Expansion des Universums* eines Tages ein Ende erreichen wird; und in einer darauf folgenden *Implosion des Alls* wird die Materie wieder in einen formlosen und rein energetischen Zustand zurückkehren – in die Weltennacht, das *Pralaya* oder das »Chaos«, das in der hesiodischen Theogonie sogar als eine Göttin gefeiert wird. In dem Weltenschoß des uranfänglichen Chaos wird das künftige Universum gleichsam »ausgebrütet« (wie in einem gigantischen Weltenei), das durch eine neuerliche »Ur-Explosion« materiell in Erscheinung tritt und in manifestierter Form in die Weiten des leeren Raumes expandiert. Die Wechselfolge von Expansion und Implosion des Universums währt ewig, ohne Anfang und Ende.

Am Beginn der »Geheimlehre« wird nun geschildert, was am Anfang des gegenwärtigen *Manvantara* geschah – wie die kosmische Urmutter anschwoll und gleichsam ins All explodierte; wie sie einen Lichtstrahl in die Dunkelheit des Ur-Ozeans sendete, der das dort ruhende Welten-Ei befruchtete und zum Wachsen anregte; wie diesem Ei der »Drache der Weisheit« entstieg, der die sieben schöpferischen Hierarchien erschuf, und wie diese die Urmaterie wie einen »feurigen Wirbelwind« in das All hinausschleuderten. Nach diesem Urschöpfungsgeschehen kommt die »Geheimlehre« auf die Entwicklung unseres Sonnensystems und der Erde zu sprechen, die sich als die Reinkarnation älterer Planeten, ja einer ganzen »Planetenkette« älterer Perioden erweist. Dabei wird davon ausgegangen, daß die Erde nicht nur einen physischen Planetenkörper, sondern auch unsichtbare Körper feinstofflicher, astraler, geistiger und göttlicher Energie besitzt. Diese bilden in ihrem Zusammenwirken die kosmische Wesenheit der Erde, die sich im Laufe ungezählter Äonen bewußt höherentwickelt.

Mit Helena Blavatskys eigenen Worten: »Unsere Erde als die sichtbare Repräsentantin ihrer unsichtbaren höheren Mitgloben, ihrer ›Herren‹ und ›Prinzipien‹ hat, ebenso wie die andern, durch sieben Runden zu leben. Während der ersten drei bildet und konsolidiert sie sich; während der vierten gewinnt sie Festigkeit und verhärtet; während der letzten drei kehrt sie stufenweise in ihre erste ätherische Form zurück; sie wird sozusagen vergeistigt. Ihre Menschheit entwickelt sich vollständig erst in der vierten – unserer gegenwärtigen Runde. Bis zu diesem Lebenszyklus wird sie bloß in Ermangelung eines angemesseneren Ausdruckes als ›Menschheit‹ bezeichnet. (...) Während der drei zukünftigen Runden wird die Menschheit, wie der Globus, auf dem sie lebt, immer dahin streben, ihre ursprüngliche Form wieder anzunehmen, die einer Dhyan

Chohanischen Schar. Der Mensch strebt, *ein* Gott und dann – *Gott* zu werden, so wie jedes andere Atom im Weltall.«[14]

Die Erde muß also im Laufe ihrer Evolution »*sieben Runden*« durchlaufen. In der gegenwärtigen, der vierten Entwicklungs-Runde der Erde, treten »*sieben Wurzelrassen*« auf, nämlich die Polarische, Hyperboreische, Lemurische, Atlantische, Arische sowie zwei künftige Wurzelrassen. Das Leben dieser Wurzelrassen (dies Wort ist keinesfalls rassistisch zu verstehen!) hat sich auf verschiedenen, teils untergegangenen Kontinenten abgespielt. Denn mehrfach im Laufe der jahrmillionenlangen Erdgeschichte hat es Kontinentverschiebungen, Sintfluten, Polsprünge und tellurische Katastrophen gegeben, die den Untergang hochstehender vorgeschichtlicher Kulturen mit sich brachten.

Der Mensch als biologisches Wesen scheint in der Tat viel älter zu sein, als die offizielle Wissenschaft bisher angenommen hat. Während die Paläontologen anhand von Skelettfunden das Alter menschlichen Lebens auf dieser Erde auf rund 3 Millionen Jahre schätzen, sagt die Theosophie, daß der Mensch als voll verstofflichtes und geschlechtlich differenziertes Wesen schon im Miozän vor rund 18 Millionen Jahren auf der Erde gelebt hat. Aber als übersinnlich-kosmisches Wesen geht der Mensch in noch ältere Zeiten zurück. Er existierte schon seit Beginn der Hyperboräischen Wurzelrasse, allerdings noch als »himmlischer Mensch«, als ungeschlechtlicher Geistesmensch. Dieser Urmensch entspricht dem *Adam Kadmon*, wie er in der Kabbala, der uralten Tradition jüdischer Mystik, beschrieben wird.

In der Dritten, der Lemurischen Wurzelrasse, tritt der Mensch als reines Astralwesen sowie in hermaphroditischer, also mannweiblicher Gestalt auf. Aus dem geschlechtslosen Himmelsmenschen hat sich ein androgyner Astralmensch entwickelt. Seitdem hat sich der Mensch im Laufe der Erd-Entwicklung in immer dichtere Wirklichkeits-Ebenen schrittweise inkarniert. In der Lemurischen Wurzelrasse wurde schließlich die Geschlechtertrennung vollzogen, die Differenzierung der Menschheit in »männlich« und »weiblich«. Doch war der Mensch zu jener Zeit noch ein rein feinstoffliches Wesen. Die Erinnerung an *Lemuria* wird bewahrt in den alten Sagen und Mythen der Menschheit, die vom »Garten Eden« oder dem ursprünglichen Paradies-Zustand der Menschen berichten. Lemuria war damals ein ausgedehnter Kontinent, in etwa ausgebreitet zwischen Australien und den Osterinseln.

Die allerersten Anfänge einer irdischen Verstofflichung der Menschheit gehen in die Endphase der Lemurischen Wurzelrasse zurück. Diese Verstofflichung wird mythisch im Bild der »Vertreibung aus dem Paradies« ausgedrückt. Geburt und Tod, Schuld und Sühne, Beginn des Karma, Beginn einer langen Kette von Reinkarnationen, darin bestand fortan das menschliche Kollektivschicksal. Auf dem Boden Lemuriens erblühte vor undenkbar langen Zeiten die erste menschliche Hochkultur – auf einem größeren Inselreich im südlichen Pazifik, das in den mythischen Überlieferungen späterer Zeiten das sagenumwobene Land »Mu« heißt[15]. Während der Atlantischen Wurzelrasse gab es immer noch Überreste des alten Südkontinents Mu oder Lemurien, daneben Altantis selbst sowie im Gebiet des heutigen Grönland Reste des Nordkontinents Hyperborea, auf dem im Tertiär-Zeitalter noch subtropische Vegetation gedieh.

## 3. Von der Theosophie zur ›Anthroposophie‹

Die »*Anthroposophie*« beansprucht zwar, eine ganz eigenständige Geistesschöpfung Rudolf Steiners zu sein, aber tatsächlich stellt sie bloß eine Weiterentwicklung der Theosophie dar. Die 1913 gegründete Anthroposophische Gesellschaft entstand aus einer Abspaltung der Theosophischen Gesellschaft, ähnlich wie 1916 die »*Liberal-Katholische Kirche*« Charles Leadbeaters oder 1920 die »*Arcanschule*« der Alice Bailey. Rudolf Steiner hatte mehr als 10 Jahre lang, von 1902 bis 1913, das Amt des Generalsekretärs der Deutschen Sektion der Theosophischen Gesellschaft innegehabt. Noch im Jahr 1910 äußerte er sich über die »Geheimlehre« der Helena Blavatsky wie folgt: »So sind z. B. die Dzyan-Strophen Teile, die noch lange nicht voll verstanden worden sind, an denen

noch lange zu zehren ist, Teile, die zu den größten Offenbarungen
innerhalb der Menschheitsentwicklung zählen.«[16]

Als damals noch überzeugter Theosoph glaubte Steiner auch an
die Existenz jener geheimnisvollen »*Meister*« im Himalaya, die
Helena Blavatskys »Geheimlehre« und die Werke anderer bekann-
ter Theosophen diktiert haben sollen: »Wir haben die Gewißheit,
daß über die TG die Meister der Weisheit wachen, – diese Meister
sind vorhanden für den, der im Okkultismus Bescheid weiß.«[17]
Rudolf Steiner, 1861 in Kraljevec / Kroatien geboren, hatte in
Rostock zum Doktor der Philosophie promoviert; seitdem betä-
tigte er sich als Goethe-Forscher. In seinem Buch »Rätsel der Philosophie« (1901) bekannte er sich zu Nietzsche und Ernst Haeckel;
seine Ausrichtung war ganz und gar freigeistig. Nachdem er zu
Goethes 150. Geburtstag einen Aufsatz über Goethes »Märchen
von der grünen Schlange und der schönen Lilie« veröffentlicht
hatte, wurde er eingeladen, in der »Theosophischen Bibliothek«
des Grafen Brockdorf Vorträge zu halten. Diese erschienen später
als Buch mit dem Titel »*Das Christentum als mystische Tatsache*«.

Zu jener Zeit muß Steiner erstmals mit der Theosophie in
nähere Berührung gekommen sein. 1905 bekannte er sich empha-
tisch zu dem Werk Helena Blavatskys und zu *Annie Besant*
(1847–1933), der damaligen Vorsitzenden der Theosophischen
Gesellschaft: »Vor H. P. Blavatsky stand ich noch vor 15 Jahren wie
vor einem Rätsel, aber durch Frau Besant habe ich den Weg zu
H.P.B. gefunden.«[18] Aber von 1907 an wird Steiner immer unab-
hängiger von den Lehren der Theosophie, deren neuindische Ausrichtung er durch eine stärkere Anlehnung an den Goetheanismus
und Deutschen Idealismus zu überwinden sucht. Dennoch verwendet Steiner in seinen Schriften immer noch die Sanskrit-
Bezeichnungen der Theosophie, beispielsweise *Pitris* für die Angeloi (Engel), *Asuras* für die Archai (Urbeginne), *Devachan* für die
Geistige Welt, *Manas*, *Buddhi* und *Atma* für die höheren Wesensglieder des Menschen, Geistselbst, Lebensgeist und Geistesmensch.

Zum Bruch mit der Theosophie und Annie Besant kommt es
erst, als diese das Wiedererscheinen des Christus im Körper des

Hinduknaben Krishnamurti verkündete; einer eigens hierfür gegründeten Loge namens »*Stern des Ostens*« sollten alle deutschen
Theosophen beitreten. Deren Weigerung führt schließlich zum
Ausschluß der Deutschen Sektion, die sich 1913 als »*Anthroposophische Gesellschaft*« formiert. Der neue Name der Gesellschaft,
»Anthroposophisch«, sollte vielleicht den Eindruck erwecken, es
handle sich auch um eine neue Sache; aber tatsächlich hat Steiner
die gesamte Theosophie in seine neugeschaffene Anthroposophie
mit hineingenommen – besonders die Lehre der Planetenketten-
Evolution, der siebenfältigen Gliederung des Menschen, der Geistigen Hierarchien und die Lehre von Reinkarnation und Karma.

Die Theosophie hat bekanntlich gelehrt, daß die Erde im Verlauf ihrer Evolution »sieben Runden« durchlaufen muß, und daß
der Mensch (wie übrigens die Erde selbst) aus »sieben Prinzipien«
bestehe, aus einem physischen Körper und sechs okkulten Oberkörpern; denn alles im Weltsystem der Theosophie läuft auf die heilige Siebenzahl hinaus. Die siebenfachen Körper des Menschen und
der Erde heißen nach ihren theosophischen Bezeichnungen:

1. Sthula Sharira – der physische Körper
2. Linga Sharira – der Astralkörper
3. Prana – Lebenskörper
4. Kama Rupa – die animalische Tierseele
5. Manas – die Menschenseele
6. Buddhi – die Geistseele
7. Atma – die göttliche Monade[19]

In der Anthroposophie wird ebenfalls von einer siebenfachen Gliederung des Menschenwesens ausgegangen; denn sie versteht sich
ja nach einer Definition Steiners als »Erkenntnisweg, der das Geistige im Menschenwesen zum Geistigen im Weltall führen
möchte«[20]. In seinem Buch »Theosophie« (1904) übernimmt Steiner das obige Schema, das von Helena Blavatsky stammt, ersetzt
aber wohlweislich die theosophischen Sanskrit-Ausdrücke durch
deutsche Bezeichnungen. Die sieben Körper heißen demnach:

1. Der physische Körper
2. Der Äther- oder Lebensleib
3. Der empfindende Seelenleib
4. Die Verstandesseele
5. Die geisterfüllte Bewußtseinsseele
6. Der Lebensgeist
7. Der Geistesmensch[21]

Auf die Wirksamkeit der Geistigen Hierarchien hat Helena Blavatsky in ihrem Werk wiederholt hingewiesen; auch darauf, daß die Wesen dieser Hierarchie eine evolutionäre Höherentwicklung des Menschen darstellen. Aber sie bezeichnet diese Wesen mit dem buddhistischen Ausdruck als *Dhyani Cohan*. Sie schreibt: »Der ganze Kosmos wird von einer nahezu endlosen Reihe von Hierarchien fühlender Wesen geleitet, gelenkt und belebt, von denen jedes eine Sendung zu erfüllen hat, und welche – einerlei, ob wir ihnen den einen oder den anderen Namen geben, ob wir sie Dhyan Chohans oder Engel nennen, ›Sendboten‹ sind bloß in dem Sinne, daß sie die Ausführer der karmischen und kosmischen Gesetze sind. Sie sind in ihren einzelnen Abstufungen von Bewußtsein und Intelligenz unendlich verschieden; und sie alle reine Geister zu nennen, ohne irgendwelche irdische Beimischung, ›woran die Zeit zu nagen pflegt‹, heißt bloß einer poetischen Phantasie huldigen. Denn jedes von diesen Wesen *war* entweder ein Mensch oder bereitet sich vor, einer zu werden, wenn nicht in dem gegenwärtigen, so in einem vergangenen oder zukünftigen Manvantara.«[22] In der Anthroposophie wandeln sich diese Dhyani Cohans zu Engel-Hierarchien, deren Bezeichnungen aus dem Werk des oströmischen Mystikers Dionysius Areopagita übernommen werden:

| | |
|---|---|
| 1. Seraphim | – Geister der (All-) Liebe |
| 2. Cherubim | – Geister der Harmonien |
| 3. Throne | – Geister des Willens |
| 4. Kyriotetes | – Geister der Weisheit |
| 5. Dynameis | – Geister der Bewegung |

6. Exousiai      – Geister der Form
7. Archai        – Urbeginne
8. Archangeloi   – Erzengel
9. Angeloi       – Engel

Die Namen entstammen der christlichen Tradition; aber die Art und Weise, wie diese Wesen sich in den Manvantaras durch alle mineralischen, pflanzlichen, tierischen, menschlichen und göttlichen Seinsformen hochentwickeln, entspricht ganz der Evolutionslehre der Theosophie. Aber entgegen der toleranten Einstellung der Theosophen, daß alle Weltreligionen gleichberechtigt zum Göttlichen hinführen, hatte Steiner seit der Gründung der »Anthroposophischen Gesellschaft« immer mehr einen absoluten Heilsanspruch des Christentums sowie den Vorrang des Westens gegenüber der Weisheit des Ostens postuliert.

An der Figur des *Lucifer* – des Gegenpols zu Christus – wird deutlich, wie sehr Steiner im Lauf seiner öffentlichen Wirksamkeit seine Meinung änderte und zuweilen zentrale Begriffe seiner Weltanschauung umdefinierte – was von den Anthroposophen selbst meist gar nicht in Betracht gezogen wird. In seinen frühen, noch stark von der Theosophie beeinflußten Vortrags-Zyklen, beispielsweise *»Der Orient im Lichte des Okzidents«* (1909), wird Lucifer – ganz in der Nachfolge gnostischer Sekten des Mittelalters – als ein »Bruder Christi« hingestellt, der dem Menschen das Licht der Erkenntnis bringt, das ihm ein tieferes Verständnis des Christus überhaupt erst ermöglicht. Ursprünglich nahm bei Steiner der Erzengel Lucifer in seiner positiven Funktion als Lichtbringer und Erkenntnisentfacher eine dem »Christus« durchaus gleichgeordnete Ehrenstellung ein.

Auch Helena Blavatsky sah in Lucifer einen spirituellen Lichtbringer. In London gründete sie 1887 ihre zweite Zeitschrift, die *»Lucifer«* hieß. Mitherausgeberin war *Mabel Collins* (1851 –1927), die den theosophischen Klassiker »Licht auf dem Pfad« verfaßt hatte. Wie sehr Steiner sich ursprünglich im Fahrwasser der Theosophie bewegt hat, sieht man daran, daß er im Jahr 1903 zu-

sammen mit seiner späteren Frau Marie von Sivers eine Mitglieder-
Zeitschrift namens »Luzifer« gründete, die kurz darauf unter dem
Titel *»Lucifer-Gnosis«* weitergeführt wurde. »Der Name«, bemerkt Steiner später in seiner Autobiographie, »wurde damals
selbstverständlich in keinen Zusammenhang gebracht mit der geistigen Macht, die ich später als Luzifer, den Gegenpol von Ahriman, bezeichnete. So weit war der Inhalt der Anthroposophie noch
nicht ausgebildet, daß von diesen Mächten schon hätte die Rede
sein können. – Es sollte der Name einfach ›Lichtträger‹ bedeuten.«[23]

In seinem Vortrag *»Luzifer«* vom 22. Februar 1906, im
Anschluß an die Uraufführung des Dramas »Die Kinder des Luzifer« von Edouard Schuré in München, wehrt Steiner sich gegen die
Verteufelung Lucifers, in dessen Streben nach Gottwerdung er ein
unverzichtbares Freiheitsmoment erkennt: »Deshalb können wir
sagen: Wenn dieses luziferische Prinzip im Menschen nicht wäre,
so würde der Mensch in einer gewissen Passivität, in einer gewissen Untätigkeit, von den Göttern getragen, zur Vollkommenheit
geführt. Er wäre sozusagen vollständig der Gotteskindschaft hingegeben. Zwar strebte sein Wesen zur Vollkommenheit, aber nicht
er wäre es, der so strebte, sondern der Gott in ihm. – Dazu kommt
die andere Kraft, die wir als luziferisch betrachten. Diese macht
dieses Streben zu einer ureigenen Angelegenheit. Die setzt sich
selbst dieses Ziel der Vollkommenheit.«[24]

Daher sieht der wahre Theosoph Lucifer, so führte Steiner weiter aus, »nicht als einen Feind, sondern als einen notwendig zu
einem andern zugehörigen Pol«, da das Christusprinzip und das
Luciferprinzip sich gegenseitig bedingen würden. Von 1909/10 an
beschreibt Steiner das »luziferische-Prinzip« als ein Prinzip der Ver-
suchung und Täuschung, das den Menschen auf Abwege führt. Ja,
noch mehr: Lucifer erscheint in dieser neuen Sicht als der Genosse
nicht Christi, sondern *Ahrimans*, des eigentlichen Teufels, und
zählt daher denn auch zu den vom Erzengel Michael bekämpften
»Widersachermächten«. Mit anderen Worten: Die Verteufelung
Lucifers, von ihm vormals mit Recht kritisiert, nimmt er nun selbst

vor, womit er sich wieder ein Stück weit der Position der offiziellen christlichen Machtkirche annähert. Die ursprüngliche *Freigeistigkeit*, die Steiner am Anfang seiner Wirksamkeit noch gezeigt hatte – seine Begeisterung für Nietzsche, Max Stirner, Ernst Haeckel, für den Monismus, für fortschrittliche und aufklärerische Ideen –, war längst einer dogmatischen Verfestigung seiner eigenen »Weltanschauung« gewichen, in der für ein völlig *freies* luziferisches Erkenntnisstreben kein Raum mehr vorhanden war.

In dem Vortrags-Zyklus *»Die Offenbarungen des Karma«* (1910) führt Steiner aus, daß sich in der Mitte des »Lemurischen Zeitalters« eine ganze Gruppe von »luziferischen Wesenheiten« inkarniert hätte, die den Menschen dazu verführten, sich enger an die Materie zu binden. Der »Sündenfall«-Mythos wird nicht mehr gnostisch gedeutet (die Tat Lucifers als erste Anregung zu eigener Geist-Erkenntnis), sondern ganz orthodox-kirchlich. Lucifer ist nicht mehr der »Lichtbringer«, der er im Vortrag von 1906 noch war, sondern der große »Verführer«: »Für unseren heutigen Zweck ist es aber wichtig, hervorzuheben, daß der Mensch, indem er die luziferischen Kräfte in sich hatte, in seinem Inneren einen Verführer hatte, weniger gut zu sein, als er gewesen wäre, wenn der luziferische Einfluß nicht gekommen wäre; und ebenso hatte er dadurch einen Einfluß, mehr aus allerlei Affekten, Leidenschaften und Begierden heraus zu handeln und zu urteilen ... Und dadurch ist es gekommen, daß der Mensch viel tiefer hineinverstrickt worden ist in die physische Erdenwelt ...«[25]

Die negative Bewertung der« sinnlichen Begierden« und der physischen Erdenwelt überhaupt, die aus diesen Zeilen klingt, erinnert deutlich an die Welt- und Materieverneinung antiker Gnosis, die der ursprüngliche Rudolf Steiner, ein Anhänger Goethes und erklärter »Monist«, sicher nicht geteilt hätte. So erscheint die Gestalt Steiners wie ein verhinderter Prometheus, der zwar auf Geistesflügeln zum Himmel aufsteigen wollte, um das Feuer der Götter zu rauben – aber auf halbem Weg flügellahm wurde, abstürzte und dann doch auf dem vermeintlich sicheren Boden christlicher Orthodoxie und weltanschaulichen Dogmatismus landete. Und es ist eine geschichtliche Tragik, daß die ursprüngliche frühe Anthroposophie, in der zuweilen ein durchaus prometheisch zu nennender Geistesfunke glimmte, noch zu Steiners Lebzeiten – und zwar nicht ohne dessen eigenes Zutun! – zu einer neuen Kirche wurde, zu einer nicht auf Erkenntnis, sondern auf Glauben und Offenbarung gegründeten neo-gnostischen Kirche.

# XVII.
## WELTWENDEZEIT

Aus dem Quell des Lichts im Denken Gottes
Ströme Licht herab ins Menschendenken.
Es werde Licht auf Erden!

Aus dem Quell der Liebe im Herzen Gottes
Ströme Liebe aus in alle Menschenherzen.
Möge Christus wiederkommen auf Erden!

Aus dem Zentrum, das den Willen Gottes kennt,
Lenke plan-beseelte Kraft die kleinen Menschenwillen
Zu dem Endziel, dem die Meister wissend dienen.

Durch das Zentrum, das wir Menschheit nennen,
Entfalte sich der Plan der Liebe und des Lichtes
Und siegle zu die Tür zum Übel.

Mögen Licht und Liebe und Kraft
Den Plan auf Erden wiederherstellen![1]

## 1. Die Vision vom kommenden Wassermann-Zeitalter

Im Bewußtsein, einer Spätzeit anzugehören, zugleich aber auch das Kommen eines Neuen Äons vorausahnend, hatte der Philosoph *Martin Heidegger* (1889 –1976) in seiner Schrift »Holzwege«, erschienen 1946, die folgenden Sätze ausgesprochen: »Stehen wir gar im Vorabend der ungeheuersten Veränderung der ganzen Erde und der Zeit des Geschichtsraums, darin sie hängt? Stehen wir vor dem Abend für eine Nacht zu einer anderen Frühe?

Brechen wir gerade auf, um in das Geschichtsland dieses Abends der Erde einzuwandern …? Sind wir die Spätlinge, die wir sind? Aber sind wir zugleich auch die Vorzeitigen der Frühe eines ganz anderen Weltalters, das unsere heutigen historischen Vorstellungen von der Geschichte hinter sich gelassen hat?«[2]

Wir leben gewiß nicht in einer Endzeit, wohl aber in einer Zeit, die im Zeichen des Übergangs und der Neuordnung steht. Wir sind vielleicht die letzte Generation einer großen weltgeschichtlichen Sinn- und Wirklichkeits-Einheit, die nun ihrem Ende entgegengeht.

Vom »*Ende der Neuzeit*« sprach bereits 1950 der katholische Theologe *Romano Guardini*. Denn es war schon seit langem klar geworden, daß die Menschheit allmählich einem neuen Entwicklungsabschnitt entgegenschreitet, daß Altes morsch zusammenbricht, damit unter der Einwirkung lebendig-schöpferischer Kräfte Neues, bisher Ungeahntes Gestalt annehmen kann.

Nach Ansicht der Weltalter-Astrologie vollzieht sich gegenwärtig der Übergang vom »Fische«- in das »Wassermann«-Zeitalter. Und es war niemand Geringerer als der Kulturphilosoph *Egon Friedell* (1878–1938), der in seinem Hauptwerk »Kulturgeschichte der Menschheit« auf das Anbrechen des Wassermann-Zeitalters hingewiesen hat: »Es kann überhaupt keinem Zweifel unterliegen, daß unser Geschichtsbild, hinter dem Rücken der Historiker, Miene macht, sich astrologisch zu orientieren. (…) Wir sind im Begriffe, aus dem Sternbild der Fische in das des Wassermann zu übersiedeln. Wassermann bedeutet: Einsamkeit, Innenschau, Hellsicht, Tiefenperspektive. Wassermann bedeutet das Ende des Glaubens an das Primat des Sozialen, an die Wirklichkeit der Oberfläche, an die Realität der Realität. Für die Übergangszeit prophezeit die Astrologie eine neue Hyksosherrschaft, wie sie in Ägypten um die Wende des dritten vorchristlichen Jahrtausends beim Hinüberwechseln vom Stier zum Widder bestanden hat. Damit kann nur der Bolschewismus gemeint sein.«[3]

Mit dem Eintreten des Frühlingspunktes in das Zeichen des Wassermanns wird symbolisch eine Art Kollektiv-Schicksal der Menschheit aufgezeigt. Denn in der Sicht der Weltalter-Astrologie

sind die Tierkreiszeichen machtvoll schwingende kosmische Strah-
lungskraftfelder, die – einerlei wie die Einzelschicksale der Menschen verlaufen – das bestimmte schicksalhafte Gepräge einer ganzen Epoche menschlicher Kulturentwicklung widerzuspiegeln
vermögen. Welche Verheißung verknüpft sich nun mit dem Anbrechen des sogenannten Wassermann-Zeitalters, und welche Bedeutung hat dieser gewaltige Äonenwechsel für das persönliche und
gemeinschaftliche Menschenleben, für Politik, Wirtschaftsord-
nung, Religion, Philosophie und Weltanschauung?

Ausgegangen wird hierbei vom sogenannten *Großen Platonischen Weltenjahr*, das durch die Präzessionsbewegung der Erdachse zustandekommt. Denn die (gegenüber der Sonnenachse um
23,5 Grad geneigte) Erdachse beschreibt ja eine gewaltige Kreisel-
bewegung innerhalb von 26 000 Jahren, und so benötigt der Früh-
jahrspunkt (himmelskundlich der Schnittpunkt zwischen Äquator
und Ekliptik) eben auch 26 000 Jahre, um durch alle 12 Tierkreiszeichen zu wandern. Die Wanderung des Frühjahrspunktes durch
ein Tierkreiszeichen dauert genau 26 000 : 12, also 2 160 Jahre: ein
*Weltenmonat*. Solche Weltenmonate entsprechen den großen Kul-
turabschnitten in der Menschheitsgeschichte, und das vom Früh-
jahrspunkt durchlaufene Tierkreiszeichen verkörpert in sich gleichsam den inspirierenden Genius des jeweiligen Kulturabschnittes.

Betrachten wir einmal den Zyklus der Weltzeitalter im Großen
Platonischen Jahr, von Atlantis bis zur Gegenwart, wie er in dem
Buch von *Hans Künkel, »Das große Jahr. Der Mythos von den
Weltzeitaltern«* (Erstauflage 1922), dargestellt wird.[4] Bei derzeit-
lichen Datierung der einzelnen Weltalter-Kulturen handelt es sich
um ungefähre Eckdaten; allenthalben gibt es fließende Übergänge
von einem Weltzeitalter zum nächsten.

> 1. *Löwe-Zeitalter (10 650–8 550)*    *Atlantis-Urkultur*
> 2. *Krebs-Zeitalter (8 550–6 450)*    *Urindische Kultur*
> 3. *Zwilling-Zeitalter (6 450–4 350)* *Urpersische Kultur*
> 4. *Stier-Zeitalter (4 350–2 250)*    *Ägypten / Chaldäa*
> 5. *Widder-Zeitalter (2 250–150)*    *Griechenland / Rom*

6. *Fische-Zeitalter (150–1950)*        *Christliches Europa*
7. *Wassermann-Zeitalter*
   *(1950–4050)*        *Kultur der Zukunft*

Das Bildsymbol des »Wassermann«, aus dem alt-babylonischen Tierkreiszeichensystem stammend, zeigt einen alten, weisen, langbärtigen Mann, der am Flußlauf sitzt und aus großen Kübeln Wasser schöpft; das Element »Wasser« steht hier jedoch als Sinnbild für den »Geist«. Denn der Wassermann schöpft aus dem Geistigen; der Geist ist in der Tat sein eigentliches Element! Den alten Babyloniern galt der »Wassermann« als der Befreier und langersehnte Erlöser; war er doch der Wasserträger, der dem in der Wüste Dürstenden das erquickende Naß darbot! Dem Jahresabschnitt des Tierkreiszeichens Wassermann, der Zeit vom 20. Januar bis zum 19. Februar, entsprach im alten Mesopotamien die Zeit des regenreichen Vorfrühlings.

Der über die Menschheit ausgegossene »Geist« wird in der Bibel oftmals dargestellt durch das Symbol des »Wassers«. So heißt es im Buch der Offenbarung, bezogen auf die urferne Zukunft der Menschheit: »Ich bin das A und O, der Anfang und das Ende. Ich will den Durstigen geben von dem Brunnen des lebendigen Wassers umsonst.« (Offenbarung 22, 1). »Und er zeigte mir einen Strom lebendigen Wassers, klar wie Kristall, der ausgeht von dem Thron Gottes und des Lammes.« (Offenbarung 22, 1) Dieser kristallklare »Strom lebendigen Wassers«, des lebendigen Geistes, der sich über die Menschheit ergießt, wird sinnbildlich ausgedrückt im astralen Zeichen des Wassermannes, einem Tierkreiszeichen, das nach den Aussagen der Weltalter-Astrologie gerade zur jetzigen Weltenstunde eine besonders machtvolle Strahlungswirkung zu entfalten beginnt.

Die apokalyptische Vision von der »Herabkunft des heiligen Geistes« scheint sich ebenfalls auf die neue Geist-Schwingungs-Qualität des Wassermann-Zeitalters zu beziehen. Schon in Büchern des Alten Testaments wird vorausgesagt, daß dereinst in ferner Weltenzukunft die (die) Heilige Geist(in) in einem gewaltigen kos-

mischen Pfingst-Ereignis auf die Menschheit herniederkommen
werde, sich ausgießen werde auf das ganze Menschengeschlecht:
»Und es soll geschehen in den letzten Tagen, spricht Gott, da will
ich ausgießen von meinem Geist auf alles Fleisch; und eure Söhne
und Töchter sollen weissagen, und eure Jünglinge sollen Gesichte
sehen, und eure Alten sollen Träume haben; und auf meine Knechte
und auf meine Mägde will ich in jenen Tagen von meinem Geist
ausgießen, und sie sollen weissagen.« (Joel 3, 1–2)

Diese endzeitliche Vision von der Ausgießung des Heiligen Gei-
stes hatte den aus Kalabrien stammenden Ordensgründer und Abt
*Joachim von Fiore* (1130–1202) seinerzeit dazu veranlaßt, seine
Lehre von den »Drei Zeitaltern« zu entwickeln, die man als eine
Art eschatologische Geschichtsinterpretation betrachten könnte.
Nach Joachim läuft die Weltgeschichte in drei Phasen ab:

> 1. *Das Zeitalter des Vaters / Altes Testament*
> 2. *Das Zeitalter des Sohnes / Neues Testament*
> 3. *Das Zeitalter des Heiligen Geistes / Ewiges Evangelium*

Mit dem »Ewigen Evangelium« meint der Abt Joachim kein
geschriebenes, sondern ein rein spirituelles Evangelium, das durch
die Einwohnung des Heiligen Geistes in allen Menschen zustandekommt. Aufsehen erregte er vor allem dadurch, daß er das Anbrechen des Geist-Zeitalters (und damit zwangsläufig auch das Ende
der römischen Klerikerkirche) spätestens für das Jahr 1260 voraussagte! Aber seine Vision vom kommenden Dritten Zeitalter entspricht recht genau der Vorstellung, die sich die Weltalter-Astrologie vom künftigen »Wassermann«-Zeitalter gebildet hat. In einer
poetischen Bildersprache beschreibt Joachim von Fiore diesen
kommende Äon in folgender Weise:

> Der erste Status also steht in der Wissenschaft, der
>     zweite in der teilweise vollendeten Weisheit, der
>     dritte in der Fülle der Erkenntnis.
> Der erste in der Knechtschaft der Sklaven, der zweite in

> der Knechtschaft der Söhne, der dritte in der
> Freiheit.
> Der erste in der Furcht, der zweite im Glauben,
> der dritte in der Liebe.
> Der erste ist der Status der Knechte, der zweite der
> Freien, der dritte der Freunde. (...)
> Der erste bezieht sich auf den Vater ..., der zweite auf
> den Sohn ..., der dritte auf den Heiligen Geist.[5]

Mit den Schlüsselbegriffen »Erkenntnis«, »Freiheit«, »Liebe« und »Freundschaft« umschreibt Joachim das Dritte Zeitalter, dessen Heraufkommen er schon am nahen Horizont der Zukunft zu sehen glaubte. Und tatsächlich deckt sich die apokalyptische Geschichtsvision des kalabresischen Abtes ziemlich genau mit der Äonenlehre der Weltalter-Astrologie. Man könnte durchaus Joachims Erstes Zeitalter, das des Vatergottes, dem »Widder«-Zeitalter zuordnen (Moses, der Begründer des Alten Bundes, wird ja noch bei Michelangelo mit Widderhörnern dargestellt!). Sein Zweites Zeitalter des Sohnes würde dem »Fische«-Zeitalter entsprechen (vgl. der Fisch als Symbol für Christus), das Dritte dem des Wassermanns, das in dem bekannten Musical »Hair« (1966) mit ähnlichen Begriffen wie bei Joachim als ein Äon der Erkenntnis, der Liebe und der universellen Freundschaft besungen wird:

> Harmonie und Recht und Klarheit /
> Sympathie und Licht und Wahrheit /
> Niemand wird die Freiheit knebeln /
> Niemand mehr den Geist umnebeln /
> Mystik wird uns Einsicht schenken /
> Und der Mensch lernt wieder denken ...[6]

Allerdings: Die apokalyptische Zukunftsschau des Abtes Joachim und die Weltalter-Astrologie mit ihrer Erwartung des »Wassermann«- Zeitalters sind beide gleichermaßen *mystische* Geschichtsbetrachtungen, die wohl ihre Erkenntnisse aus dem Quell der gei-

stigen Schau herausschöpfen, keineswegs aber einen Anspruch auf
wissenschaftliche Beweiskraft erheben können. Es bleibt daher der
Arbeit des Kulturphilosophen überlassen, nachzuprüfen, ob sich
tatsächlich seit dem Beginn des 20. Jahrhunderts ein Äonenwechsel vollzieht, der das Ende einer alten Geschichtseinheit und
zugleich den Beginn einer neuen markiert. Wiederum erhebt sich
die Frage: Stehen wir Heutigen tatsächlich am »*Ende der Neuzeit*«,
am Ende also jener großen weltgeschichtlichen Sinn-Einheit, die
vor etwa 500 Jahren mit dem Bewußtseins-Durchbruch der
Renaissance begonnen hatte?

## 2. Aufbruch zum Spirituellen: die neue Physik

Kaum eine der modernen Wissenschaften hat unser Weltbild, ja
unser ganzes Denken, unsere Vorstellung vom Grundgefüge der
Wirklichkeit, so nachhaltig beeinflußt wie die *Physik*. Seit dem
Niedergang der spekulativen Metaphysik und der christlichen Theologie blieb es allein der nach exakter Methodik verfahrenden Physik vorbehalten, verbindliche Aussagen über Struktur und Aufbau
des Universums zu formulieren. Jahrhundertelang wirkte gerade
die Physik als Vorreiterin jenes platten Materialismus, der – wie wir
heute erst erkennen – die abendländische Kultur an den Rand des
Abgrunds geführt hat.

Seit der Jahrhundertwende jedoch, genauer seit dem Auftreten
Albert Einsteins (im Jahr 1905 veröffentlichte er seine grundlegende Arbeit zur »*speziellen Relativitätstheorie*«), hat sich in der
Physik – von der Öffentlichkeit zunächst kaum bemerkt – ein Wandel vollzogen, der dazu zwingt, grundlegende Begriffe wie
»Raum«, »Zeit« und »Materie« im Lichte neuer Einsichten neu zu
bestimmen. Unter dem Eindruck der Relativitätstheorie Einsteins
und der *Quantenphysik* (Planck, Heisenberg, Schrödinger, Bohr)
sieht sich die Physik genötigt, von ihrem althergebrachten atomi-
stisch-materialistischen Weltbild Abschied zu nehmen und sich
einer neuen Weltschau anzunähern, die das Universum als geistige
Einheit begreift. Der britische Physiker Sir James Jean brachte es

auf die Formel: »Das Weltall fängt an, mehr einem großen Gedanken als einer großen Maschine zu gleichen.«[7]

Die Auffassung vom Universum als einer geistigen Einheit, ja als
Ausdruck eines all-einigen Gottes, stellt seit jeher einen festen
Bestandteil der spirituellen Weltsicht dar. Besonders ausgeprägt
tritt sie uns in den Hochreligionen Asiens – im Hinduismus,
Buddhismus, Taoismus – entgegen. Und es mag angebracht sein,
hier die Worte zu zitieren, mit denen der Dichter *Hermann Hesse*
(1877–1962) jene letzte große Einheit, die er aller Vielheit
zugrunde liegen sah, umschrieben hat:

»Ich glaube an nichts in der Welt so tief, keine andere Vorstellung ist mir so heilig wie die der Einheit, die Vorstellung, daß das
Ganze der Welt eine göttliche Einheit ist und daß alles Leiden, alles
Böse nur darin besteht, daß wir einzelne uns nicht mehr als unlös-
bare Teile des Ganzen empfinden, daß das Ich sich zu wichtig
nimmt. (…) Die Einheit, die ich hinter der Vielheit verehre, ist keine
langweilige, keine graue, gedankliche, theoretische Einheit. Sie ist
ja das Leben selbst, voll Spiel, voll Schmerz, voll Gelächter. Sie ist
dargestellt worden im Tanz des Gottes Shiva, der die Welt in Scher-
ben tanzt, und in vielen anderen Bildern, sie weigert sich keiner
Darstellung, keinem Gleichnis. Du kannst jederzeit in sie eintreten,
sie gehört dir in jedem Augenblick, wo du keine Zeit, keinen Raum,
kein Wissen, kein Nichtwissen kennst, wo du aus der Konvention
heraustrittst, wo du in Liebe und Hingabe allen Göttern, allen
Menschen, allen Welten, allen Zeitaltern angehörst.«[8]

Was Hermann Hesse hier zum Ausdruck bringt, ist das mystische Zentralerlebnis, das Erlebnis der ungeteilten Einheit von Ich,
Welt und Gott. Als Folge einer meditativen Versenkung tritt dieses
mystische Zentralerlebnis in allen Zeitaltern, in allen Völkern und
Kulturen auf – heute erhebt sich jedoch die Frage, ob es nicht
gerade die Naturwissenschaftler sind, die am ehesten einer meditativen Schulung bedürfen. Denn es scheint, daß eine moderne,
durch die Relativitäts- und Quantentheorie von Grund auf erneu-
erte Physik die theoretische Grundlage des mystischen Weges zu liefern vermag. Denn die moderne Physik entwickelt ein durch prak-

tisch-wissenschaftliche Forschung vielfach bestätigtes Weltbild, das die zentralen Aussagen der Mystik als durchaus glaubwürdig erscheinen läßt.

In der Nachfolge Werner Heisenbergs hat vor allem *Fritjof Capra* auf die Parallelen zwischen moderner Physik und alten mystischen Traditionen in aller Deutlichkeit hingewiesen. Capra beginnt sein erstes Buch *»Der kosmische Reigen«* (*»The Tao of Physics«*) mit der Schilderung einer mystischen Einheitserfahrung, die er – der Tradition der Hindus folgend – im Bild des tanzenden Gottes Shiva zusammenfaßt: »Eines Nachmittags im Spätsommer saß ich am Meer und sah, wie die Wellen anrollten, und fühlte den Rhythmus meines Atems, als ich mir plötzlich meiner Umgebung als Teil eines gigantischen kosmischen Tanzes bewußt wurde. (...) Als ich an diesem Strand saß, gewannen meine früheren Experimente Leben. Ich ›sah‹ förmlich, wie aus dem Weltraum Energie in Kaskaden herabkam und ihre Teilchen rhythmisch erzeugt und zerstört wurden. ich ›sah‹ die Atome der Elemente und die meines Körpers als Teil dieses kosmischen Energie-Tanzes; und ich fühlte seinen Rhythmus und ›hörte‹ seinen Klang, und in diesem Augenblick wußte ich, daß dies der Tanz Shivas war, des Gottes der Tänzer, den die Hindus verehren.«[9]

Die Erschütterung des herkömmlichen physikalischen Weltbildes, dessen Grundlagen vor rund 300 Jahren von Galilei, Descartes und Newton gelegt wurden, geht auf die Tat Albert Einsteins zurück. Dieser hatte seinen ersten Theorieentwurf, der 1905 in den Annalen der Physik erschien, im Jahr 1916 zu einer *»allgemeinen Relativitätstheorie«* ausgebaut, die zugleich eine neue Theorie der *Gravitation* enthält. Nicht nur den Fachphysiker gehen die Ergebnisse der Einsteinschen Physik an, sondern jeden denkenden Menschen, ist doch durch die Geistestat Einsteins unsere ganze Vorstellung von der Welt von Grund auf revolutioniert worden. Neue Wirklichkeiten, neue Ebenen des Seins tun sich auf. Deshalb konnte der englische Gelehrte Sir Oliver Lodge mit Recht sagen: »Die Einsteinsche Physik wird nicht verfehlen, früher oder später jeden intelligenten Menschen zu beeinflussen.«[10]

Denn zunächst einmal wird in der Relativitätstheorie der Begriff des »absoluten Raumes«, wie er aus der Euklidischen Geometrie stammt und bis in die Neuzeit hinein Geltung hatte, aufgelöst; es gibt keinen »Raum« als absolute und konstante Größe. Ebenso aufgelöst wird der Begriff der »absoluten Zeit«, so daß dem modernen abendländischen Menschen, der sich bisher stets in einem festen Raum-Zeit-Koordinatensystem zu orten vermochte, buchstäblich der Boden unter den Füßen entschwindet. Raum und Zeit sind nach Einstein keine *absoluten*, sondern *relative* Größen, die allerdings in engem Wechselbezug zueinander stehen: als Bestandteile eines einzigen, in die »Vierte Dimension« eingekrümmten Raum-Zeit-Kontinuums. An manchen Orten dieser gigantischen vierdimensionalen Raum-Zeit-Blase scheint sich die Materie stärker, an anderen Orten schwächer in die Vierte Dimension einzukrümmen; und dementsprechend läuft die Zeit an manchen Orten langsamer, an anderen schneller ab. An Orten mit maximaler Raumkrümmung, in der Astronomie als »Schwarze Löcher« bekannt, scheint die Zeit geradezu stillzustehn!

Ein ähnliches Schicksal wie die Begriffe »Raum« und »Zeit« erleiden die herkömmlichen Deutungen von »Materie« und »Energie«: Beide gibt es nicht als absolute Meßgrößen, sondern die Materie ist nur eine andere Erscheinungsform der Energie. Materie kann sich jederzeit in Energie verwandeln, Energie jederzeit in Materie; wir haben es hier keinesfalls mit zwei voneinander getrennten Seinsweisen zu tun, sondern nur mit zwei Ausdrucksformen ein und derselben Wirklichkeit. Die Grundvorstellung der klassischen Physik von der »Materie« – nämlich eine Art feste, undurchdringliche Stofflichkeit – löst sich damit ebenfalls in Nichts auf Es gibt keine Materie »an sich«, und damit fällt der moderne abendländische Mensch wiederum ins Bodenlose. Besonders wenn wir in den *subatomaren* Bereich vordringen, ins Innere der Atome und Atomteilchen, stoßen wir auf Wirklichkeits-Ebenen, die sich mit dem materialistischen Begriff von »Materie« schlechterdings nicht mehr beschreiben lassen. Die subatomare Physik ist im Begriff, zu rein *immateriellen* Wirklichkeiten vorzustoßen.[11]

Angesichts dieser neuen Erkenntnisse muß das klassische Atom-
modell als unhaltbar gelten. Der Atomismus geht auf den griechischen Philosophen *Demokrit* zurück, der lehrte: »Die Natur
besteht aus Atomen, die im leeren Raum umhergeschleudert werden.«[12] Unter »Atomen« verstand er etwas durchaus Stoffliches:
feste, unteilbare Bausteine der Welt. Seitdem der englische Physiker *Ernest Rutherford* (1871–1937) die Atomkerne mit Alphateil-
chen bombardierte, um Aufschluß über den inneren Aufbau der
Atome zu gewinnen, ist man immer weiter in Regionen des Nicht-
Stofflichen vorgedrungen. Heute wissen wir, daß die subatomaren
Teilchen nicht stoffliche Substanzen, sondern dynamische Prozesse
sind. Hierzu bemerkte der Kulturphilosoph Jean Gebser: »An
Rutherfords gelungenen Versuchen, Atome zu zertrümmern und
aufzubauen, wurde uns klar, welche Rolle das kaum noch Sichtbare spielt, während uns die ›kosmischen Strahlen‹ lehrten, in welchem Maße wir von kaum faßbarer ›Materie‹ abhängig sind. Wir
stellten fest, wie die Physik sich immer mehr gezwungen sieht, eine
›Entstofflichung der Materie‹ zuzugeben, wie andererseits eine
›Verstofflichung des Geistes‹ stattfindet, worauf uns die verschiedenen Erscheinungsformen der Telepathie hinweisen.«[13]

Die subatomare Physik hat also, nicht weniger als die Relativitätstheorie Einsteins, ganz im Stillen eine wissenschaftliche Revolution bewirkt, einen »Paradigmen-Wechsel«. Dieser Begriff
stammt von *Thomas S. Kuhn* (»*Die Struktur wissenschaftlicher
Revolutionen*«, 1962), der damit den Wandel allgemeingültiger
Weltbilder in der Wissenschaft umschrieb. Das alte mechanistische
»Paradigma« wird vielleicht eines Tages einer ganzheitlichen Sicht
der Wirklichkeit weichen, die sich aus den Erkenntnissen der
modernen Physik speist. Diese neue Weltsicht behauptet, darin den
fernöstlichen Weisheitslehren verwandt, die wesensmäßige Einheit
aller Dinge und den grundsätzlich dynamischen Charakter der
Wirklichkeit. Es gibt kein starres Sein, sondern nur ein ewig-dyna-
misches Werden, Vergehen und Neuentstehen (der »Tanz Shivas«).

Es mag wohl sein, daß der moderne abendländische Mensch seit
Einstein ins Bodenlose fällt, weil sich die Tragpfeiler seiner Existenz

aufgelöst haben; aber er fällt doch nur in den Abgrund seiner eigenen Subjektivität zurück, in die Tiefen seiner eigenen Innenwelt. Und dort wird er erkennen, daß weder Materie noch Raum und Zeit »objektiv« existieren, sondern nur subjektive Denkmuster seines eigenen Geistes darstellen. Das einzig »Objektive«, was es überhaupt noch gibt, ist der eigene subjektive Geist, der alle möglichen Welten brennpunktartig in sich bündelt. Dieser Geist ist das Ursprüngliche, der kristallklare Brennpunkt, in dem Ich, Welt und Gott zusammenfallen.

## 3. Jean Gebser und das ›Integrale Bewußtsein‹

Der Kulturphilosoph *Jean Gebser* (1905–1973),[14] den enge Geistesverwandtschaft mit Teilhard de Chardin und Sri Aurobindo verbindet, hat an Hand ausladender natur- und geisteswissenschaftlicher Studien aufzuzeigen versucht, daß sich auf der gegenwärtigen Evolutionsstufe der Menschheit, freilich noch in ersten Anfängen, ein neues spirituelles Weisheitsbewußtsein – *das integrale Bewußtsein* – zu manifestieren beginnt.

Das integrale Bewußtsein im Sinn von Jean Gebser ist eine ganzheitliche und spirituelle Sicht der Wirklichkeit, in der die herkömmliche dualistische Trennung der Welt in »Diesseits« und »Jenseits«, in »Natur« und »Geist« aufgehoben ist; die Welt wird transparent auf ihren göttlichen Ursprung hin. Das Geistig-Göttliche ist als Ursprung in der Gegenwart präsent, und es leuchtet durch alles Irdisch-Weltliche hindurch. Gebser nennt es deshalb auch das *Diaphainon*, das Hindurchleuchtende. Dies Bewußtsein von der Transparenz der Gottheit im Weltganzen gleicht einer mystischen Einheitsschau, die sich erst jenseits des üblichen rationalen Denkvermögens zu entfalten beginnt. Es handelt sich um einen – erst im Zukunftsmenschen voll entfalteten – Bewußtseinszustand, der den jetzigen Bewußtseinszustand des reinen Intellektdenkens himmelweit überragt.

Nur wenige große Mystiker haben bisher eine solche umfassende Welt- und Gottschau des »integralen Bewußtseins« erlangt. Gebser hat jedoch die Zuversicht – und er hat es in seinen beiden Hauptwerken »*Abendländische Wandlung*« (1942) und »*Ursprung und Gegenwart*« (1947/48) angezeigt –, daß das integrale Bewußtsein in einer kommenden Evolutionsstufe der Menschheit nicht nur einzelnen Auserwählten, sondern der Menschheit insgesamt angehören wird. Der integrale Zukunftsmensch erscheint als das Endergebnis einer langen, insgesamt fünfgliedrigen Kulturentwicklung, die sich vom archaischen, magischen und mythischen Urbewußtsein über das rational denkende Gegenwartsbewußtsein bis zum integralen Universalbewußtsein der Zukunft emporschwingt.

Das integrale Bewußtsein heißt vor allem auch deswegen »integral«, weil es alle anderen vorhergehenden Bewußtseins-Zustände *integriert*: Also nicht nur die alte Rationalität wird in den Grenzen ihrer relativen Berechtigung ins Neue mit hineingenommen, sondern auch die noch älteren Schichten des Archaischen, Magischen und Mythischen kommen wieder zu Ehren. Denn auch sie gehören zum Menschen; sie sind in allen Menschen angelegt, nur im Laufe der Entwicklung durch das Überwuchern des Rationalen überdeckt worden. Eine schöpferische Wiederaneignung dieser alten Bewußtseins-Qualitäten ist notwendig, um zu einer psychischen und spirituellen Ganzheit zu gelangen, zu einem integralen Menschsein. Wobei das neue Bewußtsein des Integralen die alten Bewußtseinsformen nicht nur integriert, sondern in gleichem Maße auch *transzendiert*, also überschreitet und zu einem göttlichen Universalbewußtsein ausweitet.

Gebsers Denken kreist unbedingt um den Tatbestand der Evolution, aber eben nicht der biologischen, sondern der geistigen; er spricht von Bewußtseins-Strukturen, die im Menschen quasi-organisch wachsen, sich evolutiv heranbilden und zuletzt defizient entarten; er spricht dann aber auch von Bewußtseins-Mutationen, die gleichsam als qualitative Sprünge spontan und unvorhergesehen auftreten, um dem Neuen Bahn zu brechen. in dieser evolutiven Sicht der Wirklichkeit liegt denn auch das Gemeinsame, das Gebser mit den Evolutionsdenkern Teilhard de Chardin und Sri Aurobindo aufweist. Teilhard de Chardin, von Beruf Paläontologe, der geistigen Haltung nach aber Katholik und Christ, sah die ganze Evolution – auch die natürliche – dem Fernpunkt *Omega* zustreben, dem Fernziel des *Christus-Universalis.* Und Sri Aurobindo, wohl der bedeutendste Denker des modernen Indien, sieht das Ziel der Menschheits-Evolution in der Verwirklichung des *Übergeistes (supermind)*, eines höheren spirituellen Wahrbewußtseins.

Ob wir es nun den Übergeist, den Christus-Universalis oder (mit Gebser) das Diaphainon, das Hindurchleuchtende nennen – es ist ein und dasselbe damit gemeint, nämlich eine neue Geistigkeit, eine neue Spiritualität, die in der gegenwärtigen Weltstunde machtvoll zur Verwirklichung drängt. Und jedem Übergang von einer Bewußtseinsstufe in die nächsthöhere entspricht ein Dimensionsgewinn: War das magische Bewußtsein noch punktuell, das mythische als Kreis auf einer Fläche aufgespannt, so zeichnet sich das mental-denkende Bewußt-sein aus durch die »Eroberung des Raumes« (Erfindung der Perspektive in der Malerei). Beim Sprung vom mentalen zum integralen Bewußtsein – der sich, nach Gebser, gegenwärtig vollzieht! – wird zusätzlich zum Raumbewußtsein ein Bewußtsein des vierdimensionalen Hyperraums gewonnen. Dies geschah durch die Relativitätstheorie Albert Einsteins.

Bei der Analyse der Bewußtseins-Strukturen, die den Entwicklungsgang der Menschheit bestimmen, geht Gebser zunächst aus vom Archaischen. Das Archaische ist sozusagen der Embryonalzustand des Menschen, sowohl individuell als auch menschheitlich gesehen. Das Archaische entspricht dem Tiefschlaf, es ist nulldimensional, schließt aber keimhaft alle weiteren Dimensionen in sich. Aus dem Archaischen heraus wächst die Menschheit nun in die vorrationalen Bewußtseinszustände des Magischen und des Mythischen hinein. Das Magische entspricht dem Schlaf, das Mythische dem Traum. Der Mensch der magisch-mythischen Periode erlebte die ihn umgebende Welt nicht, wie wir es heute gewohnt sind, *raum-zeitlich*, sondern *vor-*räumlich und *vor-*zeitlich. Es gibt noch kein vollausgebildetes Raumerleben, sondern das Magische bleibt im Punktuellen, das Mythische im Flächigen befangen.

Der Übergang von einer Bewußtseinsstufe in die nächsthöhere, auf dem Wege der Mutation, bringt nun einen Dimensionsgewinn mit sich: Aus dem Flächenbewußtsein des Mythischen erwächst die allmähliche Eroberung des Raumes im Zeichen des mental denkenden Bewußtseins. Die Ratio des Menschen erwacht; und der im Rationalen lebende Mensch pflegt sich der Welt isoliert gegenüberzustellen, das heißt: Die Welt wird erlebt in ihrer Tiefenwirkung, in ihrer Räumlichkeit, in der Weite ihrer perspektivischen Fluchtpunkte. Zum Raum gehört aber auch die Zeit; auf der mentalen Bewußtseinsstufe gelangt der Mensch zu einer vollkommen dreidimensionalen Raum-Zeit-Wahrnehmung, dargestellt etwa in der Euklidischen Geometrie. Man kann daher auch von einem *perspektivisch-rationalen* Bewußtsein sprechen.

Weltgeschichtlich ereigneten sich die Überwindung des Mythischen und der Durchbruch des Mentalen um das Jahr 500 v. Chr., zu einer Zeit, die auch der Philosoph Karl Jaspers nicht umsonst als eine »Achsenzeit« der Weltgeschichte bezeichnet. Die indischen Upanishaden, die jüdischen Propheten, Zarathustra, die griechischen Philosophen – so heißen die markantesten Fixpunkte, die den damals neuen Geist des Mentalen kennzeichnen. Ein Sinnbild hierfür war bei den Griechen die Göttin *Pallas Athene*, die der Sage nach dem Haupt des Zeus entspringt – dem Haupt, das heißt dem Mentalbereich. Das mentale Bewußtsein war gewohnt, die Welt in Gegensätzen zu sehen; an die Stelle des mythischen Sowohl-Als auch trat das dualistische Entweder-Oder.

Das mentale Bewußtsein hat mit seiner enormen Denkkraft die großen Hochreligionen der Welt, mitsamt ihren Philosophien und theologischen Systemen, hervorgebracht. Aber die Überzüchtung des Mentalen führte zwangsläufig zur Entartung dieser Bewußtseins-Struktur, zum Rationalen. In der abendländischen Tradition beginnt der Durchbruch des Rationalen in der Renaissance, in der man ja erstmals perspektivisch malte, um in der Aufklärung und in der Philosophie des Rene Descartes seinen Höhepunkt zu erleben. Von Descartes stammt ja das Wort: *cogito ergo sum – Ich denke, also bin ich*; andere Weltwahrnehmungen als das Denken werden nicht mehr als identitätsbildend anerkannt. Vor allem der Dualismus, das Entweder-Oder-Denken des mentalen Bewußtseins, wird im cartesianischen Weltbild geradezu überspitzt, indem die Zweiteilung der Welt in *res cogitans* und *res extensae* eingeführt wird, in denkende Dinge und ausgedehnte Dinge also hier bewußter Geist, die voll erwachte abendländische Ratio, dort geistlose Ausdehnung: unbewußte leblose Materie.

In seinem Hauptwerk »Ursprung und Gegenwart« hat Jean Gebser aufgezeigt, daß sich seit dem Anfang des 20. Jahrhunderts auf allen Gebieten des Kulturlebens – in Forschung und Dichtung, in Kunst und Wissenschaft, in Physik und Philosophie – ein neues integrales Wahrheitsbewußtsein zu manifestieren beginnt, das er als ein *a-perspektivisches* und *a-rationales* (also nicht *vor-*, sondern *über*-rationales) kennzeichnet. Dieser Sprung vom mentalen zum integralen Bewußtsein entspricht dem Aufbruch von der dreidimensionalen Raumzeitwelt zur vierdimensionalen Überwelt. An die Stelle des geschlossenen Raumerlebens des Renaissance-Menschen tritt nun ein raum- und zeitfreies Geist-Erleben. Den ersten entscheidenden Schritt in diese Richtung tat die Relativitätstheorie Albert Einsteins, die aufzeigte, daß »Raum« und »Zeit« keine festen unabänderlichen Meßgrößen sind, sondern äußerst relative Strukturen unseres eigenen Bewußtseins. Mit Albert Einstein ist der vierdimensionale Hyperraum erstmals in das Bewußtseins-Kraftfeld der Menschheit hineingetreten.

*Schema der Bewußtseins-Strukturen:*

| | | |
|---|---|---|
| *Archaisch* | *Bewußtlosigkeit* | *null-dimensional* |
| *Magisch* | *Schlaf* | *Punkt* |
| *Mythisch* | *Traum* | *Fläche (bes. Kreis)* |
| *Mental* | *Wachheit* | *Raumwahrnehmung* |
| *Integral* | *Überwachheit* | *Raum-Zeit-Freiheit* |

Im Zustand der Raum-Zeitfreiheit tritt das *Diaphainon*, das Hindurchscheinen des Geistes, voll zutage. Dies ist die Stufe des inte-

gralen Bewußtseins (der astralmythologisch das »Wassermann«-
Zeitalter entspricht?). Hier wird jeglicher Dualismus überwunden;
das Ganze manifestiert sich in der Kraft seines göttlichen
Ursprungs – der Ursprung ist Gegenwart geworden. Und dann gilt:
»Die tiefe Wahrheit des Christlichen von der Transparenz, der
Diaphanität der Welt, wird wahrnehmbar. Der lautere Einbruch
des Jenseitigen ins Diesseitige, die Präsenz des jenseits im Diesseits,
des Todes im Leben, des Transzendenten im Immanenten, des Göttlichen im Menschen wird transparent.«[15]

## 4. Spirituelle Evolution nach Sri Aurobindo

In Sri Aurobindo (1872–1950),[16] » eigentlich Aurobindo Ghose, ist
die heute so viel genannte Ost-West-Synthese, die Begegnung und
wechselseitige Durchdringung der beiden Kulturkreise Indien und
Europa, lebendige Wirklichkeit geworden. In seiner Person verkörpert sich nicht nur das Wesen des alten und des zukünftigen
Indien, sondern auch der Geist Europas. Schon sein äußerer
Lebensweg weist darauf hin:

Als Sohn des anglophilen Inders Krishnadan Ghose in Kalkut-
ta / Bengalen geboren, kam Aurobindo schon im Kindesalter nach
England, wo er aufwuchs und ganz nach den Idealen europäischer Geistesbildung erzogen wurde. Nachdem er sich eine inti-
me Kenntnis der europäischen Kultur und ihrer Wurzeln angeeig-
net, sich mit dem Geist lateinischer und griechischer Humanität
angefüllt, schließlich als mehrfach ausgezeichneter Stipendiat am
King's College in Cambridge studiert hatte, kehrte er 21jährig in
seine eigentliche Heimat Indien zurück, um sich zunächst als mili-
tanter Revolutionär der indischen Freiheitsbewegung anzuschlie-
ßen.

Anders als Mahatma Gandhi erstrebte die Gruppe bengalischer
Radikaler, der er angehörte, die Unabhängigkeit Indiens mit Waf-
fengewalt an. Wegen Beteiligung an einer »terroristischen Aktion«
vor Gericht gestellt, erlebte Aurobindo die entscheidende Wende
seines Lebens im Gefängnis von Alipur (1908): Schauungen und

Visionen überkamen ihn – und er empfing den Ruf, fortan nicht mehr als Politiker der indischen Nation, sondern als Yogi und Weisheitslehrer der ganzen Menschheit zu dienen.

Deshalb begab er sich im Februar des Jahres 1910 nach Französisch-Chandenagore, nach Pondicherry südlich von Madras, wo er bis zu seinem Tod am 5. Dezember 1950 in tiefster Zurückgezogenheit verblieb. Seine Wirksamkeit in Pondicherry war nun keine politische mehr, sondern eine rein geistige: Hier begann er ab 1914 die religiös-philosophische Zeitschrift »*Arya*« herauszugeben; hier begegnete er seiner späteren Lebensgefährtin Mira Richard, der charismatischen »Mutter«; Hier gründete er auch seinen eigenen Ashram, eine spirituell-klösterliche Lebensgemeinschaft, deren Leitung im Jahr 1926 bereits die »Mutter« übernimmt. Dieser Ashram bildete die Keimzelle, aus der die heute weitbekannte »*Zukunftsstadt Auroville*« entwuchs.

Sri Aurobindos Geschenk an die Menschheit ist seine Lehre und Praxis des *Integralen Yoga*. Dieser in der Abgeschiedenheit von Pondicherry in Zusammenarbeit mit der Mutter Mira entwickelte spirituelle Weg beruht keineswegs auf einem reformierten Hinduismus, sondern es handelt sich bei diesem Integralen Yoga um einen spirituellen Universalismus im Sinn einer alle kulturellen und nationalen Gegensätze umspannenden west-östlichen Mystik, die das Menschheits-Bewußtsein auf eine höhere Entwicklungsstufe zu heben vermag.

Von den traditionellen indischen Yoga-Systemen, wie sie mustergültig schon um 500 v. Chr. in den *Yoga-Sutras* des *Patanjali* entwickelt wurden, unterscheidet sich der Integrale Yoga von Sri Aurobindo in dreierlei Hinsicht:

1. durch seine *Lebens- und Weltbejahung*,
2. durch seinen betonten *Personalismus*,
3. durch seine *evolutionäre Entwicklungsidee*.

Die *Weltbejahung* Aurobindos bedeutet ein echtes Durchbrechen traditioneller Schranken, denn sie erstrebt eine Überwindung jenes subjektiven Idealismus, der in der altindischen Maya-Philosophie angelegt war. Denn in erster Linie begreift sich der Integrale Yoga als ein *Yoga für das Erd-Bewußtsein*. Die Welt wird nicht – wie im traditionellen Yoga – als eine Illusion oder als ein vorübergehender, im Grunde rein negativer Daseinszustand aufgefaßt. Nicht Weltflucht und Auflösung allen Seins in ein diffuses Nirvana wird angestrebt, sondern die Transformation der Welt, die Läuterung und Spiritualisierung der Erd- und Menschennatur. An die Stelle des weltfeindlichen Dualismus der Tradition tritt eine ganzheitliche Sicht von Mensch, Erde und Kosmos.

»Mein eigenes Leben und mein Yoga sind«, bekennt Sri Aurobindo in einem autobiographischen Fragment, »seit ich nach Indien gekommen bin, immer diesweltlich und überweltlich zugleich gewesen, ohne irgendeine Exklusivität auf einer Seite. Alle menschlichen Interessen sind, glaube ich, diesweltlich, und die meisten dieser Art sind in mein geistiges Gesichtsfeld und einige, wie die Politik, in mein Leben eingetreten. Zu gleicher Zeit aber begann ich von dem Augenblick an, da ich am Apollo-Kay in Bombay meinen Fuß auf indischen Boden setzte, spirituelle Erfahrungen zu haben. Diese aber waren nicht von dieser Welt getrennt, sondern hatten eine unendliche innere Bedeutung für dieselbe (...) Zu gleicher Zeit aber fand ich, daß ich in supraphysische Welten und Ebenen eindrang, die Einfluß und Wirkung auf die materielle Ebene hatten. So konnte ich mithin keine scharfe Scheidung oder unversöhnliche Entgegensetzung zwischen den beiden Enden der Existenz, wie ich es nannte (...), vornehmen.«[17]

Mit der Diesweltlichkeit des Integralen Yoga eng verbunden ist der *Personalismus*. »Gott« bedeutet für Sri Aurobindo keine abstrakte Weltseele, kein unpersönlich-anonymes Energiefeld, sondern die Ur-Person schlechthin, und damit auch die Quelle aller menschlichen Personalität. Das Ziel des Menschseins liegt somit auch nicht in der Person-Auflösung, wie sie gerade von den klassischen Yoga-Schulen letzten Endes angestrebt wird, sondern in der Transformation, der Wesensumwandlung der bloß menschlichen Personalität in eine höhere spirituelle Wesenheit.

Die Wesensumwandlung der menschlichen Person in eine höhere geistpersonale Wesenheit erfolgt als Bestandteil des göttlichen Weltenplanes. Die Zukunft der Menschheits-Evolution, wie Sri Aurobindo sie sieht, richtet sich auf die Verwirklichung göttlichen Bewußtseins im Schoße eines höheren Menschentums. Der Jetztmensch ist nur die Vorform zu etwas Höherem. Der menschliche Geist, der jetzt in immer noch unvollkommener Form existiert, wird sich ausweiten zum *Übergeist*, zum *Überbewußtsein*, zum *Supramentalen.* Im supramentalen Geist- und Gottmenschen der Fernstzukunft wird sich der Plan Gottes auf Erden vollends erfüllt haben. Mit Sri Aurobindos eigenen Worten:

»Die Evolution hört bei dem – erreichten – menschlichen Geist nicht auf, sie wartet auf eine Auswirkung in etwas noch Größeres hinein, in ein Bewußtsein, das spirituell ist und die jetzige Geistebene überschreitet. Die nächste Stufe der Evolution muß sich auf die Entwicklung des Übergeistes (…) als den dominierenden Faktor im bewußten Menschen richten. Denn nur so wird die in den Dingen involvierte Göttlichkeit sich völlig selbst befreien, wird Leben in der Lage sein, Vollkommenheit zu manifestieren. Während aber die früheren Schritte in der Evolution von der Natur ohne einen bewußten Willen im Pflanzen- und Tierreich genommen wurden, wird die Natur im Menschen fähig, in ihm als ihrem Instrument durch einen bewußten Willen fortzuschreiten.«[18]

Als Träger des supramentalen Bewußtseins sieht Sri Aurobindo den spirituellen Übermenschen der Zukunft, der das mentale Prinzip – den reinen Intellekt – zugunsten eines höheren göttlichen Lichts überwunden hat: »Des Menschen Weg zum spirituellen Übermenschen wird sich erst öffnen, wenn er kühn erklärt, daß alles, was er bisher entwickelte, einschließlich des Intellekts, auf den er mit Recht und doch so eitel stolz ist, ihm nun nicht mehr genügt, daß es künftig sein ständiges Streben sein wird, dies größere Licht in sich selbst zu erkennen und freizulegen. Dann werden Philosophie, Kunst, Wissenschaft und Ethik, soziales Sein und vitale Zielsetzungen nicht länger allein Handlungen seines Mentalen und seines Lebens sein, um ihrer selbst willen getan, im Kreis sich drehend, sondern sie werden ihm als Mittel dienen, um hinter dem Mentalen und dem Leben eine größere Wahrheit zu erkennen und deren Kraft in das menschliche Sein hineinzutragen. Dann werden wir auf dem rechten Weg zu uns selbst sein, zu dem wahren Gesetz unserer Vollendung, zu unserem wahren befriedigenden Sein, unserem wirklichen Wesen, unserer göttlichen Natur.«[19]

Das Ziel des Integralen Yoga besteht darin, die Herabkunft des *Overmind*, des *Supramentalen*, des göttlichen All-Bewußtseins, zu ermöglichen. Ich sage hier ganz bewußt: »die Herabkunft«; denn Aufstieg und Herabkunft, Welt-Evolution und Involution Gottes sind bei Sri Aurobindo nur zwei Seiten desselben Vorgangs. Der Integrale Yoga erstrebt keine Selbsterlösung des Menschen; in ihm waltet das Moment der Gnade. Sein Grundprinzip lautet: »Beiseitetreten und Gott wirken lassen«. Indem der Mensch sich zum Gefäß und Werkzeug des Übergeistes macht, wird er Mithelfer am Evolutionsplan Gottes.

## 5. Mitteilungen aus der ›Akasha-Chronik‹

Was *Rudolf Steiner* (1864–1925) in seinem Buch »*Aus der Akasha-Chronik*« über die künftige Welt- und Menschheitsentwicklung schreibt (es entspricht im wesentlichen dem Entwicklungsbild der Theosophie), stimmt überein mit den Ergebnissen anderer Geistesforscher, vor allem Teilhard de Chardin, Sri Aurobindo und Wladimir Solowjef.

Bei der »*Akasha-Chronik*« handelt es sich keineswegs um ein materielles, geschriebenes oder gedrucktes Buch. Der Ausdruck bezeichnet vielmehr symbolisch das »Weltgedächtnis«, das der geschulte Hellseher befragt, um frühere Weltzustände, Entwicklungszustände, Erden-Verkörperungs-Zustände in Erfahrung zu bringen. Dies Weltgedächtnis kann man sich am besten vorstellen als einen unendlich dünnen feinstofflichen Film, oder besser noch: als eine Fotoplatte; alles, was je existiert hat, was je sich zugetragen hat, hinterläßt auf dieser gigantischen makrokosmischen Matrix einen bleibenden Eindruck. Die Formen und Gestalten des früher Gewesenen werden buchstäblich in das Weltgedächtnis »eingedrückt«, und dort bleiben sie bis in alle Ewigkeit »gespeichert«. Daher kann man das Weltgedächtnis symbolisch als eine Art »Buch des Lebens« bezeichnen oder, mit einem indischen Ausdruck, als die *Akasha-Chronik.*

Die Akasha-Chronik urständet eigentlich in der Geisteswelt, doch wirft sie auch reflexhafte Widerspiegelungen in die Astralwelt hinein. Hellseher und Medien können zuweilen solche astralen Akasha-Bilder mit dem geistigen Auge sehen, können in ihnen die Gestalten früherer Daseinsformen erkennen, auch menschliche Gestalten und ihre Schicksale in früheren Erdenleben. Der Amerikaner *Edgar Cayce* (1877–1945) war etwa ein solches Medium, dessen Blick sich längst versunkene Kontinente wie Atlantis und Lemurien, aber auch frühere Menschenschicksale mit all ihren karmischen Verflechtungen eröffneten. Nun muß aber nicht nur der Einzelmensch eine ganze Kette von Reinkarnationen durchlaufen, sondern auch unser Planet Erde; auch die Erde kennt ja den Zyklus von Geburt, Tod und Wiedergeburt.

Über die früheren planetarischen Inkarnationen der Erde, wie sie im Tableau der Welterinnerung gespeichert sind, berichtet Rudolf Steiner außer in seiner Aufsatzsammlung »*Aus der Akasha-Chronik*« (1904–1908) noch in seinem Buch »*Die Geheimwissenschaft im Umriß*« (1910). Nach seiner Darstellung sind der heutigen Erde drei frühere Erd-Entwicklungszustände vorangegangen, die er »Saturn«-, »Sonne«- und »Mond«-Zustand nennt; und es werden ihr drei künftige Weltzustände folgen, der »Jupiter«-, »Venus«- und »Vulkan«-Zustand. Es gibt demnach insgesamt sieben Weltentwicklungszustände:

| Entwicklungs-Stufe der Erde: | Verstofflichungs-grad der Erde: | Entwicklungsstufe des Menschen: |
|---|---|---|
| Alter Saturn | Geisteszustand | Mineralstufe |
| Alte Sonne | Astralzustand | Pflanzenstufe |
| Alter Mond | Ätherzustand | Tierstufe |

| *Erde* | *Materiezustand* | *Menschenstufe* |
| *Jupiter* | *Ätherzustand* | *Geistmensch* |
| *Venus* | *Astralzustand* | *Allmensch* |
| *Vulkan* | *Geisteszustand* | *Gottmensch* |

In der Saturnperiode durchlebte der Mensch die Mineralstufe; er befand sich in einem Zustand tiefster Unbewußtheit, in einem Trancebewußtsein oder Allbewußtsein. In der Sonnenperiode durchschritt er den Pflanzenzustand, der mit einem Tiefschlafbewußtsein oder traumlosen Unterbewußtsein einhergeht. In der Mondenperiode weilte er in der Tierstufe, durchlebte er ein magisches Traum- oder Bilderbewußtsein. Im vierten Weltzustand, der Erdperiode, konnte der Mensch erst zu einem Ich-Bewußtsein heranreifen, zu einem Wach- oder Gegenstandsbewußtsein. Man kann also sagen: Der Mensch *lebt* als Mineral; er *schläft* als Pflanze; er *träumt* als Tier, und er *wacht* als Mensch; erst dann ist er wahrhaft Mensch geworden, wenn er sagen kann: *Ich bin!*

Den sieben Weltentwicklungszuständen von »Saturn« bis »Vulkan« entsprechen sieben verschiedene Inkarnationen des Planeten Erde, wobei allerdings jeder Zyklus seinerseits in sieben Unterzyklen unterteilt ist. Hierbei gilt es zu beachten, daß in der Saturnperiode die Erde noch eine reine Geistes-Erde war, sich sodann im weiteren Verlauf der Weltevolution auf astralen und ätherischen Ebenen zunehmend verdichtete, bis sie sich erst im vierten Zyklus, dem gegenwärtigen, als eine materiell-grobstoffliche Erde gestalten konnte. Sie wird in den künftigen Zyklen wieder leichter, dünner, feinstofflicher werden, bis sie sich zuletzt im Vulkan-Zustand wieder zu einem geistes-urbildlichen Erden-Organismus herangebildet haben wird.

So gleicht der Welten-Wanderungs-Weg von Mensch und Erde eigentlich einer Parabel, die aus der Höhe kommt, sodann einen Tiefpunkt durchläuft und schließlich wieder in die Höhe emporstrebt. Wir können aber auch das Bild einer Spirale gebrauchen, die von einem Anfangszustand ausgeht, diesen zunächst schrittweise überwindet und zuletzt den Anfangszustand auf einer höheren

Ebene wiederherstellt. Alles kehrt also wieder, aber nie in derselben Gestalt, sondern immer auf einer höheren Ebene. So wird auch im Vulkan-Zustand der ursprüngliche Saturn-Zustand wiederhergestellt; aber nicht im Sinn einer bloßen Wiederholung des Anfangs, sondern im Vulkan verwirklicht sich der Saturn auf einer höheren Ebene. Was sich in der Saturnperiode noch als werdende Form und dumpf-ahnendes Allbewußtsein gestaltete, das wird in der Vulkanperiode formvollendeter Geist und wissendes Welt- und Gottbewußtsein sein.

Nach Rudolf Steiner leben wir gegenwärtig in der vierten von insgesamt sieben Weltentwicklungsperioden, in der Erdperiode, die im Zeichen dichtstofflicher Materialisation steht. Es ist also »*Halbzeit der Evolution*«, um den Titel eines Buches von *Ken Wilber* zu zitieren (dies Buch mit dem Untertitel »Der Mensch auf dem Weg vom animalischen zum kosmischen Bewußtsein« ist zweifellos das Tiefsinnigste und Fundierteste, das in letzter Zeit zum Thema Bewußtseins-Evolution geschrieben worden ist). Die Menschheit hat die Hälfte ihres Welten-Wanderungs-Weges durch die Ebenen der Stofflichkeit hinter sich gebracht: Der Mensch steht genau in der Mitte zwischen Tierreich und Gotteswelt. Das Tierreich hat er schon hinter sich gelassen; zur Gotteswelt ist er noch nicht aufgestiegen. Aus der Akasha-Chronik wird mitgeteilt, daß der Mensch während der Mondperiode sein Tierstadium durchlaufen hat und am Beginn der Jupiterperiode die Pforten des ewigen Geistesreiches betreten wird.

In jenen künftigen planetarischen Verkörperungen der Erde, die man als Jupiter-, Venus- und Vulkan-Zustand bezeichnet, wird ein Zukunfts-Mensch leben, der pflanzliches, tierisches, ja selbst menschliches Leben schöpferisch hervorzubringen vermag. Dazu Rudolf Steiner (in seinem Zyklus »*Die Theosophie des Rosenkreuzers*«, Vortrag vom 5. Juni 1907): »So lebt der Mensch hinüber auf den Jupiter, indem er alles Mineralische ausscheidet und zum pflanzlichen Schaffen übergeht. Und indem er dann später übergeht zum Tierschaffen – es werden ja andere Tiere sein als heute – wenn sein Herz soweit sein wird, daß es schöpferisch wirken kann, dann wird er in der Tierwelt schaffen, wie er heute im Mineralreich schafft; dann wird der Venuszustand eintreten. Und wenn er dann seinesgleichen schaffen kann, indem er sein Ebenbild spricht, dann ist der Sinn unserer Evolution vollendet, dann ist das Wort: ›Lasset uns Menschen schaffen …‹ erfüllt.«[20]

## 6. Das ›Gottmenschentum‹ Wladimir Solowjefs

Einen aus visionärer Traumkraft schöpfenden Seher künftiger Weltentwicklungen, der sich in seiner geistigen Schau zu ungeahnten spirituellen Gipfelhöhen emporgeschwungen hat, finden wir in dem russischen Philosophen und Dichter *Wladimir Solowjef* (1853–1900).[21] Solowjef besaß in hohem Maße die Veranlagung zum Philosophen und zum Mystiker. Seine Mystik, die wesentlich von Sophia-Weisheit durchströmt ist, gleitet nie ab ins Dunkle, Rauschhafte; sie bleibt stets philosophische Mystik. Auf die gesamte nicht-marxistische Philosophie Rußlands übte Solowjef gewaltigen Einfluß aus, vor allem auf Berdjajef. Trotzdem ist er im Bewußtsein der Gegenwart praktisch ein Vergessener. Vielleicht wird man ihn eines Tages neu entdecken – als Visionär eines kommenden Neuen Zeitalters.

Bei seiner Biographie fällt zunächst die außerordentliche geistige Frühreife ins Auge: Bereits mit 14 Jahren stürzte er sich auf die Philosophie – zunächst die materialistische, die er aber schnell überwand –, mit 21 Jahren erwarb er sich mit einer Doktorarbeit über »Die Krise der westlichen Philosophie« die Professur an der Moskauer Universität. 1880 wurde er Dozent an der Petersburger Universität, wurde aber schon 1881 infolge politischer Intrigen seines Amtes enthoben. Diese Absetzung war faktisch nur der Anfang einer kurzen, aber ungemein fruchtbaren Laufbahn als freier philosophischer Schriftsteller. Am Ende seines Lebens konvertierte er zum Katholizismus. Er starb, erst 47jährig, am 31. Juli 1900.

Wladimir Solowjef ist der Seher des *kommenden Gottmenschentums*; dieser Menschheitszustand ist für ihn eine heilsgeschichtliche Zukunfts-Tatsache. Darin steht er ganz in ostkirchlicher Tradition, denn »die Vergottung, die Theosis, ist die uralte, tiefste Sehnsucht des Ostens« (Karl Pfleger). Aber im eigentlichen Sinn handelt es sich hierbei nicht nur um ein ostkirchliches, christliches, sondern um ein gnostisches ideal. Freilich konnte dieser Sehnsuchtswunsch der Gnosis auch in die Geisteswelt des Urchristentums einfließen. Denken wir nur an das Apostel-Wort vom »neuen Menschen«; denken wir an die Verheißung himmlischer Vollkommenheit, wie sie im Evangelium dem Menschen regelrecht als Auftrag gegeben wird: »Darum sollt ihr vollkommen sein, gleichwie euer Vater im Himmel vollkommen ist.«

Der Gedanke einer spirituellen Evolution des Menschen bis zu den höchsten Höhen gottgleichen Lebens, in der Gnosis wie im Urchristentum noch lebendig, wurde freilich von der herrschenden Amtskirche unterdrückt und ins Abseits verdrängt. Solowjef macht ihn zum Kernpunkt eines überkonfessionellen, von allen Dogmen und kirchlichen Bindungen befreiten Geist-Christentums, das sich letztlich in einen religiösen Universalismus ausweitet. Das endgültige Heilsziel auf Erden sieht er in einer – nicht äußerlichen, sondern inneren und geistigen – »Universalkirche«, die den Gesamtkörper der künftigen spirituellen Menschheit darstellt. Ihr entspricht als Gesellschaftsideal die *freie universelle Theokratie*, wobei »Theokratie« hier nicht Priesterherrschaft bedeutet, sondern rein esoterisch die unmittelbare Herrschaft des Gott-Geistes im Menschen: also spirituelle Anarchie. Dem entspricht übrigens die Mutmaßung der Astrologen, daß das kommende Wassermann-Zeitalter ein Äon universeller Freiheit sein wird.

In Christus sieht Solowjef nichts Einmaliges, sondern nur die Vorwegnahme jenes Gottmenschentums, das künftig von allen Menschen dereinst erreicht werden wird. Als »Theophanie« – Gotteserscheinung – ist Christus keine einmalige Theophanie auf Erden, sondern »bloß eine vollständige und vollkommene Theophanie in einer Reihe anderer, unvollständiger, vorbereitender und umgestaltender Theophanien. So betrachtet ist das Erscheinen des geistlichen Menschen, die Geburt des zweiten Adam, nicht unbegreiflicher als die Erscheinung des natürlichen Menschen auf der

Erde, als die Geburt des ersten Adam. Eins wie das andere war ein
neues, bisher nie dagewesenes Faktum im Leben der Welt, eins wie
das andere stellt in diesem Sinne ein Wunder dar; doch dieses Neue
und nie Dagewesene war von allem Vorhergehenden vorbereitet
worden, war das, was das ganze Leben bis dahin begehrt und
erstrebt hatte, worauf es zugelaufen war: zum Menschen hin
strebte und gravitierte die ganze Natur, auf den Gottmenschen hin
ist die ganze Geschichte der Menschheit gerichtet.«[22]

In der geistigen *Universalkirche der Zukunft*, in dieser neuen,
zum Gottmenschentum hochgehobenen Zukunfts-Menschheit,
sieht Solowjef letztlich auch den *Sophia*-Impuls verwirklicht. Unter
»Sophia«, der göttlichen Weisheit, versteht er »die durch volle und
vollkommene Einigung mit der Gottheit vereinigte Schöpfung«.
Sophia wäre demnach die Göttliche Weisheit, die sich mit der
Materie vermählt, um mit ihr einen neuen geist-materiellen
Zukunfts-Organismus zu bilden. Oder, mit Solowjefs eigenen Worten: »Sophia ist der Leib des Göttlichen, die vom göttlichen Ein-
igungsprinzip durchdrungene Stofflichkeit der Gottheit.«[23]

Die Menschheit, die Erde, ja der ganze Kosmos, werden durch
die Herabkunft Sophias vergöttlicht; dem Gottmenschentum der
Zukunft entspricht eine neue Geistes-Erde. Aber nicht um eine
»Überwindung« der Materie geht es Solowjef, sondern um ihre
Durchdringung mit geistiger Sophia-Kraft. In der sophianischen
Schöpfung der Zukunft gäbe es keinen Dualismus zwischen
»Geist« und »Materie« mehr, denn alles Materielle wäre dort gei-
stig und alles Geistige materiell. In dieser atemberaubenden escha-
tologischen Schau knüpft Solowjef auch an Traditionen der
Sophia-Mystik in der russisch-orthodoxen Kirche an, die einen
noch ungehobenen Schatz feministischer Spiritualität darstellt.
Denn durch Sophia als Kraft des Ewig-Weiblichen, die alles Erdendasein durchgöttlicht, erfährt auch das Irdisch-Weibliche eine
neue, bisher ungekannte Verklärung und Erhöhung.

In Sophia sah Solowjef nicht ein abstraktes philosophisches
Prinzip, sondern ein ganz konkret-lebendiges Wesen. Er sah sie so
konkret und lebendig, wie sie in der russischen Volksfrömmigkeit

erscheint, etwa auf den Ikonen der Sophien-Kirchen von Kiew und Nowgorod. Die Sophia-Ikone zu Kiew zeigt die Göttliche Weisheit aufleuchtend im Glanz des Verklärungslichts als königlich thronende Gestalt in der Mitte zwischen Johannes dem Täufer und Maria sitzend, darüber das himmlische Buch schwebend, Symbol der ewigen Ratschlüsse, dem die Engel huldigen. Sophia, selbst mit Engelsflügeln ausgestattet, trägt eine Krone auf dem Haupt, also eine ganz konkrete geist-lebendige Wesenheit der himmlischen Hierarchie. Solowjef ist das visionäre Geistesbild der Sophia mindestens dreimal erschienen, in Moskau 1862, in London 1875 und in Ägypten 1876. In dem folgenden Gedicht beschreibt er seine Sophia-Vision in der Wüste Ägyptens:

> Lichtglänzende. Dein Wort hat nicht getrogen:
> Ich durfte in der Wüste dich ganz sehn.
> Wohin auch immer mich des Lebens Wogen
> Noch tragen – dieses Glück kann nicht vergehn.
>
> Doch die Erscheinung schwand in Blickes Schnelle.
> Am Horizont ging auf der Sonnenball.
> Die Wüste schwieg. Doch in der Morgenhelle
> Klang's in mir fort wie ferner Glocken Schall …
>
> Die Welt ist eitel. Doch des Stoffes Hülle
> Verbirgt mir nun nicht mehr das ew'ge Urgestein;
> Noch untertan der Zeit sah ich die Fülle
> Der Gottheit, sah das ewig-eine Sein.
>
> Im Vorgefühl hab ich den Tod bezwungen,
> Im seherischen Traum die Macht der Zeit.
> O ew'ge Freundin, schwach von mir besungen,
> Verzeih, was meine Muse Dir geweiht.[24]

Worin besteht nun die Bedeutung Solowjefs für unsere Zeit? Solowjef ist in gewisser Hinsicht ein unzeitgemäßer Denker, der

jeder Zeit fremd bleiben muß. Sein Entwurf des künftigen Gottmenschen, der gegenwärtigen Weltentwicklung um Äonen vor-
auseilend, wird viele Zeitgenossen eher abschrecken. Jedoch darf
der künftige Gottmensch Solowjefs nicht verwechselt werden mit
einem spirituellen Übermenschentum, das keine Entwicklung zu
höherer Göttlichkeit, sondern nur eine Selbstüberhöhung aus eigener Kraft mit magisch-okkulten Mitteln betreibt. Ein solch magischer Übermensch, der sich als eine Selbstschöpfung aus *eigener*
Kraft begreift, wird sich letzten Endes nur als eine *Ego*-Monade
von gigantischem Ausmaß erweisen. Wenn Solowjef jedoch vom
kommenden Gottmenschentum spricht, dann meint er eine geistige
Universal-Kirche der Zukunft, die das Ergebnis einer *gesamtkosmischen Evolution* darstellt. Nicht durch das Höherstreben des
Einzelnen allein, sondern durch das Wirken höherer Geistwesenheiten wird der Gang der kosmischen Evolution bestimmt.

Solowjef hat in freier Anknüpfung an die Lehren der Orthodo-
xen Kirche eine weltzugewandte, dynamische und zukunftsorien-
tierte Spiritualität entwickelt, die letztlich den ganzen Kosmos in
das Heilsgeschehen einbezieht. Eine solche, wahrhaft kosmische
Spiritualität kann auch unserer gegenwärtigen Wendezeit entscheidende geistige Impulse geben.

## 7. Entwicklung zum ›Punkt Omega‹

*Pierre Teilhard de Chardin* (1881–1955), Jesuitenpater, Paläontologe, Evolutionsforscher, vor allem aber spiritueller Philosoph und
Mystiker, gehört zu den Pionieren einer neuen Weltschau, die Geist
und Materie, Heilsgeschichte und Evolution, Mystik und Wissenschaft nicht als Gegensätze, sondern als polare Ergänzungen einer
höheren Ganzheit begreift. Das einheitsstiftende Moment in dieser
integralen Weltschau ist der Evolutionsgedanke. Das Universum
wird nicht als ein statisches, sondern als ein evolvierendes, sich
ständig in Entwicklung befindliches Universum gesehen. »Evolution« bedeutet dabei den Aufstieg zu immer höheren Formen der
Komplexität und der Bewußtheit: von der latenten, gleichsam noch

schlafenden Bewußtheit der mineralischen, der Pflanzen- und Tierwelt über die Zwischenstufe der Menschenwelt bis zu den höchsten Formen spirituellen Bewußtseins, die sich in einem letzten
göttlichen Konvergenzpunkt aller Entwicklungslinien wie in einem
Prisma sammeln.

So spannt sich der gesamte Weltprozeß auf zwischen dem Punkt
*Alpha* als dem Uranfang und dem Punkt *Omega* als dem göttlichen
Konvergenzpunkt am Ende, dessen personalisierende und zugleich
vereinigende Liebes-Energie den ganzen Evolutionsprozeß in Gang
hält. Mit dem Menschen setzt die Evolution zu einem neuen qua-
litativen Sprung an. Erst mit dem Menschen wurde nämlich der
Punkt in der kosmischen Entwicklung erreicht, an dem Bewußtsein
in die Lage gesetzt wird, über sich selbst zu reflektieren, nachzu-
denken. Diese Selbst-Reflexion, Rückbiegung des Bewußtseins in
sich selbst, kann allerdings nur dann auftreten, wenn das Bewußtsein über ein inneres Zentrum des »Ich« verfügt. Die Ich-Zentrie-
rung ermöglicht überhaupt erst menschliche Personalität; deshalb
mußte die ganze bisherige Menschheitsevolution unter dem Leitstern der »Personalisation« stehen.

Der künftige Gang der Evolution wird nach Teilhard de Chardin noch über das Personale hinausstreben; er wird auf die Bildung
überpersönlicher universeller Einheiten hinauslaufen: So will es das
kosmische Gesetz der *Unio Creatrix*, der schöpferischen Vereinigung. Damit wird das bisher erreichte Maß an Personalität keinesfalls preisgegeben, denn der Kosmos strebt ja nach einer diffe-
renzierenden Vereinigung, die nicht die Auflösung der Einzelteile
und ihre Verschmelzung zu einem größeren Ganzen, sondern die
höchstmögliche Individualisierung der Teile und zugleich ihre Verknüpfung zu neuen Lebens- und Sinnzusammenhängen bedeutet.
Man kann geradezu sagen: je universeller eine Einheit, desto dif-
ferenzierter – desto personaler – die Teile. In der Vereinigung zu
überpersonalen Organismen erreicht die menschliche Personalität
ihre höchste Vollendung und Erfüllung.

Nachdem die bisherige Menschwerdung weitgehend unter dem
Leitstern der »Personalisation« stand, wird die künftige Evolution

zu noch höheren Formen der Komplexität streben. Teilhard de Chardin spricht von einer künftigen »Kollektivisation«, »Totalisation« und »Planetisation« der Menschheit, die als Prozeß der Vereinigung zuletzt in die Bildung einer planetarischen *»Noosphäre«* einmündet. Unter der Noosphäre versteht man ein (sich noch in der Entwicklung und Herausbildung befindliches) menschheitliches Super-Bewußtsein: eine planetarische Bewußtseins-Schicht, die sich gleich einer Sphäre denkender Energien um den ganzen Erdball herumlegt.

Die *Noogenese*, der nächste Schritt der kosmischen Evolution, wird eine noosphärische Zukunfts-Menschheit hervorbringen, die eine aus vielen Personen zusammengesetzte geistige Über-Person darstellt. Aber auf die Noogenese folgt noch ein weiterer Schritt, die *Christogenese* als die Vollendung im »Punkt Omega«. Diesen Zielpunkt allen Geschehens nennt Teilhard de Chardin auch den Christus-Universalis, der weltseelenhaft das ganze Universum durchdringen wird: »Wie eine gewaltige Flut wird das Sein das Brausen der Seienden übertönen. In einem zur Ruhe gekommenen Ozean, von dem aber jeder einzelne Tropfen das Bewußtsein haben wird, er selbst zu bleiben, wird das außerordentliche Abenteuer der Welt beendet sein. Der Traum jeder Mystik wird seine volle und berechtigte Erfüllung gefunden haben. *Erit in omnibus omnia Deus* (Gott wird alles in allem sein).«[25]

Im Kosmischen Christus als dem *Christus-Evolutor*, dem Herrn der Evolution, konvergieren und zentrieren sich die Bewußtseinslinien eines personal verstandenen Universums. So strebt die Evolution also letzten Endes christuswärts, wie magnetisch angezogen von den Liebes-Energien Omegas. In diesem Sinn ist auch die Eintragung zu verstehen, die Teilhard de Chardin wenige Tage vor seinem Tod, genau am Osterfest des Jahres 1955 (am 10. April) in sein Tagebuch schrieb, die vier Worte: *»Kosmogenese → Biogenese → Noogenese → Christogenese«.* Evolution ist immerwährender Aufstieg zum göttlichen Bewußtsein.

# Anmerkungen und Zitate

## Kapitel 1

1. *Goethes Gedichte in zeitlicher Folge*, hrsg. von Heinz Nicolai, Frankfurt 1982, S. 759.
2. Hermann Hesse, *Mein Glaube*, Frankfurt 1971, S. 85.
3. Arthur Schopenhauer, *Sämtliche Werke*, Bd. 6: Parerga und Paralipomena, Leipzig 1891, S. 427.
4. Zt. nach Johannes Hemleben, *Rudolf Steiner*, Reinbek 1963, S. 82.
5. Als Beispiel sei hier ein Stück aus dem *Sakkaya-Sutta*, aus dem Pali-Kanon der Reden Buddhas, zitiert: »Die Persönlichkeit werde ich euch, ihr Mönche, zeigen; die Entstehung der Persönlichkeit, die Vernichtung der Persönlichkeit und den zur Vernichtung der Persönlichkeit führenden Weg. Das höret! Und was, ihr Mönche, ist die Persönlichkeit? Die fünf Stücke des Ergreifens wären da zu nennen. Welche fünf? Das Stück des Ergreifens als Körperlichkeit, das Stück des Ergreifens als Empfindung, das Stück des Ergreifens als Wahrnehmung, das Stück des Ergreifens als Unterscheidung, das Stück des Ergreifens als Bewußtsein. Und was, ihr Mönche, ist Entstehung der Persönlichkeit? Eben dieser Durst, der wiedergeburtige, der mit Lustgier verbundene, der hier und da sich ergötzende, nämlich der Sinnlichkeits-Durst, der Werdens-Durst, der Entwerdens-Durst. Das, ihr Mönche, wird Entstehung der Persönlichkeit genannt. Und was, ihr Mönche, ist Vernichtung der Persönlichkeit? Eben dieses Durstes rest- und spurlose Vernichtung, Entsagung, Verzicht, Freiung, Abweisung.« (*Buddha. Auswahl aus dem Palikanon*, übers. v. Paul Dahlke, Dreieich 1979, Neudr. Fourier Wiesbaden, S. 786 f.). Auf »Vernichtung der Persönlichkeit« läuft die ganze Buddha-Lehre hinaus.
6. Carl Gustav Jung, *Das Geheimnis der Goldenen Blüte*, Zürich 1956, S. XVII. (Vorwort).
7. An Gesamt-Einführungen in die Spiritualität des Westens gibt es z. B.: Caitlin Matthews / John Matthews, *Der westliche Weg*, Bd. 1: Ein praktischer Führer in die alten Geheimlehren, Bd. 2: Ein praktischer Führer zu Magie, Mystik und Alchemie, Reinbek 1988; Bernard Vaillant, *Westliche Einweihungslehren*. Druidentum, Gral, Templer, Katharer, Gesellenbruderschaften, Rosenkreuzer, Alchemie, Freimaurer, Martinismus, München 1986; Konrad Dietzfelbinger, *Mysterienschulen*. Vom alten Ägypten über das Urchristentum bis zu den Rosenkreuzern der Neuzeit, München 1997; Franjo Terhart, *Einweihungslehren*. Tem-

pler, Rosenkreuzer, Freimaurer und andere Geheimbünde, München 1996 (Goldmann Esoterik Nr. 12269); Bruno Nardini, *Das Handbuch der Mysterien und Einweihungen*, München 1994 (Goldmann Esoterik Nr. 12231). Dieses Buch von B. Nardini ist von allen hier genannten bei weitem das umfassendste und fundierteste. Am Rand unseres Themas bewegen sich: K. O. Schmidt, *In Dir ist das Licht*, München 1959 (seitdem oft neu aufgelegt), der 49 Mystiker des Westens und Ostens darstellt, und Edouard Schuré, *Die großen Eingeweihten*, Bern / München / Wien 1989. Als Nachschlagewerk eignet sich Horst E. Miers, *Lexikon des Geheimwissens*, München 1981.

## Kapitel 2

1. Hesiod, *Sämtliche Werke*, Leipzig 1965, S. 56.
2. Ovid, *Metamorphosen*. in der Übertragung von Johann Heinrich Voss, Frankfurt 1990 (it 1237), S. 14.
3. Zt. nach *Das Buch Merlin*, ausgewählt und hrsg. von Manfred Kluge, München 1988, S. 200.
4. Zt. nach Jean Markale, *Die Druiden*. Gesellschaft und Götter der Kelten, München o. J. (Bertelsmann-Lizenzausgabe), S. 242.
5. Hesiod, a. a. O., S. 58.
6. Zt. nach Charles Berlitz, *Das Atlantis-Rätsel*, München o. J. (Knaur-Taschenbuch 3561), S. 16.
7. Zt. nach Victor Wendt, *Das Geheimnis der Hyperboreer*, Basel 1984, S. 30.
8. *Die Edda*, übertragen von Felix Genzmer, 4. Aufl. Köln 1983, S. 33.
9. Otto Muck, *Alles über Atlantis*, München o. J. (Knaur-Taschenbuch 3548).
10. Walter Scott-Elliot, *The True Story of Atlantis*, New York 1882. Nach dem »Lexikon des Geheimwissens« von Horst E. Miers (München 1981) war Scott-Elliot »neben Jules Verne einer der ersten Science-Fiction-Schriftsteller; von ihm stammen die Vorlagen, aus denen Annie Besant, Leadbeater und Rudolf Steiner die Einzelheiten über Rassen, Atlantis und Lemuria geschöpft haben« (ebenda, S. 366).
11. Marion Zimmer-Bradley, *Das Licht von Atlantis*, Bergisch-Gladbach 1986 (6. Aufl.). Dieser Roman ist eine der schwächsten aus der Feder der sonst vorzüglichen amerikanischen Fantasy-Autorin. Ein ähnlicher Atlantis-Roman ist *Die Atlantis Saga* von Taylor Caldwell (Wien 1979).
12. Platon, *Sämtliche Werke Band 5*, Hamburg 1989, S. 147 [Timaios 20 d].
13. Platon, a. a. O., S. 219 [Kritias 108 e].

14. Platon, a. a. O., S. 151 [Timaios 24 e–25 a].
15. Charles Berlitz, *Das Atlantis-Rätsel*, S. 79.
16. Edgar Dacque, *Die Erdzeitalter*, München / Berlin 1930, S. 200.
17. Paul Schliemann, *How I Found the Lost Atlantis*, New York 1912.
18. Wir wollen es aber nicht unerwähnt lassen, daß Atlantis auch schon –
    im deutlichen Widerspruch zu den Angaben Platons – mit der in der
    Ost-Ägäis gelegenen Insel Thera gleichgesetzt wurde (Marinatos, Gala-
    nopoulos), ferner mit der phönizischen Stadt Tartessos in Südspanien
    (Adolf Schulten, *Atlantis*, Berlin 1930), ja sogar mit der Insel Helgo-
    land (Jürgen Spanuth, *Die Atlanter*. Volk aus dem Bernsteinland,
    Tübingen 1985). Einen Überblick über die verschiedenen Atlantis-The-
    orien gibt Günter Kehnscherper, *Auf der Suche nach Atlantis*, Rastatt
    1989 (Moewig Band Nr. 3412)
19. Artur Schult, *Astrosophie*, Bietigheim 1986, S. 60.
20. E. W. Zeylmanns van Emmichoven, *Rudolf Steiner*, Stuttgart o. J.
    (Freies Geistesleben), S. 115. Siehe hierzu vor allem: Rudolf Steiner, *Aus
    der Akasha-Chronik*, Dornach 1987.
21. Zt. aus Olga Fröbe-Kapteyn (Hrsg.), *Alte Sonnenkulte und die Licht-
    symbolik in der Gnosis und im frühen Christentum*, Zürich 1944
    (Eranos-Jahrbuch X / 1943), S. 86.
22. Zt. aus Walter Beltz, *Die Schiffe der Götter*. Ägyptische Mythologie,
    Berlin 1987, S. 133.
23. Zt. aus *Lyrik des Ostens*, hrsg. von Gundert / Schimmel / Schubring,
    München 1978, S. 10.
24. Vgl. hierzu: Jacques de Mahieu, *Die Erben Trojas*. Auf den Spuren der
    Megalithiker in Südamerika, Tübingen 1982.
25. Platon, a. a. O., S. 151 f. [Timaios 25 c / d].
26. Platon, a. a. O., S. 230 [Kritias 120 e–121 b].
27. Charles-Etienne Brasseur de Barbourg, *Manuscrit Troano*, Paris 1889.
    Übersetzungen des Textes bei Charles Berlitz, a. a. O., S. 118 / 119 und
    Otto Muck, a. a. O., S. 215.
28. Ovid, *Metamorphosen*, Textausgabe wie oben, S. 49.
29. *Popol Vuh. Das Buch des Rates*, übersetzt von Wolfgang Cordan, 4.
    Aufl. Köln 1984, S. 35.
30. Helmuth von Glasenapp (Hrsg.), *Indische Geisteswelt*, Bd. 1: Glaube
    und Weisheit der Hindus, Hanau 1986, S. 30 f.
31. Zt. aus *Das Gilgamesch-Epos*, rhythmisch übertragen von Hartmut
    Schmökel, 6. Aufl. Stuttgart 1985, S. 100 ff.
32. Rudolf Steiner, *Aus der Akasha-Chronik*, Dornach 1987, S. 25.
33. Ein Beispiel für die Verbindung von Atlantis-Theorie und Rassenlehre
    ist etwa das Buch von Carl Zschätsch, *Atlantis, die Urheimat der Arier*,
    Berlin 1922.

## Kapitel 3

1. Britta Verhagen, *Götter, Kulte und Bräuche der Nordgermanen*. Kulturelle Wurzeln des Abendlandes in der nordeuropäischen Bronzezeit, Herrsching 1986, S. 250.
2. Fernand Niel, *Auf den Spuren der Großen Steine*. Stonehenge, Carnac und die Megalithen, Herrsching 1989, S. 200.
3. Dieter Vollmer, *Sonnenspiegel*, Rotenburg / Wümme 1983, S. 142.
4. Platon, a. a. O., S. 229 [Kritias 119 d].
5. Zt. nach Fernand Niel, a. a. O., S. 50.
6. Manfred Ehmer, *Göttin Erde*. Kult und Mythos der Mutter Erde, Berlin 1994 (Verlag Clemens Zerling).
7. Sigrid Neubert, *Die Tempel von Malta*. Das Mysterium der Megalithbauten. Text von Sybille von Reden, Bergisch Gladbach 1988, S. 8.
8. Ebenda, S. 9.
9. Britta Verhagen, a. a. O., S. 80.
10. Ebenda.
11. Ebenda, S. 81.
12. Zt. nach Gerald S. Hawkins, *Merlin, Märchen und Computer*. Das Rätsel Stonehenge gelöst?, Berlin 1983, S. 15.
13. Gerhard von dem Borne, *Der Gral in Europa*. Wurzeln und Wirkungen, Stuttgart 1976, S. 77.
14. Zt. nach B. Verhagen, a. a. O., S. 133 f
15. Zt. nach B. Verhagen, a. a. O., S. 174.

## Kapitel 4

1. Hermann Güntert, *Der arische Weltkönig und Heiland*. Halle / Saale 1923, S. 413 f.
2. *Bhagavad Gita*. Das Hohe Lied der Tat, bearb. von K. O. Schmidt, München 1968, S. 34.
3. Helmuth von Glasenapp (Hrsg.), *Indische Geisteswelt*, Bd. 1, Hanau 1986, S. 20.
4. Glasenapp, a. a. O., S. 24.
5. *Upanishaden*. Die Geheimlehre der Inder, übertragen und eingeleitet von Alfred Hillebrandt, Köln 1986, S. 42.
6. *Upanishaden*, S. 116.
7. *Upanishaden*, S. 99.
8. Glasenapp, a. a. O., S. 36.
9. Zt. nach Artur Schult, *Astrosophie als kosmische Signaturenlehre des Menschenbildes*, Bietigheim 1986, S. 69.

10. Johannes Hertel, *Die Awestischen Herrschafts- und Siegesfeuer*, Leipzig 1931, 3. Gatha, Yasna 30, 4.
11. Nach Paul Eberhardt, *Das Rufen des Zarathustra*. Die Gathas des Avesta, Jena 1920.
12. Ebenda.

## Kapitel 5

1. Zt. aus Bettina Brand-Förster, *Das irische Hochkreuz*, Frankfurt 1980, S. 7.
2. An Literatur über das Thema »Kelten« sei hier nur genannt: Gerhard Herrn, *Die Kelten*. Das Volk, das aus dem Dunkel kam, Herrsching 1990; Paul-Marie Duval, *Die Kelten*, München 1978; Jan Filip, *Die keltische Zivilisation und ihr Erbe*, Prag 1961; Jacques Moreau, *Die Welt der Kelten*, Stuttgart 1965; John Sharkey, *Die keltische Welt*, Frankfurt 1982; Konrad Spindler, *Die frühen Kelten*, Stuttgart 1983; Barry Cunlife, *Die Kelten und ihre Geschichte*, 3. Aufl. Bergisch Gladbach 1991, sowie der Ausstellungskatalog *Die Kelten in Mitteleuropa*, 3. Aufl. Salzburg 1980.
3. Einführungen in die keltische Religion bieten: Jan de Vries, *Keltische Religion*, Stuttgart 1961; Murray Hope, *Magie und Mythologie der Kelten*, München 1990 (Heyne Sachbuch 19/81); Sylvia und Paul F. Botheroyd, *Lexikon der keltischen Mythologie*, 4. Aufl. München 1992.
4. Tacitus, *Germania*, Wiesbaden o. J., S. 43.
5. Zt. nach Heinrich Marzell, *Zauberpflanzen und Hexentränke. Brauchtum und Aberglaube*, Stuttgart 1963, S. 24 f
6. Robert von Ranke-Graves, *Die Weiße Göttin*. Sprache des Mythos, Reinbek 1990; darauf aufbauend: Liz und Collin Murray, *Das Keltische Baum-Orakel*, München 1989.
7. Literatur über »Druiden«: Jean Markale, *Die Druiden*. Gesellschaft und Götter der Kelten, München o. J.; Francoise Le Roux / Christian-J. Guyonvarc'h, *Die Druiden*. Mythos, Magie und Wirklichkeit der Kelten, Engerda 1996.
8. Gaius Julius Caesar, *Der Gallische Krieg*, übers. von Georg Dorminger, München o. J., S. 125.
9. Ebenda, S. 126.
10. Zt. nach Le Roux / Guyonvarc'h, *Die Druiden*, S. 21.
11. Ebenda, S. 22f
12. Zt. aus Frederik Hetmann (Hrsg.), *Märchen aus Wales*, Köln / Düsseldorf 1982, S. 133ff.

13. Murray Hope, *Magie und Mythologie der Kelten*, S. 148.
14. Zt. nach Jean Markale, *Die Druiden*, S. 57.
15. Caesar, *Der Gallische Krieg*, S. 128.
16. Zt. aus Robert v. Ranke-Graves, *Die Weiße Göttin*, S. 240f.
17. Ebenda.
18. Zt. nach Ingeborg Clarus, *Keltische Mythen*. Der Mensch und seine Anderswelt, Olten 1991, S. 72.
19. Zt. nach J. Markale, *Die Druiden*, S. 7.
20. Caesar, *Der Gallische Krieg*, S. 127.
21. Vgl. hierzu den Artikel »Rigani« im *Lexikon der keltischen Mythologie* von P. und S. Botheroyd, ebenda. S. 277ff., sowie J.-J. Hatt, Eine Interpretation der Bilder und Szenen auf dem Silberkessel von Gundestrupp, in: *Die Kelten in Mitteleuropa*, S. 68-75.
22. *Märchen aus Wales*, hrsg. und übers. von Frederik Hetmann, Köln / Düsseldorf 1982, S. 123.
23. E. Laaths, *Geschichte der Weltliteratur*, 2. Aufl. Bindlach 1953, S. 246.
24. *Die Homerischen Götterhymnen*, Deutsch von Thassilo von Scheffer, Leipzig 1974, S. 70.
25. *Märchen aus Wales*, S. 55.
26. Ebenda, S. 58.
27. Zt. aus Peter Sager, *Wales*, Köln 1985, S. 392.
28. *Goethes Werke in sechs Bänden*, Fünfter Band: Dichtung und Wahrheit, Frankfurt 1960, S. 474.
29. Der »*Druid Order*« von Tolland existiert noch heute – unter der Bezeichnung »*Order of the Bards, Ovates and Druides*« (OBOD) mit Sitz in Großbritannien. Der Orden bietet eine dreijährige Ausbildung zum Druiden als Fernlehrgang an. Anschrift: OBOD, Po Box 1333 Lewes E. Sussex BN73ZG.
30. Die Bücher der Fantasy-Autorin Marion Zimmer-Bradley, *Die Nebel von Avalon* und *Die Wälder von Albion*, bieten keine Einführung in die Esoterik des Keltentums. Geistige Grundlage dieser Romane ist vielmehr, wie die Autorin selbst im Nachwort zu ihrem Avalon-Buch sagt, der neuheidnische Wicca-Kult. Zur pseudo-keltischen Fantasy zählt auch der Roman Taliesin von Stephen Lawhead (München 1995).

## Kapitel 6

1. *Klopstocks Oden*, Leipzig o. J., S. 23.
2. Literatur hierüber: Emil Nack, *Germanien*. Länder und Völker der Germanen, Wien 1963, bes. S. 106 ff. Wolfgang Golther, *Handbuch der*

*germanischen Mythologie*, Stuttgart o. J. (Magnus-Verlag); Paul Hermann, *Nordische Mythologie*, Berlin 1992; Margret Burri, *Germanische Mythologie zwischen Verdrängung und Verfälschung*, Zürich 1982. Immer noch ein Klassiker ist: Jakob Grimm, *Deutsche Mythologie*, 3 Bde., Nachdr. Wiesbaden 1990. Über das germanische Neuheidentum von etwa 1900 bis heute berichtet: Karlheinz Weißmann, *Druiden, Goden, Weise Frauen*. Zurück zu Europas alten Göttern, Freiburg 1991. Auch germanische Fantasy-Literatur ist in Mode gekommen. Zwei Beispiele hierfür: Stephan Grundy, *Rheingold*, Frankfurt 1992; Brian Bates, *Wyrd*. Der Weg eines angelsächsischen Zauberers, München 1986.

3. Cäsar, *Bellum Gallicum*, S. 129.
4. Tacilus, *Germania*, Wiesbaden o. J., S. 43.
5. Zt. nach J. W. Hauer, *Urkunden und Gestalten der Germanisch-Deutschen Glaubensgeschichte*, Stuttgart 1940, S. 334.
6. *Die Edda*, übertragen von Felix Genzmer, Köln 1983, S. 28.
7. Ebenda, S. 47.
8. Ebenda, S. 31.
9. Ebenda, S. 41.
10. Britta Verhagen, *Götter, Kulte und Bräuche der Nordgermanen*, Herrsching 1986, S. 84 f.
11. Ebenda, S. 31.
12. Holger Kallweit, *Traumzeit und innerer Raum*, Die Welt der Schamanen, München 1983, S. 213-216.
13. Vgl. hierzu die neuere esoterische Literatur über das Thema »Runen«: Ralph Blum, *Runen*, München 1985; Tony Willis, *Die Kraft der Runen*, Zürich 1986; Edred Thorsson, *Handbuch der Runen-Magie*, Sauerlach 1987; Nigel Pennick, *Das Runenorakel*, München 1990.
14. Zt. nach Bernhard Reiß, *Runenkunde*, Leipzig o. J., S. 12.
15. Ebenda.
16. Tacitus, *Germania*, Wiesbaden o. J., S. 43.
17. *Die Edda*, Köln 1983, S. 164.
18. Platon, *Sämtliche Werke*. Band 5, Hamburg 1989, S. 163 [Timaios 40c].
19. Rudolf Steiner, *Die Mission einzelner Volksseelen*, Dornach 1982, S. 136.
20. *Die Edda*, S. 31 ff.
21. *Die Edda*, S. 30.
22. *Die Edda*, S. 33.
23. Zt. nach D. Vollmer, *Sonnenspiegel*, S. 393.
24. Siehe Victor Wendt, *Das Geheimnis der Hyperboreer. Legende, Mythos oder Wirklichkeit?*, Basel 1984 (Sphinx Pocket).

25. Zt. nach B. Verhagen, a. a. O.
26. Zt. nach J. Markale, *Die Druiden*, S. 61.

## Kapitel 7

1. Zt. nach Thassilo von Scheffer, *Hellenistische Mysterien und Orakel*, Stuttgart 1948, S. 62 f.
2. Empfehlenswerte Literatur: O. Kein, *Die griechischen Mysterien der klassischen Zeit*, Berlin 1927; R. Reitzenstein, *Die hellenistischen Mysterienreligionen nach ihren Grundgedanken und Wirkungen*, Leipzig-Berlin 1927; E. Rohde, *Psyche*. Seelencult und Unsterblichkeitsglaube der Griechen, Tübingen 1925, Neudruck Darmstadt 1980; C. Schneider, *Die antiken Mysterien nach ihrer Einheit und Vielfalt*. Wesen und Wirkung der Einweihung, Hamburg 1979; Marion Griebel, *Das Geheimnis der Mysterien*. Antike Kulte in Griechenland, Rom und Ägypten, Zürich–München 1990.
3. Thassilo von Scheffer, a. a. O., S. 15 f.
4. *Die Homerischen Götterhymnen*, Deutsch von Thassilo von Scheffer, Basel 1984, S. 115.
5. Zt. nach Marion Griebel, *Das Geheimnis der Mysterien*, S. 38.
6. *Die Homerischen Götterhymnen*, S. 115.
7. Zt. nach Thassilo von Scheffer, *Hellenistische Mysterien und Orakel*, S. 62.
8. Ebenda, S. 71.
9. Orpheus, *Altgriechische Mysterien*. Aus dem Urtext übertragen und erläutert von J. O. Plassmann, Köln 1982, S. 75.
10. Th. von Scheffer, *Hellenistische Mysterien und Orakel*, S. 84 f.
11. Vgl. Elisabeth Hämmerling, *Orpheus' Wiederkehr*. Der Weg des heilenden Klanges. Alte Mysterien als lebendige Erfahrung, Interlaken 1984.
12. Orpheus, *Altgriechische Mysterien*, S. 28.
13. Th. von Scheffer, a. a. O., S. 101 f
14. Zt. nach Robert von Ranke-Graves, *Griechische Mythologie*, Bd. 1, Hamburg 1960, S. 25.
15. *Die großen Mythen der Menschheit – Götter und Dämonen*, ausgew. u. eingeleitet von Rudolf Jockel, Augsburg 1990, S. 91.
16. Orpheus, *Altgriechische Mysterien*, S. 37.
17. Literatur: Eduard Baltzer, *Pythagoras – Der Weise von Samos*. Ein Lebensbild, Heilbronn 1987; Karl Kerenyi, *Pythagoras und Orpheus*, Berlin 1938; sowie Edouard Schuré, *Die großen Eingeweihten*, Bern-München-Wien 1989, S. 223–318.

18. Jamblichos, *Pythagoras – Legende, Lehre, Lebensgestaltung*, hrsg. von Michael von Albrecht, Zürich-Stuttgart 1963, S. 153 ff.
19. *Die Vorsokratiker*. Ausgewählt und eingeleitet von Wilhelm Nestle, Köln–Düsseldorf 1956, S. 151 f.
20. Rudolf Steiner, *Theosophie*, Dornach 1962, S. 96.
21. *Die Goldenen Verse des Pythagoras*, hrsg. von Inge von Wedemeyer, Heilbronn 1988, S. 22.
22. *Die Goldenen Verse …*, ebenda.
23. *Die Vorsokratiker*, S. 140 f.
24. Platon, *Der Staat*, Deutsch von August Horneffer, Stuttgart 1973, S. 330.
25. Platon, *Mit den Augen des Geistes*, Frankfurt 1955, S. 199 f. (der 7. Brief, 341 b).
26. Platon, *Hauptwerke*, ausgewählt und eingeleitet von Wilhelm Nestle, Leipzig 1931, S. 59.
27. Platon, *Mit den Augen des Geistes*, S. 89.
28. Platon, *Der Staat*, Stuttgart 1973, S. 226.


*Kapitel 8*

1. Eranos-Jahrbuch X / 1943, S. 237.
2. Vgl. F. Cumont, *Die orientalischen Religionen im römischen Heidentum*, Neudr. Darmstadt 1989.
3. Hugo Rahner, *Das christliche Mysterium von Sonne und Mond*, in: Eranos Jahrbuch X / 1943, S. 307.
4. Ebenda, S. 237.
5. Vgl. F. Cumont, *Die Mysterien des Mithra*, Neudr. Darmstadt 1981; H. Koepf, *Mithras oder Christus*, Sigmaringen 1987; F. Lommel, *Der Mithrasmythos*, Bonn 1920; K. Merkelbach, *Mithras*, Königstein 1984; J. M. Vermaseren, *Mithras*. Geschichte eines Kultes, Stuttgart 1965; Manfred Claus, *Mithras*. Kult und Mysterien, München 1990; Robert Seitschek, *Helios*. Mythos der Sonne, Wien-München 1989, S. 79 ff.
6. Platon, *Sämtliche Werke*, Band 5, Hamburg 1989, S. 229 [Kritias 119 d / e].
7. Aus *Lyrik des Abendlandes*, München 1978, S. 90.
8. Zt. nach Manfred Claus, *Mithras*, S. 177.
9. H. Rahner, a. a. O., S. 309 f.
10. Zt. nach Sigrid Hunke, *Europas andere Religion*, Düsseldorf-Wien 1969, S. 95.
11. Vgl. Gerhard Wehr, *Esoterisches Christentum*, Stuttgart 1975. Es

scheint jedoch problematisch, so grundverschiedene Strömungen wie Gnosis, Mystik, Alchemie und Gralsimpuls unter dem Oberbegriff »Esoterisches Christentum« zu subsummieren.

12. Zt. nach Micha Brumlik, *Die Gnostiker*. Der Traum von der Selbsterlösung des Menschen, Frankfurt 1995, S. 127.

## Kapitel 9

1. Zt. nach Walter Beltz, *Die Schiffe der Götter*. Ägyptische Mythologie, Berlin 1987, S. 159.

2. Zt. nach Rudolf Frieling, *Christentum und Wiederverkörperung*, Frankfurt 1982, S. 10f.

3. Literatur zum Thema »Gnosis«: a) Quellensammlungen: Werner Förster / Ernst Haenchen / Martin Krause (Hrsg.), *Die Gnosis*, 3 Bde, Bd. 1: Zeugnisse der Kirchenväter, Bd. 2: Koptische und mandäische Quellen, Bd. 3: Der Manichäismus, Zürich 1980; Wolfgang Schultz, *Dokumente der Gnosis*, Jena 1910, Neudr. München 1986; Hans Christian Meiser (Hrsg.), *Gnosis*. Texte des geheimen Christentums, München 1994; Werner Hörmann (Hrsg.), *Gnosis*. Das Buch der verborgenen Evangelien, Augsburg 1994; R. Haardt, *Die Gnosis*. Wesen und Zeugnisse, Salzburg 1967; P. Sloterdijk / T. H. Macho, *Weltrevolution der Seele*, München 1991; b) Sekundärliteratur: W. Bousset, *Hauptprobleme der Gnosis*, Göttingen 1907; H. Jonas, *Gnosis und spätantiker Geist*, Göttingen 1954; G. Quispel, *Gnosis als Weltreligion*, Zürich 1951; Kurt Rudolf, *Die Gnosis*. Wesen und Geschichte einer spätantiken Religion, Göttingen 1994.

4. Zt. nach Hans Leisegang, *Begriff und Ursprung der Gnosis*, in: H. Ch. Meiser, a. a. O., S. 14.

5. Zt. nach Gerhard Wehr, *Esoterisches Christentum*, Stuttgart 1975, S. 105.

6. Zt. nach K. Rudolph, *Die Gnosis*, S. 45 f.

7. Ebenda, S. 21.

8. In vielen Quellenwerken werden auch die Hermetischen Schriften mit dem berühmten Poimandres-Dialog als gnostisch angeführt. Wir behandeln die Hermetik jedoch nicht als eine gnostische Unterströmung, sondern als ein eigenständiges Gebilde in Kapitel XII, Die Hermetik / Alchemie.

9. W. Hörmann (Hrsg.), *Gnosis*, S. 26.

10. Zt. nach K. Rudolph, a. a. O., S. 71 f.

11. W. Hörmann, a. a. O., S. 140.

12. Ebenda, S. 168.

13. Ebenda, S. 129.
14. Ebenda, S. 326.
15. Ebenda, S. 26f.
16. Zt. nach W. Beltz, *Die Schiffe der Götter*, S. 210.
17. Zt. nach Hans Mühlestein, *Die Verhüllten Götter*. Neue Genesis der italienischen Renaissance, Biel 1981, S. 374.
18. Ebenda, S. 384.
19. Ebenda, S. 30.
20. Literatur zu den Katharern: Otto Rahn, *Kreuzzug gegen den Gral*, Freiburg 1933, Neudr. Stuttgart 1964; Arno Borst, *Die Katharer*, Freiburg 1991; Lothar Baier, *Die Große Ketzerei*. Verfolgung und Ausrottung der Katharer durch Kirche und Wissenschaft, Berlin 1991. Von den drei genannten Werken ist das von Arno Borst bei weitem das fundierteste.
21. Arno Borst, *Die Katharer*, S. 127.
22. Ebenda, S. 128.
23. Ebenda, S.138.
24. Ebenda, S. 97.
25. Quellentext: A. Dondaine, *Un traite neo-manicheen du XIIIe siecle, le ›Liber de duobus principiis‹, suivi d'un fragment du rituel cathare*, Rom 1939.

## Kapitel 10

1. Angelus Silesius, *Der Cherubinische Wandersmann*, eingeleitet und erläutert von Will-Erich Peukert, Wiesbaden 1949, S. 15.
2. Einführungen in das Thema »Mystik«: Joseph Bernhard, *Die philosophische Mystik des Mittelalters*. Von ihren antiken Ursprüngen bis zur Renaissance, Darmstadt 1967; Rudolf Otto, *West-östliche Mystik*. Vergleich und Unterscheidung zur Wesensdeutung, 3. Aufl. München 1971; Kurt Ruh (Hrsg.), *Altdeutsche und altniederländische Mystik*, Darmstadt 1964 (= Wege der Forschung, Bd. XXIII). Eine gute Quellensammlung ist: Wulfing von Rohr / Diane von Weltzien (Hrsg.), *Das Große Lesebuch der Mystiker*, München 1993.
3. Dante Alighieri, *Die Göttliche Komödie*, übers. von Otto Gildemeister, Essen / Stuttgart 1983, S. 515 f.
4. Ebenda, S. 516.
5. Zt. nach Kurt Flasch (Hrsg.), *Geschichte der Philosophie in Text und Darstellung*, Bd. 2: Mittelalter, Stuttgart 1982, 142.
6. Ebenda, S. 147.
7. Angelus Silesius, *Der Cherubinische Wandersmann*, S. 15.

406 ANMERKUNGEN UND ZITATE

8. Meister Eckhart, *Deutsche Predigten und Traktate*, hrsg. und übers. von Josef Quint, 4. Aufl. München 1977, S. 60.
9. Meister Eckhart, *Vom Wunder der Seele*, hrsg. von Alfred Schmid Noerr, Stuttgart 1977, S. 28.
10. Ebenda, S. 63 f.
11. Ebenda, S. 70.
12. Zt. nach M. M. Smirin, *Die Volksreformation des Thomas Müntzer und der Große Bauernkrieg*, Berlin 1956, S. 215.
13. Zt. nach *Das Große Lesebuch der Mystiker*, S. 119.
14. Zt. nach Heinold Fast (Hrsg.), *Der linke Flügel der Reformation*. Glaubenszeugnisse der Täufer, Spiritualisten, Schwärmer und Antitrinitarier, Bremen 1962, S. 222.
15. Ebenda, S. 228.
16. Zt. nach Gustav Mensching (Hrsg.), *Das Lebendige Wort*. Texte aus den Religionen der Völker, Wiesbaden 1980, S. 362.
17. Angelus Silesius, *Der Cherubinische Wandersmann*, S. 1 ff.
18. Emmanuel Swedenborg, *Himmel Hölle Geisterwelt*. Eine Auswahl aus dem lateinischen Text in deutscher Nachdichtung von Walter Hasenclever, Zürich 1963, S. 25.
19. Ebenda, S. 17 f.
20. Zt. nach Gerhard Gollwitzer, *Die durchsichtige Welt*. Ein Swedenborg-Brevier, 2. Aufl. Zürich 1966, S. 61 f.
21. Ebenda, S. 57.
22. Ebenda, S. 58.

## Kapitel 11

1. Zt. nach Murray Hope, *Magie und Mythologie der Kelten*, München 1990, S. 109.
2. Quellentexte: Helmut Birkkan (Hrsg.), *Keltische Erzählungen vom Kaiser Arthur*, 2 Bde., Kettwig 1989 [Phaidon]; Bertram Wallrath (Hrsg.), *Das Buch Camelot*, München 1989; Karl Langosch (Hrsg.), *König Artus und seine Tafelrunde*. Europäische Dichtung des Mittelalters, Stuttgart 1980 [Reclam]; Thomas Malory, *Die Geschichten von König Artus und den Rittern seiner Tafelrunde*, übers. von Helmut Findeisen, 3 Bde., Frankfurt 1977 fit 239]; Geoffry von Monmouth, *Historia regum Britanniae*. Übersetzt und hrsg. von Albert Schulz, Halle 1854.
3. *Keltische Erzählungen vom Kaiser Arthur*, Bd. 1, S. 14.
4. Ebenda, S. 24.
5. Ebenda, S. 11.

6. Literatur zum Thema »Gral«: Malcolm Godwin, *Der Heilige Gral*, München 1994; John Matthews, *Der Gral*, Braunschweig 1992; Gerhard von dem Borne, *Der Gral in Europa*, Stuttgart 1976; Olga von Ungern-Sternberg, *Die Sternenschrift im Gralsgeschehen*, 2. Aufl. Kinsau 1986; Artur Schult, *Die Weltsendung des Heiligen Gral im Parzival des Wolfram von Eschenbach*, Bietigheim 1975; Julius Evola, *Das Mysterium des Grals*, München-Planegg 1955; Rudolf Meyer, *Der Gral und seine Hüter*, Stuttgart 1956; Karl Otto Schmidt, *Dreistufenweg zum Gral*, 3. Aufl. München 1971.

7. Thomas Mallory; *Die Geschichten von König Artus*, S. 52.

8. Heinrich Zimmer, Merlin, in: *Abenteuer und Fahrten der Seele*, Zürich / Stuttgart 1961, S. 42.

9. John Sharkey, *Die keltische Welt*, Frankfurt 1982, S. 10.

10. *Lancelot und Ginevra*. Ein Liebesroman am Artushof. Den Dichtern des Mittelalters nacherzählt von Ruth Schirmer, Zürich 1961, S. 110.

11. Ebenda.

12. Zu Merlin: Nikolai Tolstoy, *Auf der Suche nach Merlin*, 3. Aufl. Köln 1993; Frederic Hetmann, *Merlin*. Portrait eines Zauberers, in: T. H. White, *Das Buch Merlin*, Düsseldorf / Köln 1980, S. 165–254; Manfred Ehmer, *Merlin – Portrait eines keltischen Eingeweihten*, in: Willi Dommer (Hrsg.), *Wie die alten Götter weiterleben*, Freiburg 1990, S. 111–124.

13. Heinrich Zimmer, a. a. O., S. 64.

14. *Das Buch Merlin*. Mythen, Legenden und Dichtungen um den Zauberer Merlin, hrsg. von Manfred Kluge, München 1988, S. 156.

15. Ebenda, S. 59.

16. Ebenda, S. 222.

17. Ebenda, S. 253 f.

18. Wolfram von Eschenbach, *Parzival*. Eine Auswahl, hrsg. von Walter Hofstätter, Stuttgart 1983, S. 30.

19. Im folgenden verwende ich die Prosa-Übersetzung: Wolfram von Eschenbach, *Parzival*, übertr. und hrsg. von Wolfgang Spiewok, Basel 1986. Ebenda, S. 350 f.

20. Ebenda, S. 362.

21. Ebenda, S. 361.

22. Ebenda.

23. Ebenda, S. 360.

24. *Deutsche Heldensagen*, Erlangen 1994, S. 516.

25. Richard Wagner, *Alle Libretti*, Dortmund 1982, S. 259 f.

26. Britta Verhagen, *Götter, Kulte und Bräuche der Nordgermanen*. Kulturelle Wurzeln des Abendlandes in der nordeuropäischen Bronzezeit, Herrsching 1986, S. 134.

27. Ebenda, S. 131.
28. Parzival (nach W. Spiewok), S. 350.
29. Ebenda, S. 595.

## Kapitel 12

1. Zt. nach Allison Coudert, *Der Stein der Weisen*. Die geheime Kunst der Alchemisten, Herrsching 1992, S. 50.
2. Literatur zur Alchemie: Helmut Gebelein, *Alchemie*, München 1991; Alexander Roob, *Alchemie und Mystik*. Das Hermetische Museum, Köln 1996; Stanislas Klossowski de Rola, *Alchemie*. Die geheime Kunst, München 1974; Gottfried Latz, *Die Alchemie*, Bonn 1869, Neudr. Fourier Wiesbaden; Julius Evola, *Die Hermetische Tradition*, Interlaken 1989; Mircea Eliade, *Schmiede und Alchemisten*, Stuttgart 1980; Hermann Kopp, *Die Alchemie in älterer und neuerer Zeit*, Heidelberg 1886.
3. Alexander von Bernus, *Alchymie und Heilkunst*, Nürnberg 1948, S. 95 ff.
4. Jabob Burckhardt, *Die Kunst der Renaissance in Italien*, Herrsching 1981, S. 588.
5. Zt. nach S. Klossowski de Rola, *Alchemie – Die geheime Kunst*, München / Zürich 1974, S. 8.
6. *Novalis Schriften*. Die Werke Friedrich von Hardenbergs. Bd. 1: Das dichterische Werk, Stuttgart 1960, S. 404.
7. Vgl. Julius Ruska, *Tabula Smaragdina*, Heidelberg 1926.
8. Zt. nach Gerhard Wehr, *Esoterisches Christentum*, Stuttgart 1975, S. 197.
9. Über den Anteil der geistigen Sonnen-, Monden- und Ätherkräfte bei der Formung des Menschen schreibt H. P. Blavatsky, die Begründerin der modernen Theosophie (Die Geheimlehre, Bd. 2: Anthropogenesis, Den Haag o. J.): »Der ›Vater‹ des ursprünglichen physischen Menschen, oder seines Körpers, ist das vitale elektrische Prinzip, welches in der Sonne wohnt. Der Mond ist seine ›Mutter‹, wegen der geheimnisvollen Kraft im Monde, welcher einen ebenso entscheidenden Einfluß auf die menschliche Schwangerschaft und Zeugung hat, welche er regelt, als auch auf das Wachstum von Pflanzen und Tieren. Der ›Wind‹ oder Ether, welcher in diesem Falle für das Agens der Übertragung steht, wodurch jene Einflüsse von den zwei Lichtkörpern herabgebracht und über die Erde verbreitet werden, wird als der ›Ernährer‹ bezeichnet.« (Ebenda, S. 110 f.)
10. Eduard Zeller, *Die Philosophie der Griechen in ihrer geschichtlichen*

*Entwicklung*, Dritter Teil / Zweite Abteilung, 6. Aufl. Darmstadt 1963, S. 244.

11. Walter Beltz, *Die Schiffe der Götter*. Ägyptische Mythologie, Berlin 1987, S.97f.

12. Edouard Schuré, *Die großen Eingeweihten*. Geheimlehren der Religionen, München 1976, S. 113.

13. Aurelius Augustinus, *De Civitate Dei*. Der Gottesstaat. Zweiter Band, in deutscher Sprache von Carl Johann Perl, Paderborn 1979, S. 379.

14. Zt. nach W. Beltz, *Die Schiffe der Götter*, S. 192.

15. Novalis, *Im Einverständnis mit dem Geheimnis*, Freiburg 1980, S. 34.

16. Zt. nach Peter Andreas / Rose Lloyd Davies, *Das verheimlichte Wissen*, München 1984, S. 159.

17. *Upanishaden – Die Geheimlehre der Inder*, übertr. und eingel. von Alfred Hillebrandt, Köln 1977, S. 55.

18. *Die 17 Bücher des Hermes Trismegistos*. Neuausgabe nach der ersten deutschen Fassung von 1706, Haar o. J. *Hermetica*. Edited by Walter Scott, Vol. 1–3, Oxford 1924–26. *The divine Pymander of Hermes Tismegistos*, in XVII books. Translated … by that Learned Divine Doctor Everard, London 1650. *Hermes Trismegiste*. Traduction complete … Par Louis Menard, Paris 1866.

19. Giovanni Pico dela Mirandola, *Über die Würde des Menschen*, Zürich 1988, S. 93.

20. Ebenda, S. 10 f.

21. Zt. nach Ernst Cassirer, *Individuum in der Philosophie der Renaissance*, Leipzig / Berlin 1927, S. 92.

22. Dieses Kapitel über die Kabbala ist eigentlich nur ein Exkurs, da die Kabbala mit der Hermetik und Alchemie nichts unmittelbar zu tun hat, allerdings oft in deren Gefolge auftritt. Zur Kabbala empfehle ich folgende Literatur: Papus / Nestle, *Die Kabbala*. Einführung in die jüdische Geheimlehre, Wiesbaden, Fourier 1982; Erich Bischoff, *Elemente der Kabbalah*, Wiesbaden 1990; Dion Fortune, *Die mystische Kabbala*, Freiburg 1990; Alan Richardson, *Einführung in die mystische Kabbala*, 2. Aufl. Basel 1982; Georg Langer, *Die Erotik der Kabbala*, München 1989; Quellentext: *Der Sohar. Das Heilige Buch der Kabbala*, Köln 1982 [DG 35 Judaica].

23. Zt. nach Erich Bischoff, a. a. O., S. 41.

24. Ebenda, S. 86.

25. Der Sohar, S. 67.

26. Sohar 1199 b, 100 a. Hier zt. nach E. Bischoff, S. 95.

27. Ebenda, S. 114 f.

28. Martin Buber, Werke Bd. 3: *Schriften zum Chassidismus*, München-Heidelberg 1963, S. 799.

## Kapitel 13

1. Als Quellentext aller frühen Rosenkreuzer-Manifeste verwende ich: Gerhard Wehr (Hrsg.), *Die Bruderschaft der Rosenkreuzer*, München 1991 (DG 53). Zitat ebendort S. 105.

2. Zur Geschichte der Rosenkreuzer: Roland Edighoffer, *Die Rosenkreuzer*, München 1995; Will-Erich Peukert, *Das Rosenkreutz*, Berlin 1973; Frances Yates, *The Rosicrucian Enlightenment*, London 1972.

3. *Die Bruderschaft der Rosenkreuzer*, S. 73 f.

4. Ebenda, S. 73.

5. Ebenda.

6. Zt. nach Artur Schult, *Astrosophie*, Bietigheim 1986, S. 72.

7. Ken Wilber, *Halbzeit der Evolution*, Bern / München / Wien 1984, S. 16 f.

8. Max Heindel, *Die Weltanschauung der Rosenkreuzer*, Darmstadt 1973, S. 518.

9. *Die Bruderschaft der Rosenkreuzer*, S. 70.

10. Angelus Silesius, *Cherubinischer Wandersmann*, hrsg. von Will-Erich Peukert, Wiesbaden 1949, S. 32.

11. *Die Bruderschaft der Rosenkreuzer*, S. 71.

12. Ebenda, S. 171 f.

13. Ebenda, S. 213.

14. Tschuang-Tse, *Reden und Gleichnisse*, Zürich 1951, S. 11 f.

15. Ingrid Fischer-Schreiber (Hrsg.), *Benutze die Liebe als Pfad*. Die Weisheit der großen Philosophen des Tao, Bern / München / Wien o. J., S. 78.

16. Über Paracelsus weiß die Fama Fraternitatis zu berichten, daß er der Rosenkreuzer-Gemeinschaft zwar nicht angehörte, jedoch das von Christian Rosenkreutz verfaßte »Liber Mundi« gelesen habe, »das seinen hohen Geist erweckte«. So stand er der frühen Rosenkreuzer-Bewegung nahe und übte wohl auch einen gewissen Einfluß auf diese aus. Deshalb möge er hier in Form eines Portraits kurz dargestellt werden. Als Quellentexte verwende ich: Paracelsus, *Vom Licht der Natur und des Geistes*, hrsg. von Kurt Goldammer, Stuttgart 1979; Paracelsus, *Mikrokosmos und Makrokosmos*. Okkulte Schriften, hrsg. von Helmut Werner, Wiesbaden 1994. Eine sehr schöne kleine Paracelsus-Biographie stammt von Sergius Golowin, *Paracelsus im Märchenland*, Basel 1980.

17. Vom Licht der Natur und des Geistes, S. 169.

18. Ebenda, S. 143.

19. Ebenda, S. 153 f.

20. Ebenda, S. 165.

21. Ebenda, S. 142.

22. Mikrokosmos und Makrokosmos, S. 298.
23. Ebenda, S. 241.
24. Jakob Böhme, *Die Morgenröte bricht an*, ausgew. von Gerhard Wehr, Freiburg 1983, S. 64.
25. Ebenda, S.42
26. Ebenda, S. 114.
27. Ebenda, S. 48.
28. Ebenda, S. 74.
29. Ebenda, S. 98.
30. *Goethes Werke*, Bd. 5: *Dichtung und Wahrheit*, Frankfurt 1951, S. 276.
31. Ebenda, S. 276 f.
32. Ebenda, S. 283.
33. Zt. nach Gerhard Wehr, *Esoterisches Christentum*, Stuttgart 1975, S. 238.
34. Zt. nach Horst E. Miers, *Lexikon des Geheimwissens*, München 1981, S. 348 (Stichwort: Rosenkreuzer).
35. *Goethes Gedichte in zeitlicher Folge*, hrsg. von Heinz Nicolai, Frankfurt 1982, S.842 f.


## Kapitel 14

1. *Lyrik des Abendlandes*, 2. Aufl. München 1983, S. 402.
2. J. W. Goethe, *Anschauendes Denken*. Goethes Schriften zur Naturwissenschaft, hrsg. von Horst Günther, Frankfurt 1981 [it 550], S. 151 f.
3. *Goethes Gedichte* in zeitlicher Folge, hrsg. von Heinz Nicolai, Frankfurt 1982, S. 911.
4. Johann Peter Eckermann, *Gespräche mit Goethe*, Frankfurt 1981 [it 500], Erster Band, S. 295 (Gespräch vom 13. Februar 1829).
5. *Goethes Gedichte*, S. 1071.
6. Ebenda, S. 612.
7. Ebenda, S. 556.
8. Eckermann, *Gespräche mit Goethe*, Zweiter Band, S. 720 (Gespräch vom 11. März 1832).
9. Goethes Gedichte, S. 230. 10) Ebenda, S. 207.
11. Gotthold Ephraim Lessing, *Unvergängliche Prosa*, München / Wien 1980, 389 ff.
12. *Goethes Gedichte*, S. 737.
13. Carl Gustav Carus, *Menschen und Völker*, Hamburg 1943, S. 14.
14. *Goethes Gedichte*, S. 305.

15. Ebenda, S. 1122.
16. Eckermann, *Gespräche mit Goethe*, Dritter Teil, S. 718.
17. Goethes Gedichte, S. 992.
18. Johann Wolfgang Goethe, *Werke, Sechster Band: Faust I, Faust II*, Frankfurt 1981, S. 25.
19. Ebenda, S. 29 f.
20. *Goethes Werke, Bd. 5: Dichtung und Wahrheit*, Frankfurt 1951, S. 523.
21. *Goethes Gedichte*, S. 162.
22. *Dichtung und Wahrheit*, S. 525.
23. *Goethes Gedichte*, S. 227.

## Kapitel 15

1.  William Blake, *Die Hochzeit von Himmel und Hölle*. Eine Auswahl aus den prophetisch-revolutionären Schriften, Bad Münstereifel 1987, S. 135.
 2.  Friedrich Nietzsche, *Werke in Zwei Bänden*, Bd. II, 5. Aufl. München 1981, S. 368.
 3.  Ralph Waldo Emerson, *Essays*, Zürich 1982, S. 44.
 4.  Ebenda, S. 57.
 5.  Ralph Waldo Emerson, *Spanne deinen Wagen an die Sterne*, Freiburg 1980, S. 99 f.
 6.  Ralph Waldo Emerson, *Essays*, S. 56.
 7.  Ebenda, S. 227.
 8.  *Spanne deinen Wagen an die Sterne*, S. 105.
 9.  Ebenda, S. 115.
10. Henry David Thoreau, *Walden oder Hüttenleben im Walde*, Zürich 1972, S. 85,
11. Henry David Thoreau, *Über die Pflicht zum Ungehorsam gegen den Staat*, Zürich 1973, S. 34 f.
12. Ebenda, S. 7.
13. Ebenda, S. 9.
14. Henry David Thoreau, *Walden*, S. 418 f
15. Walt Whitman, *Grashalme*, Zürich 1985, S. 44 f.
16. Zt. nach Henry Seidel Canby, *Walt Whitman – Ein Amerikaner*, Berlin 1947, S. 158 f.
17. Ebenda, S. 162 f.
18. Walt Whitman, *Grashalme*, S. 38, 65.
19. Ebenda, S. 120.
20. G. Landauer im Nachwort zu W. Whitman, *Grashalme*, S. 426.

21. *Grashalme*, S. 23.
22. Ebenda, S. 81.
23. Ebenda, S. 364.

## *Kapitel 16*

1. Zt. nach Gustav Mensching, *Buddhistische Geisteswelt*. Vom historischen Buddha zum Lamaismus, Wiesbaden o. J., S. 239.
2. Zt. nach Sylvia Cranston, *H.P.B. Leben und Werk der Helena Blavatsky, Begründerin der modernen Theosophie*, Satteldorf 1995
   (Adyar-Verlag), S. 188. Dies Buch, das eine Vielzahl von Briefen, Tage-
   buch-Notizen und Original-Dokumenten auswertet, ist die beste Biographie über Helena Blavatsky, die derzeit vorliegt.
3. Ebenda, S. 55 f.
4. Ebenda, S. 78.
5. Ebenda, S. 79.
6. Ebenda, S. 186.
7. Helena Petrowna Blavatsky, *Theosophie und Geheimwissenschaft*.
   Ausgewählte Werke, hrsg. von Sylvia Botheroyd, München 1995, S. 30.
8. Edward Conze, *Der Buddhismus*. Wesen und Entwicklung, Stuttgart
   1953, S.202.
9. Mahatma Gandhi, *Mein Leben*, Frankfurt 1983, S. 49.
10. Zt. nach Sylvia Cranston, a. a. O., S. 281.
11. Helena Petrowna Blavatsky, *Die Geheimlehre*, Bd. 1: *Kosmogenesis*,
    Den Haag (Couvreur) o. J., S. 45.
12. Ebenda, S. 26.
13. Ebenda, S. 55.
14. Ebenda, S. 183.
15. Vgl. hierzu: James Churchward, *Mu – der versunkene Kontinent*,
    Aitrang 1990, außerdem: J. F. Blumrich, *Kasskara und die sieben Wel-
    ten*. Die Geschichte der Menschheit in der Überlieferung der Hopi-Indi-
    aner, München 1985.
16. Zt. nach Horst E. Miers, *Lexikon des Geheimwissens*, München 1981,
    S. 115 (Stichwort: Dzyan).
17. Ebenda, S. 386 (Stichwort: Steiner, Rudolf).
18. Ebenda.
19. H. P. Blavatsky, *Die Geheimlehre*, Bd. 1, S. 177 (Diagramm I.).
20. Aus den »Anthroposophischen Leitsätzen«, 1924/25. Hier zt. nach
    Adolf Baumann, *Wörterbuch der Anthroposophie*, München 1991,
    S. 9 (Stichwort: Anthroposophie).
21. Rudolf Steiner, *Theosophie*, Dornach 1980, S. 46. Dagegen behauptet

der Steiner-Biograph F. W. Zeylmans-Emmichoven (*Rudolf Steiner*, Stuttgart, Verlag Freies Geistesleben o. J.), daß Rudolf Steiner »die Arbeiten Blavatskys kaum bekannt« waren (S. 36), was angesichts der offenkundigen Übernahme der theosophischen Hauptthesen durch Steiner unglaubwürdig klingt.

22. H. P. Blavatsky, *Die Geheimlehre*, Bd. 1, S. 295.

23. Rudolf Steiner, *Mein Lebensgang* (Ausgewählte Werke Bd. 7), Frankfurt 1985, S. 421.

24. Rudolf Steiner, *Die Welträtsel und die Anthroposophie*, Dornach 1985, S. 320.

25. Rudolf Steiner, *Die Offenbarungen des Karma*, Dornach 1989, S. 83 f.

## Kapitel 17

1. Die Große Licht-Evokation von Alice Bailey. Zt. nach George Trevelyan, *Eine Vision des Wassermann-Zeitalters*. Gesetze und Hintergründe des ›New Age‹, München 1984, S. 200.

2. Martin Heidegger, *Holzwege*, Frankfurt / M. 1950, S. 300 f.

3. Egon Friedell, *Kulturgeschichte der Neuzeit*, München 1960, S. 1501.

4. Hans Künkel, *Das Große Jahr*. Der Mythos von den Weltzeitaltern, Jena 1922, Neudr. Waakirchen 1980 (Urania Verlag). Die Datierung der Weltzeitalter auf S. 34.

5. Joachim von Fiore, *Tractatus super quatuor Evangelia*, zt. nach E. Benz, *Schöpfungsglaube und Endzeiterwartung*, München 1965, S. 50 f.

6. Hermann-Josef Beckers / Helmut Kohle (Hrsg.), *Kulte, Sekten, Religionen*, Augsburg 1994, S. 128.

7. James Jeans, *The Mysterious Universe*, dt: *Der Weltenraum und seine Rätsel*, Stuttgart 1931, hier zt. nach G. Trevelyan, a. a. O., (Anm. 1), S. 37.

8. Hermann Hesse, *Mein Glaube*, Frankfurt 1971, S. 20 f.

9. Fritjof Capra, *Das Tao der Physik*, Bern / München / Wien 1985, S. 7.

10. Zt. nach Jean Gebser, *Abendländische Wandlung*, in: Gesamtausgabe Band 1, Schaffhausen 1975, S. 187.

11. Siehe hierzu: David Ash / Peter Hewitt, *Wissenschaft der Götter*. Zur Physik des Übernatürlichen, Frankfurt 1994.

12. *Die Vorsokratiker*. Ausgewählt und eingeleitet von Wilhelm Nestle, Köln–Düsseldorf 1956, S. 155.

13. Jean Gebser, *Abendländische Wandlung*, S. 237 f.

14. Werke: *Gesamtausgabe in 8 Bänden*, Novalis Verlag Schaffhausen; *Verfall und Teilhabe*. Über Polarität, Dualität, Identität und den Ursprung, Salzburg 1974; Ursprung und Gegenwart, Bd. 1: Die Fun-

damente der aperspektivischen Welt, Bd. 2: Die Manifestation der aper-spektivischen Welt, Bd. 3: Kommentarband, München 1973 (bei dtv).

15. Jean Gebser, *Ursprung und Gegenwart*, Bd. 2, S. 690.

16. Werke: Im Verlag Hinder & Deelmann, Gladenbach: Das Göttliche Leben, 3 Bde. / Die Bhagavad Gita / Essays über die geeinte Menschheit / Savitri / Die Grundlagen der indischen Kultur / Briefe über den Yoga, 4 Bde. / Kurz und Bündig, 4 Bde. / Die Mutter / Über die Liebe / Gedichte. Im Mirapuri-Verlag, Planegg: Das Rätsel dieser Welt / Zyklus der menschlichen Entwicklung / Das göttliche Leben auf Erden / Hand-buch des Integralen Yoga / Flammenworte / Das Weltspiel / Gedanken und Aphorismen. Im Rowohlt-Verlag, Hamburg: Der Integrale Yoga (RK Nr. 24)

17. Sri Aurobindo, *Der Integrale Yoga*, Hamburg 1983, S. 30 f.

18. Ebenda, S. 20.

19. Sri Aurobindo, *Zyklus der menschlichen Entwicklung*, Planegg 1983, S. 266.

20. Rudolf Steiner, *Die Theosophie des Rosenkreuzers*, 7. Aufl. Dornach 1985, S. 149.

21. Werke von Wladimir Solowjef. *Deutsche Gesamtausgabe der Werke*, hrsg. von Wladimir Szylkorski u. a., Freiburg / München 1953 ff. : Bd. 1: Kritik der abstrakten Prinzipien. Vorlesungen über das Gottmen-schentum. Bd. 2: Una Sancta, Schriften zur Vereinigung der Kirchen und zur universalen Theokratie. Bd. 3: dito. Bd. 4: Die nationale Frage in Rußland. Bd. 5: Philosophie. Mystik. Grundprobleme und Haupt-gestalten. Bd. 7: Erkenntnislehre. Ästhetik. Philosophie der Liebe. Bd. 8: Sonntags- und Osterbriefe. Drei Gespräche über den Krieg, Fort-schritt und das Ende der Weltgeschichte mit Einschluß einer kurzen Erzählung vom Antichrist. Kleine Schriften der letzten Jahre. Bd. 9: (Erg. Bd.) Solowjefs Leben in Briefen und Gedichten, hrsg. von L. Mül-ler und I. Wille.

22. Wladimir Solowjef, Werke Bd. 1, Freiburg / München 1953, S. 340.

23. Zt. nach Karl Pfleger, *Geister, die um Christus ringen*, Heidelberg 1959, S. 276.

24. Zt. nach Günter Schiwy; *Der kosmische Christus*, München 1990, S. 75.

25. Pierre Teilhard de Chardin, *Aufstieg zur Einheit*, hrsg. von Lorenz Häf-liger, Olten / Freiburg 1974, S. 399.

# BILDNACHWEIS

1    The Mansell Collection.
2    Jens Möller, Geomantie in Mitteleuropa, Freiburg 1988, 25.
3    Louis Salou / Explorer.
4    BPCC / Aldus Archive.
5    Die Kelten in Mitteleuropa. Salzburger Landesausstellung 1980
     im Keltenmuseum Hallein / Österreich, 38.
6    Ebenda, 69 und 71.
7    National Museum of Wales, Cardiff.
8    Zeichnung aus: Richard Folkard jr, Plant Lore, Legends and
     Lyrics, 2.
9    Weihrelief von Eleusis, Athen, Nationalmuseum. Foto M. Himer.
     Aus: R. Lullies / M. Hirmer, Griechische Plastik, München 1956.
10   Rekonstruktionszeichnung des Arsinoeions von Samothrake.
     Aus: H. Ehrhardt, Samothrake, Stuttgart 1985.
11   Museum für Vor- und Frühgeschichte, Frankfurt am Main.
12   Kurt Rudolph, Die Gnosis, Göttingen 1994, 78.
13   Comstock.
14   Bibliothèque Nationale, Paris.
15   Quelle unbekannt.
16   Dagobert D. Runes, Illustrierte Geschichte der Philosophie,
     Herrsching 1962, 27.
17   Horst E. Miers, Lexikon des Geheimwissens, München 1976, 347.
18   Ebenda,128.